芯变局

| 全球集成电路产业格局变迁 |

屠晓杰　黎卓芳　张　丽 ◎ 著

中国发展出版社
CHINA DEVELOPMENT PRESS

图书在版编目（CIP）数据

芯变局：全球集成电路产业格局变迁 / 屠晓杰，黎
卓芳，张丽著. —北京：中国发展出版社，2023.8

ISBN 978-7-5177-1369-2

Ⅰ. ①芯… Ⅱ. ①屠… ②黎… ③张… Ⅲ. ①集成电
路产业—产业发展—研究—世界 Ⅳ. ①F416.63

中国国家版本馆CIP数据核字（2023）第054980号

书　　　名：芯变局：全球集成电路产业格局变迁
著作责任者：屠晓杰　黎卓芳　张　丽
责 任 编 辑：钟紫君　梁婧怡
出 版 发 行：中国发展出版社
联 系 地 址：北京经济技术开发区荣华中路22号亦城财富中心1号楼8层（100176）
标 准 书 号：ISBN 978-7-5177-1369-2
经 　销 　者：各地新华书店
印 　刷 　者：北京博海升彩色印刷有限公司
开　　　本：710mm×1000mm 1/16
印　　　张：22.25
字　　　数：330千字
版　　　次：2023 年 8 月第 1 版
印　　　次：2023 年 8 月第 1 次印刷
定　　　价：78.00元

联 系 电 话：（010）68990535　68360970
购 书 热 线：（010）68990682　68990686
网 络 订 购：http://zgfzcbs.tmall.com
网 购 电 话：（010）68990639　88333349
本 社 网 址：http://www.develpress.com
电 子 邮 件：10561295@qq.com

编　委　会

主　编：

屠晓杰　中国信息通信研究院集成电路发展研究中心战略支撑组组长

黎卓芳　中国信息通信研究院集成电路发展研究中心移动通信芯片组
　　　　组长

张　丽　中国信息通信研究院政策与经济研究所副总工程师

编委会成员：

任　亮　高雨晨　李博文　赵　赫　鄢镕易　乔　路　尹昊智　张原诚

陈润竹　谢松延　何　青

顾问委员会

序　言

与时代同行　向未来进发

近年来，互联网、大数据、云计算、人工智能和区块链等加速发展，深度融入经济、社会各领域，推动数字经济蓬勃向上。在这一历史进程中，为数字技术创新和数字经济发展提供基础支撑的集成电路的重要性进一步凸显。今天的集成电路地位比以往任何时候都更为重要。谁掌握了集成电路技术发展的主动权和供应链的控制权，谁就能在竞争中占据有利位置，在战略上赢得主动。2020年以后，受新冠疫情以及地缘政治摩擦加剧的影响，过去由跨国企业作为主要参与者，不断细化的专业化分工模式正在发生变化，政府在集成电路产业竞争中扮演越来越重要的角色，"自主"成为各国各地区推动集成电路产业发展的关键词，国际"芯"竞争渐趋白热化。

弹指一挥间，匆匆数十载。蓦然回首，小巧却又蕴含无限能量的集成电路已诞生65年了。集成电路产业一路走来，从无到有、从小到大，发展历程波澜壮阔，行业景气度跌宕起伏。集成电路市场格局历经数轮调整，主要国家和地区次第崛起，产业各个细分领域的发展主导权几度易手。时代大潮滚滚向前，并不曾停歇半刻。作为一线亲历者和观察者的我们其实可以驻足今日，研精覃思，鉴往知来。本书汇聚了中国信息通信研究院编著团队对集成电路的洞察和思考。团队坚持以认真负责的态度、务实严谨的作风开展研究，对几十年来全球集成电路产业的发展史作了简明而精要的梳理概括，帮助读者从大国博弈、市场竞争、技术创新等多个角度品读一段段风起云涌、激动人心的岁月史诗。

　　本书既是一部关于集成电路技术产业发展与国际竞争态势的研究著作，也是一本记录重要历史事件和故事片段的纪事图书，兼顾了学术性与可读性。全书描绘了主要国家和地区集成电路产业的发展轨迹，归纳提炼了其推动产业发展的主要做法，总结了相关经验教训。书中提到的不少事件和场景看起来"似曾相识"，对于我国而言，其他国家和地区过去的经历很可能就是我们正在或将要经历的。"三人行，必有我师焉"，我们应"择其善者而从之，其不善者而改之"。阅读本书，既能了解集成电路产业发展与市场运行的底层逻辑，又能从其他国家和地区的经验中汲取把握当下、开创未来的智慧，更能帮助我们客观地认识中国集成电路产业现今所处的历史方位与发展阶段，启发我们更加深入地思考，不断探寻新形势下的破局之路，在新时代以苦干、实干铸就新辉煌。

　　因此，无论是身处前线的从业人员，还是身处高位的管理者，甚至只是想快速了解集成电路产业及其历史的人，都可以读一读本书。当然，用一本书去完整介绍和诠释全球集成电路产业的演变过程是极其困难的，任何著作也不可能尽善尽美。希望读者在阅读过程中一方面能够包容本书的不足之处，另一方面能够独立思考，用批判性思维来甄别和吸收信息，并提出自己的看法与见解。

魏少军

清华大学教授

2023 年 3 月

前　言

　　集成电路是电子信息产业的"心脏"、现代工业的"粮食"，其技术水平和市场规模已经成为衡量一个国家产业实力和综合国力的重要标志之一，具有至关重要的战略地位，对经济建设、社会发展和国家安全有不可替代的关键核心作用。集成电路是高投入、长周期、高技术门槛、高度全球化的产业，得到世界各国和地区政府的广泛重视和大力支持，全球围绕集成电路产业的竞争与博弈正持续升级。

　　《芯变局：全球集成电路产业格局变迁》一书不仅吸收了过去几十年全球集成电路产业发展历程的研究，还从政策支持、资本市场、产业争夺、技术与人才等多角度、多维度、多层次地对全球主要国家和地区集成电路产业发展进行了详细阐述，勾勒出全球主要国家和地区集成电路产业发展的态势，提出一系列新问题、新思路和新建议，力争为我国集成电路产业高质量发展提供借鉴。

　　本书共分为上篇"回顾历史：大国角力序幕开启"、中篇"着眼当下：后摩尔时代疫情来袭引发全球'芯'荒"和下篇"展望未来：格局重塑仍在路上"三篇。其中，上篇系统梳理了全球主要国家和地区的集成电路产业发展历史，归纳总结了其推动集成电路产业发展的政策举措，深入研究了其资本市场支持集成电路企业发展的典型案例。中篇剖析了全球主要国家和地区集成电路产业发展的基本面和面临的挑战，提出了促进发展的措施建议；同时，针对全球芯片短缺、产业资本与并购等热点问题进行了专题研究。下篇对集成电路产业技术与人才、近期主要国家和地区集成电路产业政策进行了展望。希望本书能为投身集成电路产业发展的企业家、政府管理者、研究人员和从业人员等提供有益参考。由于编写组水平有限，书中一定存在不少缺憾和不足，有待于今后进一步修改和完善。

编写组

2023 年 3 月

上　篇　回顾历史：大国角力序幕开启

中 篇 着眼当下：后摩尔时代疫情来袭引发全球"芯"荒

下 篇　展望未来：格局重塑仍在路上

芯

变

局

THE CHANGE OF CHIP
INSIGHT INTO THE GROWTH, CHANGE AND RESHAPING OF
THE GLOBAL INTEGRATED CIRCUIT INDUSTRY

上 篇
回顾历史：大国角力序幕开启

　　集成电路产业是电子信息产业的核心，是支撑经济社会发展的战略性、基础性、先导性产业，对国民经济与社会发展具有巨大推动作用。20世纪中叶，集成电路诞生于美国，并迅速在欧洲、日本等地发展起来。随着世界经济格局和产业竞争态势的变化，集成电路产业逐步向韩国、中国台湾地区、新加坡、马来西亚、菲律宾和中国大陆等后发经济体拓展。本篇回顾集成电路发展史，以求掌握全球集成电路产业竞争格局的变迁过程，摸清主要国家和地区在集成电路产业的政策部署，了解集成电路领军企业的发展历程。

第一章 从电子管到集成电路的
全球"芯"路历程

在集成电路发明之前，人类已经拥有较多的技术积累，包括 18 世纪相继发现硫化银电阻与温度的关系、光伏效应、光电导效应等半导体特性。19 世纪初，英国科学家发明第一只电子管，实现开关与信号放大两大功能。随后科学家们逐步发现各种半导体材料，1947 年第一只晶体管诞生于贝尔实验室，极大地提升了信号处理与传输能力，从此电子产品从电子管时代向晶体管时代迈进，人类步入飞速发展的信息化时代。1958 年美国德州仪器公司（Texas Instruments，TI）的工程师杰克·基尔比（Jack S. Kilby）发明了第一款集成电路，1959 年仙童半导体公司（Fairchild）的创始人之一罗伯特·诺伊斯（Robert N. Noyce）发明了硅平面工艺的集成电路，集成电路被大规模生产标志着集成电路产业由"发明时代"进入"商用时代"。此后，全球集成电路产业在技术工艺、制造设备、封装测试、行业应用等方面实现快速发展。

一、发源地美国的开拓与引领

美国是全球最早发明晶体管和集成电路的国家，并一直领导集成电路产业的发展。美国在集成电路领域的领导地位源于其领先进入该领域并在集成电路产业链的多个环节处于领先位置，尤其是电子设计自动化（Electronic Design Automation，EDA）工具、知识产权核（Intellectual Property Core，IP 核）、生产设备和设计等技术密集型细分领域。在过去的几十年里，虽然美国的产业领导地位多次受到挑战，但凭借其坚实的产业基础、强大的发展韧性与活力，美国集成电路产业的领头羊地位依然稳固。

在数字经济和实体经济深度融合的大背景下，集成电路嵌入经济社会的各个领域，关乎产业安全甚至国家安全，重要性不言而喻。美国一直努力在这个关键产业保持自身的竞争力，并且采取政府采购、资金支持等多种措施和保护政策为集成电路的发展保驾护航，以促进经济增长，维护国家安全。从时间维度看，美国集成电路产业的发展历程主要经历了开创新局、地位弱化、产业复苏、转型发展四个阶段。

（一）全新产业的筑基

1947 年至 20 世纪 60 年代，美国开创了集成电路产业的发展先河，并领导产业发展（表 1–1）。20 世纪 50 年代，集成电路诞生于美国的德州仪器公司和仙童半导体公司。此后，为了能在"冷战"中确保本国武器、航天装备的先进性和高精度，美国通过政府采购为集成电路产业创造了最初的市场，集成电路产业开始逐渐发展起来，20 世纪 60 年代的集成电路产品主要应用于电脑存储器和处理器。以德州仪器公司、国际商业机器公司（IBM）为代表的集成电路企业采用封闭式生产模式，负责从设计、制造到销售整个链路，并通过技术授权、转让的方式在日本、欧洲、韩国开设分厂从事芯片加工、组装业务。

表 1-1　　　　1930—1968 年美国集成电路产业发展代表性事件

时间	事件
20 世纪 30 年代	贝尔实验室开始研究固态放大器，当时的研究人员意识到未来信号的转换需要通过电子方式进行
1943 年	美国陆军为了计算弹道火力，资助了一个项目研制通用计算机，约翰·冯·诺伊曼（John von Neumann）担任项目顾问，并提出了"冯·诺伊曼结构"
1946 年	世界上第一台通用计算机——电子数字积分计算机（ENIAC）研制成功
1947 年	美国贝尔实验室发明了全球第一个晶体管，从此电子产品从电子管时代向晶体管时代迈进，贝尔实验室也成为晶体管发展的推动者
1952 年	贝尔实验室为了避免反垄断调查，向其他公司授权了技术专利

时间	事件
1956 年	贝尔实验室工程师肖克利（William B. Shockley）离开并成立了肖克利半导体公司
1958 年	美国德州仪器公司的工程师杰克·基尔比发明了第一个锗基集成电路并申请了专利
1959 年	仙童半导体公司的罗伯特·诺伊斯开发了晶体管平面加工技术，是现在集成电路制造的基础技术
1960 年	仙童半导体公司确定将微型逻辑电路作为研发方向，以满足美国军方对芯片小型化、低损耗的性能要求
1961 年	仙童半导体公司研制的第一款芯片问世，首先用于美国宇航业和国防
1962 年	美国无线电公司（RCA）研制出金属氧化物合成半导体（MOS）场效应晶体管
1964 年	芯片开始应用于民用领域助听器等民生产品上，罗伯特·诺伊斯注意到芯片的市场前景远好于分立器件，具有巨大的发展潜力，便推动仙童半导体公司在中国香港设立离岸工厂，拉动芯片产能迅速扩大，降低芯片成本
1966 年	仙童半导体公司成为美国仅次于德州仪器公司的第二大半导体公司，但由于仙童的错误决定，打击了创业者的积极性，仙童面临核心人才流失和资金外流的困境，经营业绩大幅下滑
1967 年	仙童半导体公司的查尔斯·斯波克（Charles Sporck）离任，去了美国国家半导体公司（National Semiconductor）并将其发展为当时全球第六大半导体公司；麦克内利（Mike McNeilly）创办应用材料公司（Applied Materials）；杰里·桑德斯（Jerry Sanders）创办超威半导体（AMD）
1968 年	仙童半导体公司的罗伯特·诺伊斯和戈登·摩尔（Gordon Moore）创办了英特尔（Intel）；应用材料公司生产出第一套在晶圆表面沉积二氧化硅薄膜的设备

资料来源：根据公开资料整理。

美国早期开创领导全球集成电路产业，主要源于军事对电子技术的需求，早期的晶体管和集成电路产品均被用于国防部和宇航局，以最先进、最精密的武器和装备确保国防安全，军用集成电路市场占比高达80%～90%。"冷战"背景下，美苏争霸激发了美国军事工业对集成电路的迫切需求，军方资助的研究经费为集成电路产业的发展提供了支持。军事工业对芯片的可靠性要求极高，不计成本的投入使芯片最初就是以高技术标准发展为研发方向，比如贝尔实验室就是在军方的资助下发明了晶体管，1948—1957 年军方为贝尔实验室提供了其科研经费的 38%；到了 20 世纪 50 年代中期，军方对其的资金支持一度达到了 50%。到了 20 世纪 60 年代，美国军方对半导体的需求占总供应量的 50% 以上，集成电路产品更是超过了 72%。美国军方的大力支持促进了仙童半导体、德州仪器、应用材料、英特尔、超威半导体等集成电路公司的崛起，为美国开创、引领全球集成电路产业提供了发展动力。

在开创和领导阶段，仙童半导体首创的"硅谷模式"推动了美国集成电路产业的创业浪潮，所谓"硅谷模式"指的是硅谷大多数高科技企业的创业模式。如果把贝尔实验室比作美国集成电路产业的起点，肖克利半导体实验室比作旧企业向新企业迭代的过渡，仙童半导体公司则是真正跨入现代科技企业的成功典范。尽管仙童半导体公司没能始终引领美国集成电路产业的发展，但是它的出现对美国集成电路产业的发展有开创之功。仙童半导体公司的成立，源于"资本 + 技术"的融合，即创业者以技术入股，资本进行风险投资；此外，仙童半导体公司开创了技术创新与产品应用相结合的市场模式，技术创新是企业生存发展的基础，低成本的产品给企业带来利润点促使其规模扩张，这种创业模式和市场模式促进了仙童半导体公司的成功，也为后来者提供了可以复制的实践模式，由仙童半导体公司裂变产生的英特尔、AMD 等一家又一家集成电路企业至今仍在引领全球集成电路产业的发展。在这一阶段，集成电路企业大多采用集成器件制造（Integrated Device Manufacturer，IDM）的商业模式，芯片从设计到生产制造都在同一家企业中完成，IBM 和德州仪器公司生产芯片和计算机也是采用 IDM 运作模式，既要设计芯片，又要制造芯片，甚至要做计算机搭载的软件程序，最后还要负责将成型的产品销售给用户。这种模式的优点在于内部资源的整合和技术积累，但对企业的成本门槛要求比较高，目前只有以三星电子和英特尔为代表的少数几家头部企业采用这种生产经营模式。

（二）先发优势的弱化

20 世纪 70 年代至 80 年代，随着商用计算机的推广，集成电路在电子计算机领域的广泛应用使越来越多的国家关注集成电路产业的重要性，美国的先发优势受到冲击（表1–2）。1976年，日本决定大力发展集成电路产业，以借鉴美国的发展经验对本土集成电路产业进行集中指导、签署采购协议和鼓励融资等，实施超大规模集成电路（Very Large Scale Integration Circuit，VLSI）研究组合联盟计划，并且采取保护和发展民族工业的政策，在政府支持下日本集成电路企业发展开始呈现赶超美国之势，美国的领导地位受到挑战。据美国智库信息技术与创新基金会（ITIF）统计，美国在全球集成电路市场中的份额占比从1982年的57%下降到1991年的39%，在1988年达到37%的低点；同时，日本的市场份额从33%上升到47%。日本的竞争在商品芯片市场上最为引人注目，例如动态随机存取内存（Dynamic Random Access Memory，DRAM）芯片，这类芯片产品对设计能力的依赖程度最低，对制造能力和质量的依赖程度最高。1978—1992年，美国在全球DRAM芯片市场的份额从大约75%下降到不足20%；日本的市场份额在同一时期从25%增长到54%。在附加值更高的细分市场中，美国公司虽然保持着领导地位，但领先优势明显缩小。美国的微型元件和其他类型的微控制器（Microcontroller Unit，MCU）市场份额在1980—1992年约下降了6个百分点，从75%下降至不足69%，而同时期日本的市场份额则从21%上升到了25%。在包括定制和半定制芯片在内的专用集成电路（ASIC）市场中，美国的市场份额也有所下降，从1984年的60%下降到1992年的约53%。

表1-2　　　　　1968—1982年美国集成电路产业发展代表性事件

年份	事件
1968	德州仪器公司与索尼公司（SONY）设立合资企业，通过合资和技术专利转入的方式进入日本市场
1971	日本企业为与美国企业竞争以低于成本20%的价格销售，严重影响了美国集成电路企业的市场
1976	日本决定实施VLSI研究组合联盟计划，并采取一系列产业扶持措施支持集成电路发展

年份	事件
1980	美籍华人林杰屏（David K. Lam）创办了泛林半导体（Lam Research），次年发布了第一款离子刻蚀设备，现在是向全球集成电路公司提供晶圆制造设备和服务的主要供应商之一
1982	美国被日本超越，日本成为 DRAM 芯片最大生产国

资料来源：根据公开资料整理。

总体来看，美日发展集成电路的目标略有不同，美国聚焦在技术前沿与高附加值环节，而日本则以市场为导向，专注于迎合更容易被理解与接受的技术。美国企业为全球集成电路产业铺垫了早期的市场，日本借助现成的商业市场构建了更加完善的发展策略，日本企业乘势而起，对美国的集成电路产生了巨大冲击，导致很多美国企业在随后的行业洗牌中永久地退出了 DRAM 芯片市场。考虑到美国当时的经济形势，很多垂直整合模式的公司开始分崩离析，激烈的国际竞争致使美国企业在全球集成电路市场和技术中的领导地位逐渐被削弱。

（三）领导地位的重振

面对自身领导地位的弱化和日本半导体产业的崛起，美国政府迅速作出了战略调整，采取了一系列激励措施和对日反制措施，以尽快恢复美国在全球集成电路产业中的领先地位（表 1-3）。一方面，美国采用贸易压制方式精准狙击日本集成电路产业，积极扶持韩国和中国台湾的半导体产业。美国和日本先后于 1986 年、1991 年签署了《美日半导体协议》和《第二次半导体协议》，协议中约定日本开放市场和让渡经济利益，从战略上遏制了日本对美国的技术追赶。另一方面，美国集成电路产业积极思变，果断放弃了 DRAM 芯片市场，转而制定了一系列战略规划进行信息技术迭代和生产工艺创新，谋求战略转型。通过颁布国家合作研究方案，组建美国半导体行业协会（Semiconductor Industry Association，SIA）、国家半导体咨询委员会等方式，形成政府、研究机构、大学、企业联合开发的先进机制，在美国集成电路产业此后发展的各个阶段都发挥了巨大作用。1992 年，美国赢得美日半导体竞争，其产值再次位居世界第一。

表 1-3　　　　1986—1992 年美国集成电路产业发展代表性事件

年份	事件
1986	全球前 10 名的公司中有 6 家来自日本，并且前 3 强分别是日本电气（NEC）、日立和东芝 美日签署《美日半导体协议》
1991	美日签署《第二次半导体协议》

资料来源：根据公开资料整理。

20 世纪 90 年代末期，美国以家用电脑和光纤通信为核心的信息技术产业快速发展，带动了计算机中央处理器（Central Processing Unit，CPU）、模拟器件和存储器产品市场的快速发展，集成电路产品在民用市场开始大规模应用。此后，随着美国汽车、医疗、电子产业及先进制造业的不断发展，美国集成电路市场需求不断扩大，产业综合实力不断增强。美国集成电路实现从领跑到衰退，再到复苏并领先的跨越，主要得益于其政策支持、需求把握、生产体系和技术的转型创新。

政策上，美国政府在贸易、金融、科技三个方面全方位发力。一方面，打乱了日本发展集成电路产业的节奏；另一方面，给美国集成电路重新调整企业战略布局争取了时间和空间。在贸易政策方面，1985 年 9 月，美国半导体行业协会以日本集成电路企业以过低的价格进行产品倾销为由，向美国联邦政府机构提起贸易诉讼，请求启动"301"调查。1986 年年初，美国国际贸易委员会（ITC）宣布对日本实施制裁，针对日本的集成电路产品提高关税并征收反倾销税。1986 年 9 月，美国与日本签订《美日半导体协议》，协议中约定 5 年内美国暂停对日本集成电路产品倾销问题的诉讼，日本不得再对美国倾销，日本集成电路的价格要受到美国商务部的严格监控，而且日本要更大幅度放宽市场准入标准。此举致使外国集成电路企业在日本的市场份额不断扩大，直至高达 20%。但是彼时集成电路价格突然上涨，市面上没有能替代日本的合适的产品，这让美国的预期目标没有达成。于是在 1991 年 6 月，美国和日本两国同意修订该协议，协议期延长 5 年。可以看到，《美日半导体协议》并未发挥预期作用，只是为美国集成电路产业转型发展争取了时间，政治上的打压在一定程度上限制了日本企业在强势产品上的获利能力，并掣肘了日本企业对新产品的研发和产业化进程，但真正产生作用的还是美国的技术实力和产业发展。在金融政策方面，1985 年 9 月，美国、日本、联邦德国、法国、英国 5 个工业发达国家在美国纽约广场饭店签署了《广场协议》，这一协议的目的在于利用日元升值降低日本集成电路产品的国际竞争力。举例说明，一辆日本汽车在美国卖 5 万美元，假设美元兑换日元的比率从 1∶100 贬值到 1∶80，那么这 5 万美元回流到日本，原来能兑换 500 万日元，现在只能兑换 400 万日元，这样就大大降低了日本集成电路制造业的出口利润，进而保护了美国本土市场。同时日元升值会促使日本的消费电子产品在全球市场的份额逐渐萎缩，下游市场需求下降导致日本集成电路产业发展的根基受到损害。但最终的结果并不如美国所愿，《广场协议》实施后的美国对日本的贸易逆差反而加大，日本的经济不仅没有垮，反而从美国挣来了更多的钱。在科技政策方面，美国肯定了日本 VLSI 组合成功促进日本集成电路产业发展的成功经验。美国政府效仿日本政府，统筹并领导本国 14 家集成电路企业共同成立了半导体制造技术科研联合体（Semiconductor Manufacturing Technology Research Consortium，SEMATECH），联邦政府每年向联合体资助 1 亿美元的研究经费并减免研发税收。美国政府通过有效的政策激励措施集中了美国企业的优势资源，避免了分散研究导致重复投资产生的巨大交易成本，进而提高了美国企业的生产力、创新力和整体竞争力。

从需求端来看，美国企业在市场需求上把握住了先机。美国企业看到了计算机行业对微处理器等新兴产品的需求，敏锐地抓住了市场需求转换的机会，并且加强了与国内领先的软件企业的合作，巩固了新型产品市场的领先地位。20 世纪 90 年代之后，个人计算机（PC）迎来产业的爆发式增长，市场渗透率随之升高，计算机取代家用电器成为集成电路产品应用领域中最多的产品。1992 年，消费电子和计算机在全球集成电路产品中的需求占比分别是 21% 和 45.6%，可以看到计算机的需求是消费电子的两倍多，本土市场需求从家用电器等消费电子转移到计算机。计算机行业的快速发展大大带动了微处理器的需求，为美国集成电路企业创造了良好的外部环境，新的市场需求有力拉动了美国集成电路产业的发展。20 世纪 90 年代，美国成为全球领先的计算机研发制造强国，始终以产品创新领跑全球。此外美国还是世界上计算机产品需求最大的市场。值得注意的是，美国集成电路业界与软件业界形成联盟，其中 Wintel 联盟由英特尔和微软组成，把控着操作系统和芯片；AIM 联盟则是由苹果（Apple）、IBM 和摩托罗拉三方组成，并开发出 Power PC 处理器等。集成电路与计算机的强强联手使计算机行业发展日新月异，同时产生两个有利于美国集成电路产业的影响：一是应用在计算机中的微处理器的技术壁垒越来越高，国外集成电路企业几乎难以进入微处理器这个产品领域；二是计算机行业的发展带动了集成电路的需求，反过来集成电路产品的创新助推计算机行业的进步，两者相互促进，需求持续增长。

生产体系上，美国构建了全球集成电路生产新体系。随着摩尔定律的不断推进，集成电路的制造工艺越来越复杂，产线建设成本逐步升高。1970—2000 年，美国集成电路生产线投资需求持续上升，建设成本年均增长 18%。由于无法像日本一样从其他渠道中获得持续的财力支持，在资金需求与日俱增的背景下，美国集成电路制造业发展面临的阻碍越来越大。在全球化的背景下，为了克服在集成电路制造业资金不足的困难，美国决定将集成电路制造业转移，发展芯片代工厂。20 世纪 80 年代后期，正逢中国台湾地区在集成电路领域寻找发展机会，美国英特尔等集成电路制造企业通过工艺技术认证的方式给予其重要支持，一些设计公司与中国台湾地区的企业设立了合资代工厂。1996 年，中国台湾的芯片代工厂已经承接美国集成电路设计公司产品生产订单的 40%。全球化的持续推进促使这种生产模式不断巩固，原来高度一体化的生产模式逐渐转向垂直分工（Vertical Separation）的模式，至此全球集成电路产业发展形成了以垂直分工为特点的生产模式。在这样新型的产业生态中，美国企业将重资产、高投入的封装和测试业转移到中国台湾、日本、韩国等经济体，将芯片制造业外包给中国台湾的代工厂，本土则发展无工厂芯片供应商商业模式，本土企业把注意力聚焦到集成电路设计领域和知识产权模块供应这些轻资产并且知识密集型的业务领域，实现了芯片设计、制造、封装各个环节的协同优化，并形成了强大的竞争优势。

总体来看，在这个阶段，美国与日本先后于1986年和1991年签署了《美日半导体协议》和《第二次半导体协议》，协议中约定日本开放市场和让渡经济利益，从战略上遏制日本对美国的技术追赶。美国利用科学的政策再度把全球集成电路产业中心带回美国，其中技术创新体系发挥了极大的作用。在集成电路产业内的联合研究方面，美国建立针对集成电路不同领域、不同方面的联合研究小组，有针对性地提高研发技术的SEMATECH组织，还有由下游封装企业组成的微电子和计算机协会（MCC），这些研究机构的建立在垂直分工生产模式的诞生中起到了过渡的作用，在生产设备企业和产品制造企业之间形成一个有效的知识扩散机制和资金协调机制，以此应对日本同行的竞争压力。在不同产业界之间的联合研究方面，美国集成电路企业与软件企业进行需求对接，形成"手拉手"技术联盟。此外，硬件与软件企业进行标准对接形成新的产业生态，这种互补性的活动激发了美国集成电路相关领域的创新研究能力，拓展了新型集成电路产品的应用场景，并形成了巨大的竞争优势。

（四）产业模式的革新

20世纪90年代，在"科学政策"的强有力支持下，美国集成电路产业通过把握市场需求先机、创新生产体系、推动技术转型，进一步稳固了其全球领导地位，然而"科学政策"的方针只在20世纪90年代和21世纪初效果显著，帮助美国集成电路产业取得了短暂的成功。随着信息技术不断发展、商业模式持续创新，晶圆代工模式的兴起使交易成本显著降低，逐渐形成高度专业化的分工体系，产业链各环节的效率明显提升，全球集成电路生产网络逐渐成形，美国集成电路制造业向海外转移也促使相关企业发展方向随之转型。进入 21 世纪，美国在集成电路材料、设备、工艺等产业领域不断加大研发投入，积极探索人工智能（Artificial Intelligence，AI）、物联网（Internet of Things，IoT）等前沿技术领域，推动信息产业发展，从而不断拓宽终端应用市场需求，产业综合实力持续增强。当前，美国形成了以设计业为主的知识产权驱动商业模式，产业盈利高、创新活跃、市场应变快（表 1-4）。

表 1-4 **2015—2020 年美国集成电路产业发展代表性事件**

年份	事件
2015	恩智浦（NXP）收购飞思卡尔半导体（Freescale Semiconductor），成为全球十大非存储类半导体公司之一及全球最大的汽车半导体供应商
2019	恩智浦收购美满科技公司（Marvell）的无线局域网（Wi-Fi）和蓝牙连接业务资产
2020	英飞凌（Infineon）对赛普拉斯（Cypress）进行收购并成为全球十大半导体制造商之一

资料来源：根据公开资料整理。

在转型发展阶段，美国集成电路产业在全球占据一半左右的市场份额，据咨询公司 IC Insights 统计，2021 年美国在全球集成电路 IDM 市场、无晶圆厂（Fabless）市场和设计市场中分别占据 47%、68% 和 54% 的份额。凭借着先发优势和技术优势，美国集成电路公司在研发、设计和制造工艺技术方面保持着领先或极具竞争力的地位。据 TrendForce 发布的 2021 年集成电路（IC）设计公司的排名，在前 10 名设计公司中，有 6 家来自美国，其中高通（Qualcomm）位列第一，英伟达（Nvidia）、博通（Broadcom）分列第二、第三。全球销售市场份额的领先地位也为美国集成电路行业构建了创新的良性循环：销售领先地位使美国行业能够在研发上投入更多资金，这反过来又有助于确保美国继续保持销售领先地位。尽管如此，美国的集成电路公司在某些商业模式和细分领域已落后于亚洲竞争对手。从广义上讲，美国集成电路行业在研发最密集的活动中保持市场份额领先地位，即在 EDA 工具和 IP 核、芯片设计和制造设备领域，但在最先进的集成电路制造技术方面已经落后。资本密集度更高的原材料和制造业，包括芯片的制造和组装、测试以及封装，则主要集中在亚洲。具体而言，美国在制造技术方面落后于亚洲，尤其是在逻辑芯片方面。根据SIA报告显示，目前全球大约75%的半导体制造产能和硅片、光刻胶及其他化学品等关键材料的供应商集中在东亚地区，特别是尖端半导体（工艺节点在10纳米以下）92%的产能集中在中国台湾，8%位于韩国。此外，在内存制造技术上，美国在DRAM芯片和与非闪速存储器（Non-volatile Memory Device，NAND Flash）领域重新恢复了竞争力；在封装技术上，美国集成电路企业处于3D异构集成的先进封装技术的前沿；美国工业在化合物半导体制造技术和碳化硅（SiC）等多项新兴制造技术方面处于领先地位。

美国集成电路产业自从复苏至今，凭借其知识产权保障、创新思想及突破性技术，持续领导着全球集成电路产业的发展。

在知识产权方面，美国先后颁布了1986年的《联邦技术转移法案》、1989年的《国家竞争力技术转移法》、1993年的《美国技术创新政策》、2000年的《技术转让商业化法案》、2011年的《美国发明法案》、2014年的《振兴美国制造业和创新法案》等。此外，美国自1890年起通过并实施了第一部反垄断法《谢尔曼法》来保护竞争，进一步保障了其科研创新研究热情历久不衰。为了加速推进科研成果向生产实际和市场的转化进程，奥巴马签署了《加速联邦研究成果技术转移和商业化——为企业高增长提供支持》总统备忘录，提出了往后几年促进科技成果转化工作的新措施。特朗普政府时期，美国加大力度引流制造业回归美国，先后通过了《外国投资风险评估现代化法案》和《出口管制改革法案》两份重要法案。集成电路设计环节是一个具有高技术壁垒的行业，越早进入该领域的公司利润规模越大，技术门槛越高，产业规则的定义权与发言权也就越大，导致后来者很难进入这个领域，往往只能选择依赖于现有的架构体系。知识产权保护促进了美国集成电路产业竞争，也保护了本国的技术创新成果，推动了美国集成电路产业的繁荣和复兴。

创新思想及突破性技术是美国集成电路产业的重要支撑。美国国防部高级研究计划局（DARPA）、美国国家标准与技术研究院（NIST）和其他机构都在集成电路行业的发展中起到了非常重要的作用，尤其是 DARPA。自 1958 年成立以来，DARPA 先后规划和投资了上百个重大项目，技术领域涵盖多域机动、海上作战、系统之系统（SoS）和基础战略技术等多种武器装备系统及元器件，随着科学技术的发展，这些技术的应用场景已逐渐深入到民用领域。特别是元器件领域，自 20 世纪 70 年代以来，集成电路领域中许多主流技术项目来自 DARPA 的孵化，DARPA 先后投资了芯片设计软件、芯片制造、半导体材料、半导体生产设备和微波器件等关键性技术。在 DARPA 的支持下，美国一直在全球集成电路产业中具有技术领先地位和竞争力，并一直延续到今天。然而，随着摩尔定律的放缓，加之美国以外的国家和地区的集成电路产业规模不断扩大，为巩固美国在集成电路产业中的领导地位，DARPA 在 2017 年 9 月公布"电子复兴计划"（ERI）。该计划投资超过 15 亿美元，旨在振兴美国电子业。该计划将着眼于开发用于电子设备的新材料，开发将电子设备集成到复杂电路中的新架构体系，开发用于快速设计和实现专用电路的工具等创新研究，以改变整个行业的经济状况。另外，美国政府牵头，联合半导体界、国防工业界企业广泛参与，形成了技术研究联盟 JUMP，目前主要成员包括集成电路头部企业 IBM、英特尔、美光科技（Micron Technology）、台积电（TSMC）、ARM、三星电子等以及国防工业界的诺思罗普·格鲁曼公司（Northrop Grumman）、雷神公司（Raytheon）、洛克希德马丁公司（LMT）等。JUMP 项目由产业界和政府共同出资，有效确保科研技术成果能够更好地进行商业转化，大幅提高各类商业和军事应用的电子系统的性能、效率和能力。

二、跟随者日本的崛起与转型

日本集成电路产业曾创造了辉煌的历史。20 世纪 60 年代，在美国的技术扶持下，日本开始生产集成电路，而后随着产业的快速兴起，日本实现技术赶超，1986 年日本的半导体产品在全球市场份额一度达到 45%。美国集成电路产业的领先地位受到挑战，并开始打压日本，20 世纪 80 年代至 90 年代初，日本与美国先后签署了两次"半导体协议"，二者发生了激烈的半导体贸易摩擦。尽管如此，美国的打压制裁并未导致日本的半导体产业衰退。1989 年全球经济市场萧条，日本企业在全球半导体公司中仍保持领先优势（表 1-5），在全球十大半导体公司中占据六席。当前，在细分领域，日本的集成电路技术水平依然处于全球先进水平，并在设备、材料方面保持优势地位，拥有多项"卡脖子"级别的尖端技术。从时间维度上看，日本集成电路的发展经历了技术引进、高速发展、由盛转衰、转型发展四个阶段。

表 1-5　　　　　　1989—2019 年全球十大半导体公司

1989 年	1999 年	2009 年	2019 年
NEC（日）	英特尔	英特尔	英特尔
东芝（日）	NEC（日）	三星电子	三星电子
日立（日）	东芝（日）	东芝（日）	台积电
摩托罗拉	三星电子	德州仪器	SK 海力士
德州仪器	德州仪器	意法半导体	美光科技
富士通（日）	摩托罗拉	高通	博通
三菱（日）	日立（日）	SK 海力士	高通
英特尔	英飞凌	AMD	德州仪器
松下电器（日）	意法半导体	瑞萨电子（日）	东芝（日）
飞利浦	飞利浦	索尼（日）	英伟达

资料来源：根据公开资料整理。

（一）技术引进推动产业化

日本集成电路产业起步阶段，晶体管技术和集成电路技术均是在美国的支持下发展，美国的技术支持给予日本集成电路产业发展契机，为日本日后的产业与技术繁荣奠定了基础。

1. 晶体管技术

1950年，日本电气公司（NEC）以及日本通商产业省开始决定自主研制晶体管，由电气试验所的电子技术专家们组成"轮读会"，讨论、学习并研究半导体相关技术资料和理论文献。随着研究的不断推进，"轮读会"的规模也逐步扩大，来自电气通信所、科研院所及企业的技术专家也纷纷加入。1951年，日本电气通信所成功制造出日本第一个国产晶体管。20世纪50年代中后期，由于朝鲜战争爆发，美国考虑到与日本的政治同盟关系和日本的综合实力短期内不会对美构成威胁，决定大力扶持日本半导体产业发展，积极向日本转移先进技术，神户工业（后与富士通合并）等日本企业纷纷从美国无线电公司引进技术，建设晶体管工厂。在此期间，各电子企业的技术人员赴美国参观学习，深入晶体管工厂现场了解生产过程，绘制设备草图，供国内试制关键生产设备。1952年，神户工业从美国无线电公司引进了成熟的晶体管生产技术。1953年，东京通信工业从通商产业省争取到外汇指标，从美国西屋电气公司引进了晶体管生产专利。1954年，神户工业和东京通信工业已经能够规模生产晶体管。

美国的半导体产业主要服务军事需求，而日本在技术引进的基础上自主研发，将晶体管大量应用于民用产品。"二战"之前，日本已经拥有东芝、日立、松下、夏普等一批家电企业。"二战"后，随着家电产业的衰落，这些老牌家电企业被迫转型。1955年，东京通信工业首先推出了晶体管收音机，带动了日立、东芝、日本电气公司等一大批电气电子大厂陆续从美国无线电公司和西屋电气公司引进晶体管生产技术，并应用到家电产品上。由于日本的劳动力与美国等西方国家相比较为便宜，加之收音机等家电产品的高需求刺激了晶体管生产业务，日本生产的晶体管收音机及其他晶体管电子产品在规模效益的作用下价格远远低于美国，这也帮助日本生产的各种电子产品很快打开了国际市场并取得优势。1958年，东京通信工业改名为索尼，这种日式的英文名字使索尼在美欧国家更容易被接受，促进了公司的国际化发展和营销活动开展。1959年，日本的晶体管产量在家电产业的带动下已经与最早发明晶体管的美国相当。

20世纪60年代起，日本大批电气电子企业陆续加入晶体管生产的队伍中。与此同时，美国对日本大力扶植并且实行全面公开专利的输出政策，不仅将晶体管制备技术专利卖给日本，还向日本企业传授相关生产经验和技巧。美国之所以对日本如此大方和无戒备心理，主要原因有以下四点。一是在政治关系上，朝鲜战争后美国视日本为政治盟友，美国想把日本培养成阻遏社会主义国家发展的"防波堤"，以加强美国在全球经济体系的领导地位，达到自己的政治目的。二是在经济实力上，日本当时的经济实力与美国相比差距很大，日本对美国的领导地位尚未构成威胁，美国认为日本远远不会成为自己的竞争对手。三是在技术实力上，美国在发明晶体管之后预见到晶体管时代终将过去，未来超小型固体电路才是主流趋势（这时美国人已经开始构思和研发在一块半导体衬底上集成更多的晶体管，所以美国人并没有预料到这个过渡性的技术后来成为日本发展的契机）。四是在市场需求上，美国和日本发展半导体的初衷不同，美国关注的是军事领域，而日本聚焦的是大众化的民生用品，所以也导致了美国的掉以轻心。在美国的帮助下，日本一直在追赶着美国晶体管发展的步伐，实现了晶体管技术与市场的快速发展。1964年，夏普推出了全球首个全晶体管的台式电子计算机，售价53.5万日元。此后，30多家制造商开启了竞争较量，拉开了高性能和低价位的"计算机之战"的帷幕。

2. 集成电路技术

20世纪50年代，早期的集成电路模块已经在美国贝尔实验室、IBM公司、日本通商产业省研究机构、美国德州仪器公司、麻省理工学院等企业和研究单位先后试制，技术专家尝试将多个晶体管集成到一个半导体衬底上，但是都没有成功。当时，美国国防部急需小型化和轻量化的半导体器件，以在航天器和洲际弹道导弹上力压苏联，因此美国国防部加大资金投入激励企业研发超小型固体电路。终于在1958年，德州仪器的工程师杰克·基尔比在一块半导体锗衬底上研制出全球第一块集成电路，但是其不适用于大规模工业生产。直到1959年7月，仙童半导体公司的工程师罗伯特·诺伊斯等人采用先进的平面制造工艺，在硅衬底上研制出适于工业生产的集成电路。在元素周期表中，硅和锗作为同族元素具有相似的化学性质，但硅的商业前景远远高于锗，因此硅基材料成为全球集成电路工业生产的主流材料。1966年夏，仙童半导体公司和德州仪器公司签署协议，两家公司通过相互授予生产许可来分享专利所有权并联手保护其技术专利，这样一来其他公司想要生产集成电路产品就必须向这两家公司支付大量的专利费。

　　在20世纪50年代后期，与美国的国防装备对电子设备提出了小型化和轻量化的要求不同，日本对集成电路并不存在紧迫的需要，对日后的发展趋势和应用场景也没有清晰思路，只是亦步亦趋地紧跟美国的步伐，学习美国的先进做法。在美日的政治同盟关系下，日本集成电路产业很快就在美国的大力扶植下发展了起来。1960年，三菱公司派人访问美国时带回来一块集成电路的样品，随后公司立即组织技术专家成立研制小组，首先针对样品进行解剖分析，再反求正向设计，开展集成电路的试制工作。1961年，通商产业省电子技术综合研究所成功研制出第一块集成电路试制品。1963年，NEC从美国仙童半导体公司获得了硅平面工艺的专利实施权，抓住了硅基技术的发展先机，等其他公司从锗基技术转向硅基技术时，NEC替仙童半导体公司索取专利特许费，并留用部分作为管理费。1964年，日本夏普公司推出了全球首个晶体管电子计算机，而美国IBM公司已经开始迭代集成电路技术推出第三代台式计算机，大规模集成电路（Large-scale Integrated Circuit，LSI）的应用大大缩小了台式计算机的体积，刺激了日本集成电路产业的发展，同年NEC开始生产大规模集成电路。1965年，日本电报电话公社（NTT）召集几个集成电路制造商合作开发通信设备领域用的大规模集成电路，促进大型电子交换机DEX-2的研制。1966年，通商产业省正式将集成电路作为产业列入统计名单，这一年也被认为是日本的"集成电路元年"。

　　20世纪60年代，美国开始向日本发起竞争挑战，对日本的集成电路发展加以遏制。1964年，美国德州仪器公司提出在日本设立独资子公司并以此作为向日本公开杰克·基尔比专利的交换条件。日本通商产业省的选择影响着本国集成电路产业的走势，如果通商产业省答应，那么日本的集成电路产业将被美国所垄断，本土企业将完全丧失竞争力；如果不答应，那么日本的电气电子企业又无法获得专利实施权。面对美国的反制压力，通商产业省采取了保护和发展民族工业的措施。首先，严格限制集成电路进口，不仅对进口集成电路征收较高关税，而且只允许进口极少数品种，并规定进口限额，借此减少美国对本土企业的冲击。其次，日本政府有意识地制定了一系列对策以保护自己集成电路产业的发展。在已有的1957—1971年《电子工业振兴临时措施法》的基础上，制定了包括集成电路研究项目在内的1966—1971年"超高性能计算机开发计划"，调配人力、物力、财力和技术资源，加强政府与企业的合作，其中，东芝公司负责开发集成电路自动设计系统，NEC负责硅片工艺自动化开发，而日立负责对装配工艺自动化的开发，政府对集成电路产业相关技术研发项目提供资金支持。

面对美国德州仪器公司的要求，通商产业省最终决定采取拖延策略，逐步放开。日本利用德州仪器公司与仙童半导体公司之间关于集成电路技术专利问题上的矛盾，向德州仪器公司施压。1968年，日本与德州仪器公司达成协议，德州仪器公司不再设立独资子公司，并与索尼公司设立合资企业，索尼以适当价格购买其集成电路专利。直到1972年，索尼将自己50%的股份出让给德州仪器公司，德州仪器公司独资的日本子公司才正式诞生。面对美国施加的巨大竞争压力，日本通过产业政策为本土的集成电路产业争取到了更多的发展时间和空间，使其在此期间迅速成长，大大增强了应对外国竞争的能力。1970年日本政府撤销了原来对特定集成电路产品的进口限制，并于1974年开始实施自由的集成电路贸易与资本输入的政策，正式向外国出口日本生产的集成电路产品。

（二）政府支持迎来黄金期

20世纪70年代之后的15年是日本集成电路产业发展的黄金期。在这一阶段，日本实现了重工业化的产业调整，从传统产业过渡到以电子技术为核心的高科技产业。日本政府加大了对科研经费的投入，1970—1980 年，日本科研经费从 38 亿美元逐步递增到 200 亿美元；到 1986 年，日本科研经费增加至 500 亿美元，约占日本国民生产总值的 4%。可以看出，日本对科学技术的研发支持力度越来越大。这 15 年，日本电子产业实现了高速发展。

第一，在集成电路制造业方面，日本启动 VLSI 联盟计划，追赶美国企业。1970 年，英特尔公司首次开发出全球第一个 DRAM 芯片，用于计算机内存的集成电路存储器，尽管仅有 1K 的存储容量，但成为当时全球销量最高的芯片。1971 年，英特尔公司成功制备全球第一个微处理器芯片 4004，该芯片容纳了超过 2000 个晶体管。在推出微处理器芯片 4004 之后，英特尔在 1973 年又推出可容纳更多晶体管的 8 位微处理器芯片 8008 及其改进版本 8080，8008 芯片大约集成了 4800 多个晶体管，集成度更高，运算速度更快，比第一个微处理器 4004 提高了 20 倍。同时，美国企业不断取得突破。美国 IBM 公司计划在 1980 年推出采用超大规模集成电路的新型计算机——"未来系统（Future System）"。英特尔推陈出新并将新技术垄断冲击了日本集成电路企业，IBM 公司研制超大规模集成电路的计划又加强了日本企业的危机感，日本企业决定尽快研制出自主的超大规模集成电路，于是开始了继晶体管、集成电路之后的第三轮技术追赶。

实际上，1971 年 NEC 紧跟英特尔的技术路线，也自主研制出了 DRAM 芯片，但是其技术水平比较落后导致芯片性能欠佳。为了赶超美国的集成电路先进技术，1972 年，日本通商产业省把富士通、日立、NEC、东芝等 6 家企业两两配对，组成 3 个配对组，5 年间政府对每个配对组资助 2 亿美元促进日本集成电路的发展。同年，通商产业省联合日本电子工业协会牵头组织十大集成电路企业成立一个关于大规模集成电路制造技术和生产标准的垄断组织。1974 年，日本集成电路的产值只有 5.6 亿美元，当年美国集成电路产值已经达到 21 亿美元，日本只占美国的 26.7%。1975 年，在日本政府的一系列市场保护政策和产业政策的支持下，松下、东芝、NEC、日立、三菱、索尼等企业半导体部门快速崛起，带动日本集成电路产业发展，日本半导体产业的产值达 12.8 亿美元，在国际市场中的份额提高到 21%，成为第二大半导体生产国。1976 年，日本通产省决定牵头成立一个研究协会，从电子技术综合研究所选拔技术专家，联合日本富士通、NEC、日立、东芝和三菱等企业，组成 VLSI 联盟。该 VLSI 联盟以在 1980 年前开发出微细加工技术，实现突破 1 微米加工精度为目标，以制造最先进的 VLSI 存储芯片，特别是 DRAM 芯片。在 VLSI 联盟启动之前，美国最先研制出 1K 和 4K 的 DRAM 芯片；在 VLSI 联盟启动的 1976 年，美国和日本同时研制出 16K 的 DRAM 芯片；在 VLSI 联盟启动后，日本比美国提前两年研制出 64K 和 256K 的 DRAM 芯片，而且市场占有率更高。1986 年，日本首次超过美国成为全球最大的集成电路生产国，日美集成电路产业的竞争迎来了转折点，从日本追赶美国转向日本超越美国的新发展阶段。

第二，在集成电路生产设备制造业方面，借助 VLSI 联盟实现发展。VLSI 联盟在促进集成电路制造业发展的同时，也带动了日本集成电路生产设备制造业的成长。在 VLSI 联盟刚启动时，日本的集成电路生产设备主要从美国、西欧进口；在 VLSI 联盟启动后，日本集成电路工业转变为依靠国产设备的独立自主的工业部门。

在 VLSI 联盟计划实施的 1976—1980 年，日本集成电路企业与生产设备制造企业积极交流，向其反馈在生产现场的设备使用情况及现场操作人员的建议，与设备制造企业共同制订改进方案。最终，生产设备企业成功开发出"工艺诀窍附带型"生产设备，成功地将集成电路企业的技术诀窍和经验"固化"到生产设备的功能之中。当时，参与合作的生产设备制造企业包括 NEC、理光（RICOH）、佳能、大日本印刷（DNP）等 50 多家企业。VLSI 联盟善于发现、培养和利用这些企业的专长，使它们共同服务于 VLSI 项目的开发，从而形成了一次国产技术大动员。这些生产设备制造企业不仅服务于本国市场，而且迅速打入国际市场，形成日本集成电路行业的国际优势。可以说，日本的集成电路产业之所以能够在 20 世纪 70 年代后期超越美国，与 VLSI 联盟在超大规模集成电路基础技术方面取得的突破性进展密不可分。

整体来看，在这个阶段，日本在集成电路领域的成功，一方面是因为研发资金的增加；另一方面得益于日本成功地整合了金融、技术和工业资源，以确保 VLSI 项目得到快速有效的发展，并得到长期实施。与此同时，日本企业奉行扩大市场份额而不是提高盈利能力的战略，以短期亏损换取市场优势地位并实现长期增长。

从研发和资本支出上看，美国与日本两国支出的差异反映了两国政府政策支持力度的不同和产业结构的显著差异。1982 年以来，日本集成电路制造商在研发和资本方面的支出超过了美国。1988 年，日本的资本支出比美国高出近 20 亿美元；到 1990 年，日本集成电路制造商在资本上的支出为 60 亿美元，而美国为 30 亿美元。支出差异反映了两国政府政策和产业结构的显著差异。日本政府将微电子列为优先发展产业，增加了对潜在贷款人和投资者的吸引力，从而为集成电路行业筹集资金。20 世纪 80 年代，日本很多集成电路公司受益于较低的资金成本，凭借更为低廉的产品价格抢占市场，为其快速成长奠定了基础。进入 20 世纪 90 年代，日本的产业成本已逐渐趋近于美国且很难将两国的产业成本进行直接比较，但总体而言，日本集成电路公司的资金成本还是低于美国。

从投资限制和贸易壁垒上看，美日贸易行为的差异让日本集成电路制造商在美国市场获得了稳固的立足点，同时限制了美国企业对日本市场的参与。在 20 世纪 80 年代初期，美国几乎没有对从日本进口的集成电路产品进行监管或控制，美国电子公司主要根据质量或价格的差异自由选择从美国或日本供应商处购买集成电路产品。但美国集成电路制造商宣称，日本集成电路制造商利用不公平的贸易行为在美国获得市场份额。美国国际贸易委员会（ITC）发现，1985 年日本集成电路企业在美国和其他国家进行 64K 的 DRAM 芯片的市场倾销。在 1981—1982 年以及 1984—1985 年，日本倾销 64K 和 256K 的 DRAM 芯片致使美国竞争对手陷入瘫痪，结果是美国公司在 1985 年年底几乎完全退出了 DRAM 芯片的市场。1980 年，美国生产 16K 的 DRAM 芯片的 11 家集成电路公司中，只有两家公司还留在 256K 的 DRAM 芯片的市场上，而这些美国公司在全球销售份额中的占比已不足 10%。相比之下，美国公司遇到了两种阻碍其产品在日本销售的因素：投资限制和贸易壁垒。20 世纪 60 年代，日本政府规定，在未经日本政府批准的情况下，禁止外国集成电路公司在日本设立子公司；除非外国公司同意与日本本土企业组成合资企业，否则通常会被拒绝进入日本市场。事实上，日本更倾向于日本公司之间的联盟而不是国际合资企业，因此美国公司难以与日本的主要电子公司建立合资企业。此外，作为交易的一部分，日本要求美国公司向其合作伙伴转让技术。尽管在其他国家市场占据主导地位，但美国集成电路公司一直无法打入日本集成电路市场，因此失去了世界市场的很大份额。

（三）激烈竞争进入下行期

随着日本集成电路产业日益膨胀，美国不再对日本进行支援，反而开始遏制日本集成电路产业的发展。20 世纪 80 年代中后期，日美半导体摩擦进入白热化阶段，美国和日本先后于 1986 年和 1991 年签订了《美日半导体协议》和《第二次半导体协议》，日本被迫开放市场，让渡经济利益，这两份文件从战略上遏制了日本对美国的技术追赶。这一边为美国企业开发微处理器和可编程逻辑器件等高附加值产品争取了时间，另一边大力扶持了韩国和中国台湾地区。因此，日本集成电路企业发展空间受到挤压，不仅在 DRAM 芯片技术上的优势被韩国和中国台湾地区夺走，而且没有及时把握市场需求。这个阶段，全球集成电路产业结构也发生了重大变化，长期以来资金投入较大的"垂直整合"模式逐渐被设计与制造分离的"垂直分工"模式取代。在多方面因素的综合作用下，日本集成电路产品出口竞争力直线下滑，主要产品出口转为内需，日本集成电路企业在全球集成电路市场份额逐年下降。1993 年，美国集成电路企业的全球市场份额超过日本，重回全球第一。尽管美国对日本集成电路产业多方面打压，但是日本家电产业仍带动了集成电路产业产值缓慢增长。

值得特别注意的是，日本集成电路供应商在这个阶段经历了行业大洗牌。1984 年 IBM 推出 PC 标志着计算机时代的来临。在美国遏制日本扶持韩国的背景下，新兴 PC 的应用需求提振了 DRAM 芯片市场，韩国 DRAM 芯片产业快速发展。1993 年三星电子超过 NEC 首次夺得世界 DRAM 芯片生产量第一的宝座。1996 年开始，三菱、NEC、富士通、东芝等日本厂商陆续退出 DRAM 芯片市场。日本厂商在全球 DRAM 芯片的市场占有率由 1986 年的最高值 80% 下跌到 1999 年的 25% 左右。1999 年，日立和 NEC 合并自身的 DRAM 芯片业务，成立了尔必达公司。同年，富士通也从面向大型机的 DRAM 芯片业务中撤出。2001 年，东芝将旗下的 DRAM 芯片业务卖给了美光科技。2003 年，三菱的 DRAM 芯片业务被尔必达兼并。然而，尔必达也于 2012 年因经营不善而破产，最终被美光科技收购。自此，日本仅有的一家 DRAM 芯片企业也不复存在。

随着 DRAM 芯片市场的逐渐没落，日本集成电路产业的综合竞争力不断下降。在此背景下，日本及时发挥其技术敏锐性，调整产业结构，在 2001 年再次启动"政产学研"合作攻关项目 HALCA、ASUKA、MIRAI，通过在 ASIC、系统级芯片（System on Chip，SoC）等产业链细分领域的技术创新，强化产业竞争力，带动集成电路材料、集成电路设备等产业提升能力，形成了以九州"硅岛"为代表的产业聚集生态；并且协同发展微控制单元（Microcontroller Unit，MCU）、互补金属氧化物半导体（CMOS）、SoC 等基础配套体系和人工智能、自动驾驶等新兴产业领域，夯实了日本的全球集成电路产业重心地位。

（四）逐步聚焦巩固产业优势

2011 年以来，全球集成电路产业竞争越来越激烈，韩国、中国大陆、中国台湾地区等经济体的集成电路产业发展迅速，成为日本在亚洲的主要竞争对手，日本在全球的集成电路市场份额整体萎缩。面对激烈的市场竞争，大部分日本集成电路企业仍采取"垂直整合"模式，这一模式的资金负担较重，严重加剧了企业利润的下滑幅度，特别是在日本大地震之后，在 45 家主要集成电路厂商中，37 家销售额出现同比负增长，更有 25 家企业陷入赤字经营困境。

面对全球半导体市场份额不断削减、利润逐渐下降的模式困境，日本集成电路企业被迫实行战略转型，以东芝和瑞萨电子为代表的各大半导体厂商明确提出改变传统的"垂直整合"的运作模式，开始进行战略调整。面对模式困境，掌握着材料以及产业链上游竞争优势的日本半导体企业将实施大规模的资源调整与配置，开发更新一代的材料及 LSI 产品已经成为日本企业"转向附加值"的战略目标。经过多年的产业结构性改革，加上既有的技术积累，目前日本企业在半导体产业链关键环节中拥有较高的市场占有率，其中东京电子在涂布显影设备领域掌握全球九成份额，Lasertec 公司和迪斯科（DISCO）公司分别在极紫外线（Extreme Ultraviolet，EUV）光掩膜和晶圆切割领域中拥有全球最大市场份额。2009 年，日本占据全球集成电路生产设备 37% 的市场份额，并占据全球集成电路材料 66% 的市场份额，在光刻胶、湿化学品等领域甚至垄断了 90% 的市场份额。综上可见，凭借其在新兴领域的探索和耕耘，日本集成电路产业经过 20 世纪 90 年代的"半导体战争"后仍是全球集成电路产业链中非常重要的一环。

三、后来者韩国的追赶与超越

集成电路产业的产业链长且各环节所需技术难度不一，这对后发追赶国家而言，存在打破产业高技术壁垒的机遇，韩国就是成功追赶的典型。20 世纪 70 年代，在许多美国和欧洲集成电路制造商退出市场竞争的背景下，韩国利用在存储器领域的集中攻坚，成功地在世界集成电路市场中快速崛起。相较于美国、英国、法国、日本等老牌强国，韩国本土的集成电路起步相对较晚且几乎没有相关产业基础，但韩国充分把握产业转移和美日贸易战的契机，利用逆周期投资的方式迅速成长，通过蚕食美国和日本在存储领域的市场份额，厚积薄发，形成了自身核心竞争力，实现了在集成电路产业尤其是存储器领域的向前追赶、超越与引领。

（一）大量引进美国技术

20 世纪 60 年代，韩国集成电路产业在外商投资和技术引进的驱动下开始起步。1959 年，韩国金星电子（现 LG 集团）生产出本土第一台真空收音机，正式拉开了韩国集成电路产业的序幕。但当时的韩国企业并不具备自主生产真空管的能力，只能完成技术含量较低的进口元器件组装环节。

20 世纪 60 年代初期，美国的集成电路生产商正在国外寻找熟练且相对便宜的劳动力。得益于高技能的人力资源、低廉的人力成本以及由威权政府确保的和平环境，韩国成为美国集成电路生产商的首要选择，并开始成为美国和日本集成电路制造商的组装基地。1965 年，美国企业率先在韩国投建晶体管、二极管生产设施，用于制造和封装分立晶体管，虽然投资规模较小，却是促进韩国本土集成电路制造业发展的重要一步。此后，仙童半导体、摩托罗拉等美国公司也陆续赴韩建厂。其间，韩国集成电路产业增长的主要载体是美国集成电路公司的子公司，其集成电路产品占韩国集成电路总产量的 95% ~ 99%。这些韩国子公司专门从事晶体管和集成电路的简单组装，进口所有必需的材料和生产设备。可以说，韩国集成电路产业是在美国、日本公司的技术支持下，通过为其组装劳动密集型、低技术集成电路设备而得到发展，在产业发展初期形成了以出口为导向的组装生产体系。当时，韩国本土集成电路产业的发展受到国际分工体系的限制，政府并未形成协助本国企业建立长期竞争优势的支持体系，只是鼓励外国直接投资韩国企业，也没有出台相关政策来加强国内企业的技术学习进程。

到 20 世纪 70 年代，由于世界市场形势变化和劳动力价格上涨，韩国以劳动密集型轻工业产品为主的出口模式发展受限。为此，针对零部件高度依赖进口的情况，韩国决定在关键零部件领域实施国产产品替代，借此提高本土电子产业的国际地位和产品附加值。1975 年，韩国产业通商资源部制定了 6 年计划，以期能够促进本土集成电路产业发展并且实现本土自主生产电子配件和集成电路。该计划初步规划了韩国集成电路产业的发展蓝图——以存储芯片为核心，对引进的技术进行消化吸收和再创新。自此，韩国各大集成电路公司纷纷引进技术，在芯片设计和加工技术领域完成了自身的技术积累。以三星电子为例，其技术引进和吸收涵盖范围广泛，包括从底层基础技术到不断革新的尖端科技，从组装、工艺开发到芯片的制造和测试。1977年，三星电子完成了对合资企业"韩国半导体"全部外资的收购并建立起"三星电子半导体有限公司"。此后，三星电子还收购飞兆在韩国的子公司；获得了美光科技64K DRAM芯片的技术授权；还从美国Zytrex公司购买了高速加工设备的技术许可。

在这一阶段，电子产业虽然被官方宣布为韩国重要的战略产业之一，但由于缺乏有针对性的相关产业扶持和促进计划，政府支持的实际效果甚微。在集成电路产业发展初期，韩国实施了"重化工业促进计划"（Heavy and Chemical Industry Promotion Plan，HCI促进计划），HCI政策面向重化工业，政策补贴包括优惠贷款、减税、奖励等，旨在鼓励大企业特别是财阀成为重化工业快速增长的引擎。但这一政策并非专门针对电子产业发展的促进政策，因此对集成电路产业发展的助推作用有限。后期随着集成电路产业越来越成为韩国国民经济的支柱产业，韩国政府开始加大相关产业政策的规划与实施力度。韩国集成电路产业政策的主导方向和布局重点基本与本土产业的发展阶段相适应。韩国政府公布了《推动半导体产业发展的六年计划》，以期大力促进本土集成电路企业发展进程，并依托此政策框架成立了韩国高级科学技术研究院（KAIST）和韩国电子技术研究所（KIET）两所本土顶尖研究机构。这两大科研机构的创立，不仅为韩国电子工业初期承接国外先进技术、开展自主技术研发提供了技术基础和机制保障，还为韩国本土集成电路产业的高速发展培养并储备了大批高质量的人才。

（二）财阀巨头投资布局

20世纪80年代，韩国集成电路产业迎来了发展过程中重要的转折点。在1983年前，韩国在国际分工中还只是集成电路产业的组装基地。1983

年，韩国财阀启动超大规模集成电路项目，此后韩国实现了从简单组装生产基地到全球重要 DRAM 芯片生产中心的巨大飞跃。韩国财阀为提前布局未来商业领域，纷纷将其工业基础向附加值更高的高科技产业转移，三星电子、现代、金星三大财阀相继布局超大规模集成电路的生产，推动了韩国成为 DRAM 芯片领域的后起之秀。

具体来看，三星电子专注于 DRAM 芯片的生产。考虑到 DRAM 芯片销售规模较大、设计结构较为简单、日本企业在 DRAM 芯片领域的成功追赶，三星电子相信该领域将会是后发者超越老牌厂商的蓝海领域。1983 年 2 月，三星电子时任总裁李秉哲决定对存储芯片生产进行大规模投资，生产产品中一半以上是 DRAM 芯片，并集中注意力于精心挑选的 DRAM 芯片细分市场上，以实现规模经济和成本竞争力。在选择 DRAM 芯片作为主要生产产品后不久，三星电子就与国外公司合作，引进并整合进口技术，并于 1983 年 11 月成功研发出 64K DRAM 芯片，这标志着韩国集成电路产业从相对基础的 LSI 技术发展到先进的 VLSI 技术，在技术层面实现了一次巨大的突破。1984 年年底，基于美国公司的技术，三星电子成功研制出 256K DRAM 芯片。1985 年三星电子成功研发出 1M DRAM 芯片，这表明当时的三星电子已经可以进行自主产品研发，也首次掌握了相关的 DRAM 芯片设计技术。

韩国现代集团则通过不断尝试开拓产品领域打开市场。20 世纪 80 年代初期，由于现代集团的核心业务之一汽车行业越来越多地使用电子产品，现代集团的创始人郑珠英看到了电子行业多元化的需求，并希望借此机会扩大和改造现代集团的工业基础，在更具前景的电子行业中占据先机。1983 年，现代集团成立现代电子有限公司，主营工业集成电路和电子产品的生产。在技术进步方面，现代集团的做法与三星电子相似。现代电气系统（MEI）于 1983 年 3 月在美国硅谷建立了技术中心。同年 10 月，现代集团成立现代电子研究所，快速建立起现代集团在韩国的技术基地。此外，现代集团也布局发展存储行业。为了避免与日本公司的正面冲突，现代集团选择从静态随机存取存储器（Static Random-Access Memory,

SRAM）领域着手。然而，由于 SRAM 在技术上比 DRAM 芯片复杂得多，产品研发周期较长，现代集团并没有取得突破性进展。因此到 1985 年年底，现代集团也转而研发 DRAM 芯片。随着公司战略的转变，现代集团基于从美国 Vitelic 公司提取的芯片设计技术生产出了 256K DRAM 芯片，但最终 Vitelic 芯片量产失败。不过现代集团为外资企业代工存储芯片的业务获得了较大成功。1986—1991 年，现代集团作为德州仪器的代工厂生产 256K DRAM 芯片。这部分代工业务也为后来现代汽车的研发和生产积累了相关知识并改善了现代集团财务困难的状况。总体来看，现代集团的发展比三星电子更具挑战性，并且花费了更久的时间才建立起一个高效稳定的生产体系。现代集团作为这一领域的创新者，经历了昂贵的试错过程。因此，现代集团深知工艺创新的难度和重要性，一直致力于"持续改进工作"以提高生产效率，并于 1988 年获得了韩国集成电路公司的最佳收益率。

金星集团则采用更为保守的投资策略，在内存芯片领域的进军步伐缓慢。20 世纪 80 年代，金星主要生产 4 位和 8 位逻辑芯片和微处理器，而 DRAM 等产品芯片仅被视为降低整体生产成本的附加产品。1989 年，金星集团终于决策开始进入 DRAM 芯片市场。1990 年，DRAM 芯片在金星半导体营业额中的占比只有 28%。为了在 DRAM 芯片领域与三星电子竞争，金星半导体一直专注于推进与外国公司的技术许可协议。金星集团从与日立原始委托生产合作中获得了巨大的利益，利用日立的技术和国外招募的人力，轻松获得了 VLSI 生产技术。

总体来看，20 世纪 80 年代，随着 PC 产业崛起，美日在集成电路领域贸易冲突频繁，韩国集成电路产业得以快速发展。韩国的集成电路产业政策在这一时期开始变得密集，推出了《半导体工业振兴计划》《半导体设备国产化五年计划》《高度先进国家计划》等一系列产业综合支持政策，在产业发展方向、技术路线、组织结构、应用推广方面起到了十分正向的牵引作用。在 1986 年出台的为期 7 年的《超大规模集成电路共同开发计划》中，政府组织三星电子、LG 集团、现代集团与 6 所大学结盟，在电子与电信研究所（ETRI）的协调下推进 1M 到 64M 的 DRAM 芯片核心基础技术开发，这也成为韩国集成电路产业在 DRAM 芯片产业追赶并最终超越日本的重要推手。

（三）存储芯片称霸全球

自 1983 年开启集成电路产业"跨越式"发展阶段后，韩国就非常重视存储芯片的大规模生产。截至 1996 年，韩国控制了全球近 40% 的 DRAM 芯片市场份额，与竞争对手日本旗鼓相当，并且拥有世界一流的 DRAM 芯片生产和工艺技术。由于集成电路产业周期性规律凸显，1996—2011 年，产业整体出现多次下滑，在其他国家纷纷减产以降低亏损的情况下，韩国企业"反其道而行之"，在产业低谷进行投资，险中取胜。以三星电子为代表的韩国集成电路企业，依靠政府的政策与资金扶持，进行逆周期投资、扩产，进一步拉低产品价格，致使 DRAM 芯片领域的竞争对手不得不退出市场甚至破产，由此大幅提高了在 DRAM 芯片领域的市场占有率，奠定并巩固了霸主地位。

在存储方面，三星电子有三次"逆周期行动"。由于三星电子是韩国体量最大的集成电路企业，其三次"逆周期行动"也标志着韩国集成电路产业的逆周期布局。1984—1986 年，全球集成电路产业低迷，三星电子进行了第一次逆周期投资。当时在国际市场上，存储卡价格由每张 4 美元骤降至 30 美分，而三星电子存储卡的成本为每张 1.30 美元，即每销售一张内存卡损失 1 美元。受价格暴跌影响，英特尔退出了 DRAM 芯片行业，日本公司也被迫大幅减产。三星电子则大刀阔斧地进行逆周期投资，一方面持续加大产能，另一方面研发更大容量的 DRAM 芯片。到 1986 年年底，三星电子的半导体业务总共亏损 3 亿美元，资本所剩无几。幸运的是，在 1987 年，这个行业出现了转机。美国政府对日本集成电路公司发起反倾销诉讼调查，两国签署协议并提高了 DRAM 芯片内存的价格，这也间接使三星电子坐收渔翁之利，开始盈利。此前三星电子的集成电路技术落后于日本和美国，但它依靠对集成电路产业的信心和激进的逆周期投资渡过了这一难关，并成功扩大了在全球集成电路市场的份额。三星电子的第二次逆周期投资是在 1996—1999 年，这段时间，全球 DRAM 芯片年销售额再次下跌。在此阶段，三星电子等韩国企业的 DRAM 技术已位于世界首位。韩国企业再次与竞争对手在价格上展开较量，从而进一步攫取市场份额。在这场价格大战中，日立、NEC、东芝等日系企业的内存部门纷纷败下阵来，只得被母公司剥离；东芝宣布从 2002 年 7 月起将不再进行通用 DRAM 芯片的生产，尔必达则成为日本 DRAM 领域唯一的幸存者。此后，韩国在存储领域成功淘汰了一大部分竞争对手，进一步扩大了市场份额，这也带动了未来三星电子等韩国企业 DRAM 芯片营收大幅增长。集成电路产业的发展随全球经济市场的起伏而上下波动，在 2008 年全球金融危机前后，三星电子进行了第三次逆周期投资。2007 年年初，对 DRAM 芯片需求量巨大的 Vista 操作系统销量不及预期，DRAM 芯片价值下跌，再加上 2008 年的金融危机，更是雪上加霜，其价格从 2.25 美元跌至 0.31 美元，整个行业陷入危机。三星电子继续进行逆周期投资，豪掷 2007 年企业总利润的 118% 扩大 DRAM 芯片生产，故意增加产业亏损。2008 年年中 DRAM 价格跌破现金成本，并在 2008 年年底直接跌破材料成本；2009 年年初，德国制造商奇梦达宣布破产；2012 年年初，日本唯一的幸存者尔必达也宣告破产。自此，三星电子正式确立起了 DRAM 领域的主导地位。

三星电子能够成功执行"逆周期投资"，很大程度上得益于其强大的财阀优势。在发展初期，经过高层的慎重考虑，三星电子决定将人力和财力集中在大型集成芯片的研发上。他们没有一味追求最高、最尖端的技术，而是首先选取技术含量低的 DRAM 产品作为市场突破口，依靠财团资金优势实现低成本量产，快速获得市场份额。当集成电路市场在 20 世纪 80 年代真正发生变化和逆转时，财阀的强大力量为三星电子的研发和持续生产提供了切实保障。在 20 世纪 90 年代全球集成电路市场疲软的情况下，三星电子凭借财阀的优势，持续加大投入和研发，扩大生产，超越竞争对手。

进入 21 世纪后，日本集成电路制造业竞争力日渐衰落，韩国的集成电路龙头企业垄断地位正式确立，其国内产业格局由原来的抱团取暖开始向相互竞争转变，对国家力量主导的产业投入需求有所降低。同一时期，欧盟发起了一系列针对三星电子、SK海力士等韩国企业的反垄断、反倾销调查，并在世界贸易组织（WTO）就韩国政府对韩企的不公平补贴提起指控。韩国相关集成电路产业政策也有所收敛，主要以延续前期的部分产业指导性、规划性政策为主，兼顾支持新型显示、软件等其他相关电子产业。

（四）产业实力强势崛起

2011年，韩国半导体产业的全球市场占有率达到16%，这也是韩国集成电路产业首次超越日本，成为仅次于美国的第二大集成电路强国。在存储市场，以三星电子、SK海力士为代表的韩国集成电路企业连续多年在全球市场中占据主导地位。继在存储器业务方面占据统治地位之后，以三星电子为代表的韩国企业在智能手机应用处理器、代工等环节亦跻身全球顶尖行列。

以三星电子为例，在智能手机应用处理器上，从2000年推出第一款三星电子S3C44B0智能手机应用处理器，到逐渐成为全球最大应用处理器之一的Exynos系列，三星电子的应用处理器在架构、指令集、技术上都积极迎合市场经验和客户的真实需求，发展迅速。2017年上半年，三星电子在应用处理器的市场份额仅次于高通、联发科（Media Tek）和苹果，位居全球第四。与此同时，三星电子积极发展晶圆代工业务，这使三星电子成为手机制造商中唯一同时具备设计和制造芯片能力的公司，在技术上超越其他公司，在周期和成本上也不受制于人。根据各公司年报和Gartner数据，2017年，在半导体业务收入方面，三星电子首次超越连续25年蝉联榜首的英特尔位居首位。2021年，三星电子总营收731.97亿美元，再次超过英特尔，在全球半导体厂商中排名第一，SK海力士位列第三，且三星电子和SK海力士营收的年增长率分别为28%和40%，而英特尔的收入则下降了0.3%。由此可见，韩国企业在全球集成电路市场中表现强劲，并有持续向好的趋势。

　　从产业规模来看，韩国集成电路产业作为韩国对外出口的主要驱动力之一，半导体产品出口量总计约占韩国每年出口量的 20%，同时韩国在DRAM、NAND Flash 等细分领域持续领先全球。韩国集成电路产业在国际上占据一定话语权的同时也遭受了一系列的冲击和摩擦，如 2010 年韩国三星电子等公司因违反欧盟反垄断规定而被开出罚单；2019 年日韩贸易冲突中，日本宣布限制氟化氢、含氟聚酰亚胺、光刻胶 3 种关键集成电路材料的对韩出口，并着手将韩国从贸易"白色清单"国家中删除，取消韩方进口日本产品的流程优待权。受此影响，2019 年韩国集成电路产业出现31.6% 的负增长，总体销售规模回落至 769.8 亿美元。为了应对来自外部的冲击，韩国政府及时出台相关政策并且采取相关措施积极应对，使本国集成电路产业依然能够保持稳步前进，产业优势也逐步扩大到新兴应用领域。

　　从产业结构来看，韩国本土汇聚了逾 2 万家半导体相关企业。在集成电路领域，韩国已形成较为完备的产业链条，在制造、设备及材料环节蓬勃发展，已形成包含 300 余家集成电路制造企业，近 3000 家半导体设备企业，超过 4000 家半导体材料企业在内的产业集群。三星电子和 SK 海力士作为韩国最大的两家集成电路企业，不仅在本土产业中占据核心主导地位，在国际也具有突出的领先优势。虽然在封装测试、材料、设备环节相对较弱，但设计和制造是韩国半导体产业的主力环节，尤其是在制造环节。2015 年以前，韩国的芯片产能位居全球首位；2015 年后，韩国芯片产能仅次于中国台湾地区，位居全球第二。2021 年，三星电子和 SK 海力士在全球十大集成电路企业中分列第一、第三位，这两家韩国企业也持续多年引领全球集成电路制造业的发展。

　　从产品结构来看，存储器类产品在全球集成电路应用市场中的占比为27%，仅次于逻辑电路，韩国的集成电路产业也由此逐渐形成并确立以存储器为主的市场结构。根据 Gartner 数据，2020 年，在 NAND Flash 领域，三星电子和 SK 海力士营收在全球市场中合计占比 46%；在 DRAM 领域，这两家韩国企业的合计营收占比更是高达 71%，NAND Flash 和 DRAM 芯片也是韩国集成电路产业崛起的关键基石。根据 IHS Markit 的统计数据公布，自 2017 年以来，存储器芯片在韩国集成电路产业规模中的占比就一直稳居 90% 以上的高位（表 1-6）。韩国本土也顺应三星电子、SK 海力士、LG 等集成电路大厂的选址逐渐形成了产业集群，并且集聚了公共研究机构、高等院校和企业研发中心等，进一步促进了本土产业的正向循环。

表 1-6　　**2016—2023 年韩国集成电路市场规模占比与预期情况**　单位：亿美元

	2016 年	2017 年	2018 年	2019 年	2020 年	2021 年	2022 年	2023 年
存储器芯片	470.6	800.5	1016.2	827.4	860.1	914.5	972.7	992.9
占比（%）	88.0	92.1	93.1	95.2	92.3	91.8	91.9	92.5
非存储芯片	63.9	68.4	75.4	41.7	71.6	81.4	86.2	80.4
占比（%）	12.0	7.9	6.9	4.8	7.7	8.2	8.1	7.5
合计	534.5	868.9	1091.6	869.1	931.7	995.9	1058.9	1073.3

资料来源：IHS Markit。

从政策层面来看，随着新一轮科技革命带动新热点不断涌现，全球集成电路产业格局加速重塑，各国的产业政策也纷纷开始进行相应调整。2019 年 7 月，日本宣布对 3 种关键半导体材料出口增加出口审查措施，并将韩国从贸易"白色清单"国家中删除。韩国政府迅速反应，推出"为了强化材料、零部件、设备产业竞争力"的《特别措施法》，加大对本国集成电路产业上游查漏补缺的重视程度，全面加大在集成电路产业链上游的研发和产业化方面的支持。为了强化本土集成电路产业供应链稳定性，韩国进一步升级推出了《材料、零部件和设备 2.0 战略》，之后又陆续颁布了《2030 年综合半导体强国目标》和《人工智能半导体产业发展战略》，面向前沿领域发力布局。2021 年，韩国政府出台《K- 半导体战略》，计划投资4510 亿美元，将韩国打造成集成电路综合强国，并将集成电路企业设施投资税额的扣除率最高上调 20%、研发投资上调至 50%，且在对企业的税额减免中，新设"核心战略技术跑道"，对属于该领域的企业研发投资，给予比现行制度更大的税制优惠。由此可以看出，韩国希望在集成电路产业强链补链并成为产业综合强国的决心。

总体来看，韩国集成电路产业的整体发展主要呈现以下五大特点。

第一，存储器芯片是支撑产业发展的主要方向。韩国将存储器作为本土集成电路产业发展的战略核心。根据 Gartner 数据，三星电子和 SK 海力士产值合计占全球 DRAM 市场的近 3/4 和全球 NAND Flash 市场的约一半，且两家企业长年在全球集成电路厂商中排名前五。韩国存储器产业的蓬勃发展，进一步带动了本土集成电路材料和设备业发展，设备厂商细美事也进入全球排名前十。此外，韩国企业并没有因为存储上的绝对优势而松懈，一方面，加强对先进技术的研发并成功开发出一系列先进存储器产品；另一方面，也积极通过国际联盟获取前沿技术，如三星电子不但与阿斯麦（ASML）公司一起研发光刻机，还与 IBM、意法半导体、格罗方德（Global Foundries）等欧美企业组成"国际半导体开发联盟"，共同进行下一代新型集成电路技术的研发，这也使韩国企业能够持续保持与后发企业间的技术壁垒。

第二，集成电路产业资本由大财阀主导。韩国集成电路企业最初以"财阀 + 政府 + 小企业"为主要资本结构。在美日争霸阶段，大财阀大力投入三星电子、SK 海力士、LG 等头部企业，并围绕这些企业培养出了一批具有竞争力的中小企业，在设备、材料领域为韩国集成电路产业发展提供了保障，特别是三星电子利用资本优势，逆周期在存储器领域进行扩张，取得了出色业绩。

第三，SoC 成为产业发展的第二大驱动力。韩国继存储器之后，规划发展 SoC，布局高端市场。2020 年，韩国贸易工业能源部计划成立下一代半导体投资部门，并计划在 2020—2029 年，面向 SoC 领域投资 1 万亿韩元（约 59 亿元人民币）；此外，韩国政府也于同年与三星电子达成合作意向，拟在 2030 年前后将韩国打造成全球最大的 SoC 芯片生产商。截至 2022 年年底，韩国已对 20 余家当地企业提供了 SoC 创新方面的技术研发和人才培养支持，依托应用驱动的发展方式，在国内市场需求旺盛的领域，如平板显示、消费电子等，组织技术攻关逐个突破。目前在接触式图像传感器（CIS）、显示器驱动芯片（DDI）和应用处理器芯片（AP）方面已取得较为明显的成效。

第四，政府在韩国集成电路产业发展中发挥了积极的引导和支持作用。一是产业扶持政策。韩国政府通过一系列政策为企业提供了资金、技术支持，并且对企业的发展起到了重要的导向作用，如20世纪80年代韩国政府主导的半导体工业振兴计划，为集成电路企业提供设施支持和出口补贴，在一定程度上为韩国企业在存储器领域赶超美国和日本降低了生产成本，增强了国际市场上的竞争力。二是研发支持政策，如政府出资支持存储器关键技术研发，最终帮助韩国实现行业领先。三是提供公共服务平台和人才支撑，如在20世纪70—80年代就创建了韩国科学技术院和韩国产业经济贸易研究院，成为早期韩国产业发展最可靠的智力和技术策源地。此外，韩国政府还鼓励大学与企业合作，如三星电子等大企业与成均馆大学等高校联合开办企业定制班，通过企业主导科研方向的订单化培养方式加速工程型人才储备速度，为产业输送了大量优秀集成电路人才。

第五，韩国本土集成电路产业发展具备国际化视野。韩国集成电路产业发展的国际化主要表现在市场、技术的国际化和人才全球化两大方面。在市场、技术的国际化上，由于本国市场规模较小，产业发展初期就以出口为导向且一直如此。基于此，韩国政府放宽了对企业海外投资的限制，并通过减税、鼓励融资等手段支持国际化企业的发展。因此，三星电子、SK海力士等头部企业的研发中心和制造基地都具有全球化的特点。在人才全球化上，早在产业发展初期，韩国就曾通过"周末工程师"的方式吸引具有丰富产业经验的日本工程师赴韩工作。一方面，韩国政府出台《K-半导体战略》，通过为人才授予"名人"称号等方式，用高报酬和高社会满足感吸引全球人才赴韩；另一方面，韩国企业通过在全球各地设立研发基地或实验室的方式走向海外市场，既降低了吸引海外人才的成本，又能够充分利用海外具有强基础、高经验的专业人才助力本国集成电路产业发展。

四、新兴市场中国台湾地区的拓新与深耕

中国台湾地区集成电路产业能够顺利起步，很大程度上得益于美国

资金、技术和企业的支持，但后期发展壮大主要还是依靠政策导向、组织创新，并开创性地选择了全球制造代工的道路。从 20 世纪 60 年代起，中国台湾地区就积极引进海外集成电路投资和技术，并在世界范围内招揽集成电路专家。进入 70 年代，中国台湾地区成立了电子工业研究发展中心，开始引进海外先进集成电路设计与制造技术，引导产业技术升级，将研发成果和人才产业化，逐步建立起了独特的集成电路产业生态。这一阶段中国台湾地区集成电路产业仍以外资封装测试为主。后期，随着联华电子（UMC）、台积电等集成电路制造企业的建立和崛起，中国台湾地区集成电路产业开始逐步确立起以制造代工为主的垂直分工体系。

中国台湾地区集成电路产业以代工生产为基础定位。在全球集成电路行业分工日益细化之时，抓住机会承接了全球集成电路产业链中代工环节的转移，形成上下游垂直分工与产业群聚的特色，使其拥有高弹性、反应快、低成本、定制化服务的产业优势。代工企业的逐渐壮大又驱动了本地设计公司的崛起。随着消费类电子产品的需求日益旺盛，中国台湾地区的集成电路产业逐渐成为具有全球竞争力的产业集群之一。

（一）引进外资研发技术

中国台湾地区集成电路产业起步于 20 世纪 60 年代，在此阶段，台湾当局开始进行集成电路相关的教学，实施"对内鼓励民营经济，对外实行开放"的经济发展政策，并在高雄设立出口加工区，以低廉的劳动成本吸引美国、日本等外国集成电路企业进入建厂，为当地集成电路产业发展打下基础（表 1-7）。

在科研和技术层面，台湾交通大学于 1960 年正式设立从事集成电路研发和教学的电子研究所，开启了台湾岛内集成电路人才储备工作；1964 年该大学正式成立半导体研究中心，并于 1966 年成功自研出中国台湾地区第一颗集成电路芯片。1966 年，台湾当局为促进外向型经济发展，在高雄设立首个出口加工区，开始承接海外厂商的代工和资本转移。这一阶段，中国台湾地区凭借优惠的税收政策和低廉的劳动成本吸引了通用仪器、德州仪器、飞利浦等大量欧美半导体企业将晶体管的制造和封装环节部分转移至此。自此，美国电子工业向中国台湾地区转移的序幕正式拉开。在此期间，寰宇、万邦等本地企业也成功开拓了集成电路封装业，并联合外企培养了许多专业人才。这一阶段，中国台湾地区的集成电路产业基本以劳动密集型的外资代工为主。

表 1-7　　中国台湾地区集成电路产业外资技术引进期代表性事件

产业历史阶段	年份	代表性事件
外资技术引进期 （1960—1970 年）	1960	台湾交通大学成立电子研究所，并在之后开始从事集成电路研发及教学
	1966	成功研制出第一个自主集成电路；台湾当局在高雄设立第一个出口加工区，美国通用仪器在此设厂从事晶体管装配业务；此后，德州仪器、飞利浦等外商陆续赴台建立封装测试厂
	1970	第一家晶体管制造厂万邦电子公司成立

资料来源：根据公开资料整理。

（二）政策驱动产业孵化

1971 年，受世界石油危机影响，以进口能源为主的中国台湾地区物价持续提升，劳动密集型的集成电路产业代工模式也受到挑战。为提振经济，中国台湾地区集成电路产业开始向技术密集方向转型升级，通过引进外部先进技术，提升当地的产业竞争力（表 1-8）。

表 1-8　　中国台湾地区集成电路产业上游技术引进期代表性事件

产业历史阶段	年份	代表性事件
上游技术引进期 （1970—1980 年）	1974	成立电子工业研究发展中心
	1975	电子工业研究发展中心开始执行第一期"IC 示范工厂设置计划"
	1977	电子工业研究发展中心引进美国的光罩技术并建成第一条 3 英寸晶圆生产线
	1979	开始实施"电子工业第二期发展计划"
	1980	当地成立中国台湾地区第一个科技园——新竹科技园区

资料来源：根据公开资料整理。

在这一阶段，政策对产业发展有着重要的指导作用。自 20 世纪 70 年代起，台湾当局就陆续出台了一系列具有指导性、前瞻性的集成电路产业发展和人才培养政策和计划，培育出了台积电、联电等一批世界先进的集成电路代工龙头企业，助力当地产业走上创新发展的快速路，并成为岛内的支柱性产业。1973 年，中国台湾工业技术研究院（以下简称"工研院"）在台湾当局的指导下成立，并以"科技研发，带动产业发展，创造经济价值，增进社会福祉"为主旨，引进、学习、研发先进技术，再将这些技术转移给当地企业，助力这些企业掌握核心技术，拥有国际竞争力。此外，台湾当局还对集成电路企业进行税收减免并运用产业基金等资本对当地企业进行投资和扶持。1975 年，受中国台湾地区经济事务主管部门委托，工研院电子所开始执行为期 5 年的"集成电路示范工厂设置计划"，引进海外先进技术，在本地建立示范工厂。1977 年，工研院从美国无线电公司购买专利技术，同时向美国 IMR 公司购买掩膜板，建设生产线，并进行改造升级，再转让技术以推动产业进步。经过此项计划，中国台湾地区集成电路制造业初步具备了生产能力。1979 年，中国台湾地区乘胜追击，启动"电子工业第二期发展计划（1979—1983 年）"。在此期间，台湾当局投资了 4000 万美元引进 7 微米制程工艺及光照技术，并将引进的技术转向民营企业，成功孵化出当地首家集成电路制造厂商——联华电子公司。1980 年，中国台湾地区第一个科技园——新竹科技园区正式挂牌成立，该园区紧邻台湾清华大学、交通大学、工研院等高校科研机构，形成了良好的"政、产、学、研"合作架构，为当地孵化出很多成功的集成电路企业，被誉为"中国台湾硅谷"。该阶段外商投资的封装厂仍在当地集成电路产业中占据最大份额，但其集成电路技术水平明显提高。

（三）培植当地核心企业

由于民间资本投资意愿不高，台湾当局决定与民间共同投资，发展集成电路产业。20 世纪 80 年代，联电、台积电等当地集成电路企业的相继成立，吸引大量民间资本陆续进入集成电路产业，自此中国台湾地区集成电路产业由以外资为主的封装测试业迈进了以当地企业为主的设计、光掩膜业和制造业（表 1-9）。

表 1-9 中国台湾地区集成电路产业当地企业培育期代表性事件

产业历史阶段	年份	代表性事件
	1980	当地首家集成电路制造企业联华电子公司成立
	1983	工研院电子所开始执行"电子工业研究发展第三期计划（1983—1988 年）"
当地企业培植期（1980—1990 年）	1984	联华电子公司并购美国亚瑞科技
	1987	全球首家专业晶圆代工制造厂商台积电成立
	1989	首家光罩公司台湾光罩公司成立
	1990	开始实施"次微米制程技术发展五年计划"

资料来源：根据公开资料整理。

在政策扶持层面，1983 年台湾当局效仿日本开启"电子工业研究发展第三期计划（1983—1988 年）"，该计划主要以发展 VLSI 为主，总投资7400 万美元。工研院引进了 1 ~ 1.5 微米超大规模集成电路制造和测试工艺，并于 1987 年与飞利浦公司合资成立台积电，开始进行 6 英寸晶圆的生产，这也是全球首家专业从事晶圆代工的企业。1990 年，中国台湾地区实施次微米制程技术发展计划，该计划总投入 2.2 亿美元，用于发展 8 英寸 0.5 微米制程工艺。1994 年，该计划的研发成果成功孵化出了世界先进积体电路制造股份有限公司，建立起当地第一座 8 英寸晶圆厂，并大幅缩小了与当时先进国家 0.35 微米的制程工艺差距。

（四）开辟三业分工体系

在政策支持下，20 世纪 90 年代，中国台湾地区集成电路产业进入了创新发展期，在制造代工和封装测试等细分市场中取得领先地位，培育出一批优质的集成电路企业。

在政策层面，进入 21 世纪，中国台湾地区在集成电路制造产业已全球领先，但并未停止在集成电路领域研发创新的步伐。2003 年，中国台湾地区开始实施硅导计划，斥资 2.3 亿美元，重点研发 SoC（系统集成芯片）技术。这一计划助力中国台湾地区在保持制造环节优势的同时，也逐步建立起自主的设计和 IP 企业。2011 年，台湾当局开始推行智慧电子"国家型"科技计划，为了顺应医疗、能源、电子产品等领域对集成电路的新需求，投资 3.3 亿美元对集成电路展开前瞻性研究。2017 年，为了应对全球范围内人工智能领域的竞争，促进核心技术提升，中国台湾地区展开为期 4 年的"智慧终端半导体制程晶片系统研发专案计划"（半导体射月计划，Semiconductor Moonshot Project）。该计划总投资 40 亿新台币，分为"人工智能芯片、新兴半导体制程、内存与信息安全、前瞻感测"四大主轴，旨在培养人工智能领域紧缺的顶尖制程工艺、材料和芯片设计顶尖人才。台积电、联发科等 60 余家企业加入该项计划。2020 年台湾当局提出"Å 世代半导体——先端技术与产业链自主发展计划（2021—2025 年）"，该计划将在 2021—2025 年投入总计 37 亿新台币的资金，对设备、材料、制程工艺等方面的瓶颈进行预先研究，探索、研判产业发展方向，将中国台湾地区本地的硬件制造优势与行业发展趋势相结合。此外，还将针对量子科技等新兴技术开展前瞻性研究。

在产业发展层面，20 世纪 80 年代到 90 年代中期，中国台湾地区把握美日贸易战的契机，巧妙地避开了与美国、日本、韩国之间的正面冲突，成功实现了承接全球集成电路制造代工环节的转移。1997 年，日本厂商为了降低投资成本，开始将制造代工环节向中国台湾地区转移。同年，台积电提出"南科制造中心"10 年计划，投资 4000 亿台币，其他集成电路企业也陆续宣布投资计划，合计投资 2 万亿台币。台积电、联电、日月光等头部制造代工、封装测试企业在 20 世纪 90 年代取得了巨大的成功，推动了全球集成电路产业由垂直整合模式逐步向垂直分工模式转变。目前，中国台湾地区已成为在集成电路制造代工和封装测试排名全球第一的经济体，台积电也超越英特尔成为全球集成电路制造工艺最先进、最完整的企业。中国台湾地区先后成立 SoC、人工智能等联盟，在产业成功的基础上开始向着预先研究、创新发展的方向迈进（表 1-10）。

表 1-10　中国台湾地区集成电路产业创新发展期代表性事件

产业历史阶段	年份	代表性事件
创新发展期 （1991 年至今）	1993	工研院成功研制出 16M DRAM 芯片
	1994	首家 8 英寸晶圆厂世界先进积电体电路股份有限公司成立
	1995	联电由 IDM 模式转型至晶圆代工
	1996	中国台湾成为全球第四大集成电路制造地区
	1997	台积电提出"南科制造中心"10 年计划
	1998	台积电、联电、华邦、旺宏等集成电路制造厂商纷纷宣布将建设 12 英寸晶圆厂
	2000	中国台湾成立 SoC 联盟
	2010	台积电把握智能手机兴起的时机，一举成为行业龙头
	2017	台湾当局主导开启为期四年的"半导体射月计划"
	2019	成立中国台湾人工智能芯片联盟
	2020	提出"Å 世代半导体——先端技术与产业链自主发展计划（2021—2025 年）"

资料来源：根据公开资料整理。

当前，中国台湾地区集成电路产业已逐步形成了以新竹科学工业园为核心，向中部科学园区、南部科学园区延伸的"多元轴向式"集成电路产业集群，并培育了台积电、联发科、联电、联咏科技等一批业界领先企业，形成了覆盖产业链上中下游以及配套设备材料业的完备产业体系。从市场规模来看，根据中国台湾地区半导体产业协会数据，2021 年中国台湾地区集成电路产值达 40820 亿新台币，折合约 1322 亿美元，较 2020 年增长 26.7%，再创历史新高（表 1-11）。2021 年，中国台湾地区集成电路产业在全球市场占有率达到 26%，仅次于美国排名第二。其中，芯片制造业产值逐步攀升至 725 亿美元，并间接推动上下游设计和封装测试环节，二者产值分别增至 387 亿美元和 210 亿美元。从各细分市场来看，中国台湾地区的制造和封装测试产业规模均位列全球第一。台积电、联华电子、日月光等企业代表了世界最顶尖的芯片晶圆制造和封装测试技术，当地晶圆代工产业全球市场占有率高达近80%，仅台积电一家就占据全球超过50%的市场份额。同时，中国台湾地区封装测试业也占据全球约60%的市场份额。此外，本地芯片设计头部企业联发科也抓住了产业优势的机会，在无线通信、智能交通等行业突围，在全球芯片市场中抢占一席之地，中国台湾地区集成电路设计业在全球占比超过20%，仅次于美国，位居全球第二。

表1-11　　2021年中国台湾地区集成电路产业销售规模及排名情况

	中国台湾地区产值	中国台湾地区排名	中国台湾地区代表公司
总产值	1322亿美元	2	台积电
设计业	387亿美元	2	联发科
制造业	725亿美元	1	南亚科、台积电
封装测试业	210亿美元	1	日月光

资料来源：工研院。

为助推中国台湾地区产业实现升级转型，台湾当局提出"5+2"产业创新策略，希望凭借集成电路制造方面的优势基础，发力布局人工智能、物联网等新兴领域。未来，中国台湾地区除将继续耕耘现有电子市场之外，在"5+2"产业创新计划及智慧物联的创新应用带动下，到2025年中国台湾地区集成电路产业总产值有望再创新高。

总体来看，中国台湾地区集成电路产业发展历程主要呈现以下四大特点。

第一，创新开拓集成电路产业"三业分工"模式。早在1987年台积电成立之初，公司就选择专注于晶圆代工并取得了巨大成功。自此之后，巨额资金开始流入晶圆代工领域，中国台湾地区迅速成长起一批从事专业代工的集成电路企业，包括台积电、联电等。1995年，受DRAM芯片价格大幅下跌影响，很多中国台湾地区厂商不得不转向晶圆代工。代工厂的出现降低了集成电路设计公司的市场准入壁垒，也催生了产业对封装测试厂的大量需求，自此，大量的设计和封装测试企业应运而生，无生产线的集成电路设计公司与代工厂分工协作的生产方式逐步演变为全球集成电路产业的主要生产模式之一。在经历几十年的产业发展后，中国台湾地区集成电路企业形成了符合自身特点的以晶圆代工为核心，设计、制造、封装测试三业分工发展的产业模式，确立了垂直分工体系，上游从事专业设计，中游是晶圆代工与制造，下游则专注于封装和测试，并且在每个环节都有多家代表性企业。这种由分属不同产业链环节的多家企业构建的垂直分工体系简化了决策过程，并且能够迅速对不断变化的集成电路市场进行反馈。

第二，充分发挥集成电路产业集聚效应。在建立垂直分工的专业体系后，中国台湾地区集成电路产业的发展重心开始向产业链配套倾斜。早在21世纪初期，中国台湾地区就已拥有8家硅片生产商、4家光刻掩膜公司、20家化学品公司和13家导线架生产厂商，这样的产业链配套规模远超过同期的大多数国家和地区，仅次于美国和日本。除了集成电路产业配套环节随着产业主环节的发展而集聚外，中国台湾地区还依靠科技园形成了"政、产、学、研"优势集聚的产业支持体系。新竹科学园区、中部科学园区及南部科学园区周边还配备了高校、科研院所等众多智力机构，能够有效为产业园区内的企业输送人才和高精尖技术，进一步助力当地形成产业集群，壮大集成电路研发能力。中国台湾地区集成电路产业的集聚效应优势凸显，中下游的制造代工、封装测试业的发展，在极大程度上助推了上游设计业的技术研发，并且带动了相关集成电路设备、材料行业的繁荣。

第三，科研院所在产业发展中的作用举足轻重。在产业发展过程中，中国台湾地区保持技术引进与自主研发相结合的模式。公共研发机构是技术创新的智力源泉，主要负责对先进的集成电路技术进行学习、吸收、创新和提升；企业则通过与科研院所、高校等研发机构的合作，获得高精尖技术的成果转移。科研院所向企业转移技术主要通过孵化新企业和人才培养两种方式。具体来看，为了实现由劳动密集型产业向技术密集型产业的转型升级，中国台湾地区于1973年成立工研院，并于1974年效仿美国硅谷的产学研模式设立工研院电子所，承接台湾当局产业发展计划，对CMOS、VLSI等当时最先进的集成电路技术进行研究，公派几十位骨干人才赴美深造，实现生产能力后转让给民间企业。工研院电子所培育的多位人才赴美学成后归台，先进的技术和优秀的人才助力工研院成功孵化出了联电、台积电、台湾光罩、世界先进等一批头部企业。根据工研院信息推算，截至 2022 年年底，工研院已成功通过技术转移衍生培育出超过 300 家公司，并向产业界输送 2 万多名专业人才，极大地促进了当地集成电路产业的高速发展。

第四，国际化人才助推岛内集成电路产业发展。受地理位置影响，中国台湾地区的产业定位大多从全球化角度出发，在集成电路产业和人才培养上均是如此，台湾当局通过多期产业发展促进计划输送本地人才赴发达国家学习先进技术并在学成后回来建设本地集成电路产业，这些具备全球化视野和技术高度的人才进而促进了中国台湾地区集成电路产业的高质量发展。从 1976 年起，为培养具有前瞻性视野的专业人才，中国台湾地区定期公派人才赴美学习集成电路技术，并在学成后回台建设当地集成电路企业。1985 年，中国台湾地区在硅谷设立办公室，召集华裔工程师加速回到本土创业，并且在新竹科技园区仿照美国硅谷的生活环境打造生活区，以解决人才及其家人的生活问题。同时台湾当局出台了优惠的海归人才回台政策，明确筛选合格的归台人才项目，能够获得政府的注资，项目成功后，台湾当局的股份退出，并且允许失败。得益于此，海外人才以年均 42% 的增速回归，集成电路工艺技术也获得了显著提升。这一时期，新竹科技园区等产业园也纷纷和台湾清华大学等高校合作，培养了大批储备人才。除了政府外，集成电路公司也注重建设国际化的发展格局和企业文化，很多企业在成立初期就邀请具有国际管理经验和海外背景的人才加入管理层。这不仅为企业承接国际市场的代工业务转移带来便利，也为其快速参与国际竞争打下了良好的基础。根据工研院官方资料显示，这些企业的创办者中也不乏张忠谋、胡定华、杨丁元、章青驹、蔡明介等通过工研院项目赴美留学的顶尖专家，这些人才形成了中国台湾地区集成电路产业坚实的智力基础，助推产业向自主创新不断转型升级。

五、工业巨人欧洲的守正与专注

特色化发展是欧洲集成电路产业的主要特点。一是经营主体的特色化。欧洲在经过多年的探索后，确立了自身独特的经济联合体形态，并将这种形态的优势运用到集成电路产业当中，各国开始凝心聚力，共同发展，集合资金、技术、人才等资源，促进欧洲大陆集成电路产业的高质量发展。二是专业领域的特色化。20世纪末期欧洲因没有把握住智能手机革命而错失了与美国、日本、韩国等竞争的良机，但这也间接促使欧洲走向发展工业电子、汽车电子的特色化道路，并在这些领域取得了显著成效；此外，欧洲在光刻机和IP这些体量小但十分重要的环节也均有突出表现。

（一）电子信息产业开始复苏

得益于两次工业革命，欧洲建立起了坚实的经济基础和工业基础。依靠在通信、汽车等领域扎实的技术积累和市场需求，欧洲曾一度是全球集成电路产业最重要的地区之一。"二战"结束后，欧洲电子信息产业开始复兴，英国、法国、西德、意大利、荷兰等传统工业强国纷纷开始布局集成电路产业发展，为欧洲后续的集成电路产业发展打下根基。

"二战"后，为帮助欧洲重振战后经济并遏制苏联的进一步壮大，美国启动了欧洲复兴计划（European Recovery Program，又称马歇尔计划），向包括西德、英国、法国、意大利、比利时、荷兰等在内的西欧国家提供为期4年、总金额约为131.5亿美元的包括金融、技术、设备等形式在内的援助。在美国的帮扶下，西欧在"二战"中遭到破坏的电子信息产业基础设施得以迅速恢复和重建。在此阶段，荷兰、英国、法国等老牌强国的电子企业也开始纷纷布局半导体业务，为欧洲集成电路产业的后续发展积蓄技术力量与人才。1953年，荷兰的飞利浦公司成立了半导体事业部。"二战"后，英国和法国将航空航天和计算机列为政府重点扶持发展的产业。1958年，法国政府先后启动了聚焦在原子能和航天领域的"宏伟计划"以及"元件计划"，将汤姆逊（THOMSON）公司和法国半导体总公司的半导体业务合并，成立了SESCOSEM公司。英国政府虽然支持本土发展集成电路产业，但囿于缺乏国内、国外市场，最终难以形成国际竞争优势。西德的西门子在此阶段实现了超纯度硅工艺的技术突破，虽然没有政府支持，但集成电路产业也得到了较快的恢复和发展。

（二）各国协同共促发展

进入 20 世纪 60 年代，随着美国开始走上集成电路产业发展的快速路，欧洲各国也开始发力布局本土集成电路产业，并纷纷出台相关的产业促进政策，以期在这一新兴产业中持续保持欧洲的传统强势地位。但在这一阶段，欧洲各国的产业发展并未在欧洲内部形成合力。例如，1968 年在英国政府的主导下成立的国际计算机有限公司（ICL）和后期英国政府直接投资的半导体企业 Inmos（后并入意法半导体），均未见良好成效；法国在 20 世纪 60 年代推出"宏伟计划"和"元件计划"，力求发展本国的航空航天和计算机产业，也并未取得明显成效。

迈入 20 世纪 70 年代，欧洲大陆开始经历经济衰退，以英国、法国、西德为代表的欧洲各国逐渐意识到各国联合发展集成电路产业的必要性。80 年代后，欧洲各国开始共同制定政策并进行投资，促进本土集成电路产业发展。这一阶段，为提高欧洲半导体产业的综合竞争力，1984 年西欧主要国家联合推出了"欧洲信息技术研究战略计划（ESPRIT）"，聚焦微电子学领域的研究；同年，欧共体制定了"欧洲通信技术研究和发展计划（RACE）"和"欧洲工业技术基础研究计划（BRITE）"，以保持欧共体在通信设备和服务领域的优势，激励企业发展先进技术。在此基础上，1985 年和 1988 年，法国先后推出"尤里卡计划"和为期 8 年的"欧洲半导体亚微米硅联合计划（JESSI）"，成功将欧洲本土的芯片技术推进至 0.35 微米水平，这一方面极大促进了西门子后续 DRAM 业务的发展；另一方面，使欧洲成功掌握了光刻技术，摆脱了对日本光刻机的依赖。此后，欧洲又乘胜追击推出为期 4 年的"欧洲微电子应用发展计划（MEDEA）"。在上述一系列产业发展计划的推进下，欧洲成功将本土集成电路自研水平提升至 0.18 微米级别，显著增强了欧洲集成电路产业的国际竞争力。到 80 年代末期，欧洲集成电路产业已形成以西门子、飞利浦和意法半导体为龙头的基本形态。1991 年欧盟正式成立后也出台了多项促进集成电路产业发展的计划，其中包括耗资 20 亿欧元的"欧洲微电子应用发展计划"，集中各参与国的人力、财力、物力，全力发展集成电路产业。然而，随着集成电路产业全球化精细分工的演变与发展，欧洲企业始终难以进入被美日企业垄断的 PC 市场，于是，部分欧洲企业另辟蹊径，利用巨大的产业优势将集成电路业务从整机厂商中独立出来，在细分领域整合重组，取得了飞速发展。例如，英飞凌从西门子公司独立出来专注于工业、汽车、智能卡领域，恩智浦从飞利浦公司独立出来重点发展消费电子、通信、网络领域等。

（三）强势产业稳步提升

SIA 数据显示，当前欧洲在集成电路制造方面的份额已缩水至不足10%，欧洲在集成电路产业方面的优势逐渐弱化，促使本土企业不得不转而研发一些其他竞争者并不感兴趣的细分领域。受益于在工业与车用领域厚实的技术基础和实力，欧洲在全球半导体市场保持相对稳定的位置。2006 年，飞利浦剥离自身半导体业务成立恩智浦公司，该公司致力于开发市场领先性业务，快速渗透电源管理、汽车电子、物联网、消费电子等领域并处于领导地位。自此，欧洲半导体产业"三巨头"格局形成，意法半导体、英飞凌、恩智浦长期位列全球前 15 大半导体厂商之列。同时，IP巨头英国 ARM 公司以及源自飞利浦的荷兰设备巨头 ASML 也成为欧洲集成电路产业中的代表性企业。

迈入 21 世纪，在全球化浪潮的冲击下，欧盟持续鼓励集成电路领域的自主研发并且重点针对高性能计算、处理器等新兴领域，陆续出台"地平线 2020"计划（Horizon 2020）、欧洲共同利益重大项目（IPCEIs）、欧洲高性能计算共同计划（EuroHPC）、欧洲处理器计划（EPI）、"欧洲地平线（Horizon Europe）"计划、"数字罗盘（Digital Compass）"等系列产业发展指导性文件，旨在维护本土供应链的稳定和安全。欧洲的集成电路产业持续沿着特色化发展道路前进，并保持着在细分领域的引领地位。具体如下。

在产业规模方面，2015—2020 年，欧洲半导体产业市场规模一直在 370 亿美元左右波动。欧洲半导体行业协会（ESIA）公开数据显示，2021 年欧洲半导体市场规模为 477.6 亿美元，同比实现了 27.3% 的大幅增长，这一大幅跃升得益于汽车电子在全球市场的强劲表现，以及本土分立器件、逻辑器件和传感器业务收入的大幅提升。根据 Gartner 统计数据，2021 年全球半导体市场销售规模首次突破 5000 亿美元大关，达到 5835 亿美元，欧洲企业在其中的市占率为 8.2%。目前，欧盟积极出台半导体产业发展政策，筹划建立半导体联盟，并投入巨额资金用以支持技术研发，以期振兴欧洲半导体产业，减少对国外供应商的依赖，保障本土供应链安全。根据 2022 年《欧洲芯片法案》，预计到 2030 年，欧洲企业在全球集成电路市场中的占比将进一步回升至 20%。

在产业结构方面，欧洲的集成电路产业至今仍然是全球集成电路产业版图的重要一极，其产业结构主要涉及设计、制造、设备、材料等方面。根据 Gartner 和 IC Insights 的统计数据，2020 年欧洲集成电路设计业产值规模为 386.4 亿美元，同比上涨 4.8%，在全球市场中的占比为 8.2%；集成电路制造业折合 8 英寸等效产能为 1140 万片 / 月，同比增长 5.8%；晶圆代工产值为 41 亿美元，在全球总产值中占比 6%。SEMI 统计数据显示，得益于全球唯一能实现 EUV 光刻机量产的公司荷兰 ASML 业绩的增长，2020 年欧洲集成电路设备市场规模为 26.4 亿美元，同比增长 18.4%，占据全球设备市场 3.7% 的份额。

在产品结构方面，根据 Gartner 数据，2020 年欧洲企业的集成电路产品主要以汽车电子、工业电子和通信电子为主。其中，汽车电子比重达到 36.2%，同比增长 12%，表现强劲；工业电子类占比 21.9%，与上年基本持平；通信电子占比 22.2%，位居第三，也较上年同期有所增长；数据处理类则由 2019 年的 37.2% 回落至 10.6%。总体来看，在建立了自身核心竞争力的基础上，欧洲的集成电路产业结构逐渐趋于多元化，并进一步向消费电子等领域进行开拓。从区域分布来看，欧洲的集成电路产业主要集中在英国、法国、德国和荷兰等工业基础雄厚的发达国家。同时，还拥有比利时微电子研究中心（IMEC）等国际知名的高水平集成电路公共研发机构，为欧洲集成电路产业发展持续输出科研成果与高端人才。

表 1-12　　　　　　　　欧洲集成电路产业发展大事件

年份	事　件
1953	荷兰飞利浦公司成立半导体事业部
1984	荷兰 ASML 成立，前身为飞利浦公司设备部门
1988	意法半导体成立
1990	英国 ARM 公司成立
1999	英飞凌公司成立，前身为西门子半导体业务部门
2006	恩智浦公司成立，前身为飞利浦半导体事业部
2012	ASML 收购美国 Cymer，获得深紫外线（Deep Ultraviolet，DUV）光源技术
2015	恩智浦收购飞思卡尔半导体，成为全球前十大非存储类集成电路公司之一及全球最大的汽车半导体供应商
2016	ARM 被日本软银集团收购
2019	恩智浦收购美满科技公司的 Wi-Fi 和蓝牙连接业务资产
2020	英飞凌对赛普拉斯进行收购并成为全球十大集成电路制造商之一

资料来源：根据公开资料整理。

当前，欧洲集成电路产业的发展主要有以下四大特点。

第一，在特色化细分领域保持国际领先水平。由于缺乏和美国、日本等集成电路强势国家在整体产业上的竞争实力，且本土具有在工业和汽车产业上的先发优势，欧洲目前的集成电路产业发展更多面向工业和汽车电子领域，恩智浦、意法半导体等企业在这些领域也持续保持领先优势。在集成电路设备环节，欧洲本土企业 ASML 是全球唯一能够量产 EUV 光刻机的企业，公司年报显示，2021 年 ASML 实现营收 205.6 亿美元。在 IP 环节，英国 ARM 公司行业领先，全球有超过 90% 的智能手机和电脑采用 ARM 架构设计。此外，欧洲集成电路厂商大多为 IDM 企业，能够在全产业链环节充分满足各地区相关要求，并利用传统领域的技术优势发展高性能产品，使竞争对手短时间难以望其项背。未来，随着绿色健康、生物科学等逐渐成为重点聚焦领域，欧洲集成电路产业有望依靠自身在汽车、电池技术、健康、环境和安全、机器人技术、能源效率、互联网发展、航空航天等领域的优势，在这些垂直领域内不断开拓新的集成电路需求市场，并借以实现自身集成电路产业的快速增长。

第二，集成电路产业发展采用"Fab-lite"策略。随着代工逐步成为主要发展模式之一，恩智浦、意法半导体和英飞凌等 IDM 企业较早选择了"Fab-lite"策略，即在 32 纳米及以下制程，采用外协合作，充分利用代工企业在先进制程上的优势，主动将封装业务交由日月光等代工企业。一方面，降低生产成本，降低企业的投资风险；另一方面，提升企业自身适应产业变化的弹性。

第三，充分运用产业集群特点开展合作研究。因应自身独特的经济联合体属性，欧洲充分发挥多国合作的优势，制定了多项多国联合的集成电路研发及产业促进计划，多国携手共建欧洲集成电路产业，维持本土供应链稳定。欧洲集成电路产业集群由来已久，目前已形成以比利时的 DSP Valley、德国的 Silicon Saxony、荷兰的 HighTechXL Plaza、法国的 Minalogic 和英国的 CS Connected 为代表的多个产业集群，发挥了较大的产业集聚相互促进作用。同时，欧洲充分利用各国智力资本，建立了多个领先的微电子技术公共研发机构，如法国的 CEA Leti、比利时的 IMEC、德国的 Fraunhofer 等，这些机构均是微电子技术领域世界级的公立研究机构，在集成电路工艺技术、设备、材料研发等方面处于国际领先地位，能够持续不断地为当地的集成电路企业提供技术和人才支持。

第四，集成电路研究基础深厚但产业重视不足。与全球其他地区相比，欧盟集成电路产业扶持的重点是研究而不是商业化，这使欧盟积累了一批高质量的研究人员、高质量的研究基础设施和高质量的大学及科研院所，并且在尖端技术研发领域形成正向促进作用。然而，与注重技术研究相对应的是欧洲对产业发展的重视不足，欧洲领先的集成电路产业集群鲜少得到明确的公共财政援助，欧洲集成电路产业缺乏能够将研究能力和基础设施向创新型新业务转变的商业化能力。

参考文献

[1]　European Parliament, Legislative Observatory (OEIL). Horizon Europe: Framework Programme for Research And Innovation 2021–2027[Z].

[2]　Kim S R. The Korean System of Innovation and The Semiconductor Industry: A Governance Perspective[J]. Industrial & Corporate Change，2002，7（7）：275–309.

[3]　3 Key Numbers ARM Holdings Investors Need to Know[EB/OL]. Investopedia, 2015.06.

[4]　冯志刚，张志强 . 美国半导体产业发展历程及衰落原因 [J]. 世界科技研究与发展，2022，44（1）：45.

[5]　冯昭奎 . 日本半导体产业发展与日美半导体贸易摩擦 [J]. 日本研究，2018（3）：22–34.

[6]　蒯剑，王芳 . 他山之石 , 韩国半导体崛起的启示 [R]. 东方证券股份有限公司，2018-05–29.

[7]　李鹏飞 . 全球集成电路产业发展格局演变的钻石模型 [J]. 财经智库，2019，4（4）：58–80+142–143.

[8]　美国半导体制造业发展现状、全球竞争态势及扶植政策 [J]. 电子工业专用设备，2016，45（8）：51.

[9]　脑极体 . 芯片破壁者（十三）：台湾地区半导体的古史新证 [EB/OL]. 钛新闻，2020（8），https://baijiahao.baidu.com/s?id=1675511611219427572&wfr=spider&for=pc.

[10] 盛水源 . 欧洲新的微电子开发计划——MEDEA+ 计划 [J]. 世界电子元器件，2001（4）：48.

[11] 台湾 IC 配套材料产业 : 后进国家和地区的国际分工合作发展模式 [J]. 科技智囊，2006（9）：36–38.

[12] 唐杰英 . 警惕战略性贸易政策陷阱——兼评日美的半导体产业政策 [J]. 国际经贸探索，2012，28（11）：34–45.

[13] 汪超，张慧智 . 韩国发展半导体产业的成功经验及启示 [J]. 东北亚经济研究，2018，2（5）：44–53.

[14] 张倩，孟拓 . 美国军民协作探寻半导体产业技术发展新路线 [J]. 中国集成电路，2017，26（12）：30–32.

[15] 朱明权 . 当代国际关系史 [M]. 上海：复旦大学出版社，2013：25.

第二章　全球主要国家和地区的
"芯"路政策

集成电路产业具有投资规模大、周期长、技术门槛高的特点，其持续健康的发展离不开一系列政策的支持和配合。作为集成电路产业的先发国家，美国在财政上给予了集成电路产业很大力度的支持，并建立起多层次的资本市场为集成电路提供持续性的支持。而日本、韩国、中国台湾地区、欧洲等集成电路产业的后发国家和地区，则基于自身产业发展阶段、财政和金融的实际情况，依托财政补贴和信贷市场设立了一系列追赶型的集成电路政策。

一、美国集成电路政策引领全球

美国是世界集成电路工业的发源地，一直是全球最重要的集成电路强国，其集成电路强势的崛起和快速的发展离不开美国政府的支持，无论是财政和金融市场政策，还是贸易保护措施，美国联邦政府和州政府在很长时间内为集成电路企业的融资和发展创造了良好的环境。主要包括通过实施政府采购、直接的财政补贴等财政政策给予集成电路产业资金支持，通过建立多层次的资本市场拓展集成电路产业的直接融资渠道，通过信贷政策降低集成电路产业的间接融资成本，以及通过实施进出口贸易政策保护本土集成电路产业的发展。

（一）健全完备的财政支持
集成电路产业的资本密集属性突出，企业在发展过程中尤其是初创期面临着大量的资金需求。从 20 世纪 50 年代开始，美国政府相继出台多部法案条例，通过政府采购、财政补贴等财政政策帮助科技企业缓解资金压力，并带动了私人资本进入该行业，推动了集成电路产业的技术发展和商业化落地，形成了对集成电路产业发展的有力支撑。

1. 政府采购工具

政府采购向来是国家扶持特定产业发展的重要政策工具，政府采购创造的产业需求能够促使企业在短时间内提高获取知识或技能的效率，强化学习曲线的学习效应，为企业走上自我研发、生产扩张的螺旋上升式产业发展道路奠定基础。在集成电路产业发展初期，美国政府充分利用政府采购工具，通过军队和国防部采购向集成电路企业提供大量订单，给予充足的资金支持以推动产业扩张和技术进步，为产业优势的形成奠定了坚实基础。

在集成电路产业发展的起步阶段，由于产业风险较大，固态电子器件风险和研发成本极高，投入周期长、技术更新快，私人资本缺乏大规模投资的动力，市场规模的扩大、需求的创造几乎依赖政府的采购支持。到 20 世纪 60 年代中后期，随着民用、商用和军用集成电路投入生产，美国集成电路行业进入高速发展阶段，各类集成电路企业均开始起步，产业发展对政府补贴的依赖性逐渐减小，政府采购量也由原来的 40% 降低到 20%。在集成电路产品商业化的基础上，政府降低了采购力度，借助市场效应帮助集成电路扩大产业规模。

在政府采购的支持下，美国先进的集成电路生产商，如英特尔、仙童半导体、美国国家半导体公司等得以建立发展。例如，德州仪器开发的晶体管大量被美国国防部采购并应用于国防和军用领域，此后美国的导弹系统和雷达系统也普遍采用该类晶体管，这一大单交易为德州仪器带来了巨大收益，为其进一步发展提供了动力。仙童半导体公司借助空军"民兵导弹计划"与美国政府签订了 150 万美元的硅材料晶体管订单，有效缓解了当时的研发资金压力，公司后续平面型晶体管技术的研发成功也归功于该笔订单的资金支持。1948—1957 年，美国军方为贝尔实验室的晶体管研究提供了 40% 的研究费用；1953 年贝尔实验室有至少 50% 的科研经费由美国陆军提供。此外，通用电气公司、西方电气公司和美国无线电公司建立新工厂的资金来源中均有美国陆军部的身影。从美国集成电路产业发展来看，政府采购有三个方面的影响：一是为采购对象提供资金，有效降低企业风险，助力企业进行技术研发，加快技术创新发展；二是形成群聚效应，通过政府采购推动集成电路产业集群的形成，带来规模效应；三是保护国内企业，免受国际市场变化及国外企业竞争带来的负面影响。

2. 持续的财政补贴

1970 年以来，美国集成电路产业进入高速成长阶段，政府对相关集成电路企业的支持从提供采购订单这一方式逐渐转变为向企业研发项目提供资金。根据美国国家科学基金会（NSF）的统计，集成电路行业从政府获取的研发资金份额常年位居前列，仅次于物理学和生物医学领域。为支持集成电路产业的技术研发活动，美国政府出台相关政策措施为其提供大量财政补贴。1968 年，研发资金中政府投入为 100 万美元；到 1988 年，这一研发投入已经高达 6000 万美元；1994 年，该投资增至 7.5 亿美元，这些研发投入使英特尔等集成电路公司抓住了发展的机遇，成为行业翘楚。在此期间，美国政府还颁布了《小企业创新发展法案》，直接为中小型企业提供财政援助，通过拨款支持中小型科创企业的科学研发。

政府对半导体和集成电路产业的巨额财政补贴除了有效支持成长期企业的持续研发活动外，还帮助了美国集成电路产业成功度过日美贸易战的寒冬期。20 世纪 80 年代，日本集成电路行业崛起，在国际市场上占有越来越高的份额，加之美国不断在国外开设工厂，将制造环节转移至低劳动力成本地区，美国半导体出货量从全球总额的 58% 急剧降低至 45%，一度被日本超越。在此背景下，美国政府又开始了新一轮大规模的研发资金投入，帮助企业以更先进的技术和更高的投资产出比应对日本的挑战，在与日本的国际市场份额竞争中取得优势。1986—1994 年，美国半导体电子设备研发资金中政府投入比例从 7% 上升至 13%。1987 年美国联邦政府联合 10 余家领先的半导体企业建立了半导体制造技术联盟（SMT），并拨款

1亿美元用于科学技术研发、企业间合作融合以及日常运营开销，这一举措促进了企业间技术交流与研究合作，推动企业间关键技术互联互通，并且统一了技术标准，方便国内其他企业对标看齐。政府的财政投入帮助美国集成电路产业在贸易战中重回世界领先地位。

近年来，随着美国在全球集成电路产业的领导地位逐渐弱化，美国政府出台了一系列财政补贴政策以期恢复在该领域的领导力。2017年美国国防高级研究计划局（DARPA）启动电子复兴计划，提出大学生微电子联合项目，该项目为期5年，计划为集成电路和国防工业以及国防部系统开发的关键技术研发提供超过1.5亿美元的资金资助，提升集成电路行业的产学研能力。2019年政府提出美国赋能计划，由联邦和非联邦参与者共同出资，5年内各方分别出资7000万美元，旨在将政府、行业和学术合作伙伴聚集在一起，以提高美国制造业的竞争力，促进制造业研发基础设施的建设，重点是加速电力电子系统中宽带隙半导体技术的开发和普及。2020年，《美国代工法案》（*American Foundries Act*）的颁布，将授权至少250亿美元用于半导体相关研发、设施建设以及设备和知识产权收购；授权鼓励微电子制造或先进研发设施的创建、扩展和现代化，以满足国防部和情报机构对可靠和安全微电子的需求。2021年，美国国会通过《为美国创造有益的半导体生产激励措施》[*Creating Helpful Incentives to Produce Semiconductors for America*，简称《芯片法案》（*CHIPS for America*）的立法]，对半导体元件或制造设备建立投资和激励机制并实行所得税抵免，以支持美国半导体制造、研究和开发并保障供应链安全。随后，参议院通过《创新和竞争法案》（*Innovation and Competition Act*），从美国财政部向商务部拨款，为《芯片法案》授权527亿美元的资金，其中390亿美元用于鼓励美国本土芯片生产，包括建设、扩大及升级美国晶圆厂；110亿美元作为芯片研发补贴用于半导体的研究和开发；为"美国芯片国防基金"提供20亿美元用于补贴与国家安全相关的关键芯片的生产以建立安全可靠的半导体供应链，包括芯片研发、相关测试和评估等活动；为"美国芯片国际科技安全和创新基金"提供5亿基金用于协调盟友伙伴，以支持国际信息通信技术安全和半导体供应链安全，包括支持安全和可信的电信技术、半导体和其他新兴技术的开发和应用；为"美国芯片劳动力和教育基金"提供2亿美元用于美国半导体专业技术人才培育，计划到2025年为美国半导体产业增加9万名劳动力。此外，《芯片法案》为建造或购置主要用于制造半导体或半导体制造设备资产的企业，给予25%的先进制造业投资税收抵免，企业一旦接受先进制造业投资税收抵免，将不得在对美国构成国家安全威胁的国家及地区新建或扩建半导体生产设施。

（二）持续创新的资本市场

与其他产业相比，集成电路产业新技术的研发和新工厂的建设投产需要较长的周期和巨额资金，是典型的资金技术密集型产业。例如2016年，美国半导体制造商仅研发投入就占到国内销售总额的12%，半导体制造商由于多出制造设备研发投入这一项巨大开销，研发投入占比更是高达20%，远高于一般制造业的5.4%。就个体企业而言，美国芯片设计制造巨头英特尔2019年研发支出高达130亿美元，相当于其全球销售额的19%。在过去10年中，整个行业的研发投入比为销售额的15%~20%，而且无论销售额的年度变化趋势如何，研发投入比始终保持在较高水平，高占比的研发投入意味着集成电路企业面临着巨额的资金需求，这也对资本市场的金融支持提出了较高要求。美国的直接融资市场十分发达，股票、债券、基金等资本市场均已建立了完善的规则体系，为集成电路产业的发展提供了优越的融资环境。具体体现为：发达的风险投资市场为中小型集成电路企业提供了重要的融资渠道，多层次、功能完备的股票市场满足了集成电路企业多样化的融资需求，成熟的债券市场进一步拓宽了集成电路企业的直接融资渠道。

1. 带动美国风险投资的兴起

发达的风险投资市场为美国集成电路中小企业提供了有效的金融支持，而这一市场的兴起得益于美国政府对风险投资实施的一系列优惠措施（表2-1）。1973年成立美国风险投资协会，旨在唤醒国内金融机构及国民的风险投资意识并为初期的风险投资提供支持和帮助。1978 年改变了退休基金和养老基金不能用于风险投资的原有法条，抽取养老基金和退休基金等社会隐形资产用于风险投资领域，拓宽资金来源，增加投资规模。1980 年颁布《小企业投资促进法》，取消了须聘请顾问的客户数量限制，鼓励小型投资团体的自由组合和发展，为风险投资市场注入活力。以往的法律规定风险投资基金的客户如果超过 14 人必须按投资顾问注册，新法规取消了这一限制，如此一来，风险投资机构能募集的资金规模进一步放大。1993 年，美国颁布《削减赤字法案》，对向创业、创新型企业进行风险投资的个人减免税收，助力新兴企业的起步并快速融入市场。1997 年颁布《投资收益税降低法案》，拓宽投资收益优惠范围，降低投资收益税率。2003 年先后颁布《新市场风险投资计划》和《就业与经济增长税收减免协调法案》，允许中小企业管理局向符合要求的新成立的面向中小企业的风险投资机构提供担保，降低中小型企业运营风险，并降低资本利得税和红利税，分别从 20% 和 39% 均降到 15%。除此之外，美国还依靠不断下调长期资本收益税来刺激风险投资活动，1978 年美国将长期资本税从 49% 下调至 28%，1981 年又下调至 20%。得益于税率的下降，美国的风险投资规模不断上升，1978 年美国的风险投资规模仅为 5.7 亿美元，到 1994 年规模已上升至 50 亿美元，1996 年更是攀升至 100 亿美元。快速增加的风险投资规模极大地满足了美国集成电路企业的资金需求，许多著名的集成电路企业在发展初期都接受过风险投资的资助，如英特尔、高通、博通、国家半导体公司等。

表 2-1 与风险投资相关的主要政策

年份	政策	主要内容
1978	《雇员退休收入保障法》（修订）	对"谨慎人"条款进行修改，在不威胁投资组合安全的前提下，允许养老基金投资于新兴企业发行的股票和风险投资业
1980	《小企业投资促进法》	使风险投资基金可以不受"客户数超过 14 人即必须按投资顾问注册"的限制
1981	《股票期权鼓励法》	对股票期权不课税，只有卖出股票时才征税，降低了风险投资公司的税收成本
1982	"小企业创新研究计划"	引导风险投资向高科技中小企业倾斜，推进科技成果产业化

年份	政策	主要内容
1993	《削减赤字法案》	对向创业、创新型企业进行风险投资的个人减免税收
1997	《投资收益税降低法案》	拓宽投资收益优惠范围，降低了投资收益税率，经核准的风险投资公司，可冲抵8年内的资本收益
2003	《新市场风险投资计划》	规定中小企业管理局（SBA）可向符合要求的新成立的面向中小企业的风险投资机构提供担保
2003	《投资收益税降低法案》《就业与经济增长税收减免协调法案》	进一步降低资本利得税和红利税，分别从20%和39%均降到15%

资料来源：根据公开资料整理。

美国风险投资推动集成电路产业发展的经验可以总结为以下三点。第一，政府补贴带动了风险投资机构的发展。美国风险投资的起步过程中政府发挥了重要作用，1958年美国联邦政府颁布《小企业投资法案》，主要针对中小企业的风险投资，对中小企业的投资者提供补贴和降税；并且完善了投资规则，引导和支持资本向中小企业倾斜。该政策实施的10年内，美国政府投入1亿美元于半导体行业，并带动了15亿美元半导体行业的风险投资。第二，养老金、税收等政策推动了风险投资的繁荣。1973年全美第一家全国性的风险投资业自律组织——国家风险投资协会（NVCA）成立。在该协会的游说下，1978年修改《雇员退休收入保障法》，将退休基金和养老基金引入风险投资市场，并在不久的未来成为风险投资的主要资金来源，2000年养老基金在风险投资领域的占比已经超越了60%。进入20世纪80年代以后，美国逐渐调低长期资本税，从50%下调至28%，后又下调至20%，众多的有利因素、绝佳的发展机遇以及行业的逐渐成熟推动了风险投资的兴旺发展，行业规模从1978年的5.7亿美元一路飙升至1996年的100亿美元。为促进逐步扩大的风险投资市场精准对接科技行业，美国政府于1980年出台了《小企业投资促进法》，为硅谷半数以上的中小型创新企业提供了风险资本的帮助。在政府养老金、税收等政策的推动下，美国风险投资走向繁荣，并有效地支持了美国集成电路产业的发展。第三，畅通的退出渠道保障了风险投资发展的可持续性。高度发达的资本市场为美国风险投资的发展提供了支撑，1971 年美国成立纳斯达克市场，为中小型的集成电路企业开辟了一个新的融资市场。在后续的几年中，纳斯达克市场不断完善进入和退出制度，为资本的自由出入提供了保障。1992 年，美国成立了纳斯达克小型资本市场，以较低的准入门槛有针对性地为中小型科创企业提供了活动阵地。双层结构的资本市场形式不仅为那些处于初创期或没有实现盈利的创新企业提供了低门槛的融资平台，也使投资于创新企业的风险投资公司拥有了良好退出机制，促进资本市场与集成电路行业的逐步融合，维持其发展的可持续性。

2. 构建多层次股票市场

美国股票市场相对发达，层次多样，功能完备，并且具备完善的上市、融资、退市机制，对于类似集成电路行业的科创型产业来说更具有较低的准入门槛，在促进高技术产业发展方面具有十分重要的影响。美国股票市场主要可以分为两大类，即交易所市场和场外交易市场。在交易所市场中，7 家全国性和区域性的交易所市场通过市场之间的交易系统（ITS）连接在一起，以纽约证券交易所为核心并占绝对主导地位。相对于传统的证券交易所而言，场外交易所主要针对未在场内交易上市的公司股票。这类市场由于其经营成本低、限制条件少而发展迅速，并且与中小型科创企业的发展相辅相成。此外还有第三市场和第四市场，二者均属于场外市场的范畴，各类股票市场的上市制度和股票发行规则存在差异性，可满足不同类型企业的金融需求。

从发展情况来看，纽约证券交易所（以下简称"纽交所"）和纳斯达克市场仍是美国主要的股票市场，也是集成电路产业的主要融资市场。表 2-2 和表 2-3 汇总了两大市场的股票发行条件，表 2-4 梳理了两大市场发行制度的变迁，从中可以看出，在 1980—2000 年这一阶段，由于纽交所对公司的上市要求较高，属于面向大中型企业的蓝筹股市场，并且在市场内部没有进行分层，所以集成电路这类科技型企业尤其是中小型科技型企业在纽交所上市融资的难度较大。而纳斯达克则为以集成电路企业为

表 2-2　　　　　　　　　美国纽交所市场股票上市条件

指标	具体要求	全球标准	美国标准
发行指标（需要满足全部标准）	最低持股 100 股以上的股东人数	5000 人	400 人
	最低公众持股量	250 万股	110 万股
	公众持股部分市值	1 亿美元	6000 万美元
	IPOs，分拆上市	N/A	4000 万美元
	其他形式上市	N/A	1 亿美元
	上市时最低股价	N/A	4 美元
财务指标（3 选 1 或 4 选 1）	1. 利润指标（必须满足 A 或 B）		
	A. 最近 3 年累计税前净利润	1 亿美元	1000 万美元
	倒数第 1 年税前净利润	2500 万美元	大于 0（盈利）
	倒数第 2 年税前净利润	2500 万美元	200 万美元
	倒数第 3 年税前净利润	N/A	200 万美元
	B. 最近 3 年累计税前净利润	N/A	1200 万美元
	倒数第 1 年税前净利润	N/A	500 万美元
	倒数第 2 年税前净利润	N/A	200 万美元
	2. 市值、营业收入指标（必须满足 A 或 B）		
	A. 市值 + 收入指标		
	上市时总市值	7.5 亿美元	7.5 亿美元
	最近财政年度的营业收入	7500 万美元	7500 万美元
	B. 市值 + 现金流指标		
	上市时总市值	5 亿美元	5 亿美元
	最近 12 个月的营业收入	1 亿美元	1 亿美元
	连续 3 年的最低现金流	1 亿美元	2500 万美元（3 年数据均须为正）
	过去 2 年的每年最低现金流	最近 2 年每年达到 2500 万美元	N/A
	3. 关联公司上市（对已有控股公司或附属公司在纽交所上市的公司）		
	总市值	5 亿美元	5 亿美元
	公司经营年限	12 个月以上	12 个月以上
	已上市关联公司企业经营状况良好	需要	需要
	已上市关联企业持有其控制权	需要	需要
	4. 资产和权益指标		
	上市时总市值	N/A	1.5 亿美元
	总资产	N/A	7500 万美元
	股东权益	N/A	5000 万美元

资料来源：根据公开资料整理。

表 2-3　　　　　　　　　美国纳斯达克市场股票上市条件

要求	标准 1	标准 2	标准 3
股东资产总值	1500 万美元	3000 万美元	N/A
市值	N/A	N/A	7500 万美元
总资产 / 总收入	N/A	N/A	7500 万美元
净收入（最近 1 或 2 个财政年度）	100 万美元	N/A	N/A
经营年限	N/A	2 年	N/A
公众流通股	110 万股	110 万股	110 万股
公众流通股市值	800 万美元	1800 万美元	2000 万美元
最低股价	5 美元	5 美元	5 美元
股东（100 股以上）	400 人	400 人	400 人
做市商	3 个	3 个	4 个

资料来源：根据公开资料整理。

表 2-4　　　　　　　　纽交所与纳斯达克市场的上市制度变迁

时间段：1980—2000 年，放松上市条件，服务新兴产业	
调整背景	1980 年《小企业投资促进法》、D 条例的出台旨在拓宽企业投融资渠道； 1990 年"先进技术计划"的实施为美国公司提供技术开发基金，协助企业开展创新研究； 1993 年启动"国家信息基础设施行动计划"，创新发展信息技术产业
调整内容	**纳斯达克** 增设市场内部板块，市场分层； 新增差异化上市条件　　　　　　　**纽交所** 侧重点从盈利能力转为成长性； 放松对企业的盈利限制
调整效果	**纳斯达克** IPO 数量累计 5191 家，吸引了大量的信息技术公司； 累计筹资额 2476 亿美元　　　　**纽交所** IPO 数量累计 1619 家，主要以金融、周期性消费品和工业等传统行业为主； 累计筹资额 3985 亿美元
	总结：虽然纽交所开始放松盈利要求，但由于大量创新企业在上市前仍然处于规模小、盈利差甚至非盈利状态，无法有效满足纽交所的上市条件，纳斯达克成为大量新兴高科技企业的上市首选地

续表

时间段：2001—2005 年，提高上市门槛，强化公司监管	
调整背景	互联网泡沫，半数互联网公司宣布退市或破产倒闭； 安然公司等财务丑闻引发证券市场的信用危机； 2002 年《萨班斯—奥克斯利法》的颁布，旨在提高信息披露的准确性和可靠性
调整内容	两大市场通过提高财务指标要求、强调持续盈利能力、调整资产类指标提高上市门槛，提升上市公司质量；通过简化退市流程，优化退市制度

调整效果	纳斯达克	纽交所
	IPO 数量累计 416 家，以信息技术行业为主； 累计筹资额 460 亿美元	IPO 数量累计 414 家，以传统行业特别是金融业为主； 累计筹资额 1976 亿美元
	总结：受强化市场监管、提高上市门槛等因素影响，两大市场尤其是纳斯达克的 IPO 数量受到较大影响	

时间段：2006 年至今，增设市场板块，应对行业竞争	
调整背景	全球交易所行业收购兼并热潮兴起； 2012 年《创业企业促进法》的颁布与《证券法》《证券交易法》的修改，为中小企业融资提供便利； 纳斯达克市场与纽交所市场进入同质化竞争阶段

调整内容	纳斯达克	纽交所
	市场内部分层：2006 年增加全球精选市场，并内部分层为全球精选市场、全球市场和资本市场； 降低上市门槛：采取"随纽而变"策略，跟随纽交所上市条件的变化而调整上市标准； 建立高效的转板机制：允许纽交所主板市场上市公司转板至其全球精选市场，减免上市费用，简化上市流程	市场内部分层：2006 年新增 NYSE Arca 层次，2008 年新增创业板，并于 2012 年更名为 NYSE MKT，市场内部分层为主板、中小板（MKT）和高增长板（Arca）； 降低上市门槛：降低对盈利能力和流动性指标的要求，简化上市条件，以吸引成长型企业； 建立高效的转板机制：减免上市费用，简化上市流程

| 调整效果 | 纽交所积极吸引信息技术类上市公司，同纳斯达克展开了激烈竞争，目前已成为科技类公司的重要上市地 | |

资料来源：根据公开资料整理。

代表的高科技企业特别是中小型、初创型高科技企业提供了低门槛的融资方式，由于纳斯达克市场进出标准较为宽松，给予企业较大的自我发挥空间，美国有将近八成的高新技术企业都选择在纳斯达克上市融资。纳斯达克市场为包括集成电路企业在内的成长型科技企业的发展提供了巨大的金融支持。1971 年成立以来，纳斯达克秉持为中小型科创企业服务的目的，不断完善自身的准入制度、退市制度以及交易规则，使股票市场制度与科创企业的一般发展规律相贴合。考虑到科创型企业以专利技术而非资金为导向，纳斯达克市场降低了企业上市财务门槛，20 世纪 90 年代以来聚集了一大批科创企业，孕育出了集成电路产业的行业巨头，包括高通、英特尔等公司，这些公司的发展壮大形成集聚效应，强化了机构投资者和私人投资者对集成电路行业的未来发展预期，吸引更多社会资金的进入，双向互动带动了集成电路等高科技产业的发展。具体来看，纳斯达克市场具有多层次的市场细分、灵活的转板制度、简捷的上市流程、高效的市场效率、严谨的退市制度等特点（表 2-5），这些特点使之在当时可以成为"美国高科技企业成长的摇篮"。2006 年至今，纽交所为吸引信息技术类上市公司与纳斯达克市场展开了激烈竞争，2020 年纽交所改变上市公司筹资规则，公司无须再向投资银行支付首次公开募股的费用，而可以通过在"一级市场中直接上市"来筹资。这一改变进一步有效降低企业首次公开募股（IPO）成本，或将推动更多高科技企业到纽交所进行首次公开募股。两大市场的竞争将进一步降低集成电路产业的投融资门槛，提高了产业的融资效率，为产业的发展提供有效的金融支撑。

表 2-5　　　　　　　　　　纳斯达克市场的主要特点

特点	具体说明
1. 市场细分多层次化	2006 年后纳斯达克市场由原来的纳斯达克全国市场和小型资本市场组成的两个层次进一步细分为全球精选市场、全球市场和纳斯达克资本市场三个层次。三个市场的门槛呈现阶梯状，彼此相互衔接，服务对象清晰，可满足不同层次的企业融资需求
2. 转板制度灵活	科技企业在低级市场（如公告板市场 OTCBB）上发展一段时间后达到了更高一级市场的门槛，就能够通过便捷的程序进入纳斯达克市场

特点	具体说明
3. 上市流程简捷	注册成功或获得豁免权的证券可直接进入纳斯达克市场上市
4. 市场效率更高	一方面，纳斯达克市场通过不断完善做市商制度，一定程度上抑制了信息不对称带来的炒作行为，为市场内企业提供了良好的发展环境；另一方面，通过对市场内的企业采取严格的制度约束和评价体系，保障企业拥有一个健康平稳的融资环境
5. 退市制度严谨	严谨的退市制度不仅能够保证挂牌企业的质量和发展潜力，还能够给上市企业带来竞争意识和发展动力

资料来源：根据公开资料整理。

3. 丰富债券品种并完善债券市场制度

美国债券市场在促进美国经济结构转型升级的同时，也有力地推动了集成电路产业的发展，其中，高收益债券发挥了极其重要的作用。在20世纪70年代全球石油危机的背景下，美国经济萧条，滞涨严重，债券投资行业也受到了极大的影响，一方面债券收益率降低，另一方面大量的投资者纷纷离开市场。此时，集成电路产业还处于成长时期，融资需求旺盛，且中小企业占比高。由于这类企业规模小、实力弱、信用低，企业很难得到银行信贷的支持，也达不到债券市场的投资级别。为了满足这类高成长潜力的企业的融资需求，高收益债券应运而生。这种信用级别低、风险高、溢价高的新型债券被广泛用于高科技中小企业，很好地解决了集成电路企业的科学研究和发展过程中的融资困难问题，也成为美国高科技企业重要的直接融资渠道。

随着金融监管的放松，高收益债券被大量应用于杠杆收购中，市场快速发展。1986年，美国高收益债发行140亿美元，占公司债券比例达35%。1989—1990年，美国政府采取了一系列措施，包括制定"144A规则"等，这一系列政策进一步完善了高收益债券的监管制度。在此基础上，美国政府还引导了高收益债市场参与者的结构转变，引导具有一定规模的、能够科学计算投资风险的专业投资机构逐步踏入高收益债市场并逐步发展为主导力量；同时，鼓励相关金融机构对高收益债市场的研究，以此降低了高收益债的投资风险，确保投资的可靠性，增强了资本的流动性，使高收益债市场逐步标准化。此外，政府还鼓励投资企业开发风险管理模型，应用、发展、完善风险管理工具量化投资风险，进一步完善了高收益债市场的风险定价机制。此后，高收益债市场进入了成熟、规范发展的阶段，这类成熟的债券市场也为科技型中小企业提供了另一种直接融资的方式，即企业直接向债券公司申请发行债券，无须经过机构审批即可发行，也进一步促进了集成电路产业的发展。

（三）灵活多样的政策性信贷支持

美国的金融市场以直接融资市场为主，良好的资本市场是集成电路产业发展的重要金融支撑。在此基础上，美国政府对间接融资市场（主要为信贷市场）的政策措施也对集成电路产业发展形成了有益补充，主要表现为政府通过政策性信贷政策解决企业融资难问题，通过发展政策性银行和社区银行丰富企业融资渠道。

1. 制定政策性信贷政策

信贷政策在金融支持集成电路产业发展中发挥重要作用，美国的信贷政策（表2-6）可以总结为两点：一是构建并完善了美国信用担保体系；二是降低信贷歧视。

表 2-6　　　　　　　　　　美国主要的信贷政策

年份	政策	主要内容
1953	《小企业融资法》	建立中小企业信用担保制度
1958	《小企业投资公司法》	小企业管理局批准小企业投资公司享受税收优惠和政府性贷款，小企业可以通过SBA获得四倍于投资额的低息贷款
1977	《公平信贷机会法案》	规定商业贷款机构对申请创办企业的个人或者规模较小的贷款企业不得实行歧视性政策，确保中小企业获得公平待遇
1992	《小企业股权投资促进法》	规定小企业管理局可以为从事股权投资的中小企业进行担保，当小企业实现资本增值后再向SBA一次性偿付本息并缴纳10%收益分成

资料来源：根据公开资料整理。

完善的信用担保体系能够有效解决集成电路产业内中小企业的融资难问题。美国信用担保体系主要有以下四个特点：一是具有相对完善的监管制度和法律保障，及时惩戒失信、违法的金融行为，维持信用担保制度不被破坏；二是信用担保体系层级分明、制度严格且有较大的适用面积和覆盖范围，可以满足各类中小企业的融资需求；三是针对小型企业的贷款和投资建立了完善的信用担保制度，由政府与担保机构共同分担风险，双重保障打消了银行等金融机构不愿意为小企业提供高风险融资的顾虑；四是具有完备的分散和规避风险机制。美国对企业实行风险约束，规定金融机构对风险的担保比例应维持在法律允许的范围内，且不能超越自身能力所能担保的比例，鼓励多家金融机构共同担保以分担风险。

除了构建并完善信用担保体系外，美国还针对贷款机构不愿向中小企业提供贷款的现象进行专门治理，降低信用歧视。1974 年美国联邦政府颁布《平等信贷机会法案》，旨在解决中小企业贷款歧视，其规定了贷款机构不得以任何理由拒绝中小企业的合理贷款要求，并在全国范围内统一贷款标准，确保了中小企业的公平待遇。同年，为了进一步解决金融机构在信贷过程中存在的歧视问题，美国又出台了《社区再投资法》，要求监管机构尽责满足整个社区的信贷需求，包括中小企业的贷款需求，一定程度上提高了中小企业能够申请的贷款规模。

2. 推动建立政策性银行和发展社区银行

美国集成电路产业的发展历程中，政策性银行和社区银行发挥着不可忽视的作用。1951 年美国建立了小企业管理局（SBA）以解决美国中小企业研发资金问题，1977 年美国颁布了《社区再投资法》鼓励社区银行对所在社区的中小企业发放贷款，这两类措施为后来集成电路企业的发展提供了更为多元的金融支持。

美国小企业管理局是美国小企业的最高政府管理机构，为中小企业提供贷款担保，帮助中小企业获得商业银行贷款，并且为中小企业的技术发展提供直接融资活动，帮助其接手州级别的、国家级别的大发展项目从而实现飞跃式发展。政府还为中小型企业量身打造《小企业技术转移计划》

《小企业研究创新计划》等发展战略，并为其提供专业的企业发展规划指导和企业管理指导，增强中小型企业的内部管理能力。1958 年，美国出台了《小企业投资法》，根据该法律，美国小企业管理局启动了小企业投资公司计划（SBIC），为具备专业知识的合格投资管理公司提供资金，这些公司能够获得由美国小企业管理局担保的最高 4 倍于自身资产的信贷资金，公司获得资金后再将资金投资于小企业。1958—1984 年，美国小企业管理局给予资本小于 1500 万美元的投资公司 3 倍于投资规模的低息配套贷款，并给予 1500 万美元以上的投资公司 2 倍于投资规模的低息配套贷款。此外，如果小企业投资公司将其全部资金的 50% 都用于小企业的股权投资，杠杆则会提升至 4 倍。1992 年，为了解决小企业投资公司收益支付与收益获取的时间错配问题，美国进一步出台了《小企业股权投资促进法》，规定美国小企业管理局可以为小企业投资公司的金融产品提供担保，并且代其支付利息，待小企业投资公司实现资本增值后再向美国小企业管理局一次性偿本付息并缴纳 10% 的收益分成。通过这一计划，小企业投资公司蓬勃发展，并大力推动着美国创新型企业的发展。1994—2008 年，小企业投资公司投资的小企业创新项目多达 3 万项，投资的资金规模达 300亿美元，如今闻名全球的集成电路企业英特尔、苹果、IBM 等都曾接受过该计划的资助。

在集成电路企业获得风险投资，度过艰难的起步期并初步成长起来后，商业银行便开始发挥作用，企业融资渠道规模进一步扩大。在美国的银行体系中，社区银行因为地域性强、针对性强等因素成为向中小型科创企业提供融资的主力军。这类银行的风险评价体系也别具一格，主要依靠社会信任关系，通过社交圈层对企业的经营模式、营收情况及发展潜力进行评估，并拉拢高评分企业进行贷款，以此在保持高净息差、低坏账率的同时为中小科技企业提供金融服务。据统计，美国规模不超过 100 万美元的小企业有近六成依靠这些社区银行提供贷款等金融服务。

在众多社区银行中，硅谷银行是服务科技最发达的银行之一，是一家服务于具有强大发展潜力的初创型企业的小型银行。1983 年创始以来，硅谷银行就将当地科技企业定位为目标群体，而硅谷密集的高科技行业也同样为硅谷银行带来了广阔的市场和极高的收益。由于高新技术企业重技术而轻资产，美国商业银行的风险评级机制无法很好地评定此类企业的信贷风险情况。为此，硅谷银行着眼贷款的具体过程，建立了新的中小型科创企业信贷风险评级制度和贷款审批流程，并且专门为此类企业开发了新的金融产品和贷款方案，使其更加贴合这类企业不同发展阶段的资金需求情况。这一放贷流程的具体操作如下：首先，硅谷银行广撒网，结合原有的和自创的风险等级评估模型对所有申请贷款的企业进行风险评估。硅谷银行还采取跟投的方式，等待其他风险投资机构对该企业投资后，再伺机而动跟风投资，且投资或贷款的数额一般为其他风险投资机构出资的四分之一。如果某企业同时获得了多家风投机构的投资，或者获得某大型风投机构的高额投资，硅谷银行会提高该企业的评价等级，酌情提高出资或给出更多降低利率、延长期限等优惠政策。其次，硅谷银行还成立了一支专门服务于中小型科创企业的精英投资团队，对硅谷本地企业进行发展研究、投资建议和贷款审批，具体问题具体分析，增强了投资针对性。在贷款审批过程中，硅谷银行将贷款对象分为两类，第一类是拥有技术专利但还未投产的企业，第二类是已经建厂投产并初具规模的企业，对于两类不同的企业设计了不同的审批流程。对于第一类企业，考虑到其资金的有限性，无法承担高额的担保金，硅谷银行会邀请专业的资产评估团队评估其专利的总价值，用专利的所有权进行担保而不额外收取费用，若企业破产，硅谷银行可以通过出售专利的方式弥补损失。对于第二类企业，硅谷银行会重点核查其资产及财务情况，要求具体的、定量的、更保险的抵押方式，例如现金抵押和资产抵押。除此之外，硅谷银行还会对满足第三、第四市场或纳斯达克市场上市标准的公司抽取一小部分股权，如1%或2%作为抵押，在减轻客户资金负担的同时提高了科技企业获得资金的可能性。在贷款完成之后，硅谷银行会要求贷款对象将主账户开在硅谷银行之内，方便随时监督企业的资金流向和财务情况，从而掌握企业的营收变化和运营状况。在此基础上，银行建立了警示机制，对财务状况不良的企业会进行事先预警和提前处置，对逾期未还款的企业会进行多次警告，对长期不还款的企业会没收其担保金和担保资产。硅谷银行还会与投资于贷款对象的一些风险投资机构建立合作关系，间接了解企业的发展现状，在企业出现问题时二者共同商量对策，决定扶持或撤资。总体而言，贷前、贷中、贷后的一系列流程下来，帮助硅谷银行从评价客户到拉拢客户再到进度保障建立了一套完善贷款制度，降低了企业的信用风险，提高了企业的贷款额度，在中小型科创企业的风险投资方面作出了大胆尝试，并为后续的类似投资作出了范式，有效推动了集成电路产业的发展。2023 年 3 月，美国加州金融保护和创新部宣布关闭美国硅谷银行。

（四）差异化的进出口政策

随着集成电路产业国际化分工的深入发展，日本、韩国、中国等国家和地区集成电路产业的崛起给美国带来一定冲击，为应对激烈的产业竞争，美国政府进一步加强了产业保护政策，近年来通过实行境外投资审查和对外出口限制保护本土企业的技术和知识产权安全，以维持美国集成电路产业在全球的领先地位。

1. 境外投资审查

集成电路产业与国家安全息息相关，美国通过外国投资委员会加强了境外投资审查这一产业保护政策。外国投资委员会（CFIUS）是一个跨部门的机构，由 9 名内阁成员和总统任命的其他成员组成，协助总统审查美国经济中涉及国家安全的外国直接投资。根据美国《国防生产法》的规定，CFIUS 有权对欲收购美国公司的外国公司行为进行国家安全审查。若审查对象对美国国家安全造成潜在威胁，包括失去可靠的国防相关商品和服务供应商，总统有权暂停或阻止这些并购。2015 年起，该委员会便加大了对外国企业收购美国领先集成电路企业的审查力度。2018 年，国会与特朗普政府合作，通过了《外国投资风险审查现代化法案》，加强了 CFIUS 的外国投资审查机构。

美国对中国的投资审查较为严格，2015—2018 年，前后多次阻止或撤回中美半导体公司有关交易：2015 年，中国国有企业清华紫光公司以 230 亿美元收购美光科技的提议引起了一些国会议员和奥巴马政府内部的担忧，进而对该交易进行了严格的审查，并且 CFIUS 基于国家安全考虑，建议放弃此次收购，多方阻挠最终导致这场交易以失败而告终。2016 年，国有资本华润控股以 26 亿美元收购仙童半导体的计划、新华控股以 37.8 亿美元收购硬盘制造商西部数据（Western Digital Co.，WDC）15% 股份的计划、福建宏晶投资基金以 7.23 亿美元收购爱思强（Aixtron）的计划均被美国政府扼杀在摇篮中。2016 年，奥巴马政府以收购资本中含有的外国资本会对国家安全造成影响为借口，阻止了中国国家集成电路产业投资基金股份有限公司的一家附属公司对先进半导体制造设备生产商爱思强的收购计划。2017 年，特朗普政府阻止了凯桥资本（Conyon Bridge）以 13 亿美元对莱迪思半导体（Lattice Semiconductor）的收购。2018 年，特朗普政府阻止了湖北新堰对 Xcerra 5.8 亿美元的收购。据统计，只有约一半的有中国资本参与的涉美投资项目通过了 CFIUS 的审查。除此之外，美国对其他国家资本介入的本国企业并购也采取审慎的态度。

这一系列阻止境外资本投资的政策具有两面性：一方面，由于集成电路行业较高的知识密度，CFIUS 审查的关键点之一便是关注欲被收购美国企业的知识产权，一些拥有关键技术和发展潜力且资本规模较小的集成电路企业自然而然地成为 CFIUS 的重点保护对象，这一政策保护了美国集成电路企业的资本安全与知识产权；另一方面，由于集成电路产业属于资本密集型产业，许多大型的融资活动需要依靠境内外投资者共同发力，而这种严密的保护降低了资本的流通性和活跃度，阻碍了许多本应有效的跨国合作。

2. 对外出口限制

对外出口限制也是美国维护其集成电路产业地位的重要贸易政策。2018 年以来，美国通过出口管制，要求出口企业获得受控技术转让许可证，严防集成电路制造技术流入中国，从而为美国国家安全带来隐患。2018 年，美国通过《出口管制改革法案》（ECRA）淡化军民两用和贸易终端用户之间的界限，扩大出口管制范围，实施更为严格的审查，防止中国获得包括集成电路在内的军事和商业相关的尖端技术。

美国实施对外出口限制政策旨在保护和支持本土产业发展，但实际上，这一政策的效果可能事与愿违。一是在出口限制和销售禁令的影响下，美国集成电路制造商失去了中国这一庞大市场，相关企业盈利能力下降，损失严重。2018年以来，美国排名前25位的半导体公司收入下滑；在对中国重点企业首次实施限制销售的3个季度中，美国顶级半导体公司的收入中位数下降了7%左右。二是限制了资本的跨国流动，引发资本市场对美国集成电路行业前景的担忧，企业融资能力或将受限。在美国商务部以国家安全为由将部分中国企业列入出口管制"实体清单"后，相关产业主要企业股票价格在随后的交易日内集体下跌，费城半导体指数下跌4.02%，标准普尔500半导体和半导体设备行业指数下跌超过3.8%。当前集成电路行业相互依赖、全球供应的格局基本形成，任何一个公司或国家都不具备控制整个集成电路供应链的技术能力，美国实施对外出口限制政策或将降低相关企业的盈利能力和抗风险能力，对国际集成电路市场产生不利影响。

（五）"小院高墙"的产业同盟

美国政府高度重视芯片产业链供应链安全。2021年6月，美国白宫发布由美国商务部、能源部、国防部和卫生与公共服务部联合提交的《关键领域供应链百日评估报告》。报告指出虽然美国在集成电路设计以及生态系统方面处于全球领先地位，但由于在芯片制造和封装等方面过度依赖中国大陆、中国台湾、韩国等亚洲国家和地区，以及供应链弹性不足、知识产权窃取等问题，过去几十年美国本土制造能力严重下降，在全球集成电路制造中的份额已从1990年的37%下降至当前的12%。对此，美国政府加强与日本、韩国、中国台湾地区以及欧盟在集成电路供应链领域的合作，以建立安全、弹性的集成电路供应链。

白宫在《过渡时期国家安全战略指南》中强调，同盟关系是美国最重要的战略资产，美国政府将持续通过外交手段，重振美国的联盟和伙伴关系，确保美国在先进科技等领域的国际话语权，保障全球关键供应链的安全。早在 1977 年，美国就成立了美国半导体行业协会（SIA），作为美国半导体行业的"代言人"，40 年来 SIA 与美国国会、政府和主要行业利益相关者合作，积极推动美国集成电路产业发展和国际竞争政策制定，以及美国集成电路行业技术创新、商业化发展。当前，协会已经集结全球 64 家半导体公司以寻求加强美国在集成电路制造、设计和研究方面的领导地位，并提供一个公平的竞争环境以及公开的交易市场。近年来，SIA 联合市场调研机构和半导体行业机构频繁发布《半导体十年计划》《芯片市场：美国半导体产业劳动力及联邦激励措施如何增加就业》《盘点中国半导体产业》《2021 年美国半导体行业报告》等一系列计划和报告，就美国集成电路产业的技术发展、市场态势、制造能力及产业就业情况进行深入的研究和剖析，并就集成电路行业为美国政府提供一系列举措、建议。

与特朗普政府推行的"单边主义"理念不同，拜登政府明显倾向于通过建立盟友关系来恢复国际领导力。2021 年 2 月，拜登在七国集团（G7）领导人会议上宣布特朗普时期奉行的"美国优先"时代结束，并强调将重新校正跨大西洋同盟关系。拜登政府频繁开展外交活动，推进与盟友伙伴之间的战略合作，试图在全球范围内构建以美国为中心的供应链体系。2021 年 4 月，拜登在白宫召开"半导体和供应链弹性首席执行官"峰会，召集英特尔、台积电、谷歌、三星电子等 19 家产业链关键企业重点探讨并着力解决芯片短缺的问题。随后，美国政府牵头成立美国半导体联盟，意在呼吁、制定、实施美国半导体和芯片产业政策，推动美国半导体技术创新发展，减少美国对亚洲地区半导体制造业的依赖，重振美国本土制造产能，以推动美国未来的经济、关键基础设施和国防能力持续升级。美国半导体联盟成员来自美欧日韩等国家和地区的超过 60 家科技巨头，包括美国电话电报公司、亚马逊、苹果、思科、微软、通用电气、谷歌、惠普、高通、英特尔、AMD、科锐等美国企业，以及荷兰光刻机制造商 ASML、德国半导体企业英飞凌、英国 IP 厂商 ARM、韩国制造商三星电子、日本光刻设备制造商尼康、中国台湾地区芯片代工厂台积电以及芯片设计厂商联发科等非美国企业，联盟成员企业几乎可以覆盖全球整个半导体产业链。

美国通过实施"小院高墙"战略积极拉拢盟友。2021年9月，美国、日本、澳大利亚和印度举行四方首脑会议，会后四方宣布将启动联合计划评估半导体及关键器件的产能、漏洞识别并加强供应链安全性，白宫称这项新兴技术原则声明能够确保市场多样化和竞争性，为全球数字经济提供必要的安全保障。2022年3月，拜登政府提出成立由美国、日本、韩国和中国台湾地区所组成的芯片四方联盟（"Chip 4联盟"）的构想，用来讨论并协调有关供应链安全、人力发展、技术研发与财政补贴政策。

二、日本集成电路政策强力推动

日本集成电路产业的起步较早，是全球第二个培育本土集成电路产业的国家。日本集成电路企业在初创时期主要以内源融资和政府支持为主，而后逐渐引入外源融资，主要来源是商业银行。政府政策措施的扶持加上金融市场的有效服务是日本集成电路产业发展的基础。

（一）至关重要的产业保护

产业保护政策是后起国家保护本国新兴产业的重要手段，在日本集成电路产业发展初期，这一政策发挥了重要作用。在起步阶段，日本集成电路产业因缺少市场、技术而极度依赖美国的关键技术和与美国企业间的合作，发展受人牵制导致美日半导体贸易的不平等。为了挣脱对美国的依附，日本采取了限制性配额、排他性程序等措施保护本土集成电路企业并排斥美国企业。例如，通过加收关税降低美企在日市场规模，倡导国民购买本国商品限制美国商品的渗透。在此政策影响下，到20世纪60年代后期，日本的集成电路市场已经初具规模，市场雏形基本形成，且企业技术不断发展，获得了与美国相抗衡的竞争能力，因此政府适当放松了贸易保护政策，政策从严格限制外资到逐步开放、允许合资。1969年，日本支持了本国日立与美国罗克韦尔公司的合作。事实证明，两国的合作也取得了不错的成绩——设计开发了首个内置大规模集成电路的计算机，并合资建设了多家集成电路生产工厂。除此之外，日本佳能、理光还分别与美国德州仪器和 AMI 公司合作。到 90 年代末，日本集成电路产业一路跨越式发展直至赶超美国成为世界第一大制造强国和集成电路市场。但后期经历美日贸易摩擦、经济衰退导致集成电路产业投资下滑、未能紧跟逻辑芯片制造和设计横向集成模式转变等因素，到 2019 年，日本半导体产业全球市场份额从 1988 年的 50% 左右跌至仅剩 10%，一度被日本政府称为"日本集成电路凋落和失去的 30 年"。

为了扭转全球集成电路竞争中日本的不利局面，特别是应对新冠疫情的冲击，日本政府大力研究推动日本集成电路产业复活的国家新战略。2021 年 4 月，由日本经济产业省（原通商产业省）牵头设立"半导体与数字产业战略研讨会"，以应对日本日益严峻的芯片短缺及集成电路产业衰落局面。该研讨会先后召开 6 次集体会议，主要提出吸引全球尖端集成电路企业在日投资建厂以防止产能外流和空心化、促进美日集成电路合作研发下一代先进半导体技术，以及推动光电融合等芯片创新技术以改变集成电路产业"游戏规则"的三步走战略规划，不断打造日本集成电路新优势。2021 年 6 月，日本经济产业省发布《半导体数字产业战略》，将半导体产业上升为"国家项目"（national project）。《半导体数字产业战略》提出，一是要加强与海外合作，联合开发先进半导体制造技术，确保生产能力；二是加大数字领域投资，强化逻辑芯片设计与开发能力；三是促进绿色创新；四是优化国内集成电路产业布局，增强产业弹性。2022 年 5 月，日本电子信息技术产业协会（JEITA）半导体部向日本经济产业省商业和信息政策局信息产业司提出"设立《2022 年版半导体战略》以提高国际竞争力"的政策建议。在建议中，JEITA 提出，一是为构建新时代的供应链、碳中和以及确保下一代计算基础提供支持，如扶持尖端集成电路代工厂、强化逻辑芯片设计能力；二是顺应国际集成电路支持趋势，设立与主要国家相同体量的补贴政策，以确保日本在推进集成电路研发与制造方面不会落后；三是建立先进集成电路研究机构与人才培养机构；四是对相关机构实施降低电费、税费减免等优惠措施；五是持续加强集成电路人才培养，开设集成电路相关课程等；六是设立半导体委员会，加强政产学研界沟通机制。2022 年 5 月，日本政府在内阁会议上发布 2022 年《制造业白皮书》，强调强化集成电路产业竞争力的重要性，提出保证供应链稳定性是数字社会"安全上的最重要课题"。日本政府《制造业白皮书》源自其 1999 年发布的《制造基础技术振兴基本法》，规定政府机构必须每年向国会提交有关制造业基础技术的振兴政策报告，为日本制造业提供方向标。

（二）源源不断的财政支持

为了扶持集成电路产业发展，日本政府制定和实施了一系列法律法规和政策措施（表 2-7），注资促进技术研发，引导资源向集成电路产业倾斜配置。第一，从法律制度的角度规定政府必须对集成电路产业进行财政补贴，如 1957 年颁布的《电子工业振兴临时措施法》，1971 年颁布的《特定电子工业及特定机械工业振兴临时措施法》，1978 年颁布的《特定机械情报产业振兴临时措施法》。第二，通过制定多项国家技术开发计划并配套巨额资金，加快了集成电路产业新技术的研究和开发速度。1976 年组建 VLSI 技术研究组合并投资 720 亿日元；1989 年制定"硅类高分子材料研究开发基本计划"并投资 160 亿日元；1996 年，日本半导体 ASET 联盟斥资 120 亿日元启动"超间断电子技术开发计划"；2001 年投资 6 亿美元启动"未来计划"，扶持日本集成电路新制程技术的研发；2002 年投资 3000 万美元于"HALCA"计划，财政补贴占总投资额的接近半数；2006 年起每年投资 1.2 亿美元支持"延续飞鸟计划"，扶持新制程技术的开发和 DFM 平台的设计。第三，颁布"重要技术研究开发费补助金制度"，直接推动了日本集成电路产业的发展，从项目研究补助方面入手，对中小型企业和大型重要技术企业给予 1/3 到 1/2 不等的研究费用补贴。这些举措产生了积极意义：一方面，促进了电子产业的发展，减少了集成电路企业的赋税负担，并鼓励了高科技公司对技术研发的投入，强化了对集成电路行业的财政补贴和财政支持；另一方面，为日本先进集成电路企业如日立、富士通、日本电器等提供了一个平等交流与合作的平台，鼓励其打破企业间技术壁垒进行关键技术合作，联合组建半导体实验室，共同研发新产品，为后来日本在集成电路材料领域的领先优势奠定了基础。日本政府通过从国家到地方政策层层下放的构架和"政策倾斜 + 资金补助"的方式极大地加快了集成电路产业技术更新迭代的速度，形成了完整的国内集成电路产业格局。

表 2-7　　　　　　　　　日本政府的主要法律法规和政策措施

类型	年份	文件名称	主要内容
法律法规	1957	《电子工业振兴临时措施法》	通过立法减少电子产业公司的征税，投入大量资金、人力用于研发新技术以扶持电子产业
	1971	《特定电子工业及特定机械工业振兴临时措施法》	加强对半导体产业支持力度，支持企业加强研发和生产能力
	1978	《特定机械情报产业振兴临时措施法》（于 1985 年失效）	进一步加强了以半导体为核心的信息产业的发展
政策措施	1976	组建了 VLSI 技术研究组合，投资 720 亿日元用于进行集成电路产业核心共性技术的突破	
	1989	制定了投资 160 亿日元的"硅类高分子材料研究开发基本计划"	

资料来源：根据公开资料整理。

随着日本集成电路产业市场规模逐渐扩大，产业发展相对成熟，有能够自由快速成长并冷静应对国际市场变化的能力，进入 20 世纪 90 年代后，日本便缩减了对集成电路行业的政策支持。与韩国和中国台湾地区相比，日本集成电路企业的所得税更高，达到 40%，且无免税年限，对比之下韩国的外企合资有免税，中国台湾地区的免税年限为 5 年；专用设备投资减免税规模最小，缓征年限仅 1 年，而韩国减征 3% ~ 10%，缓征 5 年，中国台湾地区减征 5% ~ 20%，缓征 5 年。但总体来看，日本政府仍然坚持采取相关政策措施支持其集成电路产业发展，通过采取对全行业的政策倾斜，帮助集成电路企业应对激烈的国际竞争，带动社会资本投资支持企业发展。

（三）银行为主的金融支持

日本集成电路产业发展初期，金融市场以间接融资为主，商业银行是集成电路公司获得融资的主要渠道。"二战"后，日本经济快速恢复，集成电路市场重整旗鼓，相关企业投资需求旺盛，但是由于战争消耗了日本大量财力，国内资本空虚，且当时日本的资本市场并不发达，对于一家企业来说直接融资难度较大，加之日本政府允许银行投资证券，银行在与企业形成了长期稳定关系的基础上，纷纷对企业持股，成为企业股东。此举使银行成为企业的债权人和股权人，由此形成了独特的主银行制度（图2-1）。在该制度体系下，银行与企业形成了长期的、密不可分的合作关系，银行依靠企业分红创收，企业依靠银行融资贷款，并且银行会通过为企业提供担保融资；同时，主办银行下设的证券公司也会为合作企业提供业务便利，如企业债券的推广与承销服务，帮助其解决融资渠道的相关问题；当企业出现管理问题或业绩下滑时，银行会根据持股比例对企业经营方式提出建议或作出决策；当企业出现资金周转问题时，银行也会及时拿出贷款救急，并且银行对企业的重组拥有主导权。这种主银行制度为当时的集成电路等高科技企业提供了大量的贷款支持，也使银行与企业之间建立了长期信任的稳定合作关系，风险投资和集成电路产业的融合程度也逐步加强。

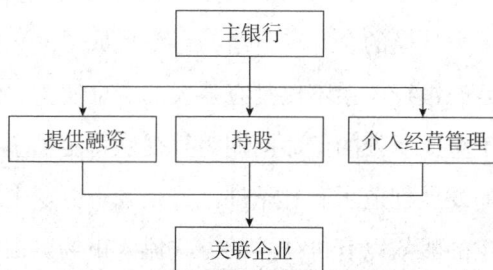

图 2-1 日本的主银行制度

资料来源：根据公开资料整理。

在这种间接融资为主的市场体系中，日本政府发挥着重要作用。一方面，政府对金融市场采取了高度的行政干预措施，在集中力量发展重点产业的同时保护金融机构。包括严格的分业经营，实行长短期分业、银证分业、银信分业；严格的利率管制，实行人为的低利率；过度的保护，实行国内、国外金融市场分离管制，如果金融机构出现问题，政府会积极予以救助等。另一方面，在政府的严格管制下，政府、企业、银行形成了相互支撑、相互依靠的"铁三角"关系。银行作为政府采取干预措施的"资金库"，为政府的各种财政政策提供资本，向企业贷款，部分银行更会作为企业的股东参与其日常经营，而政府为银行的经营兜底。这种稳定的三角结构为集成电路企业新技术的研发提供了长期的、源源不断的资金流，实现创新的累积效应，关键技术实现一次又一次里程碑式的突破，这也是当时日本集成电路产业发展壮大的重要原因。

　　然而，这种政府行政力量主导的间接金融体系存在诸多弊端，20世纪80年代末期已难以满足企业的金融需求，日本金融业开始了金融自由化改革历程（表2-8）。在金融自由化改革下，为了使银行业能够更好地为日本集成电路企业提供金融服务，日本在组织结构、融资工具和融资制度上对银行等金融中介机构进行了改革创新，使科技企业能够更为有效地从间接金融市场上获得资金。一是组织结构上的创新，取消有关金融机构之间禁止交叉持股的规定，允许金融机构之间进行持股。1997年《反垄断法》的修订解除了对金融持股公司的禁止，此后在政府政策的推动下，日本金融机构进行了大规模的合并和重组，最终形成了六大银行集团和三大金融集团。改革后的银行体系不仅具有强大的资金实力，还提高了抗风险能力，并可以基于企业所处的生命周期为其提供特定的金融服务，从而为中小型科技企业的发展创造了有利条件。二是融资方式上的创新，规定银行可以将公司贷款的账款以有价证券的方式流入市场。银行贷款的证券化对于整个市场来说，可以增强资本的流通性，鼓励更多的投资者参与贷款企业的投资，将风险交由更多的投资机构和投资个人等市场参与者共同分担。对于投资者来说，可以拓宽投资的选择目标，共享企业发展带来的红利；对于银行来说，可以形成外部资产，获得更多资金流，维持银行的资本充足率。三是融资制度上的创新。和前文提到的硅谷银行类似，日本银行对于资产不足的科创型企业允许其用知识产权评估后以相对应的资产作为保证金进行贷款活动，且这一资产与有形资产有相同的效力，可以作为长期借贷的资本。若出现公司破产或无法还款的情况，银行将通过出售知识产权的方式弥补担保资金。这一融资制度上的创新促使银行建立健全内部金融机制以管控贷款风险，又督促科技企业加强内部公司治理机制以提高资金周转率和企业盈利从而获得银行认可。日本政府在金融机构组织结构、融资工具和融资制度上的改革创新措施推动银行与集成电路企业形成了良好的银企互动关系，有助于解决金融服务中的信息不对称问题，提高了金融服务集成电路产业发展的效能。

表 2-8　　　　　　　　　　　日本金融自由化改革历程

发展历程		
时间	20 世纪 80 年代起，分为金融自由化初期和金融大爆炸改革（1998 年启动）两大阶段	
背景	国内	日本经济由高速增长转向中高速增长，原有的金融体制抑制了产业结构调整；国内过剩资金寻求高收益，开始冲破旧有金融体制的束缚；金融领域出现了"泡沫经济"崩溃、巨额不良债券等问题
	国外	由于对外经济的发展，美日经济摩擦日益加剧，美国等国强烈要求日本开放其国内市场
金融自由化初期的主要内容	利率自由化	1975 年，日本发行赤字国债，利率走向自由化； 1978 年，首次实现银行间市场利率自由化； 1989 年，贷款资金利率已部分实现自由化； 1994 年 10 月，日本利率完全自由化
	业务经营自由化	1992 年制定《金融制度改革相关法》，允许金融机构通过设立子公司的形式进行金融业务的渗透，以此逐步将银行业、证券业、信托业之间严格的分业管制放松
	市场准入自由化	日本金融当局放宽了国外金融机构准入条件、经营活动范围的限制和国内金融机构进入国际市场的限制
	资金流动自由化	1980 年 12 月，日本政府实行新外汇法《外国汇兑及外国贸易管理法》，采取"原则自由、例外限制"的资本自由流动方针，允许资本双向自由流动
	资本市场自由化	1984 年《日美日元美元委员会报告书》中逐渐废除了公司债发行业务管制，加速了资本市场的自由化和国家化进程。 1996 年 1 月，公司债发行市场实现自由化

发展历程		
"金融大爆炸"改革的主要内容	外汇交易自由化	1998 年 4 月正式实施《外汇及外国贸易法》，实现外汇交易自由化。废除了外汇公认指定银行制度、指定证券公司、外币兑换商制度，实现外汇业务的自由准入及退出。由事前许可、申报制度修改为事后报告制度，提高交易的效率和便捷性
	提高央行独立性	修改《日本银行法》，明确日本银行稳定物价和维持金融体系稳定智能；废除大藏省对日本银行的指令权和禁止因为意见相左而解雇重要干部，提高央行独立性
	允许设立金融控股公司	1997 年 12 月修改后的《禁止垄断法》规定，原则上可自由设立控股公司；陆续出台措施具体规定了金融机构设立控股公司的措施。 在金融控股公司制度解禁后，日本金融机构进行了大规模的合并和重组，最终形成了六大银行集团和三大金融集团
	混业经营	1992 年通过《金融制度改革法》，允许银行、证券、信托能够以"异业子公司"的方式实现混业经营
		1998 年，银行母体开始销售投资信托业务，公司型投资信托业务解禁，通过《金融控股公司整备法》将金融控股公司分为"银行控股公司""证券控股公司"及"保险控股公司"，并分别对银行法、证券业法及保险业法进行修改和完善
		1999 年，开始撤销对银行的证券子公司业务范围的限制，打破了银行与证券企业之间的业务壁垒
	加强金融监管	将财政与金融分离，将金融监管的权限从大藏省剥离，将金融监督厅于 2000 年改组为金融厅，通过定期检查和突然检查的方式对民间金融机构进行监督，并根据监督结果，对不符合要求的金融机构责令其改善或停止经营业务。2001 年，金融厅为内阁府的外设局，使之成为日本金融监管的最高机构，开始独立、全面地复制金融监管业务

资料来源：根据公开资料整理。

　　银行是日本集成电路产业中最不可或缺的组成部分，但普遍存在融资难、融资贵的问题，信贷保障就是化解这类问题的有力措施之一。1937 年日本设立了世界上第一个社团法人东京信贷担保会，对贷款和融资的问题作出了规定和监督，完善中小企业信用担保制度。1953 年日本政府颁布《信用保证协会法案》，以法律的形式承认了信保协会存在的合理性，并规定了其政策性金融机构的地位，主要责任为向中小企业提供公共信用保证，且负有连带责任。1955 年成立信保会联合会，主要发挥着沟通不同融资参与主体的桥梁作用。1958 年，成立中小企业信用保险公库，为中小型企业提供保额，这一举措大大降低了包括集成电路企业在内的中小型科创企业的运营风险；并且由于企业运营风险和投资风险由政府和投资人共同承担，减少了投资者的顾虑，形成了各方共担风险、多重保障相叠加的贷款信用保障体系。

日本的信用补全制度是"全世界最完美的信用担保制度"，以其结构完善、层次丰富而著名。按风险承担者来分，有政府与企业共担风险、担保与保险相结合两种方式。政府与企业共担风险是指当风险出现时，若中小企业现有资金不支持其还款，政府将为其承担一部分损失；担保与保险相结合是指在信保会为中小企业的贷款提供担保期间，当风险发生时，若中小企业现有资金不支持其还款，中小企业信用保险金库有义务向企业提供保险金。这样一来，中小企业贷款就拥有了中小企业信用保险金库和中央政府的双重保障，极大地降低了因企业倒闭无法还款事件发生的概率，鼓励银行及风险投资机构提供更高金额的贷款。这一信用补全制度在日本以间接融资为主的资本市场中发挥了极其重要的保障作用，达到了预期目标，成功地解决了集成电路企业融资难、贷款难的难题，促进了中小型、初创型集成电路企业的发展。

（四）发展壮大的资本市场

20 世纪 80 年代末期，在日本金融自由化过程中，尤其是"金融大爆炸"改革期间，通过对日本金融体制的改革与重建，资本市场逐步发展壮大（图 2-2），能够吸纳包括国内、国际各种类型参与者进行投融资活动，为集成电路等科技企业的发展营造了良好的金融环境。

在资本市场中，股票市场是重要的组成部分，全国性的股票市场有东京、大阪证券交易所，2013 年两大交易所合并创立了全新的日本证券交易所集团，一举跃升为世界第三的证券交易所；地区性的股票市场有名古屋、福冈和札幌3处规模偏小的证券交易所。日本证券交易所集团股票市场分为一部、二部、MOTHERS（玛札兹市场，又被称为保姆板）和JASDAQ（佳斯达克市场）4个板块，每个板块分别对应了大型企业、中坚企业、潜力企业、创业企业4种类型，表2-9梳理了日本证券交易所集团不同板块的上市条件。

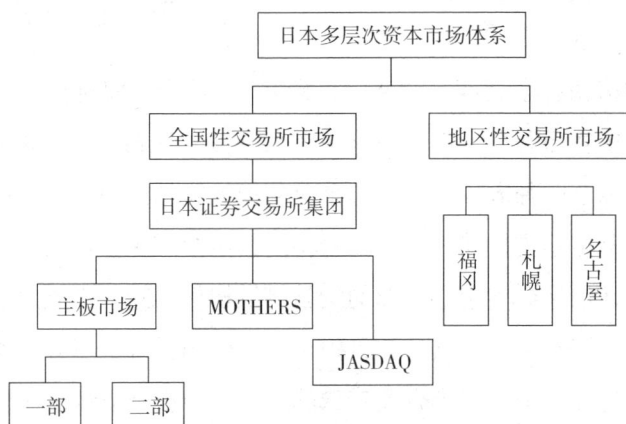

图 2-2　日本多层次资本市场体系

资料来源：根据公开资料整理。

表 2-9　　　　　　　　日本证券交易所集团上市标准

上市要求	主板市场		MOTHERS	JASDAQ	
	市场一部	市场二部		标准	成长
股东人数	2200 人	800 人	200 人	200 人	
流通股数量	20000 单位	4000 单位	2000 单位	N/A	
流通股总市值	10 亿日元（1000 万美元）	10 亿日元（1000 万美元）	5 亿日元（500 万美元）	5 亿日元（500 万美元）	
流通股比例	35%	30%	25%	N/A	
公开发行	N/A	N/A	500 交易单位	10%，或 1000 交易单位以上	
总市值	250 亿日元（2.5 亿美元）	20 亿日元（2000 万美元）	10 亿日元（1000 万美元）	N/A	
持续经营年限	3 年		1 年	N/A	

上市要求	主板市场		MOTHERS	JASDAQ	
	市场一部	市场二部		标准	成长
净资产额	10亿日元 （1000万美元）		N/A	2亿日元 （200万美元）	大于0
利润总额或 总市值	经常利润：过去两个财年总额5亿日元（500万美元）以上； 总市值：500亿日元（5亿美元）以上； 销售额：100亿日元（1亿美元）以上		N/A	经常利润：1亿日元（100万美元）以上； 总市值：50亿日元（5000万美元）以上	N/A

资料来源：根据公开资料整理。

（五）有益补充的政策金融

一是增强政府对中小企业的金融扶持。长久以来，日本的金融业以银行为主导，以提供低额和低利率的贷款为主，投资者的投资理念相对保守，更倾向于投资发展成熟的大型企业。这就导致了资本市场相对缺乏活跃性，直接融资的方式不盛行，对于初创的科技企业来说，无法短期内大量融资从事技术研发，一定程度上抑制了新兴企业的发展。为此，日本政府支持并引导了金融市场中风险投资的发展。1951年，日本成立了风险企业开发银行，主要针对中小型企业的风险投资业务，并产生带动效应，在全日本范围内形成了以银行投资为主的风险投资行业，政府在其中起到主导作用。1995年，日本政府颁布《中小企业创造法》，针对中小型企业风险投资方面的问题进行了法律形式的规定，规范了相关企业投资行为；1996—1998年，日本先后在全国范围内成立风投机构、为风险投资者提供不同额度的减税免税方案、设立中小型企业基础设施建设机构监督并服务于中小型企业的风险投资业务，以政府为主导的风险投资格局初步形成；2011年颁布《有关产业活力再生及产业活动革新的特别措施法案》，进一步拓宽中小企业基础设施建设机构的职权，不仅为相关的投资提供建议和监督，还可以为中小型企业的债务风险提供担保，中小型企业可以更容易地获得投资保障，融资申请也更容易被接受。

二是设立政策性金融机构扶持集成电路产业发展。集成电路产业对资金的阶段性需求不同于其他产业，一般为初始阶段需要大量研发资金，开发出关键技术并投产后收益规模巨大，一般的金融机构则倾向于投资有收益保障的企业。因而日本政府设立多个政策性金融机构，并由政府控制投资方向，主要为中小型科创企业提供贷款、咨询等服务。这些政策性金融机构利率较低且针对性较强，符合中小型科创企业的发展特点和融资需求。政策性金融机构在很大程度上补足了企业起步时的资金短板，主要的机构包括中小企业金融公库、国民生活金融公库和商共合作社中央公库等，不同机构在中小型科创企业的定位上再细分，例如为刚刚起步的中小型企业进行小额融资以提供启动资金和补足资金链，为初具规模的中小型企业提供长期、高额贷款，为经中小型企业协会认证的会员企业提供无担保贷款等，这为集成电路行业的井喷式发展埋下了伏笔。

三是信贷政策支持集成电路的发展与扩张。第一，规定银行贷款利率直接降低集成电路企业的融资成本，鼓励集成电路产业的技术研发，比如日本发展银行曾为集成电路企业提供接近于零的极低贷款利率。第二，鼓励集成电路企业在海外大量投资并通过政府金融机构为这些企业提供相应的资金支持。比如企业进行跨国投资时，国际协力银行会为其提供海外投资融资担保服务和低息贷款；中小型企业也能享受到同样的信贷优惠，对于面临投资资金困难问题的中小型企业，海外贸易开发协会可为其提供贷款，信用保证协会为其提供贷款担保；中小型企业海外分公司运营资金问题也可以由政策性金融机构以及中小型企业金融机构的低息贷款解决，日本企业还可以对海外投资的本金和利益进行保险（表2-10）。这一系列的海外投资助力和保障制度极大地增强了日本企业海外投资的热情，日本企业出现了一大波跨国收购并购热潮，拉动了对外投资。

表 2-10　　　　　日本政府主要的政策性金融政策措施

类型	年份	政策	主要内容
金融政策	1995	《中小企业创造法》	各县设立"风险财团",实施天使税制,投资研发型风险企业
	1998	《中小企业投资事业有限责任合伙合同法》	政府出资设立基金,设立中小企业综合事业团,从事风险基金投资项目
	2011	《有关产业活力再生及产业活动革新的特别措施法》	中小企业基础设施建设机构开始为风险企业债务提供担保
	2013	《产业竞争力强化法案》	加强企业风险投资税收扶持政策
成立政策性金融机构	机构		职能
	国民生活金融公库		为规模较小的中小企业提供小额周转资金贷款
	中小企业金融公库		为规模较大的中小企业提供长期低息贷款
	商共合作社中央公库		对团体所属成员提供无担保贷款、贴现票据等服务

资料来源:根据公开资料整理。

(六)广泛互补的盟友合作

美国与日本希望通过彼此互补合作共同突破先进集成电路制造,赶超韩国和中国台湾地区的芯片厂商,联手抢占全球集成电路竞争新高地,引领芯片先进制程产业。2021年4月,美国和日本表示将加强在集成电路供应链方面的合作,并将设立联合政府工作组明确芯片研发和生产的分工。同年6月,日本政府发布经济增长战略草案,鼓励日本集成电路企业与美国和中国台湾地区等国家和地区主要芯片制造商合作,构筑安全可靠的集成电路供应链。2022年5月,日本和美国就深化集成电路领域合作达成多项协议,包括共同推进弹性安全的集成电路供应链、强化半导体设计研究、制造产能和人才培养等方面开展合作。同年6月,日本宣布将与美国企业合作在2027年前在日本国内建立新一代集成电路生产基地,并将共同研究2纳米技术的尖端集成电路。此次合作的基本原则是确保供应链稳定性和国家安全,增强可用于量子计算机、数据中心、导弹、战斗机、创新智能手机等领域的核心芯片生产能力。同年7月，"美日经济政策磋商委员会"首次召开会议并发布《日美经济政策协议委员会2022年行动计划》，提出双方将共同努力加强集成电路等重要领域供应链韧性，年内将联合成立"下一代半导体制造技术开发中心"研究尖端半导体技术。

三、韩国集成电路政策奋起直追

韩国集成电路产业最初只是作为美日等国集成电路企业的封装基地，从事简单的封装工作。后来随着计算机产业的发展以及集成电路战略意义的凸显，韩国政府实行了一系列措施来培育本土的集成电路产业。尽管20世纪60—70年代韩国出台了相关政策来扶持集成电路产业发展，但由于政策落实不到位，80年代后韩国集成电路产业才开始真正发展，在政府融资政策、财阀推动和资本市场支持的基础上，经过数十年的发展，韩国已成为全球最大的存储芯片制造国。

（一）目标明确的产业政策

政府的推动是韩国集成电路产业发展和技术进步的内在驱动力。早在20世纪60—70年代，韩国就发布了《推动半导体产业发展的六年计划》《半导体工业扶持计划》《半导体扶持具体计划》等，逐步明确本土芯片产业发展路径，旨在不再依靠国外企业的投资发展集成电路产业，强调实现关键电子器件及集成电路制造本土化，正式开启了韩国集成电路自主化进程。同时，韩国政府相继设立韩国科学技术院和韩国电子技术研究所，重点培养集成电路产业高端技术人才，开展超大规模集成电路研究，并负责集成电路产业国家级科研攻关。20世纪90年代，韩国又相继发布《21世纪电子发展规划》《半导体设备国产化五年计划》《半导体芯片保护法》《电子产业技术发展战略》等规划和政策，将韩国电子产业自力更生提升至战略层面，规定停止从国外购买电子设备，在必须引进的情况下，必须与韩国电子企业联合共同承包，确保韩国集成电路产业受到法律保护，推动核心部件国产化，不断补齐集成电路产业发展的短板。在政府的大力扶持下，韩国集成电路产业逐步崛起。

近年来，韩国以实现"综合半导体强国"为战略方针，制定一系列政策举措。2021 年 5 月，韩国发布《K- 半导体战略》，战略政策涉及税收减免、金融支持、放宽针对半导体制造设备的各项限制措施、人才培养和立法等方面。韩国政府将设立 1 万亿韩元以上的"半导体设备投资特别资金"，为企业半导体投资提供长期低利息贷款，并对半导体研发和投资分别减免 40% ~ 50% 和 10% ~ 20% 的税金。此外，韩国政府将与韩国半导体产业链企业合作，于 2030 年建立世界最大、最尖端的集半导体设计、原材料、生产、零部件、尖端设备等于一体的集成电路供应网"K- 半导体带"，以保持在存储芯片产业的领先地位，并争取引领全球 SoC 产业。2022 年 7 月，韩国知识产权局（KIPO）发布多项举措保护韩国集成电路产业的核心专利。一是实施集成电路专利优先审查，集成电路领域的专利审查期限将由当前的平均 12.7 个月大幅缩短至平均 2.5 个月左右，以帮助韩国企业在当前 3 纳米集成电路等新一代技术专利中获得优势；二是加强集成电路领域人才管理，利用专利申请书中的发明人信息，分析各领域核心人员和发明人的平均年龄的变化，辅助政府进行未来人才培育优先领域的决策；三是通过对核心专利技术的大数据分析研判未来集成电路产业技术的发展方向，为韩国政府制定集成电路产业战略提供决策辅助。同月，韩国产业通商资源部公布《半导体超级强国战略》，决定将大幅提升对韩国集成电路技术研发和基础设施投资的税收优惠，引导韩国半导体企业在 2026 年年底前累计投资 340 万亿韩元（约合人民币 1.75 亿元）用于相关技术研发，并争取在未来 10 年培养 15 万名专业人才。此外，政府将加大对下一代 SoC 研发技术的扶持力度，力争到 2030 年将韩国的全球 SoC 市场份额从当前的 3% 提升至 10%，将集成电路材料、设备、零件的自给率从 30% 提升至 50%。为此，政府将持续加大对电力集成电路、车用集成电路、人工智能集成电路领域的规模化投资，并以官民联合的模式设立集成电路生态系统基金。2022 年 8 月，韩国《关于加强和保护国家尖端战略产业竞争力的特别措施法》正式实施，该法案旨在通过建立特色园区、提供财政补贴、加强专业人才培养等举措加大对集成电路领域的扶持，政府将在道路、燃气、水、电、能源供给设备、废弃物及废水处理设施等基础设施费用等方面对集成电路产业特色园区进行资金补贴，将在大学内开设集成电路相关课程，并由政府进行学费和生活费的补贴。此外，韩国政府将成立由国务总理领导的国家尖端战略产业委员会，作为集成电路战略产业政策的最高决策机构。

（二）特点鲜明的"政府+财阀"模式

韩国能够用短短数十年时间从简单的劳动密集型封装基地成长为如今屈指可数的集成电路强国，政府为财阀提供的支持功不可没。20 世纪 70 年代，韩国政府通过互惠补贴政策促进了财阀集团的发展，为后来集成电路产业打下了坚实的基础。20 世纪 80 年代以后，在早期政府的支持下财阀已然发展壮大，可以起到与政府协同发力的作用。80 年代，韩国财阀开始寻找未来商业领域，从以工业为基础转向以科技为导向，于是以三星电子、现代和金星为首的 3 家集成电路企业开启了集成电路飞速发展的时代。

在政府推动下，依靠特殊的治理结构和资产结构，财阀在韩国集成电路产业发展中发挥了重要作用。一方面，财阀治理在市场准入期和困难时期发挥着较好的作用。以三星电子、现代和金星 3 家"财阀"为例，财阀治理（Chaebol-governance）兼具"层级"（围绕 CEO 和中央办公室构建）和"网络"（由成员公司组成的财阀级网络组织），成员公司围绕董事长和中央办公室构建，中央办公室负责资源分配和财阀层面的人事决策。这种结构能够为新的业务领域提供快速和统一的支持，通过财阀内部的非价格交易和合作，可以非常迅速地调动财务和人力资源，从而使企业能够对新的集成电路业务进行重点明确、有效的投资。韩国企业能够快速成功进入 DRAM 芯片生产这一高进入壁垒的行业，离不开财阀治理这一重要的制度因素。当然，财阀的优势不仅体现在发展集成电路业务的初期，更体现在集成电路产业发展的低迷期。1985 年，由于全球 DRAM 芯片的供给过剩以及日本 DRAM 企业激进的定价政策，64K DRAM 芯片的价格从 3 美元暴跌至 0.3 美元，三星电子因此出现了巨额的财务亏损，亏损额累计高达约 2.5 亿美元，不过三星电子并没有因此停止对 DRAM 技术研发和产能扩张的投入，现代和金星也同样继续扩大对 DRAM 领域的投入，这主要归功于财阀在集团层面对金融资源的协调，以及由此产生的财务缓冲效应。另一方面，财阀特有的资产结构也有利于韩国企业进入资本密集型的集成电路行业。在资金上，财阀能够通过交叉融资获得长期风险资本。以三星电子为例，其在 1984 年和 1985 年所需的资本投资总额相当于其整个集成电路营业额的 3 倍，这种巨大的资金供给主要来自当时盈利的电信部门的资本转移，以及三星电子公司发挥的"现金牛"（Cash Cow，能够持续创造出现金、资产或价值的公司）作用。此外，财阀管理与 DRAM 技术创新特性高度兼容。DRAM 的技术进步一般是通过 IC 集成能力的不断发展来实现的，新一代 DRAM 芯片的研发构成了生产设备和工艺的大量需求，人才能够在不断提高的设备和工艺的要求中持续学习，在学习中持续不断提高产品的良率，因此芯片制造过程提出了一种独特的"边做边学"的形式，即在学习实践中获得创新和相关技术能力包括企业特定的知识。它们聚集在每家公司的层面，构成了通常难以从一家公司转移到另一家公司的机密、专业知识的存在。这种特定业务学习的影响为新进入者制造了巨大的壁垒，这非常符合财阀的特点。

但是，"政府 + 财阀"的模式也有弊端。第一，政府的指导能力有限，未能起到应有作用。1980 年下半年，政府只是在企业自身的 DRAM 计划基础上，简单地加强了对其发展轨迹的指引，并未提出更具指导性的建议。第二，政府缺乏替代性的发展模式。除了已有的"政府 + 财阀"模式，国家并未对集成电路行业提供其他政策支持，比如鼓励中小型集成电路设备制造商和大型芯片制造商之间建立合作网络等。第三，已有财阀获益后参加政府项目的积极性减弱。20 世纪 90 年代，政府又启动了后续的 DRAM 开发项目并提供低额的信贷与财政补贴，但这些开发项目的效果受到了质疑。相关财阀已经从 DRAM 市场繁荣中获得了高额利润，但并未参与 DRAM 项目的政策激励，只是出于"政府 + 财阀"关系的考虑而继续留在政府相关项目中。

（三）重点领域的财政支持

集成电路产业是典型的技术、资本密集型产业，需要巨额投资和高水平科研来维持产业的竞争优势。为提高集成电路产业技术自主创新能力，韩国政府为企业制定了多项融资政策以解决企业资金缺口难题，鼓励企业投入技术开发，发挥私营部门在技术研发中的作用。

一是通过控制或影响金融系统为企业提供信贷便利和信贷优惠，鼓励金融机构向企业提供政策性贷款，使集成电路产业能更容易地获得低息贷款。1973 年，韩国政府宣布"重化工业促进计划"（Heavy and Chemical Industry Promotion Plan，HCI 促进计划），通过这一计划，政府在向重化工行业提供实际利率为负的政策性贷款的同时，要求接受贷款的公司将其产品出口，并证明其出口业绩，这一举措促使企业努力提升生产效率，在出口市场上销售产品，提高经营业绩，并弥补了国家给企业的补贴支出，一举两得。这一政策也对韩国集成电路产业的发展产生了重要影响，推动国内前十大财阀迅速进入资金极度密集的 DRAM 芯片生产领域，并获得了成功。1983 年，韩国政策又推出了"半导体工业扶持计划"，决定向半导体企业投入 3.46 亿美元的政策性贷款，后续又带动了 20 亿美元的私人投资，以政府投资带动私人投资，增强半导体行业的资本活力。2021 年，韩国政府提供 8 亿美元的贷款应用于晶圆代工能力和材料封装领域技术的开发，以培育集成电路产业未来增长动力。

二是提供特定研发补贴并建立发展基金以激励集成电路产业进行技术研发。2016 年，韩国政府成立了 1.6 亿美元的"半导体希望基金"，鼓励半导体企业新技术的研发以及建设更多的工厂，希望保持韩国在存储芯片领域的领先地位；2019 年，韩国科学技术信息通信部发布《系统芯片愿景与战略》，计划截至 2029 年提供 8000 万美元的基金，支持集成电路行业关于汽车、生物、人工智能等领域的原创技术和应用技术，推动制造业发展。2020 年，韩国贸易工业能源部称将从 2020 年到 2029 年为 SoC 领域投入 1 万亿韩元，用以改变韩国集成电路产业高度依赖存储芯片领域的产业格局。韩国政府还致力于进行材料和制造设备的国产化，把 2020 年原本 1.09 万亿韩元的支持预算增加到了 2.07 万亿韩元，2021 年进一步增加到 2.55 万亿韩元，计划将其中超过 85% 的预算用于设备、材料和组件的研发；并宣布将在未来 5 年内投资 72 亿美元，对日本 6 个领域的 100 个品种的产品进行创新和再加工，使其成为韩国本土化的产品。

（四）层次分明的资本市场

1956 年韩国交易所正式成立，目前已形成相对成熟的资本市场，包括 3 个股票交易市场，即 KOSPI 市场、KOSDAQ 市场和 KONEX 市场：KOSPI 市场主要面向大中型企业、大型跨国集团；KOSDAQ 市场由信息技术、生物技术等高科技企业以及通信技术企业组成，主要面向中小企业；KONEX 市场主要面向创业初期的中小企业。根据表 2-11 所罗列的主要资本市场的上市条件，KOSDAQ 市场较低的上市标准可为信息技术、生物技术、文化技术企业等核心类中小企业及高新技术企业提供资金，而多层次的资本市场又为投资于科技企业的风投公司创造了良好的退出机制（图 2-3），为集成电路产业的发展提供了有效的支撑。

表 2-11　　　　　　　　韩国主要资本市场板块上市条件

指标		KOSPI		KOSDAQ
经营年限		3 年以上		
公司规模（二选一）	净资产	约 18100 万元人民币以上		约 1800 万元人民币以上
	总市值	N/A		约 5500 万元人民币以上
经营情况（三选一）	销售额与利润	销售额：最近 1 年约 61000 万元人民币以上，同时 3 年平均约 42700 万元人民币以上		N/A
		三选一	利润最近 1 年约 1800 万元人民币以上，同时最近 3 年累计 3700 万元人民币以上	利润：最近 1 年 1200 万元人民币以上
			净资产收益率最近 1 年 5% 以上，同时最近 3 年 10% 以上	净资产收益率 10% 以上
			净资产收益率最近 1 年 3% 以上，利润 3100 万元人民币以上	

指标		KOSPI	KOSDAQ
经营情况（三选一）	销售额与总市值	销售额最近 1 年 122000 万元人民币以上；市值 244000 万元人民币以上	销售额最近 1 年 6100 万元人民币以上；市值 18300 万元人民币以上
	销售额与销售额增长率	N/A	销售额 3100 万元人民币以上；销售额增长率达到 20%
最大股东变更		上市申请前 1 年内	
锁定期		第一大股东锁定 6 个月	

资料来源：根据公开资料整理。

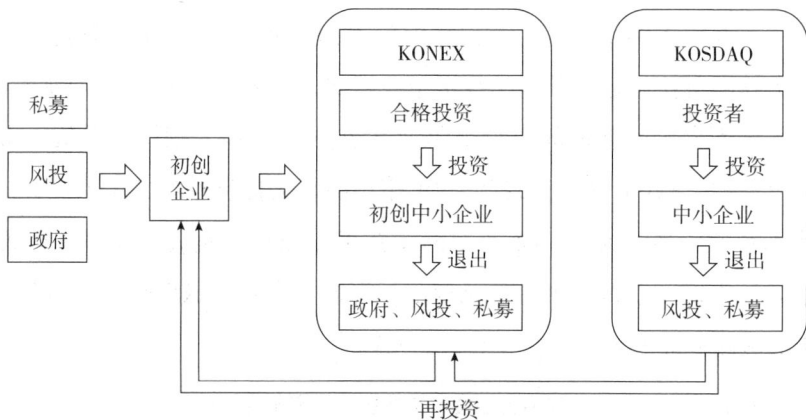

图 2-3　韩国风险投资流程

资料来源：根据公开资料整理。

四、中国台湾地区集成电路政策独辟蹊径

当前，中国台湾地区在全球集成电路产业链中占据着重要地位，在集成电路制造环节有台积电这一顶梁柱，在设计和封测环节有联发科、日月光等龙头企业。中国台湾地区集成电路产业如今的成就主要得益于其采取的专业分工模式以及政府早期的大力支持，专业分工的模式避开了与国际先进集成电路企业的直接竞争，为自身的集成电路企业积累技术和产能优势创造了

有利条件；当局的支持则是中国台湾地区集成电路产业起步和成长的关键。

（一）广觅资源的产业战略

20世纪60年代，中国台湾地区的出口导向性政策吸引大量外资资金进入其集成电路下游封装产业。同时为培育岛内集成电路人才，台湾交通大学于1964年成立了集成电路实验室，为中国台湾地区集成电路领域的兴起打下坚实基础。70年代后，台湾当局开始介入引进集成电路上游先进技术，1974年发布"积体电路计划草案"，拟投入1000万美元扶持集成电路工业发展，并推动中国台湾地区工研院主导成立电子工业研究发展中心，从美国引进集成电路设计及制造技术、RCA制程技术、IMR光罩技术等集成电路尖端技术。随后，工研院建成当地第一座集成电路制造示范工厂，开始生产当地第一代集成电路产品，就此迈出中国台湾地区集成电路产业自主发展的第一步。1984年，台湾当局决定在集成电路产业再接再厉开始推动超大规模集成电路发展，并由政府与民间联合投资成立全球首家专业晶圆代工厂——台湾积体电路制造公司（台积电），开创了全球集成电路产业新分工模式。到20世纪90年代末，中国台湾地区集成电路产业由以外资为主导的下游封装，成功扩展到以本地企业为主的上游设计、光罩业和中游制造业，集成电路产业链上中下游基本覆盖完善。到21世纪，台积电等企业顺应智能手机崛起的潮流，抓住移动时代集成电路市场迅速增长的机遇，成为全球集成电路领军企业。台湾当局持续加大对集成电路行业的扶持力度。2023年1月，中国台湾地区立法主管部门"三读"通过《产业创新条例》，旨在通过税收抵减的方式鼓励当地前瞻创新研发及先进制程设备投资，以巩固并提升其在国际供应链中的地位。该政策面向技术创新且位居国际供应链关键地位的企业，为其提供前瞻创新研发支出的25%，优于此前的10%~15%；此外，这些企业购置先进制程全新机器或设备支出的5%可以抵税，且不设上限。

（二）相辅相成的风险投资

中国台湾地区的集成电路行业可以说是依靠风险投资起家的，在行业发展的最初阶段，首批集成电路企业主要依靠风险投资来获得融资。1982 年起，中国台湾地区先后出台了一系列支持风险投资发展的政策（表2-12），包括为风险投资企业减税降税、成立专属市场、成立新股票交易市场并完善上市退市机制以及政府资金补贴等，给集成电路产业的发展带来有力的资本支持。经过多年的发展，中国台湾地区风险投资业表现优异，仅次于美国位居全球第二，其资金主要投向集成电路等高新技术产业。

表 2-12　　　台湾当局支持风险投资发展的主要政策措施

年份	政策措施	主要内容
1983	制定《创业投资事业推动法案》	（1）对于投资于高技术领域的企业的风险投资公司，其营业所得税最高税率为 20%； （2）对于提供风险资本的股东，在持股满 2 年后，享有 20% 的投资抵减优惠，按所投资金额的 20% 抵减其当年盈利事业所得税，当年不足抵减的，可在 5 年内抵减，同时对创业投资收益的 80% 免征所得税； （3）对投资岛外并引进技术的风险投资公司，可以享有 1～4 年的免税奖励
1983	制定《创业投资事业管理规则》	（1）公司以其未分配盈余转投资于重要科技事业及创业投资事业，其股东为盈利事业的，免予计入当年度盈利事业所得额课税； （2）公司投资于创业投资事业，其投资收益的 80% 免予计入当年度盈利事业所得额课税； （3）为鼓励对经济发展具有重大效益、风险性高且需扶持的新兴重要策略性产业公司的创立或扩充，盈利事业或个人持有该公司记名股票达 3 年以上，可抵减其当年应纳所得税额
1994	成立柜台买卖市场	（1）上市对象是本土的中小型公司； （2）实收资本额在新台币 5000 万元以上，经 2 家以上证券商书面推荐； （3）在上市前 2 年内，每年的合并全年收入及除税前纯利必须为资本总额的 2%，但符合资格的科技类企业则不受此条例的限制
2000	成立第二类股票交易市场	（1）公司成立满一个会计年度，并经主管机构出具其属于科技事业且产品开发成功具有市场性的意见书； （2）拥有资本额 3000 万元新台币以上，或净值在 20 亿元新台币以上； （3）对企业过去是否盈利不作要求，但最近一个会计年度应无累积亏损； （4）持有 1000 股以上的股东达 300 人以上

资料来源：根据公开资料整理。

为了让风险投资机制更好融入，台湾当局为初创的风险投资公司制定了相应的租税减免和资金融通政策。在风险投资业的发展初期，台湾当局不仅每年会编制预算参与风险投资，还会为风险投资者提供 20% 的税收抵免优惠。1990 年为了促进产业升级并提高产品竞争力，出台了《促进产业升级条例》，对投资于高新技术产业的活动采取了抵减租税减免措施，推动了风险投资业的发展。在资金融通方面，中国台湾地区从 1984 年到 2001 年先后共 4 次分别投入 2800 万美元、5600 万美元、7000 万美元以及 1 亿美元的风险投资政策性引导资金；1994 年起台湾当局还允许保险公司和民间银行的资金进入风险投资业，并放宽了种子基金资金汇出入的规定，进一步拓宽了风险投资的资金渠道。除此之外，台湾当局投资的基金仅能用于指定的科研企业和科研项目，这为集成电路企业增添了融资便利。

中国台湾地区风险投资之所以取得巨大成功，在很大程度上离不开多层次多品种资本市场为风险资金提供了高效灵活的退出机制。中国台湾地区资本市场可以大致分为三层：第一层为台湾证券交易所，上市标准较严；为了满足不同层次企业不同类型的金融需求，1994 年成立了第二层柜台买卖市场，主要起到上柜股票和上市股票之间的衔接作用，帮助上市的企业实现平稳过渡；在 2002 年推出的兴柜市场为第三层，瞄准较小企业的股票市场，取代"盘商"在未上柜股票市场上的作用。柜台买卖市场和兴柜市场这两类市场主要面向具备良好发展前景的科技型创新公司，与台湾证券交易所主板相比，这两个交易市场的上市条件更加宽松，为初创期或成长期规模相对较小的 集成电路企业提供了良好的融资渠道，同时也为风险资本提供了退出渠道。

（三）高技术导向的政策性金融

为积极推动高新技术产业的发展，台湾当局提供了大量低息贷款，贷款项目主要包括"购置进口自动化机器设备优惠贷款""辅导中小企业升级贷款""购置国产自动化生产设备优惠贷款"等，资金主要来自"行政院开发基金"专项资金以及银行贷款。为鼓励高技术产业积极进行海外投资，台湾当局还出台了《"中央银行"外币资金转融通要点》，根据该政策，参与海外投资并投资于"十大新兴工业"及"八大关键性技术"的企业均可向政府申请外汇贷款。由于集成电路企业均满足以上条件，可根据该计划申请相关贷款。此外，中国台湾地区还主要参与了高科技项目以及新技术和产品研发项目的投资，每个项目以参股比例不超过40%为原则。这项参与投资计划金额预计为200亿元新台币（约合7.62亿美元），其中开发基金的拨款占25%。这一系列政策都极大地推动了中国台湾地区集成电路技术研发工作的进程，帮助企业解决了在科研工作中资金不足的难题。

五、欧洲集成电路政策特色彰显

欧洲是全球集成电路产业不可或缺的一部分，作为全球较早发展集成电路产业的地区之一，许多欧洲公司拥有较为出色的技术和研发能力，在全球供应链中扮演着重要角色。

（一）持续推进的产业政策

欧洲是继美国和亚洲之后，全球第三大集成电路生产基地。20世纪60年代，欧洲集成电路基本以市场为主导，政府只在与国防安全相关的集成电路制造和采购中采取部分对本土生产厂商的扶持干预行为。随后10年间，欧洲政府加大对计算机、集成电路行业的重视程度，对本土集成电路技术研发给予部分激励措施，但政府的参与程度仍然非常有限。80年代后，欧洲各国政府逐渐加大了对集成电路行业的扶持力度，积极推动重点集成电路企业的协同发展，鼓励外国集成电路企业在欧洲当地设立芯片及集成电路设计与技术部门、制造工厂等，旨在加速欧洲集成电路产业的技术创新能力，保护欧洲本土集成电路产业核心技术，加强产业竞争力，引领全球集成电路产业发展。但欧洲集成电路错失存储器、手机芯片、晶圆代工等关键集成电路业务领域发展机遇，错过多个集成电路产业发展风口。在产能方面，由于欧洲本土客户规模有限，英飞凌、意法半导体、恩智浦等大型集成电路制造企业将90%以上的晶圆厂建设在欧洲之外的其他国家和地区，并将大量非核心零部件制造委托给其他代工厂，直接导致欧洲本土集成电路产能大幅下滑。数据显示，欧洲本土芯片供应比例从2015年的近70%下降至2020年的55%，欧洲晶圆厂在全球的占比由2010年的10%下降至2020年的6%，并呈现持续下降的趋势。此外，欧洲的先进芯片制程相对落后，尚不具备10纳米以下的先进制程。

近年来，欧盟相继出台多项政策法案强化区域内的集成电路产业，以减少集成电路产业对美国、日本、韩国等国家和地区供给的依赖。2021年2月，欧盟19个成员国共同签署《欧洲处理器和半导体科技计划联合声明》，宣布在未来2～3年内将投入1450亿欧元用于半导体技术研究，强化欧洲处理器和半导体生态系统，扩大产业链市场份额。一是在全球范围内加强半导体技术合作及共同投资，在2025年前，大幅提高欧洲半导体和集成电路以及芯片的生产能力，重点拓展芯片设计、供应链能力以及尖端半导体技术。二是加强欧洲本土的半导体普及率，支持中小企业在创新产品中优先使用先进芯片技术，制定可信电子产品的通用标准和认证机制，以及安全芯片和嵌入式系统的通用采购标准。随后，欧盟委员会发布《2030数字指南针：欧洲数字10年之路》，提出到2030年，欧洲在尖端和可持续半导体的产能至少占全球总产值的20%，并实现2纳米以下的尖端制程自主生产能力，降低对美国和亚洲关键技术的依赖。

2022年2月，欧盟委员会提出了加强欧盟集成电路生态系统的一揽子政策措施，即《欧洲芯片法案》，该法案提出了五大战略目标。一是加强欧洲集成电路研究并强化技术领先地位，做优突破性技术（包括装备制造和先进材料）等方面的知识产权。二是建设和加强其在先进、节能和安全芯片的设计、制造和封装领域的创新能力，并具备成熟批量的生产能力。这将保证芯片的长期供应，服务于产业和公共部门的需求，在更广泛的范围内刺激创新。三是建立完善的投资框架，吸引地区内外的基础设施投资，以便在2030年前大幅提高产能。四是吸引集成电路技术人才，解决相关产业劳动力短缺的问题。五是持续监测全球集成电路产业发展，洞察产业未来发展趋势，建立国际伙伴关系、平衡相关方利益，并在全球供应链崩溃时具备采取必要适当措施的能力。通过该战略目标，《欧洲芯片法案》希望：在短期，政策工具箱能够加强欧盟各国之间的协同合作，缓解集成电路供应链短缺危机；在中期，要强化欧洲地区集成电路制造能力，支撑整个价值链扩大和创新，以解决供应链安全问题并打造更有弹性的生态系统；在长期，支撑欧洲地区集成电路技术完成从实验室到生产线的转化，明确要突破基于开源 RISC-V 处理器架构的设计能力、10 纳米全耗尽型绝缘体上硅（FD-SOI）技术、3D 堆叠封装技术等，引领欧盟国家成为全球集成电路创新市场的技术领导者。同时，《欧洲芯片法案》设立了"欧洲芯片倡议"和"芯片联合体"两只基金，通过"数字欧洲（Digital Europe）"和"地平线欧洲"项目协调来自欧盟委员会、成员国和与现有欧盟项目有关的第三国以及私营部门的资金，预计到 2027 年将累计投资 110 亿欧元，加强半导体基础研究、开发和创新，加大微电子相关技术人才培养力度，并将为中小企业提供融资支持，最终将带动 430 亿欧元的政府和企业投资。在投资方向上，资金池将重点聚焦以英特尔为代表的设计与制造一体化的"集成制造厂商"和以台积电为代表的集成电路制造代工厂。在实施的公共投资中，2023 年前启动"欧洲芯片倡议"，2024 年后启动"芯片联合体"。

此外，欧洲各国相继出台一系列政策推动本国集成电路发展。意大利政府发布法令草案批准了一项新的基金，在 2022 年拨款 1.5 亿欧元，在 2030 年之前每年拨款 5 亿欧元。计划在 10 年内拨付超过 40 亿欧元用于资助芯片行业的技术研究，以促进战略独立性，并吸引更多的全球集成电路领先企业在意大利建厂投资。德国经济部宣布将提供 140 亿欧元补贴以吸引全球先进芯片制造商前往德国建厂。法国发布"法国 2030 计划"，提出欧洲在电子元器件方面面临着巨大挑战，为实施法国半导体战略，法国将投资近 60 亿欧元来应对当前面临的半导体短缺的局面，并减少在该领域对其他国家和地区的依赖性，目标到 2030 年使法国的电子产品产量翻一番。西班牙宣布将通过欧盟的复苏基金提供 110 亿欧元资金发展半导体产业。

欧盟通过构建半导体产业联盟推动全产业链发展，成为其落实半导体产业政策的重要举措。欧盟提出建立"欧洲芯片基础设施联盟"负责推动、监督《欧洲芯片法案》战略实施，并提出成立"欧洲半导体委员会"负责在半导体产业规划、技术路线等方面提供咨询服务以及决策辅助，由欧盟委员会直接领导。

（二）多方支持的银行信贷

欧洲的金融体系以间接融资为主，企业对银行借贷的依赖度较高，银行是欧洲信贷市场的主要参与方，银团贷款也始终是欧洲信贷的主要形式。这类信贷贷款额度大、期限长的特点恰好符合集成电路产业的发展，满足相关企业建立初期庞大的资金需求，且这类贷款的资金轮转周期也与技术更新节点相吻合。银团贷款中常见的两种形式——循环贷款和定期贷款对中小企业的发展起到了很好的助推作用。企业初创期往往会面临资金流转问题，循环贷款以"备用金库"的作用在很大程度上弥补了初创企业的这一问题；定期贷款则期限更长，一般为 5 ~ 7 年，更有甚者可达到 20 年以上，银行会对不同企业进行信用和偿还能力的分级考量，对贷款期限和资金流程作出不同的要求，这就使包括集成电路在内的企业获得长期充足的资金来源以支撑发展。

在以银行借贷为主的金融市场中，信用评级制度的建立对集成电路产业的发展发挥着不可估量的作用。以德国和法国评级实践为例，德国运用信用债券管理电子平台，通过分析企业类型和年度财务报告，以及对历史贷款情况进行分级；法国则采集商业银行档案数据库中相关企业信息并进行评级，且两国均将评级信息录入国家央行内部评级数据库。具体来看，德国开发共同信用评估系统，通过线性方程建立分析模型，并邀请专业人员对模型进行调试和修正，指出对评级结果有重要影响的未考虑因素，并最终形成完善的评级方式。法国则建立央行企业评级系统，同样使用线性方程，并细化至 19 种不同行业的分块模型，相较于德国的共同信用评估系统更加全面和科学，从盈利能力、偿还能力、资本结构和流动性 4 个方面对企业进行信用评估，流动性问题又进一步细分为静态分析、动态分析、前景分析和融资便利性分析。两国央行评估结果除用于向政府提供市场数据外，也向社会开放。各类金融机构、投资者和监管机构均可查看企业的信用等级，各企业的操作行为会被最大限度曝光。在信用评级制度未普及之前，集成电路产业的信贷情况不容乐观：一方面，集成电路企业特别是中小型企业信用状况良莠不齐，充斥着不值得投资的"垃圾企业"和"垃圾专利"；另一方面，集成电路产业一向被投资机构和投资者认为是高风险投资，出于稳健的考虑，除非是规模较大且有较强社会公信力的企业，其他企业在进行信用贷款时往往会碰壁，屡屡出现贷款难的问题。信用评级制度则将贷款的风险量化，通过数据统计出贷款对象历史贷款还款行为，并将贷款对象分层，打消银行和金融机构畏惧风险、不敢放贷的想法，促进资本向包括集成电路在内的高新技术产业流动，增强了资本的流动性和市场的活力。

（三）丰富多样的证券市场

欧洲集成电路产业的发展离不开证券市场、银行信贷和风险投资的支持，政府在其中也发挥着重要作用。丰富的证券市场给予集成电路企业上市选择空间，在欧洲诸多金融市场中，英国伦敦证券交易所代表了欧洲证券市场的最前沿发展方向，也是整个欧洲股市的缩影。伦敦证券交易所有以下几类细分市场（表 2-13），其中二板市场（AIM）和高科技市场（TECHMARK）为包括集成电路在内的科创类企业提供了上市场所。

1995 年，伦敦证券交易所设立二板市场，定位于中小企业和初创企业，包括集成电路产业、软件产业和金融业等领域的公司，对于这类公司而言，加入二板市场是进入挂牌市场的第一步。二板市场自成立以来取得了优异成绩，1999 年二板市场指数被称为全球第二大指数，20 世纪末上市公司数突破 400 家，并有 70 余家公司升入主板市场、20 余家公司升入科技板市场。二板市场很好地发挥了初创企业（尤其是科创类初创企业）的孵化器作用，在企业从创立到上市的过程中发挥了衔接与过渡作用。

表 2-13　　　　　　　　　　　伦敦证券交易所的细分市场

细分市场	主要特点
挂牌市场（主市场、官方市场）	最主要的市场，上市条件严格
债券市场	通过伦敦证券交易所发行欧洲债券，其要求低于股票发行要求
SEAQ（证券电子自报价）系统国际板	SEAQ 是针对国际股票市场的电子实时屏幕报价系统，该板块建立于 1992 年，面向以下证券：一是已获准在伦敦证券交易所挂牌上市的证券；二是属于发展中市场区的证券，主要包括拉丁美洲、俄罗斯、印度和中国台湾地区的证券
二板市场（AIM）	AIM 成立于 1995 年，是伦敦股票交易所的另类投资市场，也被称为二板市场，上市标准低，实行保荐人制。 伦敦交易所对新兴公司在 AIM 上市规定，如果公司主营业盈利记录不到两年，申请在 AIM 上市必须符合以下条件：拥有 1% 或更多的 AIM 证券的董事和雇员们，必须承诺公司在 AIM 上市后至少一年内不出售任何股份
高科技市场（TECHMARK）	TECHMARK 是伦敦股票交易所为满足创新技术企业的独特要求而开辟的市场，也被称为科技板市场，其最重要的特质是技术创新。该市场是一个市场内的市场，按照自成体系的认可方式将 FTSE 行业板块的公司，重新集结起来组成一个市场，因此也被描述成"交易行情单列式的技术板市场"

资料来源：根据公开资料整理。

在二板市场的基础上，1999 年伦敦证券交易所设立高科技市场，这一市场以科技创新作为评价标准将 FTSE 板块的公司筛选重组成立，为科技企业和投资者提供了直接接触的场所，促使投资者更易与技术企业融为一体。在这一市场中，完善的监管制度、低门槛的上市规则和自由的退市规则使企业能够根据自身情况进行决策，满足不同企业的个性化需求；同时，《金融时报》为该市场量身定做的样本指数和综合指数加强了科技股尤其是小型科技企业的曝光度，成为投资者挑选对象的重要参考量度。在此基础上，以 Invesco 为代表的数十家针对科技板进行市场研究和企业投资的成长基金接连成立；伦敦国际期货期权交易所推出了科技板指数期货和期权衍生产品,进一步拓宽了投资者组合投资的空间。

(四)推陈出新的天使投资

天使投资即非正式投资,指的是高净财富的个人通过权益契约直接投资于小型创业企业的一种非中介直接投资。近年来,欧洲非正式风险投资飞速发展,超越日本成为世界第二大非正式风险投资市场,极大地促进了欧洲各国创业创新,孵化了一大批集成电路和互联网企业,欧洲各国政府对非正式风险投资的政策支持可细分为以下四个方面。

第一,利用税收激励政策。税收政策具有导向性作用,通过提高非正式风险投资回报率产生激励效应,引导更多投资者入局,从而促进资本供给。英国、法国、荷兰、德国等国家都采取了税收激励政策。其中,以英国1994年实施的企业投资计划最为典型。该计划为特定目标提供税收减免,包括资本利得、投资额、投资损失的减免和抵减,鼓励私人资本持续投资符合标准的未上市的中小型科创型企业(如集成电路相关企业),为其从发展到上市提供强有力的资金支持。该政策使英国境内非正式风险投资额增加近60%,极大推动了风险投资的发展。

第二,建立非正式风险投资网络。非正式风险投资兴起的初期,尚未形成一定的规模,不同行业与地区存在明显的信息不对称现象,投资者若想准确地掌握某一企业的具体信息和财务状况,需要付出大量的时间成本,且无法根据投资目标精准筛选,在一定程度上减弱了投资意愿。为此,各国公共部门建立非正式风险投资网络,汇总各行业企业相关信息。通过提供一种公共平台和交流渠道,打破投资者之间、投资者与企业间的信息壁垒,降低投资者的信息收集成本,提高信息流动效率。20世纪90年代以来,英国、荷兰、芬兰、比利时等国家共参与构建了66个子组织,形成了欧洲非正式风险投资网络(EBANs)。

第三,完善证券立法。欧洲原有的金融证券法律较为苛刻,风险投资行业壁垒较高,即便有经验的投资者也缺乏市场信息资源,投资机会较少。在非正式风险投资网络构建成功后,各方力量通过舆论鼓励政府放宽政策，英国政府在 1986 年通过金融服务法案，为非正式风险投资网络的投资宣传和投资引导提供了很大程度的豁免权，该政策在日后一步步放开，直至 2000 年完全允许对高净值投资个人提供投资信息和建议。这一法条的改变使迫切寻求初期融资和长期投资的中小型科创型企业更容易接近非正式风险投资者，对风险投资市场起到了积极的影响作用。

第四，实施合作投资计划。合作投资计划通过一定量政策性基金向风险投资市场的流入，激励大量私人投资者对初创企业进行风险投资，从而弥补资金缺口。以英格兰和苏格兰两种典型的合作投资基金模式为例：苏格兰采取"消极"的投资模式，直接跟随已有的私人投资对初创企业进行投资，目的是快速地将资本引入市场的同时降低运作成本，并且为私人投资提供了底气；英格兰采取"积极"的投资模式，在投资前要先对市场作调查，瞄准具有代表性的投资项目，允许与私人资本合作，但更多地强调投资的自主权，投资数额、投资对象完全由政府决定。这两种风格迥异的投资方式实际上都取得了不错的成绩，对英国早期风险投资市场的发展起到了推动作用。

（五）不断加强的盟友合作

美国和欧洲都迫切需要在集成电路供应链上进行合作，二者在技术、经济、贸易等方面都已建立成熟的沟通合作机制。2021 年 6 月，美国与欧洲联合成立"美欧贸易和技术委员会"（US–EU Trade and Technology Council，TTC），旨在发展确保供应安全和避免补贴竞赛的跨大西洋半导体投资方法，共同识别半导体供应链中的漏洞并建立监测和预警系统，解决供应链中的脆弱性问题。2022 年 5 月 15 日至 16 日，TTC 在巴黎召开第二次会议，指出传统逻辑芯片、模拟芯片和光电芯片，以及用于汽车、医疗保健、工业控制、通信和能源等关键领域的半导体面临供应短缺。

目前，美国和欧洲的半导体产业构建了双向投资、联合研究的产业生态。比如，欧洲公司参加了由美国 SEMATECH、纽约州立大学奥尔巴尼分校纳米科学与工程学院和美国国家实验室主导的芯片制造研究项目，美国公司也参加了欧洲的研究组织，例如比利时的 IMEC、德国的 Fraunhofer 和法国的 CNET-Leti。此外，英飞凌、X-Fab、BAE 系统公司等欧洲公司在美国建设工厂生产芯片，英特尔、格罗方德、亚德诺（Analog Devices）等美国公司在欧洲建厂生产芯片。跨大西洋贸易对集成电路弹性供应链有着积极贡献，美欧将持续加强合作并联合促进私营部门努力提高集成电路价值链的透明度和需求，以缓解集成电路供应瓶颈问题，扩大美国和欧盟的创新型集成电路制造能力。

参考文献

[1] Noh Youngsoo（鲁泳洙）. 中韩私募股权投资合作模式优化研究——以 A 公司为例 [D]. 西南财经大学，2017.

[2] 陈尚金，柳晓明. 风险投资发展中政府角色定位问题探讨 [J]. 商业时代，2009（29）：71+86.

[3] 戴维. 国外政府对中小企业融资支持的研究及对我国的启示 [J]. 金陵科技学院学报（社会科学版），2009，23（3）：4.

[4] 冯志刚，张志强. 美国半导体产业发展历程及衰落原因 [J]. 世界科技研究与发展，2022，44（1）：45.

[5] 付景红. 直接融资、间接融资与中国融资结构目标模式的探讨 [J]. 科技与管理，2002，4（3）：3.

[6] 谷小青. 美国高收益债券市场的发展及启示 [J]. 银行家，2010（11）：78-81.

[7] 关于欧美集成电路发展动态分析和应用 [EB/OL]. 电子发烧友网，2019-08-30，https://m.elecfans.com/article/1010350.html.

[8] 廖亮. 风险资本的组织形式和融资安排的制度分析 [D]. 复旦大学，2003.

[9] 刘卫柏. 美国中小企业融资经验对我国发展民营经济的启示 [J]. 中国乡镇企业会计，2008（1）：2.

[10] 马静婷，王淑梅. 国外中小企业融资模式及对我国的启示 [J]. 商业会计：上半月，2010（3）：2.

[11] 乔军华. 战略性新兴产业发展金融环境比较研究——美国、芬兰的公私协作经验及其对中国的启示 [J]. 科技进步与对策，2013，30（17）：5.

[12] 日本金融制度的变迁及借鉴意义 [EB/OL]. 今日建行，2016-05-04,http://www3.ccb.com/cn/ccbtoday/ccbpaper/20160429_1461915325.html.

[13] 荣艺华，朱永行.美国债券市场发展的阶段性特征及主要作用 [J].债券,2013 (5)：6.

[14] 田盖地.日本中小企业融资模式对我国的启示 [J].价值工程，2017，36（28）：2.

[15] 汪超，张慧智.韩国发展半导体产业的成功经验及启示 [J].吉林省经济管理干部学院学报，2018，2（5）：44-53.

[16] 王淑华.高新技术产业的投资政策研究 [D].武汉理工大学，2002.

[17] 吴雅楠.美国科技型中小企业市场主导型融资模式研究及经验借鉴 [D].河北工业大学，2015.

[18] 佚名.美国中小企业融资的经验做法与启示 [J].农银学刊，2017（1）：7.

[19] 尹小平，崔岩.日美半导体产业竞争中的国家干预——以战略性贸易政策为视角的分析 [J].现代日本经济，2010（1）：5.

[20] 苑泽明，牛新琪，刘冠辰.芯片概念上市公司无形资产发展现状及对策 [J].会计之友，2021（18）：43-48.

[21] 张丰，金智.台湾地区风险投资运作的经验借鉴及其启示 [J].价值工程，2006（1）：20-23.

[22] 张佳睿.美国风险投资支持科技企业发展的经验及启示 [J].现代经济探讨，2014（3）：84-87.

[23] 张晓晴.中国创业投资公司治理机制研究 [D].西北大学，2006.

[24] 赵鑫.美国，日本发展政府投资基金支持科技创新的经验及启示 [J].经济研究导刊，2020（7）：2.

[25] 赵雅超.我国风险投资法律支持体系研究——借鉴发达国家阶段性经验 [D].复旦大学，2007.

[26] 钟诚.基于钻石理论架构我国集成电路设计产业竞争力的研究 [D].南开大学，2009.

第三章　主要国家和地区的重点企业

企业是创新的主体，是推动产业高质量发展的重要力量。由于集成电路产业具有投资周期长、规模大的特点，企业主体的持续快速发展不仅需要有市场认可的优质产品带来的现金流，更需要在关键时候有足够的资金用于研发投入或扩大生产。因此，企业的融资方式、融资特点和时机成为决定企业发展的关键因素，本章以金融为主要视角介绍全球集成电路重点企业。

一、美国巨头企业

美国集成电路企业凭借在国际市场中的领先地位获得了可观的经营性现金流，常常通过内源融资维持庞大的资本支出和研发投入，比如英特尔、高通等公司。在外源融资渠道方面，受益于美国成熟的资本市场，相关集成电路企业常年能够通过发行股票的方式筹集部分资金，虽然这部分资金在美国集成电路企业的资金来源中占比不大。在外源融资中，债务融资对于美国的集成电路企业具有重要意义，并主要用于帮助这些企业完成并购，比如德州仪器、博通、应用材料等公司。

（一）处理器巨人英特尔

作为一家技术型公司，英特尔是国际上首屈一指的集成电路龙头企业，主要经历了三个发展阶段。第一，依赖不断的技术创新，引领了集成电路产业的发展。英特尔成立于 1968 年，早期主要从事 SRAM 芯片和 DRAM 芯片的生产，1971 年公司发明了第一个商用微处理器芯片，1981 年英特尔 8086 芯片被首次应用于 IBM 生产的电脑，1984 年公司实施了从存储器到微处理器的战略转型并逐渐建立起了计算器微处理器的先发优势，成功转型为全球最大的集成电路制造商，确立了此后数十年的全球芯片霸主地位。第二，击败竞争对手，实现一家独大。20世纪90年代后期，AMD与英特尔在CPU市场上展开正面竞争，面对市场占有率的缩减，英特尔决定加大研发力度，采用了著名的"钟摆计划"来进行产品迭代。通过先进的制程工艺和技术进步，英特尔在2006年前后击败AMD，在PC处理器市场中占据绝对领先地位。第三，安逸中发展式微。近年来，英特尔在芯片开发方面屡屡遭遇瓶颈，多次推迟芯片的发布。2021年第三季度，英特尔更是停止生产7纳米的芯片，并将该项业务转由代工厂生产。在芯片制造技术方面，英特尔已经表现出了颓势，从遥遥领先逐渐转变为落后于台积电、三星电子等集成电路巨头企业。为了改变这一现状，英特尔决定强化代工业务，并为此收购以色列代工厂高塔半导体（Tower Semiconductor）、开放x86软核和硬核授权、组建专门的汽车团队来应对市场竞争。

作为一家垂直整合制造企业，英特尔在芯片设计和制造领域都曾展现出引领全球的能力，其中资本市场发挥着不可磨灭的作用。在起步阶段，依靠风险投资获得充足资金，支持集成电路存储器的技术研发。1968年，罗伯特·诺伊斯和戈登·摩尔分别出资24.5万美元创立英特尔，创始人的技术背景帮助公司获得了风险投资家阿瑟·罗克250万美元的风险投资，在1971年上市前英特尔又依靠风险投资筹集了200万美元的资金。在风险投资的支持下，英特尔在20世纪70年代初期成长为集成电路存储器行业的龙头。在发展中，通过出售股票获取融资，成功应对了经济危机的冲击。英特尔公司在1971年以每股23.5美元公开上市，筹集了680万美元；在80年代美国经济发展滞胀时期，向IBM出售12%的股份获得了2.5亿美元的资金，这笔资金推动英特尔快速发展，业绩大幅向好，带动股价大幅上涨，1999年公司市值最高突破5000亿美元。2000年以来，英特尔多次利用成熟的资本市场获取部分资金。2004—2020年利用债务融资筹集了500.6亿美元的资金，利用股权融资筹集了206.4亿美元的资金，这些资金助力英特尔公司的技术研发与收购行为。

除了利用外源融资渠道，内源融资也是英特尔的资金获取主要渠道（图3-1）。由于集成电路行业具有技术门槛，英特尔在发展中积累的技术优势和市场优势帮助其获得了较强的盈利能力。2004—2020年，英特尔的经营活动现金流从131.2亿美元增加至353.84亿美元，年均复合增长率为6%；与之相比，研发投入和资本支出从86.2亿美元增加至278.2亿美元。在芯片设计和制造需要巨额研发费用和资本投入的条件下，英特尔的盈利能力使其仅凭自身经营活动产生的现金流量即可实现规模的扩张和先进技术的开发。

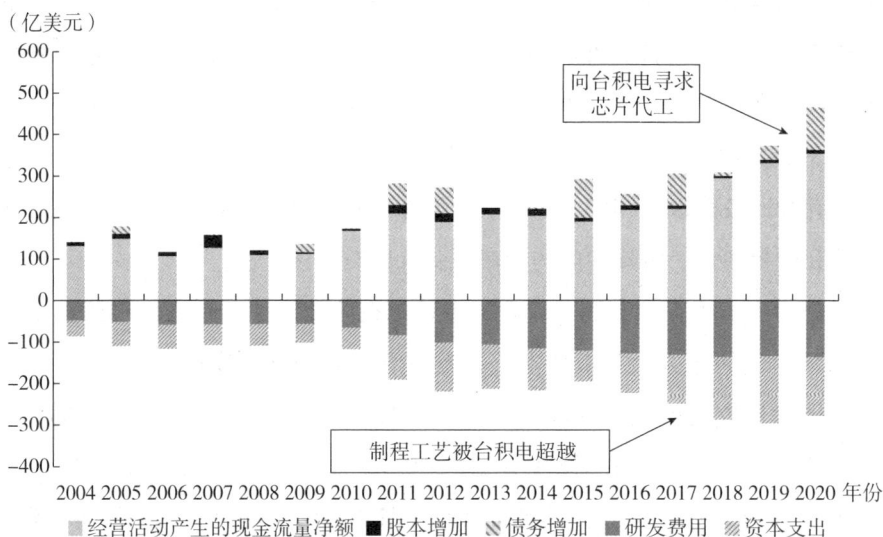

图3-1　2004—2020年英特尔融资结构

注：股本增加是指企业通过发行普通股、优先股筹集的资金，债务增加是指企业新增债务收到的现金，包括银行借款、发行债券、资本性租赁等。

资料来源：Wind。

（二）模拟芯片之王德州仪器

德州仪器是全球最大的模拟芯片制造商，在全球集成电路企业中排名前十，前身为1930年成立的地球物理业务公司，1951年更名为德州仪器，1954年进入半导体市场，推出了首款商用硅晶体管，1967年开发出第一款电子手持式计算器，20世纪70年代推出第一款单芯片MCU，1980年开发出第一款商用单芯片数字信号处理器，2007年发布了第一个单芯片数字手机解决方案。

经历 90 多年的发展，德州仪器成为模拟集成电路市场的领导者，2020 年凭借
109 亿美元的模拟芯片销售额和 19% 的市场份额位列该领域的第一位。

德州仪器一直致力于研发创新和产品销售能力建设，推进更高效、更
可靠、更先进、更微型化的技术，推动集成电路科技成果转化和产业化。
凭借先发优势和技术领先优势，德州仪器在众多半导体细分领域占据着统
治地位，拥有庞大的收入和净利润规模，经营性现金流能够完全覆盖资本
支出和研发投入需求（图 3-2）。2005 年德州仪器的经营性现金流为 37.7
亿美元，研发和资本投入为 33.5 亿美元。之后由于金融危机的爆发，德州
仪器的盈利水平短暂下降，2009 年的经营性现金流仅为 26.4 亿美元，研
发和资本投入也同步下降至 22.3 亿美元。此后随着金融危机的结束，德州
仪器的财务困境逐渐缓解，收入和支出不仅恢复甚至超过了金融危机前的
水平，2018 年的经营性现金流达到了历史最高的 71.9 亿美元，而同年的
资本和研发投入仅为 26.9 亿美元。

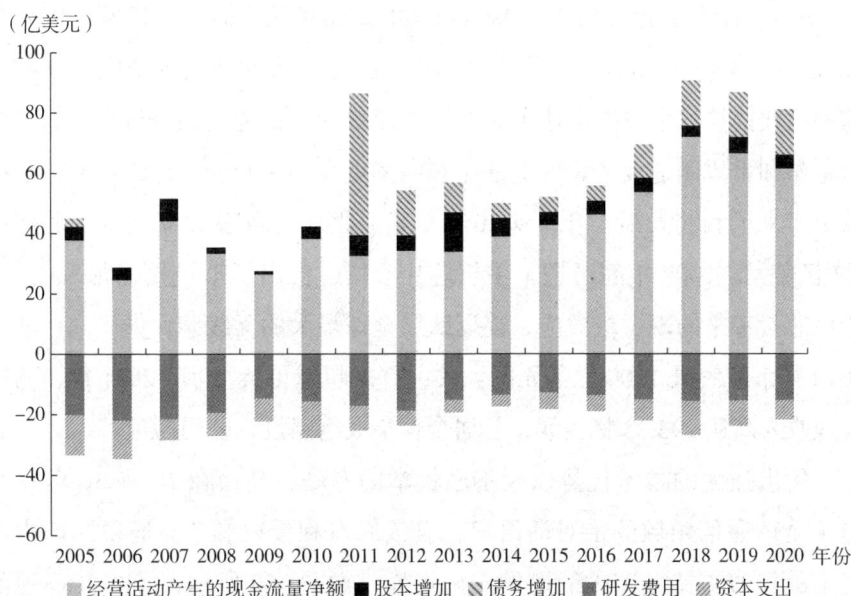

图 3-2　2005—2020 年德州仪器融资结构

注：股本增加是指企业通过发行普通股、优先股筹集的资金，债务增加是指企业新增债务
收到的现金，包括银行借款、发行债券、资本性租赁等。

资料来源：Wind。

虽然德州仪器能够仅凭自身经营活动产生的现金流满足研发和资本投入的需要，但在涉及并购等需要巨额资金的活动时，德州仪器也需要借助外部资金的帮助。2011年，为了收购美国国家半导体公司，德州仪器以票据融资的方式筹集了46.97亿美元。通过这次收购，德州仪器成为全球最大的模拟芯片元器件制造商，并且为下一代信号处理技术奠定了基础。自此之后，德州仪器在资本市场的活动开始频繁起来，每年都会通过票据融资及普通股交易的形式从资本市场筹集资金，每年的债权和股权融资规模至少均达5亿美元。

（三）无线通信引领者高通

高通不仅是美国最大的集成电路设计企业，同时也是全球最大的集成电路企业之一。该公司成立于1985年，起初只是提供开发服务与合同研究，1988年与OmniNet合并，并筹集350万美元资金用于为货运公司生产Omnitracs卫星通信系统，Omnitracs的高额利润为研发手机网络的码分多址（CDMA）技术提供了资金，CDMA技术的研发成功推动高通在此后的多代通信技术中占据全球主导地位。1998年，高通公司进行重组，分拆了基站和手机制造业务，以专注于利润率更高的专利和芯片组业务，这次重组带来了利润大幅上升，到2000年高通收入已高达32亿美元、利润达6.7亿美元。2007年高通进军手机芯片市场，推出了第一代骁龙SoC，凭借该芯片带来的现象级效应，高通跃居全球最大的无线芯片供应商，并于2012年市值突破1100亿美元的大关，首次超越了英特尔。2021年，高通营业收入高达293.33亿美元，位居全球集成电路设计公司榜首。

凭借强大的技术优势以及不胜枚举的专利，高通在2G和3G时代掌握了全球通信领域的绝对话语权，仅依靠专利授权和"高通税"产生的现金就能够支持其庞大的研发支出规模。如图3-3所示，2005年高通的经营性现金流为26.9亿美元，而研发和资本投入仅为15.9亿美元，2014年经营性现金流为88.9亿美元，同样高于66.6亿美元的研发和资本投入水平。

（亿美元）

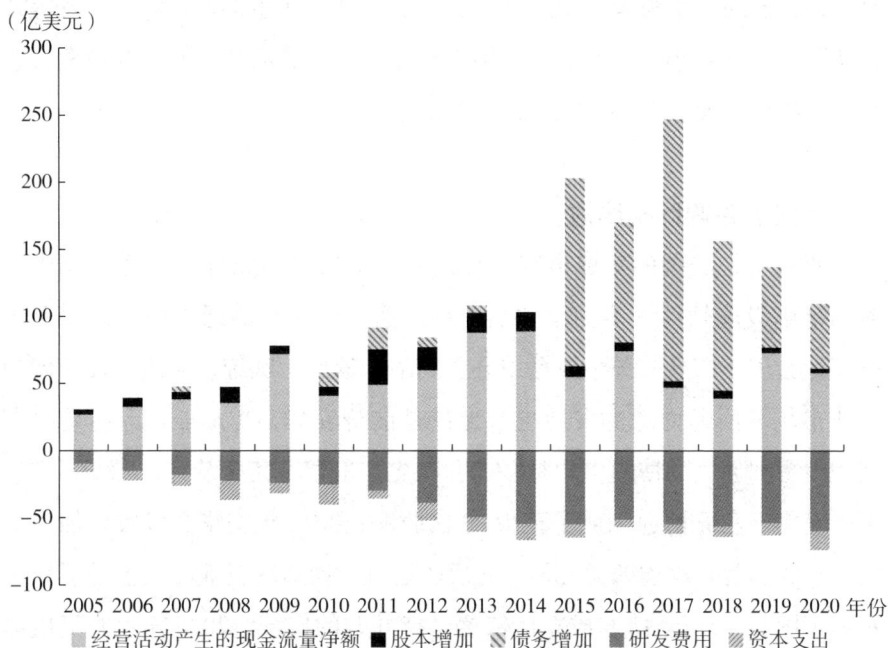

图 3-3　2005—2020 年高通融资结构

注：股本增加是指企业通过发行普通股、优先股筹集的资金，债务增加是指企业新增债务收到的现金，包括银行借款、发行债券、资本性租赁等。

资料来源：Wind。

　　不过在进入 4G 时代后，由于三星电子、华为海思、苹果等设计企业的崛起以及 2015 年以来各国政府和企业对高通进行的反垄断调查和诉讼，高通的收入和净利润连年下降，2015 年的经营性现金流从 2014 年的 88.9 亿美元下降至 55.1 亿美元，2018 年更是减少至 38.9 亿美元，虽然 2016 年和 2019 年有所回升，但始终未恢复到 2015 年以前的水平。外部因素的影响致使高通无法再仅凭内源融资满足巨额的研发支出，如 2020 年高通的经营性现金流为 58.1 亿美元，而研发和资本支出却高达 73.8 亿美元。因此，一方面为了维持研发支出规模以保持技术领先优势，另一方面为了支付各国政府开出的巨额罚单，高通从 2015 年开始大举借债，既包括利用长期债务支持研发，也包括利用短期债务解决流动性问题，2015—2020 年间高通通过债权融资筹集了 644.4 亿美元的资金，最高的一年达 195.1 亿美元，最低的一年为 48.4 亿美元。此外，高通每年也会通过定向增发等方式从资本市场筹集一定的资金，用于补充企业的流动性，但是规模相对较小，最高也仅为 2011 年的 26.5 亿美元。

（四）并购巨头博通

博通也是美国的集成电路设计巨头。博通是一家拥有广泛的集成电路和基础设施软件产品的全球供应商，商业模式与高通类似，以知识产权设计为主，产品服务于数据中心、网络、软件、宽带、无线以及存储和工业市场。回顾博通的发展史，无论是前身安华高（Avago），还是由亨利·山缪利创立的博通，均是一部并购史。根据不完全统计，2000—2014年，安华高和原博通完成了至少 32 次收购；2015 年安华高以股票加现金共计 370 亿美元收购博通公司，此次收购推动博通的营业收入上升了 95%左右（图 3-4）。新博通成立后依然坚持并购的传统，2016 年收购玛格纳（MagnaCom），2017 年以 50 亿欧元收购博科（Brocade），2018 年以 162 亿欧元收购 CA，2019 年以 96 亿欧元收购赛门铁克（Symantec）的企业安

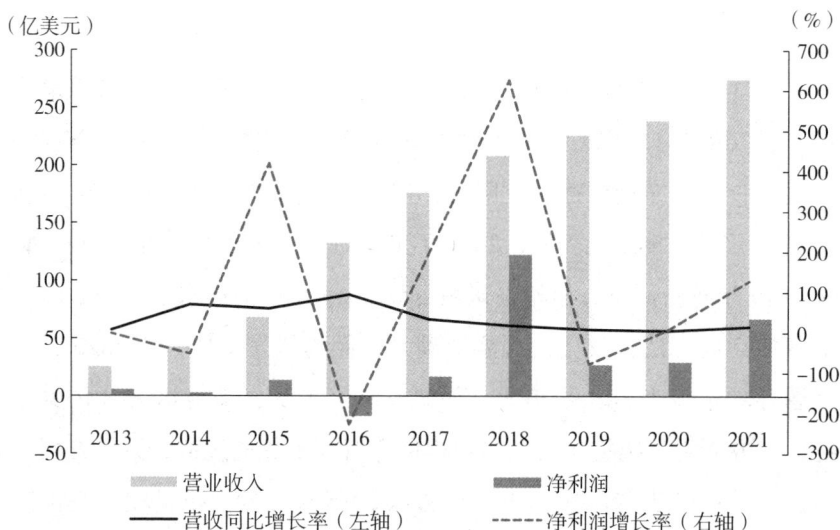

图 3-4　2013—2021 年博通营业收入、净利润变化情况

资料来源：Wind。

全业务，2020 年收购 Bay Dynamics。2017 年以来的一系列收购并购极大地拉动了博通公司业绩的快速提升，到 2021 年公司半导体部门营业收入210.26 亿美元，位列集成电路设计公司第三名。值得一提的是，2016 年净利润增长率出现负数，公司收益率不稳定。

作为芯片设计厂商，博通坚持以通信和集成电路为基点持续发力，在企业战略上采用垂直产业收购并购的方法，不断壮大自身的实力。基于博通采取的并购这一发展模式，债务融资特别是长期借贷在博通的资金来源中占据了非常重要的位置。2016—2020 年，博通通过债权融资筹集的资金高达 947.7 亿美元（图 3-5），而同期产生的经营性现金流仅为 406 亿美元，这一数字虽然能够满足同期的研发和资本投入需求（227.2 亿美元），但无法满足并购的需要。在 2016 年，为收购博科，博通获得了美银美林、德意志银行、巴克莱银行等 6 家银行提供的 65 亿美元无担保过渡贷款；

（亿美元）

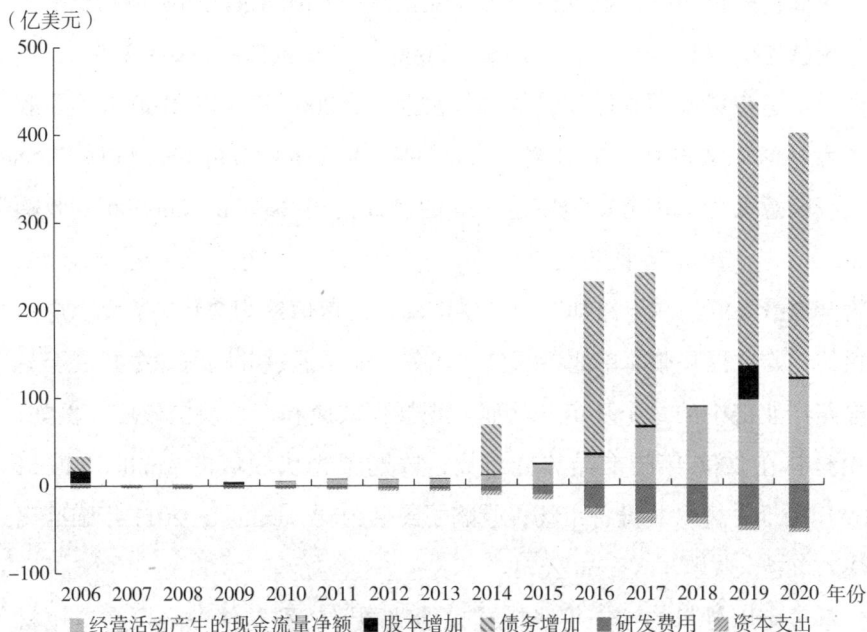

图 3-5　2006—2020 年博通融资结构

注：股本增加是指企业通过发行普通股、优先股筹集的资金，债务增加是指企业新增债务收到的现金，包括银行借款、发行债券、资本性租赁等。

资料来源：Wind。

2019 年为收购高通，博通筹集了多达 1000 亿美元的债务融资。由此可见，债务融资是博通获取资金的主要渠道，其稳定的股权结构和雄厚的股东资本背景也使博通在多次的债务融资中如鱼得水。

（五）制造设备巨头应用材料

应用材料是全球最大的集成电路设备和服务供应商，产品几乎覆盖了除光刻以外的所有集成电路制造环节，并在多个环节占据着全球第一的位置。公司成立于 1967 年，主要业务是为电子产品的芯片、电脑平板显示器、智能手机、电视和太阳能产品的制造提供设备、服务和软件，全球每个新生产的芯片和显示器背后几乎都有应用材料公司作出的贡献。

依靠先进的技术，应用材料采取并购手段在大量集成电路设备细分领域占据绝对垄断地位。1996 年，应用材料公司以 2.85 亿美元的总价收购了两家以色列公司扫描电子显微镜领先供应商 Opal Technologies 和光罩检测系统领先供应商 Orbot Instruments；2000 年，收购 Etec Systems, Inc.，进军模具制造市场及薄膜晶体管阵列检测业务；2001 年，以 2100 万美元收购了专精激光清洗技术的公司 Oramir Semiconductor Equipment Ltd.；2008 年，收购意大利太阳能电池制造工具的设计公司 Baccini；2009 年，收购 Semitool Inc.；2011 年收购瓦里安半导体；2013 年与东京电子公司合并，成为全球最大的集成电路加工设备供应商，总市值约为 290 亿美元。应用材料的并购过程并非简单地参与公司业务，而是通过并购将业务扩展至集成电路产业链中的每个环节，从而实现规模效应和产业协同效应。例如，应用材料在 2006 年瞄准晶体硅市场，收购了光伏领域的 Applied Films；2009 年瞄准先进封装设备市场，收购了封装公司 Semitool；2011 年瞄准离子注入市场，收购了 Varian 公司。

基于应用材料的这一扩张模式，外部融资特别是债务融资在应用材料的发展中占据了重要位置，如 2011 年应用材料以 49 亿美元的价格收购 Varian 公司时，通过债务融资筹集了 17.4 亿美元的资金。不过，应用材料常年的研发费用和资本支出主要还是依靠自身积累的资金，2004—

2020 年应用材料经营活动产生的现金流量总额为 355.6 亿美元，而研发和资本支出规模为 282.3 亿美元，经营活动现金流可完全覆盖研发支出（图 3-6）。

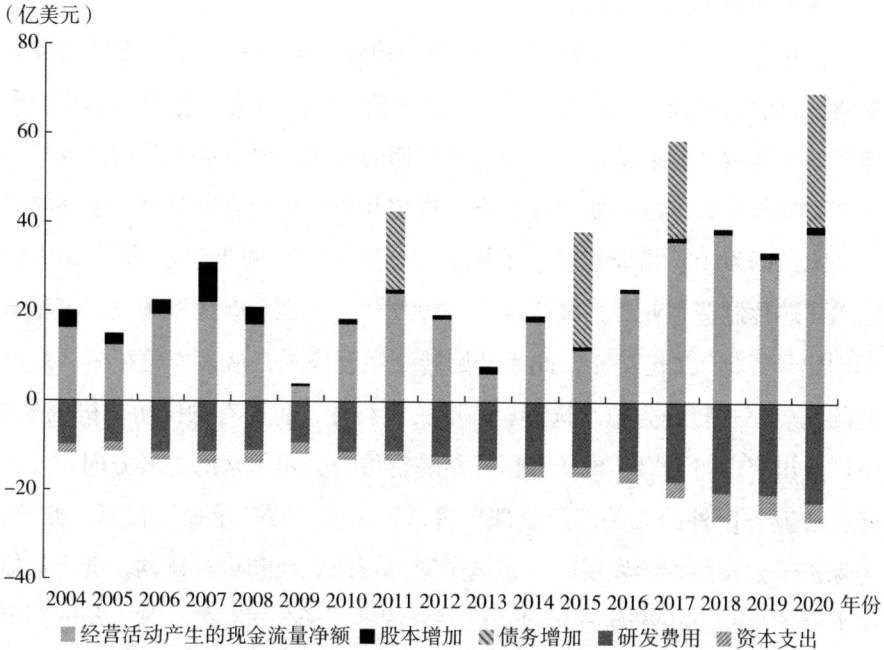

图 3-6　2004—2020 年应用材料融资结构

注：股本增加是指企业通过发行普通股、优先股筹集的资金，债务增加是指企业新增债务收到的现金，包括银行借款、发行债券、资本性租赁等。

资料来源：Wind。

二、韩国领军企业

韩国在集成电路产业化过程中采用了"政府＋财阀"的发展模式，政府宏观决策和财阀雄厚的资本相结合，打造了韩国集成电路行业上中下游完整的产业链，形成了大中小企业共同发展、和平竞争的和谐局面。当前，韩国芯片行业的两大巨头分别为三星电子和 SK 海力士，从这两家企业的发展中可以看出，早期资本市场对韩国集成电路产业的发展发挥了重要作用，但随着企业创收能力增强，近 10 年来，三星电子和 SK 海力士对外部融资的依赖度非常小，能够通过经营活动取得的资金支撑自身的发展，债权融资和股权融资成为有益补充。

（一）逆周期王者三星电子

三星电子成立于 1969 年，通过母公司强大的资本规模和正确的发展战略，目前已成长为全球最大的信息技术公司，2021 年力压英特尔成为全球第一大集成电路制造商。三星电子早期的成功主要得益于政府采取的非平衡发展战略，该战略要求政府研发机构和企业将所有资源集中于存储芯片技术的研发上，借此三星电子从 20 世纪 90 年代中期起成为全球最大的 DARM 芯片制造企业，并维持至今。1997 年，亚洲金融危机爆发，三星电子创纪录亏损 1.2 亿美元，此后开始转变经营模式，从多方位拓展、广撒网的发展模式转变为精准选择、瞄准关键行业，将原有的国防、机械等 7 个产业出售，将金融、电子和国际贸易定位为公司未来的发展方向，并将除核心业务以外的无关部门全部出售，提出了"数字革命"计划。此外，为保护子公司的持续发展，三星电子通过资产置换和积极还款，资产负债率下降了 70%，1999 年三星电子已完全清零了子公司对外欠款，从亚洲金融危机中解脱出来。金融危机期间，在全球集成电路企业全都削减研发投入的背景下，三星电子逆势而行，不断加大投入，并获得了在业界的技术领先地位。

在三星电子的发展历程中，资本市场发挥了巨大的作用，不仅帮助其走出了亚洲金融危机的财务困境，还为其自主创新技术提供了强有力的支持，为日后称霸全球电子产品市场奠定了基础。1997 年亚洲金融危机后，三星电子一方面由于陷入财务困境无法再获得银行的低息贷款，另一方面又继续投入资金加大研发投入，于是公司将目光投向了资本市场。1997—1999 年，三星电子通过资本市场进行了 10 次融资行为（表 3-1），募集了 29.6 亿美元的资金，这笔资金为其后续的研发投入提供了有效支撑。

表 3-1　　　　　　　　　　1997—1999 年三星电子融资活动

	发行时间	发行种类	募集金额	合计
国内	1997 年 1 月	普通股	约 1 亿美元	21.5 亿美元
	1998 年 6 月	普通股	约 3.7 亿美元	
	1998 年 11 月	普通股	约 3.6 亿美元	
	1999 年 2 月	普通股	约 4.2 亿美元	
	1999 年 6 月	普通股	约 9 亿美元	
国外	1997 年 6 月	可转债	3 亿美元	8.1 亿美元
	1997 年 11 月	存托凭证	1.1 亿美元	
	1999 年 2 月	可转债	1 亿美元	
	1999 年 7 月	可转债	1 亿美元	
	1999 年 10 月	可转债	2 亿美元	
总计				29.6 亿美元

资料来源：刘洁、张达，《三星电子崛起与资本市场》，中国证券监督管理委员会，2007。

此后，随着三星电子的发展成熟，业务规模不断扩张，巨额的经营性现金流支撑着其庞大的资本支出需求，公司对外部资金的依赖也越来越小。2008 年国际金融危机后，三星电子又一次实施了逆周期投资策略。在这一战略中，三星电子依靠内部资金累积将之前的利润全部用于扩展产能，资本支出从 2009 年的 71.6 亿美元迅速攀升至 2010 年的 202.8 亿美元，这一策略也将大量中国台湾的集成电路企业拖入泥潭，提高了自己在集成电路产业的市场份额。根据图 3-7，2007—2019 年三星电子仅通过外部渠道融资 291.6 亿美元，而同时期的经营性现金流则高达 4281.5 亿美元，研发和资本投入为 4262.7 亿美元。回顾三星电子的发展史，其正确的发展策略是一方面，但也应该看到韩国的资本市场对三星电子的支持，3 年内增发 5 次股票，充分体现了韩国资本市场的运行效率。

（亿美元）

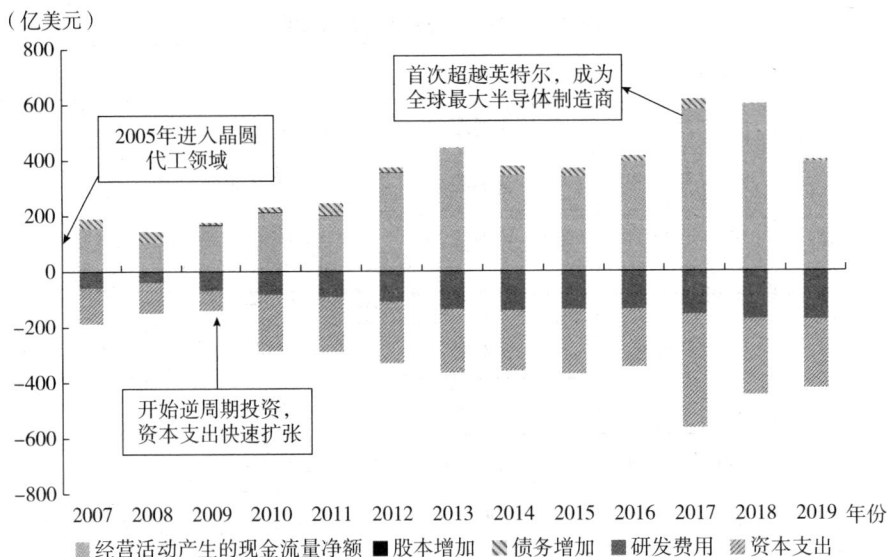

图 3-7 2007—2019 年三星电子融资结构

注：股本增加是指企业通过发行普通股、优先股筹集的资金，债务增加是指企业新增债务收到的现金，包括银行借款、发行债券、资本性租赁等。

资料来源：Wind。

（二）存储巨头SK海力士

SK海力士是仅次于三星电子的全球第二大存储芯片制造商，2021年凭借高达363.26亿美元的营业收入位居全球集成电路公司第三名。SK海力士前身是现代电子，该公司成立于1983年，早期通过原始设备制造商代工的方式从德州仪器等企业获得了关键技术；1984年公司率先在韩国启动16K SRAM的测试生产后，又推出了全球最早、最小、最高速且最低电压的创新型集成电路产品，巩固了技术领先地位；1995年成为全球首家开发出256Mb同步动态随机存取内存（Synchronous Dynamic Random-access Memory，SDRAM）的公司；1996年在韩国上市，完成首次募股后于1997年首次开发出1Gb SDARM；1999年，现代电子与LG半导体合并；2001年，现代电子从现代集团中拆分，改名为海力士；2006年，随着无锡芯片工厂开业，海力士在腾飞的NAND Flash业务中获得了巨额盈利，也创下了成立以来的最高收入；2012年，韩国第三大财阀SK集团收购海力士，更名为SK海力士，之后，随着DRAM芯片连续数年成为增幅最大的集成电路细分领域，SK海力士业绩持续上升，逐渐发展成为存储巨头。

在SK海力士近40多年的发展中，外部资金支持占据着重要地位。进入2000年后，伴随着互联网泡沫破裂，DRAM芯片价格崩盘，海力士亏损严重，资产负债率高达206%，此时，韩国外换银行作为海力士的首位债权人，借给海力士12亿美元帮助其完成重组，同时免除了海力士在该银行80亿美元债务，改善其债务状况。2002年，海力士以9.54亿美元将非存储芯片业务出售给私募股权与信贷公司CVC资本，这笔资金交易帮助公司缓解了超过10亿美元的债务，随后海力士又决定放弃10%的股份用以再融资，借此偿还了12亿美元的债务。2008年国际金融危机时，存储芯片价格波动使海力士一度陷入财务困境，经营性现金流在2008年甚至为负（−2.9亿美元）。SK海力士通过银行借贷和股权融资的方式在2007—2009年筹集了49.8亿美元的资金，帮助其顺利渡过了难关。

2012年，SK集团收购海力士，解决了原有的资金匮乏困境，且凭借强大的技术优势和长期的市场领导地位，SK海力士的业绩迅速回升，大多数年份经营性现金流都能满足资本支出和研发投入的需求（图3-8）。不过，受存储芯片行业的周期性影响，SK海力士的经营性现金流有所波动，在一些年份仍需要借助外部资金的帮助来满足研发和资本支出的要求，如2019年SK海力士的经营性现金流仅为56.1亿美元，而研发和资本支出则高达126.2亿美元，因此SK海力士通过债权融资的方式筹集了85亿美元的资金。

（亿美元）

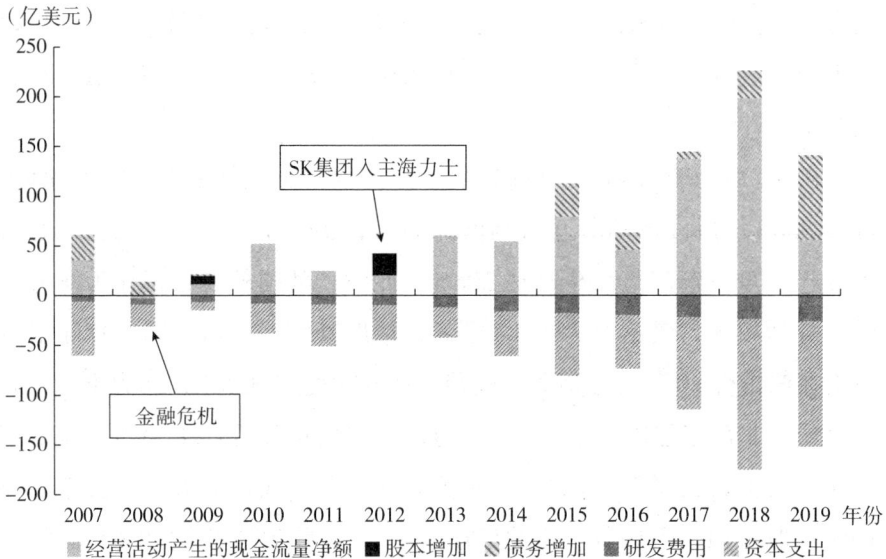

图 3-8　2007—2019 年 SK 海力士融资结构

注：股本增加是指企业通过发行普通股、优先股筹集的资金，债务增加是指企业新增债务收到的现金，包括银行借款、发行债券、资本性租赁等。

资料来源：Wind。

三、中国台湾地区龙头企业

当前，中国台湾地区在全球集成电路竞争格局中处于高端领先地位，拥有较为完整的产业链，从上游的集成电路设计到下游的制造与封测都有专门的企业负责，实现了地区内的自给自足。中国台湾地区的集成电路产业呈现出高度专业化的特点，凭借垂直分工模式，相关集成电路企业在全球集成电路产业的每个细分环节中都占据着重要位置，特别是在制造和封测领域。得益于这一模式，台湾地区的集成电路企业在发展过程中较少利用外部资金的支持，无论是资本支出还是研发投入，基本能够用自身积累的资金予以覆盖。当然，在发展的拐点或关键时刻相关企业仍需要从外部融资。其外部融资以债务融资为主，大多采用发行债券和银行借贷等方式，对股权融资的依赖度较小。

（一）代工巨头台积电

台积电是一家晶圆代工企业，1987 年成立之初开创了晶圆代工的全新商业模式，并逐步发展成为全球领先的专用集成电路代工企业。台积电拥有广阔的国际市场，2021 年销售额约 544 亿美元，净利润 213.57 亿美元，集成电路产能和市场占有率仅次于三星电子，在专属晶圆代工公司中排名第一。台积电的成功除了可以归因于引领时代的晶圆代工模式外，还有台湾当局早期的大力支持。台积电成立初期，全球集成电路行业仍然低迷，且市场主要被英特尔等欧美集成电路企业所占据。由于缺乏研发投资和尖端人才，台积电等新兴企业起步艰难。此时，台湾当局给予台积电充足的资金支持，出资额达到公司初始股份的 48.3%，在政府资金支持下，台积电快速在集成电路产业中站稳了脚跟。

受预算限制，台湾当局所能提供的资金有限，面对资本密集的集成电路产业，资本市场成为支撑台积电发展的又一重大因素。进入 20 世纪 90 年代，集成电路行业进入复苏阶段，台积电抓住机会，先后在台湾证券交易所和纽约证券交易所上市融资，帮助其扩大了产能和市场份额。2010 年前后，面对三星电子的竞争，台积电决定一方面扩建工厂以争取苹果的订单，另一方面加大研发投入攻克 7 纳米先进制程。2012—2013 年，台积电通过发行债券筹资 60 多亿美元，帮助其在 2015 年重新取得了制程工艺上的技术优势。2020 年，台积电再次通过发行债券的方式筹集了 84 亿美元的资金，用于扩建先进制程工厂以满足苹果新一代 iPhone 处理器订单的需求。

在台积电的发展中，依靠良好的运营，内源融资也是支撑企业规模扩张的重要资金渠道（图 3-9）。2008 年国际金融危机爆发后，台积电的资本支出水平达到了历史最低值（18.1 亿美元）。为了快速从金融危机中恢复过来，张忠谋再度出山担任公司 CEO，面对三星电子实施的逆周期投资手段，张忠谋决定效仿对手，将企业自身积累的大量资金用于扩张规模。2020 年台积电的研发和资本投入上升至 223 亿美元，而经营性现金流则增加到了 292.9 亿美元，完全能够覆盖研发投入和资本支出的需求。

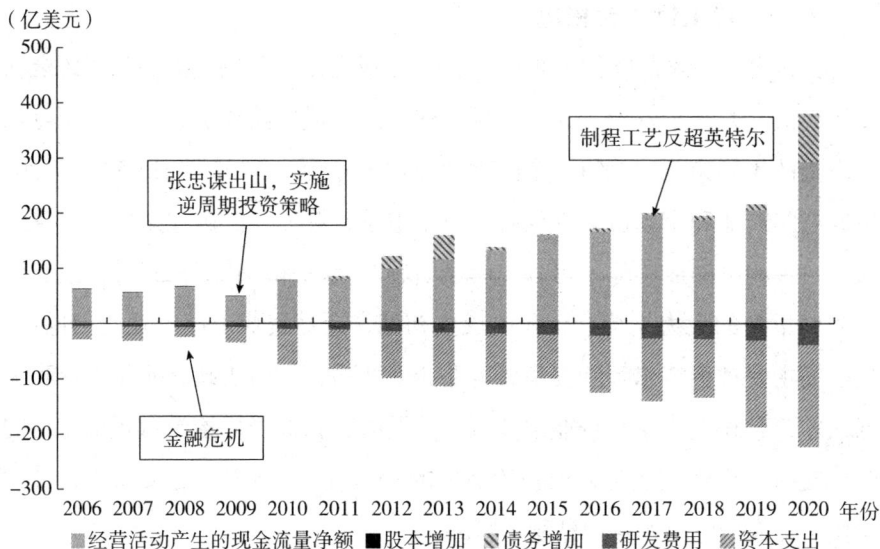

（亿美元）

张忠谋出山，实施
逆周期投资策略

制程工艺反超英特尔

金融危机

2006 2007 2008 2009 2010 2011 2012 2013 2014 2015 2016 2017 2018 2019 2020 年份

▨经营活动产生的现金流量净额　■股本增加　▨债务增加　■研发费用　▨资本支出

图 3-9　2006—2020 年台积电融资结构

注：股本增加是指企业通过发行普通股、优先股筹集的资金，债务增加是指企业新增债务收到的现金，包括银行借款、发行债券、资本性租赁等。

资料来源：Wind。

（二）联华电子转型扭颓

联体电子（以下简称联电）是仅次于台积电的专属晶圆代工公司，1980 年从中国台湾工研院分拆成立，是中国台湾地区第一家民营集成电路公司，提供晶圆专业代工服务。1982 年，公司实现了盈亏平衡，1985 年在台湾证券交易所上市，成为首家在台湾证券交易所上市的集成电路公司。在成立最初的 15 年间，联电采取的是 IDM 模式，业务覆盖晶圆代工、设计和存储三大领域，1995 年联电决定转型专业做晶圆代工，转型推动其业务规模迅速膨胀，到 1999 年公司总市值升至中国台湾地区第二，仅次于台积电。然而，随着与 IBM 和英飞凌合作项目的失败，联电被三星电子和格罗方德反超，2015 年格罗方德小幅超越其营业收入并取代其晶圆代工第二大供应商后，联电的市场份额逐渐下降。为了扭转颓势，2018 年联电宣布停止对 12 纳米以下先进工艺的研发，将竞争重心由技术转向投资回报率，专注改善现有的成熟工艺。

在晶圆代工这一赢者通吃的市场上，与 IBM 和英飞凌的合作项目失败致使联电后续的发展如逆水行舟，并且随着三星电子、格罗方德、中芯国际等代工厂的强势崛起，联电的市场份额不断遭到挤压。在晶圆厂建设成本不断攀升的背景下，联电的自身积累资金已无法满足其扩张规模的需要，2010 年联电的经营性现金流为 18.4 亿美元，而研发和资本投入却高达 24.1 亿美元（图 3-10）。因此，在内源融资无法满足自身研发投入需要时，联电只能不断依赖外源融资的帮助。2011—2019 年，联电的研发和资本支出规模达 169.5 亿美元，而同期产生的经营性现金流仅为 141.7 亿美元，为了弥补这一资金缺口，联电通过外源融资筹集了 35.8 亿美元的资金，其中以发行债券为主。2011—2017 年，为了扩充产能，联电先后在台湾证券交易所和新加坡证券交易所通过发行债券的方式募集了约 22 亿美元，占同时期债权融资总额的 62.9%。

（亿美元）

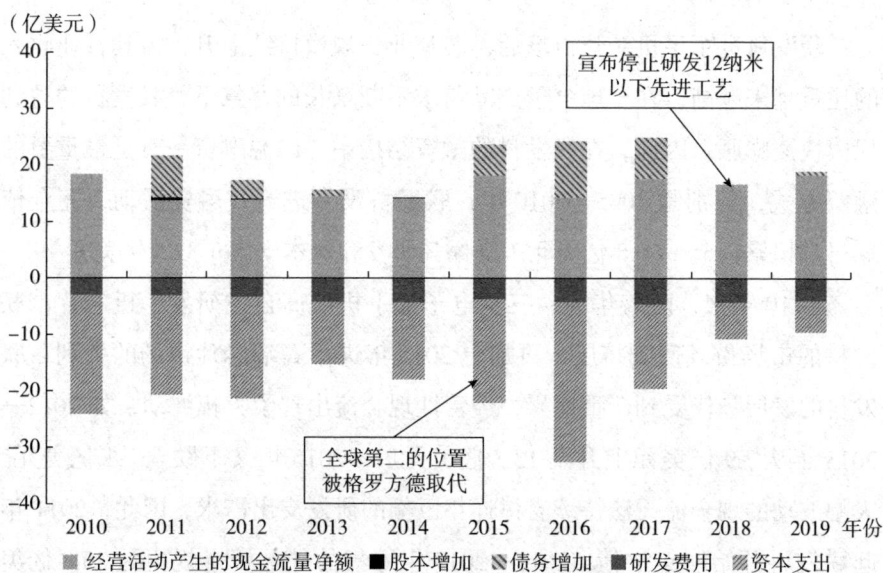

图 3-10　2010—2019 年联电融资结构

注：股本增加是指企业通过发行普通股、优先股筹集的资金，债务增加是指企业新增债务收到的现金，包括银行借款、发行债券、资本性租赁等。

资料来源：Wind。

（三）无线通信巨头联发科

联发科技股份有限公司（以下简称联发科）是全球第四大无晶圆厂集成电路公司，为手持移动设备、导航系统、消费多媒体产品、数字用户线路以及光盘驱动器提供芯片。联发科最初是联电的一个业务部门，1997年联电将多媒体事业部从原公司中拆解出来成立了联发科，主要负责研发DVD芯片和光盘储存。2001年联发科跃居全球DVD芯片市场份额的第一位，2003年联发科成为全球五大集成电路设计公司之一，为应对国际市场DVD芯片需求减弱，2004年联发科开始投身于手机芯片行业。借助山寨机风靡中国大陆的热潮，联发科依靠模仿关键技术迅速成为山寨机的主要供应商之一，抢占了中国大陆市场，2006年中国大陆43%的手机都采用了联发科提供的芯片。随着手机市场准入门槛的降低，联发科的山寨机获得了更好的发展，2008年联发科跻身全球集成电路设计公司的前三。

联发科进军手机芯片市场后，芯片业务规模持续上升，占其营业收入的比重越来越高，在全球电子产品需求不断增长的背景下，联发科的盈利规模快速膨胀。因此，在联发科的融资结构中，内源融资一直是最重要的融资方式，特别是2005—2010年，联发科没有进行过融资活动，完全依靠自身积累资金（60.8亿美元）支撑其研发和资本支出（32.5亿美元）。

近10年来，随着华为、三星电子等手机厂商自主研发手机芯片，联发科的市场份额遭到挤压，再加上2015年进军高端芯片市场的失利，联发科的发展步伐受到严重拖累，经营性现金流出现了大幅波动，如2012—2013年从3.9亿美元上升至13.3亿美元后，2015年又下跌至7.1亿美元。大幅波动的现金流无法持续支撑连年巨额的研发支出需求，因此，2011年起联发科开始连年举债，2011—2019年筹集的外部资金规模为23.8亿美元，同时期的经营性现金流为82亿美元，而研发和资本投入则高达143.6亿美元，可以看到联发科存在着严重的资金缺口，未来仍需要资本市场的大量帮助（图3-11）。值得一提的是，在联发科的负债结构中，短期借贷占据近100%的比重，是联发科的主要融资方式。

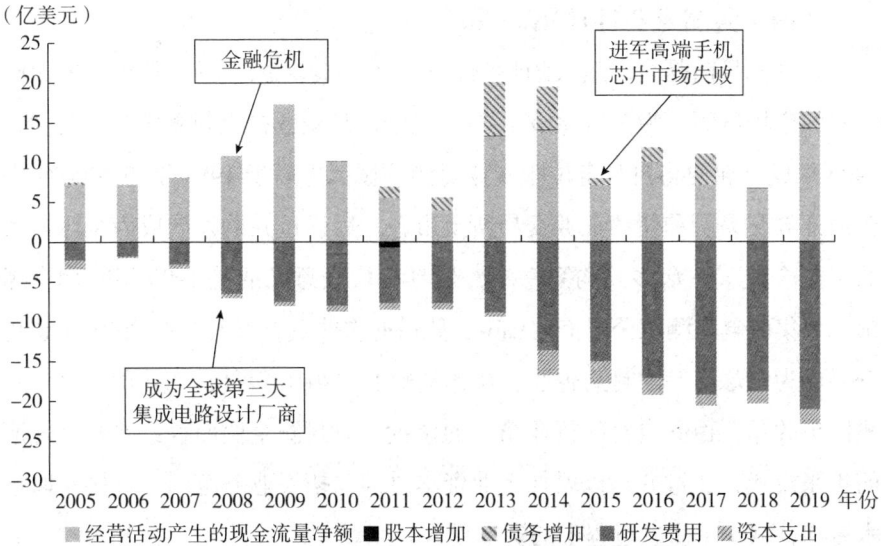

图 3-11 2005—2019 年联发科融资结构

注：股本增加是指企业通过发行普通股、优先股筹集的资金，债务增加是指企业新增债务收到的现金，包括银行借款、发行债券、资本性租赁等。

资料来源：Wind。

联发科在做技术的同时，也兼顾投资。联发科的投资方式主要有两种：第一种是联发科母公司及其子公司直接投资，这种方式帮助联发科直接获取投资对象的股东权利；第二种是联发科母公司或子公司以有价证券作为媒介进行投资，这种方式更偏向于获得投资对象的证券收益。截至 2021 年，联发科收购了包括金融领域、软件制作领域、信息领域、集成电路设计领域等 20 余家企业，完成了企业生态建设的基本布局。依赖于精密的投资布局和精准的投资视野，联发科获益颇丰，高额的投资盈利也支撑着其技术研发和企业发展。例如，2011 年联发科投资汇顶科技 409 万美元，2016 年汇顶科技上市，自上市其股价一路飙升，联发科也借此获得了600 倍的投资回报；2021 年第一季度报告显示联发科通过购买厦门星宸科技 16.5% 的股权、与 Gaintech 交易有价证券这两次证券交易，获得了超过 3 亿美元的净收益。高效的资本市场运作和巨额的投资回报为联发科的发展提供了充足的资金。

（四）封测龙头日月光

日月光目前是全球最大的封测企业，在全球封测市场中常年占据20%左右的市场份额，为全球90%左右的电子产品企业提供封测服务。公司自1984年成立起便将自身定位于专业封测领域，先后于1989年和2000年在台湾证券交易所和纽约证券交易所上市，之后通过并购发展成为全球最大的封测企业。在众多并购案件中，最具有代表意义的是1999年收购全球第二大集成电路测试公司ISE Labs，凭借此次收购，日月光在2003年超越安靠成为全球第一的封测企业。在此基础上，2016年日月光并购了另一封测巨头矽品，稳固自身的行业第一的位置。对封测企业而言，并购是普遍的扩张模式，通过并购以增加企业资本总额，拓展业务范围，直接获取技术专利，减少了研发过程中的资本投入。

日月光在封测市场中处于领先地位，各年产生的经营性现金流能够完全覆盖资本支出和研发投入。如图3-12所示，2010—2017年日月光的经

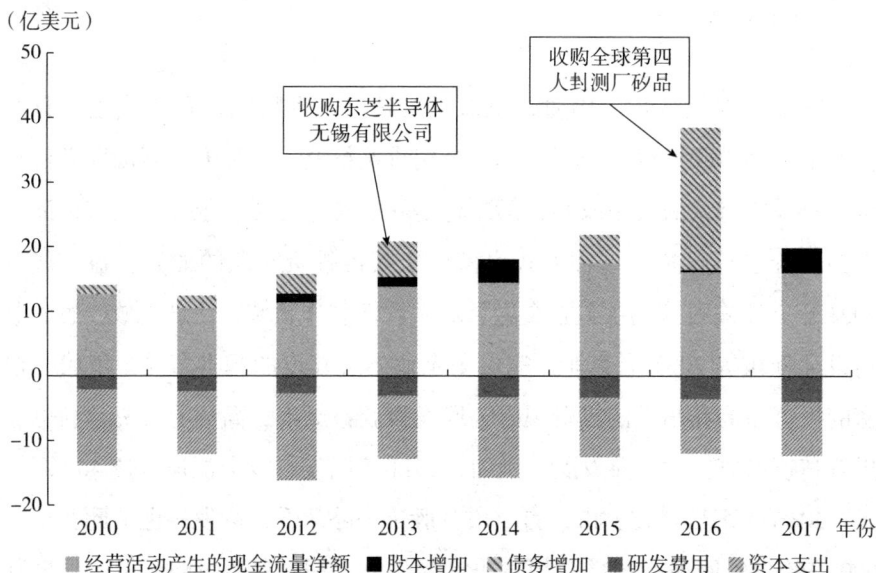

图3-12　2010—2017年日月光融资结构

注：股本增加是指企业通过发行普通股、优先股筹集的资金，债务增加是指企业新增债务收到的现金，包括银行借款、发行债券、资本性租赁等。

资料来源：Wind。

营性现金流合计 112.5 亿美元，而研发和资本投入为 107.4 亿美元。不过，由于日月光外延并购的发展模式，外部资金对其发展也至关重要。日月光的外部融资以银行借贷为主，如 2013 年和 2016 年收购东芝半导体无锡有限公司和矽品时，日月光就通过长期借贷的方式分别筹集了 5.5 亿美元和 22 亿美元的资金。

四、欧洲优势企业

欧洲的集成电路企业同样是全球集成电路产业中的重要拼图，不仅拥有 ASML 这样的设备巨头，而且拥有英飞凌、恩智浦、意法半导体等 IDM 巨头。从这几家代表性集成电路企业的融资结构来看，债务融资在这些企业的发展中发挥着重要作用，通过债务融资筹集的资金，或用于维系企业的日常生产，或在关键时刻给予企业支持；而发行股票或债券等直接融资方式却很少被这些企业使用，这可能与欧洲企业极其分散的股权结构有关。总而言之，资本市场对于欧洲集成电路企业的作用有限，这些企业的发展更多地依赖经营性活动现金流或长期债务融资。

（一）光刻王者ASML

ASML 是一家荷兰公司，1984 年成立，脱胎于飞利浦实验室，彼时尼康和 GCA（Geophysical Corporation of America）分别占据国际光刻机市场三成，初创期的 ASML 产品缺乏技术优势，客户数量屈指可数；1991 年，推出第一代的步进式扫描光刻机 PA2000，这一设计给公司带来了台积电、三星电子和现代等关键客户，至 1994 年公司市场占有率提升至 18%；1995 年 ASML 分别在阿姆斯特丹和美国纳斯达克交易所上市，IPO 所融通的资金给公司持续扩大生产加强研发提供了可能性；1999 年，凭借持续的产品改进和差异化的销售策略，公司营业收入首次突破 100 亿欧元；2004 年 ASML 在推出第一台浸润式光刻机样机后，其发展持续引领全球光刻市场，其光刻机销量占比从 2001 年的 25% 上升至 2010 年的 68.9%；2010 年首发 EUV

光刻机，成为全球唯一的 EUV 光刻机供应商，此后，ASML 牢牢占据高端
EUV 市场的技术高地，是集成电路设备制造商中市值最高的企业。

目前 ASML 基于在光刻机市场上的垄断地位，能够有庞大的经营性现
金流来满足其每年的资本投入和研发支出需求（图 3-13），2006—2020 年的
经营性现金流为 287 亿美元，同期的研发和资本投入则为 245.4 亿美元，但
是由于光刻机的研发难度不断上升以及受集成电路产业周期性波动的影响，
ASML 在 2000 年后多次面临资金难题。为此，ASML 不得不借助外部资金的
帮助，包括向银行借贷和股权融资等。在股权融资方面，2012 年 ASML 提
出了一个非常具有代表意义的"客户联合投资计划"，根据该计划，ASML
的客户可以通过注资成为 ASML 的股东，从而享受优先订单权。由于光刻机
的战略意义，该计划一经提出就得到了英特尔、台积电和三星电子的响应，
2012 年英特尔、三星电子、台积电合计向 ASML 注入了 51.7 亿美元的资金，
分别获得了 ASML 大约 15%、5% 及 3% 的股份。通过这种融资方式，ASML
将部分研发风险转移到了客户身上，彼此形成了紧密的利益共同体。

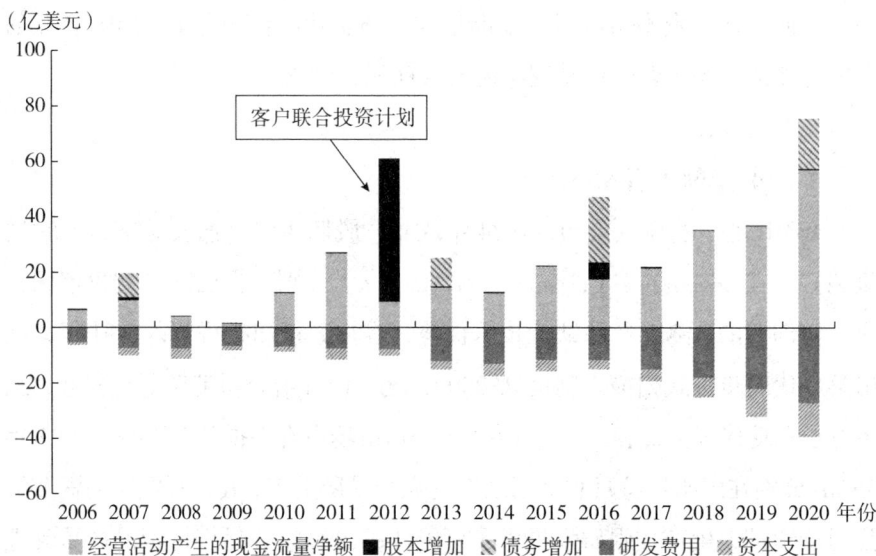

图 3-13　2006—2020 年 ASML 融资结构

注：股本增加是指企业通过发行普通股、优先股筹集的资金，债务增加是指企业新增债务
收到的现金，包括银行借款、发行债券、资本性租赁等。

资料来源：Wind。

（二）老牌强者恩智浦

恩智浦的前身是飞利浦半导体，主要业务为制造汽车、物联网、移动设备所需的内置芯片。1955年飞利浦在荷兰开设了第一家芯片生产工厂；1983年研发出第一个完整的芯片收音机；1991年研发出首款符合汽车级标准的车载网络CAN/LIN收发器；1992年设计出第一个单芯片电视；1993年成立飞利浦半导体；1995年推出Dirana汽车音频DSP；1999年斥资10亿美元收购VLSI Technology；2002年与索尼发明出近场通信技术（Near Field Communication，NFC）；2006年在柏林举行的国际展会上推出新公司名称恩智浦；2007年恩智浦宣布将收购Silicon Laboratories；2008年恩智浦收购科胜讯，并重点发展其机盒业务，将其并入家庭业务部门，同年9月恩智浦重组研发和幕后业务；2010年恩智浦半导体重新在纳斯达克上市；2012年恩智浦识别部门的业务收入增长86亿美元，同比增长41%；2013年恩智浦联合思科投资基础设施与通信建设公司Cohda Wireless，又收购嵌入式软件开发供应商Code Red Technologies；2015年恩智浦收购竞争对手飞思卡尔半导体，成为汽车半导体市场第一。

在汽车半导体市场中，恩智浦还面对着英飞凌、意法半导体这样的竞争对手，为了保持竞争力，并购成为企业竞争的重要手段。对恩智浦而言，要想完成并购，特别是在并购体量较大的半导体企业时，需要借助资本市场或者银行的力量。2015年，恩智浦以118亿美元的价格收购美国飞思卡尔半导体时，当年的债务融资水平就达到了历史之最（36.8亿美元，图3-14），凭借这次收购，恩智浦成为全球前十大集成电路企业，同时成为汽车半导体行业的领头羊。此外，由于恩智浦频繁的收购历程，自其2006年成立以来，债务融资就在其发展中起着至关重要的作用，且均以长期债务为主。2007—2020年，恩智浦产生的经营性现金流为181.2亿美元，作为对比，同期的研发和资本投入为213.4亿美元，而通过外部融资筹集的资金规模却高达252.8亿美元，其中债务融资规模高达239亿美元，因此，恩智浦主要是通过财务杠杆实现并购活动。

（亿美元）

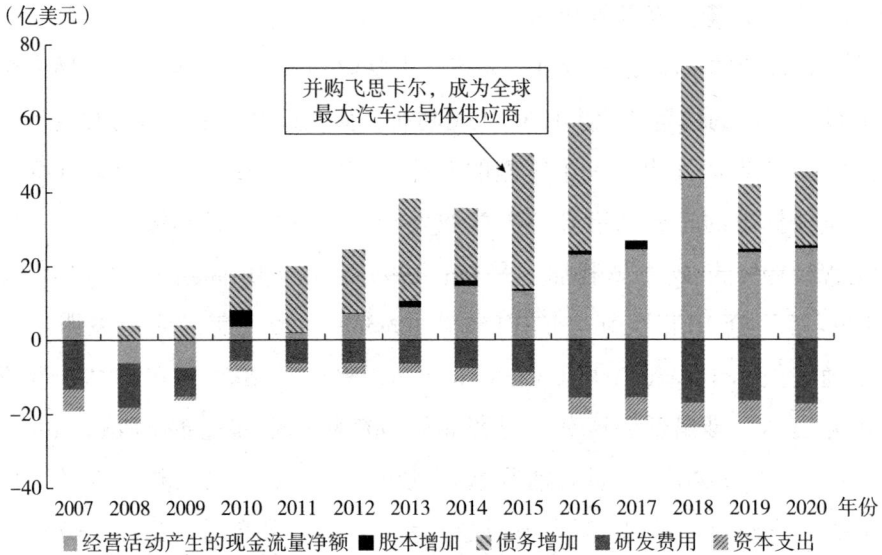

图 3-14 2007—2020 年恩智浦融资结构

注：股本增加是指企业通过发行普通股、优先股筹集的资金，债务增加是指企业新增债务收到的现金，包括银行借款、发行债券、资本性租赁等。

资料来源：Wind。

（三）收购反超者英飞凌

英飞凌是德国集成电路制造商，1999 年成立，前身是西门子半导体，2000 年上市，主要业务是开发汽车和工业领域的半导体芯片和系统。在 20 多年的发展中，通过不断剥离无关冗余业务（表 3-2），英飞凌聚焦主业，在此基础上，又通过收购相关业务实现扩张发展。

表 3-2　　　　　　　　　　　英飞凌业务剥离历程

年份	出售业务详情
2000	出售集成电路业务给 Micronas
2001	出售红外元件业务给 Vishay
2003	出售房地产和设备管理业务给 Dussmann
2005	出售光纤发射接收机业务给 Finisar 出售英飞凌 Ventures，停止移动电话基站的控制器业务
2007	剥离 DRAM 业务成立独立公司 Qimonda 与 IBM 共同撤资 Altis 半导体并转让于 AES

年份	出售业务详情
2008	出售 HDD 业务给 LSI
2009	出售有线通信部给 Golden Gate Capital
2010	以 14 亿美元向英特尔出售无线解决方案部
2011	向英特尔出售移动电话业务
2018	以 4.15 亿美元向科锐出售射频功率事业部

资料来源：根据公开资料整理。

与恩智浦长期依赖外部资金的发展模式不同，英飞凌对于外部资金的利用主要集中在个别年份，如 2008 年、2015 年和 2020 年，其余年份均以自身积累的资金为主，来满足对于研发和资本投入的需求（图 3-15）。一方面，在并购发展中，债务融资为英飞凌提供了充足资金。为了回应恩智浦并购飞思卡尔所带来的竞争压力，英飞凌决定在 2016 年收购在自动驾

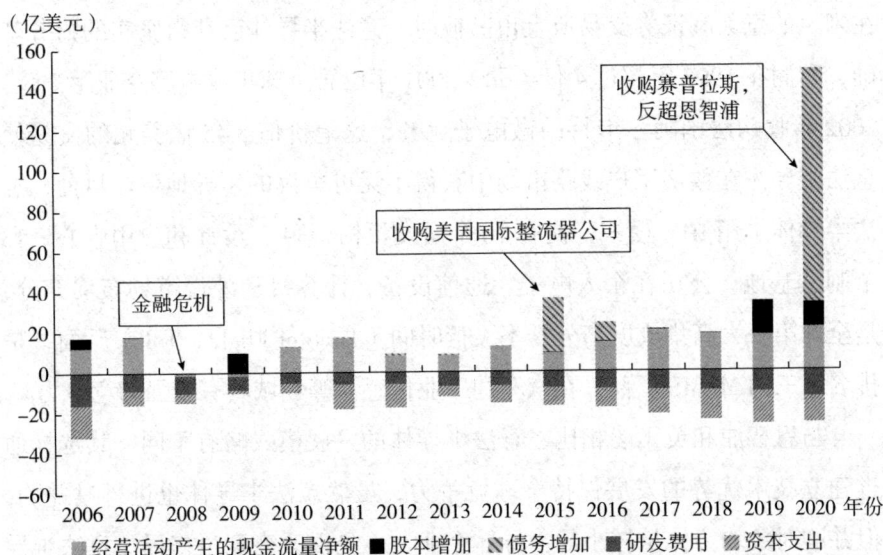

图 3-15　2006—2020 年英飞凌融资结构

注：股本增加是指企业通过发行普通股、优先股筹集的资金，债务增加是指企业新增债务收到的现金，包括银行借款、发行债券、资本性租赁等。

资料来源：Wind。

驶汽车微机电系统（Micro-Electro-Mechanical System，MEMS）和 LiDAR 系统方面有专长的 Innoluce 公司。2020 年，英飞凌又以 101 亿美元收购赛普拉斯，此次收购完成后，英飞凌超越恩智浦成为最大的汽车芯片供应商。为了完成这两次收购，英飞凌先后在 2015 年和 2020 年进行了债务融资，2015 年通过发行长期债务融资 27 亿美元，2020 年同样通过发行长期债务筹集了 115.2 亿美元。另一方面，某些年份的股权融资也在英飞凌发展中发挥了重要作用。如 2008 年国际金融危机导致英飞凌陷入财务困境（经营性现金流为 −1.2 亿美元）后，英飞凌通过定向增发的方式筹集了 10 亿美元，顺利帮助其渡过了危机。

（四）技术立身意法半导体

意法半导体由意大利 SGS 微电子公司和法国 Thomson 公司合并而成，1994 年在纽约和巴黎证券交易所同步上市；1998 年 Thomson 出售了其在 SGS Thomson 的股份，公司随后更名为 STMicroelectronics，同年该公司还在米兰的意大利证券交易所上市。彼时，意法半导体已获得坚实的财务基础，利润在 1997 年超过 4 亿美元，2001 年位居全球集成电路企业第三位。2002 年收购法国阿尔卡特的微电子业务，这笔价值 3.45 亿美元的交易使意法半导体在数字用户线路市场中获得了无可争议的领导地位。目前，意法半导体采用 IDM 模式，拥有 16 个研发机构、39 个设计和应用中心、13 个制造基地，公司在个人电子、通信设备、计算机和外设市场布局充分，是全球第一大高集成度高分辨率飞行时间（Time of Flight，ToF）厂商，是排名第三的 MEMS 厂商，在汽车和工业传感器等领域具有较强的竞争力。

与恩智浦和英飞凌相比，意法半导体的发展模式略有不同，其选择通过建立技术优势的发展保持全球竞争力，虽然意法半导体也进行过并购，但并购对象均为体量较小的半导体企业，不足以改变竞争格局。意法半导体每年都将大量资金用于研发支出，无论在萧条时期还是繁荣时期，研发支出的规模都比较稳定，2006—2020 年意法半导体的研发投入规模合计 264.6 亿美元（图 3-16），因此意法半导体被认为是最具创新力的半导体

（亿美元）

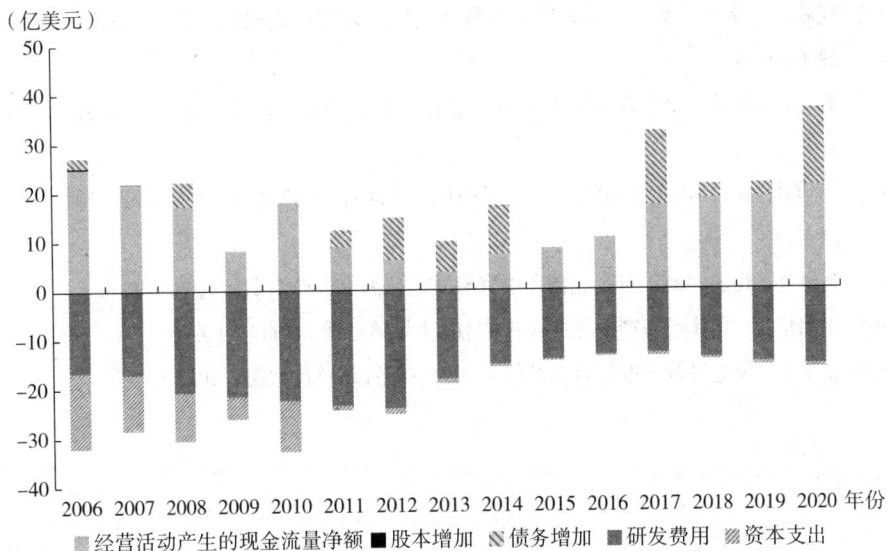

图 3-16　2006—2020 年意法半导体融资结构

注：股本增加是指企业通过发行普通股、优先股筹集的资金，债务增加是指企业新增债务收到的现金，包括银行借款、发行债券、资本性租赁等。

资料来源：Wind。

企业之一。不过由于意法半导体自身积累的资金无法覆盖对于研发和资本投入的需求，2006—2020 年经营活动产生的现金流量净额仅为 209.8 亿美元。因此，为了实现长期的发展，意法半导体经常需要借助外部资金的支持，特别是债权融资，2006—2020 年意法半导体通过外源融资筹集了 72.1 亿美元的资金，其中债权融资的规模为 71.8 亿美元，从而满足了对于研发和资本投入的需求。

参考文献

[1] 黄阳棋，刘超，乔路 . 英特尔 50 年存储发展史对我国的启示 [J]. 河南科技，2020，39（28）：3.

[2] 简祯富，郭仁村 . 服务型制造和台积电制造服务模式 [J]. 工业工程，2013，16（2）：10.

[3] 鲁义轩 . 高通：芯片对无线应用的重新定义 [J]. 通信世界，2011（20）：2.

[4] 吕萌 . ARM "改嫁" 英伟达能否保持 "中立" 之身？[J]. 通信世界，2020（26）：2.

[5] 魏晓云，陈杰，曾云 . DSP 技术的最新发展及其应用现状 [J]. 半导体技术，2003，28（9）：4.

[6] 翁寿松 . 从美日之争看微纳米半导体技术的研究与发展 [J]. 微纳电子技术，2003(3)：1–7.

[7] 于寅虎 .2012 年世界最大 20 家半导体公司排行榜 [J]. 电子产品世界，2013，20（1）：1.

[8] 赵厚连 . 我国大型民营企业债务融资模式的研究 [D]. 西南财经大学，2014.

[9] 赵明华 . 半导体设备产业崛起在中国 [J]. 半导体行业，2007（1）：6.

[10] 禚千千 . 长电科技并购星科金朋绩效研究 [D]. 青岛科技大学，2021.

中 篇
着眼当下：后摩尔时代疫情来袭
引发全球"芯"荒

　　历经数十年的快速发展，特别是数字化浪潮带来的巨大机遇，全球集成电路市场需求日益旺盛，市场规模持续高速增长。2021 年全球半导体销售市场规模达到 5559 亿美元，同比增长 26.2%。但同时，随着先进工艺节点持续演进，晶体管尺寸不断逼近物理极限，工艺的迭代速度开始放缓，集成电路行业已经进入后摩尔时代。近几年，突如其来的新冠疫情肆虐全球，对全球物资、人员和资本流动造成严重冲击，导致全球产业链供应链受阻，芯片供给偏紧的局面呈现出全球蔓延态势，逐渐影响到多个产业。

第四章 "数"说全球集成电路产业的 基本面

近年来，随着数字经济浪潮席卷全球，集成电路产业规模不断壮大。30多年来，集成电路产业在美国、欧洲、亚太等国家和地区发展繁荣，各国各地区独具特色的产业优势逐步形成，集成电路在各行各业的应用也持续拓展和深化。本章"数"说集成电路产业规模，详细介绍了美国、欧洲和亚太地区的集成电路产业和市场优势，并从信息、通信和工业应用领域分析了集成电路产业发展前景，以期把握集成电路产业的基本面。

一、半导体市场规模持续壮大

（一）规模总量迈上新台阶

新冠疫情既给各国经济社会活动带来巨大挑战，也倒逼各行业加快数字化转型，从生产到生活各个领域对数字化产品和服务需求都明显增长，包括生产侧的数据中心、服务器集群、软硬件解决方案，消费侧的手机、电脑、智能穿戴、智能网联汽车等，都需要集成电路，由此带动市场需求旺盛。根据世界半导体贸易统计协会（WSTS）统计，从2001年到2021年，全球半导体产业销售额年复合增长率达到7.18%。2021年全球半导体产能和出货量再创新高，半导体产业销售额首次突破5000亿美元，达到5559亿美元的历史高点（图4-1），同比增长26.2%，展现出较好的成长性，成为引领全球经济发展的关键动力。此外，根据WSTS预测，2022年全球半导体产业销售额预计将达到6010亿美元，并且在2023年进一步增长到6330亿美元。

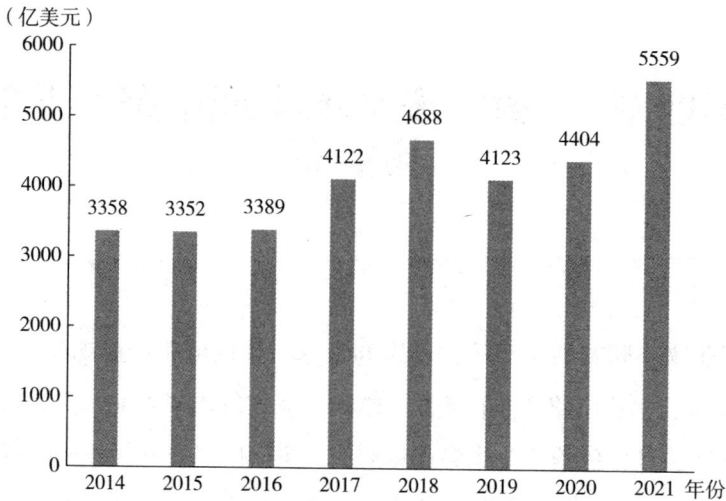

图 4-1　2014—2021 年全球半导体产业销售额
资料来源：WSTS。

半导体产业是全球经济增长的重要组成部分。根据 SIA 最新发布的数据，通过分析历年全球 GDP 规模与半导体销售额数据，发现全球经济增长与集成电路产业发展密切相关。2014—2020 年，两者的相关系数达到 0.864，说明两者景气程度高度相关，互为促进。

从全球半导体市场规模来看，半导体产业的发展呈周期性变化。从 2014 年起，全球半导体产业技术和市场经历了一个"硅周期"（通常为 4 ~ 6 年）后，在 2019 年出现增速趋缓的动态调整，全球产业销售额明显下滑。但 2020 年暴发的新冠疫情打破了这次"硅周期"调整规律，从 2019 年下半年至 2022 年，尽管全球宏观经济受到显著冲击，但全球半导体产业 2020 年经历短暂的下行调整后掉头回升，开始进入新一轮发展通道。可以预见的是，随着全球各个地区、各个行业数字化转型由浅入深、由点及面地铺开，半导体产业将成为未来一段时期引领和重塑全球经济的关键性领域。

目前，产业运作模式主要分为 IDM（垂直整合）、无晶圆厂（Fabless）与晶圆代工（Foundry）模式。半导体产业链条较长，并且具有技术密集、人才密集、资本密集的特点，是一个高度全球化、分工化的产业，单一地区（或国家）和企业无法完全覆盖全产业链条。半导体器件的复杂程度逐渐增加，逐渐形成了全球分工的产业格局，并衍生出 IDM、Fabless 和 Foundry 三种产业运作模式。从产业运作模式来看，根据 IC Insights 统计，2021 年 IDM 企业销售收入为 3328 亿美元，同比增长 36%；Fabless 企业销售收入为 1777 亿美元，同比增长 21%；Foundry 企业销售收入为 1101 亿美元，增幅达到 26%。根据 IC Insights 统计，在 2004—2021 年的 18 年中，共有 9 年代工市场增长率超过 10%，依次是 2004 年为 40%，2006 年为 20%，2010 年为 43%，2012 年为 16%，2013 年为 14%，2014 年为 13%，2016 年为 11%，2020 年为 21%，2021 年为 26%。2019 年，代工市场发生下滑（–2%），而上一次出现下滑是在 2009 年（–11%）。近 3 年来，Fabless 市场增长和 IDM 市场增长之间的差距逐渐拉大。2019 年，受存储市场崩盘的影响，IDM 企业销售额一度暴跌 20%，Fabless 企业销售额仅下调 1%，两者差距开始明显，2020 年和 2021 年两者差距持续拉大。随着 2021 年 Fabless 企业销售额激增 36%，在全球的集成电路产业销售额中的份额创下 34.8% 的历史高点（表 4-1）。长远来看，Fabless 企业与为其提供服务的集成电路代工厂将成为推动全产业增长的强大力量。

表 4-1　　2017—2021 年不同产业运作模式销售额增长率情况　　　　单位：%

运作模式	2017 年	2018 年	2019 年	2020 年	2021 年
IDM	31	16	–20	9	21
Fabless	12	8	–1	22	36
Foundry	8	5	–2	21	26

资料来源：IC Insights。

2021 年全球半导体市场的强劲增长主要来自两部分：一是市场需求的反弹，主要包括汽车、智能手机、数据中心等应用终端；二是产品平均销售单价（ASP）的上升，这是更为重要的影响因素。一方面，存储市场波动引发"蝴蝶效应"，引起全半导体产业市场的波动；另一方面，全球芯片供需紧张，导致大功率器件、网络芯片、手机芯片等器件价格大幅上升。根据全球权威咨询机构 Gartner 分析，2021 年在全球半导体市场26.3% 的增长中，半导体消费量的增长可能只有 10%，其余部分则来自ASP 的上涨。

（二）头部企业销量领先

表 4-2 显示了 IC Insights 统计的 2021 年全球半导体销售排行榜的前25 名，值得一提的是，IC Insights 计算排名时主要考虑顶级供应商，而非市场份额。因为在某些情况下，半导体的销售额会被重复计算。此外，半导体行业的供应商还包括供应设备、化学品、气体等，因此该排名将大型半导体制造商和晶圆代工厂包含在内。

总体来说，无论产业运作模式是垂直整合模式，还是无晶圆厂模式和晶圆代工模式，该排名清晰地展示了全球领先的半导体供应商。根据该排名，2021 年三星电子销售额达到 820 亿美元，位居第一；英特尔销售额767 亿美元，位居第二。销售额至少达到 54 亿美元才能进入全球半导体供应商 25 强。前 25 家公司中，有 17 家半导体供应商销售额超过 100 亿美元。从区域分布来看，前 25 家供应商中有 13 家总部位于美国，欧洲、日本和中国台湾地区各占据 3 个席位，韩国有 2 家企业入榜，中国大陆只有1 家企业入榜。从产业运作模式来看，25 家供应商中包括 6 家无晶圆厂芯片供应商（高通、英伟达、博通、联发科、AMD 和苹果）、4 家纯粹的晶圆代工厂（台积电、联华电子、格罗方德和中芯国际）。此外，据 IC Insights统计，对比不同工艺节点的营收状况，2021 年晶圆代工厂年产能增加的主要部分依赖先进工艺，而企业营收增长显著的都是在传统工艺上。

总体而言，2021 年前 25 家半导体公司销售总额同比增长 26%。从同比增长率来看，AMD、联发科、英伟达和高通 4 家无工厂芯片供应商 2021年的销售额增长率位居前四，分别为 68%、61%、58%、52%；台积电、联华电子、格罗方德和中芯国际 4 家纯晶圆代工厂也实现了强劲的销售额增长，分别为 25%、27%、36%、39%。英特尔和索尼在前 25 家半导体供应商中销售额同比增长率最低，仅为 1%，与 AMD 相比，增速差距较大。

表 4-2 **2021 年全球半导体企业销售额排名**

2021 年 排名	2020 年 排名	企业	总部所在地	2021 年销售额 （亿美元）	同比增长 （%）
1	2	三星电子	韩国	820	33
2	1	英特尔	美国	767	1
3	3	台积电	中国台湾	568	25
4	4	SK 海力士	韩国	374	38
5	5	美光科技	美国	299	33
6	6	高通	美国	293	52
7	8	英伟达	美国	231	58
8	7	博通	美国	210	18
9	12	联发科	中国台湾	177	61
10	9	德州仪器	美国	173	28
11	15	AMD	美国	164	68
12	11	英飞凌	欧洲	137	22
13	10	苹果	美国	135	18
14	14	意法半导体	欧洲	127	25
15	13	铠侠	日本	121	15
16	17	恩智浦	欧洲	108	29
17	19	亚德诺	美国	101	24
18	20	瑞萨	日本	98	23
19	16	索尼	日本	96	1
20	21	西部数据 / 闪迪 （SanDisk）	美国	82	15
21	22	联华电子	中国台湾	76	27
22	23	安森美半导体	美国	67	28
23	25	格罗方德	美国	66	36
24	24	微芯	美国	63	22
25	18	中芯国际	中国大陆	54	39

资料来源：IC Insights。

（三）集成电路占半导体八成

半导体产品可以分为集成电路、分立器件、光电器件和传感器四大类。根据 WSTS 数据，2021 年 4 个主要细分市场都取得了坚实的增长，其中集成电路产品市场规模为 4608 亿美元，占比高达 82.89%，同比增长 26%；光电器件产品市场规模为 432 亿美元，占比 7.77%，同比增长 9%；分立器件产品市场规模为 301 亿美元，占比 5.41%，同比增长 27%；传感器产品市场规模为 188 亿美元，占比 3.38%，同比增长 28%（表 4-3）。未来随着全球大部分地区的经济复苏，新能源汽车、数据中心及多种电子系统的强劲需求，半导体销售仍将保持稳健增长态势。

表 4-3　　　　2017—2021 年半导体细分市场规模及占比　　　单位：亿美元

年份	半导体产品	集成电路	光电器件	分立器件	传感器
2017	4123	3432	348	217	126
		83.26%	8.44%	5.26%	3.06%
2018	4688	3933	380	241	134
		83.90%	8.11%	5.14%	2.86%
2019	4122	3332	416	239	135
		80.81%	10.09%	5.80%	3.27%
2020	4404	3612	404	238	150
		82.02%	9.17%	5.40%	3.41%
2021	5529	4608	432	301	188
		82.89%	7.77%	5.41%	3.38%

资料来源：WSTS。

注：本书中部分数据由于四舍五入的原因，存在总计与分项合计不等的情况。

根据表 4-3 可以看出，全球半导体产品 2017—2021 年复合年均增长率（CAGR）为 6.0%。从半导体产品类别来看，集成电路产品 2017—2021 年 CAGR 为 6.1%，光电器件产品 2017—2021 年 CAGR 为 4.4%，分立器件产品 2017—2021 年 CAGR 为 6.8%，传感器 2017—2021 年 CAGR 为 8.3%。

值得关注的是，2017—2021 年集成电路产品占据全球半导体产品 80% 以上的市场份额。近年来，全球半导体行业的最大领域是逻辑、存储器、模拟和微处理器（MPU）。据 IC Insights，2021 年内存、逻辑、模拟和 MPU 产品占全球半导体行业销售额的 79%。2021 年销售额最大的芯片是逻辑芯片，达 1548 亿美元，同比增长 30.8%；然后是内存芯片，达到 1538 亿美元，同比增长 30.9%。

1. 模拟芯片

模拟芯片主要是信号链和电源管理芯片，按照定制化程度，模拟芯片可以分为两类：通用模拟芯片和特定模拟芯片。通用模拟芯片能够应用于不同场景，应用在电源管理和信号转换等领域；而特定模拟芯片根据专用的应用场景进行标准化设计，应用在消费电子、移动通信、汽车及工业领域。2021 年，模拟芯片增速最快，位居全部半导体品类之首，其市场销售额为 741 亿美元，同比增长 33.1%，占全球半导体市场规模约 13%。与此同时，出货量达到了历史新高 2151 亿颗，同比增长 22%。分析其增长的强劲动力主要来自以下三个方面：一是汽车智能化、电动化趋势和工业数字化转型，汽车电子等专用模拟芯片和信号转换器件需求提振；二是移动通信领域 5G 手机及信息基础设施的增长驱动模拟芯片销售；三是电源管理芯片在一定程度上促进模拟芯片需求提升。

德州仪器、亚德诺、英飞凌、思佳讯、意法半导体、恩智浦、安森美等公司是全球模拟芯片的主要供应商。从近几年的产业并购趋势来看，模拟芯片企业并购重组事件主要发生在美国和欧洲两个地区，模拟芯片产业的集中度不断提高。可以看出，目前全球模拟芯片领域进入一个相对稳定的发展阶段，企业并购重组和强强联手将快速推动产业发展。值得注意的是，美国和欧洲对模拟芯片企业的"内部消化"将进一步强化在模拟芯片领域的优势，拉大欧美与亚洲之间的差距。

2. 存储芯片

按照数据是否容易失去，存储芯片可以分为易失性存储芯片和非易失性存储芯片两大类。易失性存储芯片又可以分为 DRAM 芯片与 SRAM 芯片；非易失性存储器则可分为 NOR Flash、NAND Flash 与只读存储器。从近几年的市场发展趋势来看，2017 年存储芯片市场增速达到了 61.5% 的历史最高点，2019 年市场销售额增长率经历了急剧下降，2020 年增长率实现了 10.4% 的回升并保持持续增长态势，2021 年存储市场达到 30.9% 的较大增幅，其中市场规模最大的是 DRAM 芯片和 NAND Flash。根据 WSTS 数据显示，2021 年全球 DRAM 芯片市场规模占整个存储市场的 56%，NAND Flash 市场规模占整个存储市场的 41%。

全球存储芯片市场主要被三星电子、SK 海力士、美光科技、东芝等企业把控。未来经济社会对电子产品和服务的需求与日俱增，存储芯片作为电子产品的关键部件，在人工智能、云计算、物联网等新兴产业快速发展的带动下，其主战场正从电脑、移动通信设备转移到数据中心的服务器。特别是新冠疫情催生"宅经济"，推动云存储和容量需求持续提升，数据中心市场将为存储提供更加广阔的发展空间，成为未来数年带动存储产业发展的重要引擎。

3. 微处理器（MPU）

MPU 通常代表性能强大的 CPU。据 WSTS 统计，2021 年全球 MPU 销售额为 1027 亿美元。从市场排名来看，2021 年排名前 5 家的微处理器供应商包括英特尔、苹果、高通、AMD 和联发科，其市场份额累计达到 MPU 市场的 85.9%，2020 年为 85.0%（表 4-4）；2021 年排名在第 6 ～ 10 位的 5 家 MPU 供应商（英伟达、三星电子、紫光展锐、海思和恩智浦）共计占 MPU 市场的 4.3%，而 2020 年为 5.0%。

表 4-4　　　　　全球主要 MPU 供应商销售额

2021 年排名	供应商	总部所在地	2021 年销售额（亿美元）	2020 年销售额（亿美元）	增长率（%）	市场份额（%）
1	英特尔	美国	523	506	3	50.9
2	苹果	美国	134	105	27	13.0
3	高通	美国	94	74	26	9.1
4	AMD	美国	92	59	56	8.9
5	联发科	中国台湾	41	27	51	4.0

资料来源：各公司财报、IC Insights。

据 IC Insights 分析，MPU 市场前 5 名供应商的市场份额在过去 10 年稳步增长，但长期排名第 1 的英特尔与其他 4 家公司之间的收入差距继续缩小。据 IC Insights 统计，2021 年英特尔 MPU 业务收入仅增长 3%，为 523 亿美元，占 MPU 市场总收入的 50.9%，与 2020 年 MPU 市场 55.7% 的市场占有率相比有所下降。而 AMD 的 MPU 业务销售额在 2021 年猛增 56%，为 92 亿美元，其 MPU 市场份额从 2020 年的 6.5% 提高到 2021 年的 8.9%，表明 AMD 从竞争对手中夺走了收入。

自 2020 年以来，全球 MPU 市场的销售增长主要是由于新冠疫情带动市场对便携式计算机、功能强大的大屏幕智能手机的强劲需求和升级换代的需求。与此同时，随着大数据、云计算的逐步渗透，国际企业加大对数据中心计算机和系统扩展方面的投资，MPU 需求受益持续增长，其市场销售额在 2020 年实现了较快增长，并随着数据中心规模的不断扩张，整个 MPU 市场规模持续增长，2021 年保持两位数的百分比增长（表 4-5）。

表 4-5　2017—2021 年主要半导体产品市场销售额

年份	逻辑芯片		存储芯片		模拟芯片		MPU	
	销售额（亿美元）	增长率（%）	销售额（亿美元）	增长率（%）	销售额（亿美元）	增长率（%）	销售额（亿美元）	增长率（%）
2017	1020	11.7	1240	61.5	530	10.9	440	2.7
2018	1090	6.9	1580	27.4	590	10.8	470	5.9
2019	1070	−1.83	1060	−32.91	540	−8.47	480	2.13
2020	1180	11.1	1170	10.4	560	3.2	520	8.0
2021	1548	30.8	1538	30.9	741	33.1	578	11.5

资料来源：SIA。

4. 逻辑芯片

逻辑芯片又叫可编程逻辑器件，在全球范围内拥有广阔的下游需求，2021 年全球逻辑芯片市场规模达到了 1548 亿美元，不仅保持较大的增速，同比增长 30.8%，而且是市场份额最大的半导体产品。2019 年逻辑芯片市场销售额超过存储芯片销售额后，一直保持微弱的优势领跑市场。逻辑芯片供应商运作模式基本上是无晶圆厂模式，比如高通、苹果、华为等。因此逻辑芯片的竞争实际上集中在代工领域，比如台积电和三星电子。

逻辑芯片的成长与产业运作模式的发展是统一的。自 20 世纪 90 年代以来，技术工艺不断创新使大部分公司无法同时负担起资本密集的制造投入和高额的设计研发支出，导致芯片代工环节的门槛较高，竞争也非常激烈，催生出新的产业运作模式——无晶圆厂模式。自由贸易将世界各地的材料、设备、知识产权和产品流动到每个分工环节最佳的活动地点，全球半导体供应链持续优化。一方面，随着先进工艺向更小的制造节点转移，技术难度和前期资产投资成本抬升，在经济效益驱使下，据 IC Insights 报告显示，无晶圆厂企业市场份额从 2000 年仅不到 10%，增长到 2021 年已超过 30%，带动了逻辑芯片的增长。另一方面，5G、人工智能以及数据中心等新兴应用场景的崛起对逻辑芯片的算力和性能提出了更高的要求，以支持智能手机的快速周期和新兴前沿应用程序的人工智能和高性能计算。未来随着三星电子、苹果、华为等龙头企业加大投资逻辑芯片，来自逻辑芯片和晶圆厂总体投资规模的扩大，将持续提升逻辑芯片的市场规模。

二、区域市场各具特色

据 SIA 报告显示，美国、欧洲、日本与亚太地区（除日本）4 个区域市场占据全球半导体主要市场，其中亚太地区（除日本）的市场规模占比最高，是全球最大的区域半导体市场。2001 年，随着电子设备生产向该地区转移，亚太市场（除日本）的销售额超过了所有其他地区市场，其市场规模保持快速增长，从 398 亿美元增长到 2021 年的 3430 亿美元。目前，亚太地区（除日本）市场规模占比保持在 60% 以上。

美国半导体市场规模保持最高增速。据 SIA 统计，2021 年美国半导体市场规模为 2575 亿美元，占据全球 21.9% 的市场份额，同比增长 27.4%，与其他区域市场相比，增长速度最高。美国芯片采购量的增长很大程度上是由数据中心等设备的高端存储芯片所推动。

欧洲、日本市场规模占比略有下降，分别从 2014 年的 11.2%、10.4% 下降至 2021 年的 8.6%、7.9%（表 4–6）。

表 4-6　　2014—2021 年主要国家和地区半导体市场规模占比　　单位：%

年份	美国	亚太（除日本）	欧洲	日本
2014	20.6	57.8	11.2	10.4
2015	20.5	60.0	10.2	9.3
2016	19.3	61.5	9.7	9.5
2017	21.5	60.4	9.3	8.9
2018	22.0	60.3	9.2	8.5
2019	19.1	62.5	9.7	8.7
2020	21.7	61.5	8.5	8.3
2021	21.9	61.7	8.6	7.9

资料来源：SIA。

（一）美国领跑全球半导体设计业

美国半导体公司销售额占据全球市场半壁江山。据 SIA 报告显示，2021 年美国半导体公司销售额为 2080 亿美元，其市场份额几乎占全球半导体销售额的一半，高达 46%。从增长率来看，美国半导体公司的销售额在 2001—2021 年内呈现稳定的增长态势，复合年增长率为 6.65%。从过去 8 年的市场份额变化趋势看，美国半导体公司的销售额市场占有率略有下滑。2014 年美国半导体公司销售额全球占比为 51%，2021 年其全球占比下降至 46%（表 4–7）。

表 4-7　　2014—2021 年美国半导体公司销售额全球占比　　单位：%

年份	2014	2015	2016	2017	2018	2019	2020	2021
占比	51	50	48	46	45	47	47	46

资料来源：SIA。

美国半导体产业规模受益于美国设计环节的领先优势。过去的 20 年间美国公司始终领导着全球半导体设计环节，从市场份额来看，美国半导体公司在设计环节的市场份额一直领跑全球，保持领先地位。2000 年，美国公司在设计领域的收入中所占份额达到 50%，2005 年美国设计公司在设计市场份额为 48%，2010 年仍然保持在 48%。然而，近年来美国在设计相关收入中所占份额开始出现下降迹象，从 2015 年的 51% 下降到 2020 年的46%，但仍然是其他任何单一国家或地区的两倍以上（表 4-8）。

表 4-8　　　　主要国家和地区半导体设计市场份额　　　　单位：%

国家和地区	2000 年	2005 年	2010 年	2015 年	2020 年
美国	50	48	48	51	46
日本	28	22	20	11	10
欧洲	11	12	9	10	10
韩国	8	10	14	18	19
中国大陆	—	—	—	5	9
中国台湾	—	6	7	6	7

资料来源：SIA。

具体到细分市场来看，美国公司在设计领域的市场领导地位在逻辑芯片领域最为明显。2021 年逻辑芯片占该领域设计相关收入的 64%，占据绝对领先优势；其次是分立器件、模拟器件及光电器件和传感器（DAO）领域，美国公司在 DAO 设计领域的市场份额为 37%。在内存芯片方面，美国公司该领域设计相关收入的市场份额为 27%，位居第二，韩国公司在该领域占据了所有设计相关收入的 59%（表 4-9）。

表 4-9　　　　2021 年主要国家和地区半导体设计细分市场份额　　　　单位：%

国家和地区	逻辑芯片	内存芯片	其他	总计
美国	64	27	37	46
日本	4	7	19	9
欧洲	8	—	18	9
韩国	4	59	6	21
中国大陆	9	—	13	7
中国台湾	11	5	4	8

资料来源：SIA。

（二）欧洲深耕汽车工业半导体

欧洲是早期发展半导体产业的地区之一，20世纪90年代，欧洲曾占据全球半导体市场40%以上的份额。据SIA报告显示，2021年欧洲半导体市场销售额同比增长27.3%，占据全球8.6%的市场份额。2021年欧洲半导体公司销售额占全球半导体销售额的9%。目前，欧洲半导体公司在全球半导体的市场份额约为10%。

在全球半导体市场中，欧洲半导体产业没有寻求在计算机和智能手机等消费类电子领域突破，而是立足于欧洲自身具备汽车工业和制造业的优势，将发展方向聚焦在汽车和工业半导体两个细分市场。一方面，避开了竞争激烈的计算机和智能手机等消费类芯片市场；另一方面，洞察到汽车工业将向数字化时代迈进的必然趋势。目前，欧洲半导体产业集群聚焦功率半导体、MCU和汽车半导体等领域，并形成了一定的技术积累和优势，诞生了英飞凌、意法半导体和恩智浦等汽车和工业半导体领域的巨头企业，被称为欧洲的半导体"三巨头"。这三家企业的MCU及功率半导体市场占有率领先全球，汽车半导体市场更是几乎全被三大厂占据（表4-10）。按半导体市场销售额排名，根据IC Insights统计，2021年全球前25名中，共有英飞凌、意法半导体和恩智浦3家欧洲半导体公司入围，分别位列第12位、第14位和第16位，销售额分别为137亿美元、127亿美元和108亿美元，分别同比增长了22%、25%和29%。

总体而言，今天欧洲的集成电路产业集群仍然是全球集成电路产业版图的重要一极。除了孕育了英飞凌、意法半导体和恩智浦等集成电路制造企业巨头，也培育了全球领先的集成电路制造设备供应商荷兰ASML公司和集成电路知识产权提供商英国ARM公司等龙头企业。值得注意的是，尽管集成电路产业链上游企业可以获取较高的利润，但也只能攫取全球半导体市场大约10%的份额。

表 4-10　　　　　　　2021 年全球五大汽车半导体供应商销售额

公司	国别	汽车业务销售额（亿美元）	销售额（亿美元）	汽车业务占比（%）	全球排名
英飞凌	德国	55.10	137	40	12
恩智浦	荷兰	54.93	108	51	16
瑞萨	日本	39.84	98	41	18
德州仪器	美国	38.5	173	22	10
意法半导体	瑞士	43.51	127	34	14

资料来源：IC Insights、企业年报。

（三）亚太地区汇聚生产要素禀赋

随着全球电子通信设备生产基地转移到亚太地区，集成电路市场和产业发展重心正朝着东亚地区转移。在市场规模方面，根据 WSTS 数据显示，亚太地区半导体市场规模从 2001 年的 398 亿美元增长到 2021 年的 3430 亿美元，成为全球最大的半导体市场。与 2020 年相比，2021 年同比增长 26.5%，占据全球半导体市场规模的 61.7%，超过其他地区的总和，成为半导体消费市场的重要组成部分。到目前为止，亚太地区最大的市场是中国，占亚太市场的 56%，占全球市场的 35%。

产业布局方面，在全球垂直分工生产体系下，亚太地区的重要性不断攀升。其中，日本和中国台湾地区最具代表性。日本在半导体设备领域具有领先优势，而中国台湾地区在原材料、设备、制造、封测等环节掌握了一定的话语权。

1. 日本半导体设备增长强劲

据 SIA 报告显示，2021 年日本半导体市场规模占据全球 7.9% 的市场份额，同比增长 19.8%。2021 年日本半导体公司销售额占全球半导体销售额的 9%。受益于全球对半导体需求居高不下，日本半导体设备厂商迎来市场机遇。

日本半导体销售额增长原因主要有以下两点。一是日本在半导体设备领域的强势地位，促进日本半导体设备销售额增长。根据公开的财报数据统计，2021 年进入全球前 15 名的半导体设备厂商榜单中，有 7 家来自日本，分别是东京电子（全球第 3），爱德万（全球第 6）、SCREEN（全球第 8）、日立高科（全球第 10）、迪斯科（全球第 11）、尼康（全球第 13）、Kokusai Electric（全球第 15）（表 4-11）。其中，东京电子的销售额达到了 172 亿美元，并且在 2020—2021 年增长明显，2019 年的销售额仅为 95.5 亿美元，2020 年突破 100 亿美元，达到 113.2 亿美元。二是日本半导体企业在功率半导体领域的优势地位。根据 Omdia 发布的 2021 年功率半导体领域主要厂商营收排名，前十大企业榜单中有一半为日本企业，分别是三菱（全球第 4）、富士电机（全球第 5）、东芝（全球第 6）、瑞萨（全球第 9）、ROHM（全球第 10），5 家企业的营收在 2019—2021 年内保持榜单总营收的 1/3 左右。

表 4-11　　2021 年全球前 15 名半导体设备厂商　　单位：亿美元

排名	公司	国家（地区）	销售额
1	应用材料	美国	241.72
2	ASML	荷兰	217.75
3	东京电子	日本	172.78
4	泛林集团	美国	165.24
5	科磊	美国	81.65
6	爱德万	日本	39.07
7	泰瑞达	美国	37.03
8	SCREEN	日本	36.32
9	SEMES	韩国	24.86
10	日立高科	日本	24.53
11	迪斯科	日本	21.67
12	ASMI	荷兰	20.24
13	尼康	日本	19.98
14	ASM 太平洋科技	中国香港	17.39
15	Kokusai Electric	日本	16.38

资料来源：企业财报。

2. 中国台湾地区代工产值全球领先

中国台湾地区半导体产业对于亚太地区乃至全球半导体市场具有重要地位。中国台湾地区拥有完整的半导体产业链，专业分工模式独步全球。2021 年中国台湾地区半导体销售额为 249.4 亿美元，占全球半导体销售额的 24.3%。

据 WSTS、IC Insights 和中国台湾工研院产科国际所的数据显示，中国台湾地区集成电路总产值全球第二，仅次于美国，超越了韩国和日本，其晶圆代工产值全球第一，居全球领导地位，先进制程进入 5 纳米以下。此外，集成电路设计产值全球第二，仅次于美国。IDM 产值及 Mask ROM 存储器位列韩国、美国、日本之后。存储器产值全球第四，以 DRAM 产业为主，其次为 NOR Flash。封测代工产值全球第一，居全球领导地位（表4-12）。中国台湾地区半导体产业上下游集群具有显著优势，培育出台积电、联发科、南亚科和日月光等龙头企业。随着物联网应用产业链的发展，全球信息通信领域及设计企业大厂如苹果、博通、高通均选择中国台湾地区晶圆代工及封测代工服务。

表 4-12　　2021 年中国台湾地区半导体产业产值及市场占有率

	中国台湾地区产值	全球产值	市场占有率	排名
全产业	1458 亿美元	7353 亿美元	19.8%	2
设计	434 亿美元	1970 亿美元	22.0%	2
IDM（含存储器）	103 亿美元	3886 亿美元	2.7%	5
晶圆代工	693 亿美元	1101 亿美元	62.9%	1
封测代工	228 亿美元	396 亿美元	57.6%	1

资料来源：WSTS、IC Insights 和中国台湾工研院产科国际所。

2021 年中国台湾地区半导体产业产值构成中占比最大的是集成电路制造业，占比超过一半，达到 54.6%，同比增长 22.4%。其中又以晶圆代工厂为主，占比为 47.6%，同比增长 19.1%（表 4-13）。中国台湾地区晶圆代工厂产能占到全球的 20%，其主要集中在逻辑芯片生产，占中国台湾地区全部产能的 37%。

表 4-13　　2018—2021 年中国台湾地区半导体市场产值及增长率

	2018 年		2019 年		2020 年		2021 年	
	产值（亿元新台币）	增长率（%）	产值（亿元新台币）	增长率（%）	产值（亿元新台币）	增长率（%）	产值（亿元新台币）	增长率（%）
总产值	26199	6.4	26656	1.7	32222	20.9	40820	26.7
设计业	6413	3.9	6928	8.0	8529	23.1	12147	42.4
集成电路制造业	14856	8.6	14721	−0.9	18203	23.7	22289	22.4
晶圆代工	12851	6.6	13125	6.6	16297	24.2	19410	19.1
存储器及其他制造	2005	23.7	1596	20.4	1906	19.4	2879	51.0
封装业	3445	3.5	3463	0.5	3775	9.0	4354	15.3
测试业	1485	3.1	1544	4.0	1715	11.1	2030	18.4
产品产值	8418	8.0	8524	1.3	10435	22.4	15026	44.0

注：总产值包括设计业、制造业、封装业及测试业；产品产值包括设计业和存储器及其他制造；制造业产值包括晶圆代工和存储器及其他制造。上述产值计算以总部设立在中国台湾地区的公司为基准。

资料来源：TSIA、中国台湾工研院产科国际所。

三、产业应用无处不在

随着社会迈入信息时代，万物互联、智慧生活等概念兴起，以人工智能、云计算、智能汽车、智能家居、物联网为代表的新兴产业蓬勃发展，催生出许多新的半导体应用需求，如人工智能芯片、高性能计算芯片、汽车 MCU 等，笔记本电脑、智能手机和汽车半导体产品将成为未来集成电路产业长足发展的主要驱动力。

从产业下游应用场景来看，传统的通信行业、计算机领域处于存量时代，市场需求占比最大。但随着数字化、网络化、智能化等应用场景日渐多样化，如为了满足智能汽车、智能穿戴、移动互联、数据中心等领域需求，集成电路工业也不断发展出更加先进的产品和工艺技术。根据 WSTS

统计数据显示，通信、PC与计算机、汽车电子、消费电子、政府采购、工业电子等场景一直是全球半导体产品的主要应用领域，但不同应用场景占比发生了明显变化。以2013年为代表，全球半导体市场需求占比最大的是通信应用场景，高达37.2%；PC与计算机应用场景次之，占比为36.7%；工业及其他领域占比位列第五，为6.5%。到2021年，PC与计算机应用场景占比成为最大领域，达38.3%；通信应用场景屈居第二，为36.5%；消费电子保持在10%左右，汽车领域占7.4%，工业及其他领域占7.3%。图4-2展示了1998年、2003年、2008年、2013年、2021年不同应用场景芯片市场份额，其市场份额的变化展示了20余年芯片需求的发展趋势。

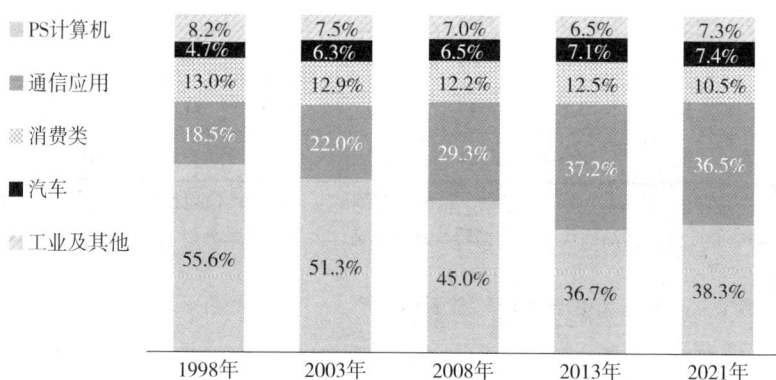

图4-2 不同应用场景芯片市场份额

资料来源：IC Insights。

（一）小芯片，大信息——计算机

最初的电子管计算机，由约1.8万个电子管组成，占地150平方米，重30吨，耗电140千瓦，计算速度只有每秒几千次。如今，超级计算机计算速度可达每秒百亿亿次以上，并在生物医药、新材料研究、太空探索、基因测序、天气预报等领域发挥重要作用。

2021年是计算机芯片市场历史上的一个分水岭年，也是计算机市场历史的一个拐点。据IC Insights数据显示，2021年计算机应用市场规模高达1750亿美元，占全球半导体市场规模的31.5%。据Gartner报告，2021

年 PC 出货量达到 3.398 亿台，同比增长 9.9%。近年来计算机芯片的市场占有率不断被智能手机、平板电脑等新兴电子产品取代，计算机用芯片在全球芯片的市场占有率从 1998 年的 55.6% 下跌至 2018 年的 30.8%，消费类芯片从 1998 年的 13.0% 下跌至 2021 年的 10.5%。自新冠疫情暴发以来，需求趋势开始转向教育和远程工作等领域，这一趋势推动了超大规模云服务提供商迫切增加服务器部署，以满足在线工作和娱乐，促进 PC 和移动终端市场需求的激增。

然而，2022 年计算机需求在消费者和企业两端表现疲软。受计算机市场整体下行影响，以英特尔、三星电子为代表的集成电路制造商业绩不及预期，纷纷下调市场预期。财报显示，2022 年英特尔收入为 631 亿美元，同比下跌 20%，利润暴跌 60%。三星电子称，2022 年第三季度的运营利润仅为 76.7 亿美元，同比下滑 31.73%，这是三星电子近 3 年来首次出现运营利润下滑。随着 2021 年在全球芯片短缺的影响下，各大晶圆代工厂商投资新建工厂以提高产能，随着产能的逐步释放，叠加需求下降，将使全球芯片在一段时间内供过于求，进而导致芯片市场明显走弱。

（二）小芯片，大通信——通信与消费类电子

在移动通信领域，多元化的新兴应用场景和需求迫切需要网络传输速率不断提高。近年来，以第五代移动通信技术（5G）为代表的移动通信设备的渗透率持续提高。小小的芯片在促进移动通信领域快速发展的过程中发挥了重要作用，一方面解决了信息处理的问题，另一方面解决了信息存储、获取和传输的问题。比如，存储芯片广泛应用于通信设备和个人移动存储等领域，例如智能手机，移动硬盘等设备，这些设备可以快速、及时地存储或读取大量信息。此外，传感器解决了将环境中的自然信号转换为电信号的问题，成为移动通信领域的关键器件，例如图像处理芯片帮助移动通信设备实现了随时随地照相和录像的功能，并且影音画质和流畅度随着图像处理芯片技术的升级得以改善。目前，集成电路成为社会信息化的重要引擎，促进了互联网基础设施快速发展，壮大了数字经济产业

规模。

具体来看，通信领域和消费类芯片市场发展态势迥然不同。据 SIA 数据显示，2021 年以智能手机为主的通信领域市场规模达到 1706 亿美元，占全球半导体市场规模的 30.7%，相较于 2020 年其 31.2% 的市场份额略有下降。近年来，随着移动通信设备的普及，通信领域芯片呈现持续增长态势。据 IC Insights 数据显示，1998 年通信领域芯片占集成电路产品的市场份额仅为 18.5%，到 2021 年其市场份额几乎翻了一番，增长至 36.5%。2021 年，消费类电子领域市场规模为 684 亿美元，占全球半导体市场规模的 12.3%。与 1998 年相比，消费类电子领域芯片市场份额有所萎缩。

新冠疫情暴发后，企业也为重回办公室工作的员工升级了无线网络基础设施，助推 2021 年通信领域的显著收入增长。更重要的是，5G 智能手机的兴起和强劲需求，叠加新冠疫情、地缘政治危机等不确定性，导致物流成本及原材料价格上涨，共同推动了半导体 ASP 的抬高。根据全球知名调研机构 Canalys 数据，2021 年全球智能手机的出货量为 13.5 亿部，同比增长 7%，其中，全年出货量排行前五的品牌是三星电子、苹果、小米、OPPO、vivo。进入 2022 年，受新冠疫情影响，全球移动通信设备和消费电子的需求放缓，部分芯片价格出现大幅下跌，导致通信领域和消费类芯片市场低迷。值得注意的是，消费类电子产品作为智能手机的配件，头戴式耳机、智能手表（手环）等智能穿戴产品层出不穷，将带来新的消费需求，将进一步挖掘消费类电子市场增长潜力。

（三）小芯片，大工业——汽车及工业

据 SIA 数据显示，2021 年汽车半导体领域的市场收入增速最快。2021 年，汽车半导体市场收入为 691 亿美元，同比增长 38%。从市场份额来看，汽车半导体领域占全球半导体市场规模的 12.4%，相较于 2020 年 11.4% 的市场份额有所提升。据 IC Insights 统计，2021 年汽车集成电路产品的销售额同比增长 35.6%，达到 410 亿美元，是 2015 年（205 亿美元）

的两倍。2021 年汽车行业的集成电路产品出货量增长了 30%，是 2011 年以来的最高增幅。

随着汽车产品从传统的单一产品走向服务化，成为继 PC、智能手机之后的重要消费产品，市场需求强劲，优于其他所有终端市场。全球汽车芯片市场被台积电、恩智浦、英飞凌、意法半导体、瑞萨等龙头企业所占据。尽管台积电是全球最大的晶圆代工厂，但其汽车业务营收占比很小，一般仅占台积电营收额的 2%~5%。这是因为台积电主要聚焦在 5 纳米和 7 纳米先进制程的生产，其利润远远高于汽车芯片。数字类汽车芯片一般采用的是 16~28 纳米工艺，混合类汽车芯片一般采用 16 ~ 45 纳米工艺，模拟芯片一般采用 28 ~ 90 纳米工艺。值得关注的是，恩智浦作为全球最大的汽车半导体公司，2021 年其汽车终端市场收入为 54.93 亿美元，同比增长 43.6%，占比 49%。据恩智浦表示，嵌入式汽车处理解决方案的需求增加和先进模拟产品的需求反弹，促进了其 2021 年汽车终端市场的强劲增长。近几年来，全球范围内新能源汽车、智能汽车的发展和普及带动了汽车电子产业的快速崛起，诸如 MCU、存储芯片、功率半导体、智能传感器、无线通信、继电器等集成电路产品成为市场新宠。一方面，每辆汽车的集成电路产品的平均总含量逐年提升，且网联化、智能化程度越高，所需的 MCU、存储器、传感器等集成电路芯片的数量越多；另一方面，新一代纯电智能化新能源汽车的需求市场迅速膨胀，成为增速最快的细分行业。加之新冠疫情导致全球汽车芯片产能失衡，各国都在积极导入供应链，汽车芯片有望成为未来的主要拓展领域。

2021 年，工业领域半导体市场规模达到 669 亿美元，占全球半导体市场规模的 12%。工业 4.0 时代自动化程度、能耗管理能力要求大幅提升，工业机器人在电子、金属制造、锂电池、食品饮料等众多工业生产中广泛应用，上游模拟芯片迎来放量升级的发展机遇。总体而言，汽车和工业领域市场经历了 2020 年下半年的全球芯片短缺，2021 年供需平衡从混乱的市场环境中逐渐恢复秩序，并实现营收规模的强劲增长。

参考文献

[1] Semiconductor Industry Association. State of the U.S. Semiconductor Industry [R]. 2015.

[2] Semiconductor Industry Association. State of the U.S. Semiconductor Industry [R]. 2022.

[3] The McClean Report [R]. 2022

[4] 陈灏，伊鸣 . 从全球头部芯片企业财报看汽车芯片供应 [J]. 汽车纵横，2021（12）：31–35.

[5] 马源，屠晓杰 . 全球集成电路产业：成长、迁移与重塑 [J]. 信息通信技术与政策，2022（5）：68–77.

[6] 王若达，夏梦阳，解楠，等 . 全球汽车芯片产业现状及布局 [J]. 中国集成电路，2022，31（8）：10–14.

[7] 许兴军，王亮，耿正 . 汽车电动化、智能化趋势拉动半导体需求 [J]. 汽车与配件，2022（1）：40–41.

第五章　主要国家和地区集成电路产业发展挑战

　　作为现代信息技术的核心产业之一，集成电路产业在促进社会经济发展、牵引科学技术进步、夯实国家安全保障等方面具有举足轻重的作用，成为世界主要国家和地区竞相争夺与发展的基础性、战略性和先导性产业。一方面，集成电路是现代工业产的"粮食"，嵌入集成电路的数字化装备与产品承载多个核心关键领域，其产业规模与技术水平直接关乎国家经济市场规模发展与综合国力提升；另一方面，集成电路是先进信息技术的"大脑"，驱动国家新一代科技与产业革命，助力人工智能、大数据、5G通信等新兴技术创新，促进经济社会数字化转型与战略性新兴产业发展。目前，世界各国都竞相布局本国集成电路产业，以期在新的技术革命到来之前占领集成电路产业技术高地，掌握话语权。

　　随着集成电路产业全球市场需求的迅速扩大，其产业规模不断成长并分工深化，产业组织由垂直整合模式走向垂直分工模式，使全球产业链分工越来越专业化、精细化，逐步形成了设计业、制造业、封装测试业相互分离的垂直分工生产体系，涵盖集成电路原材料、设备、EDA工具和IP核等多个生产要素，呈现出显著的国际化合作特征。就当前产业水平而言，美国、日本、韩国、欧洲、中国大陆及中国台湾地区的产业规模最为庞大、技术最为发达，在设计、原材料、制造、设备、封测等不同专业领域掌握话语权。具体来说，美国集成电路技术水平全面领先，EDA工具和IP核等尤为突出；日本次之，以集成电路原材料见长；欧洲深耕专业领域，在制造设备、基础平台方面有特色；韩国的存储器芯片市场份额位居世界第一，制造竞争力也日趋增强；中国台湾地区在先进制程领域占有绝对领先优势，成为发展主流；中国大陆集成电路产业起步较晚，但近些年来产业发展受到高度重视，产业规模不断壮大，特别是在封装测试环节具有较大优势，其他环节与先进国家和地区相比则差距较大。

通过分析全球集成电路产业格局的发展历程可以发现，在过去几十年中，产业格局持续动态演变，其发展重心由美国到日本再到东亚地区（韩国、中国大陆和中国台湾地区），发生了多次国际转移，引领者也经历了从美国一骑绝尘到日本短暂逆袭再到美国二次封王的演变过程。在当前全球化深度合作背景下，受市场需求、产业布局、政策环境、技术创新、人才培养等多种因素影响，产业追随者变身下一阶段的引领者并非天方夜谭。考虑到不同国家和地区的产业发展历程与推动因素不尽相同，因此有必要深入剖析全球主要国家和地区集成电路产业发展问题和可能采取的政策措施，进而深度理解我国在全球数字化进程岔道口上面临的机遇和挑战，提升我国集成电路产业掌控力与话语权，抓住新一轮科技革命和产业变革的机遇实现弯道超车。

一、美国本土制造能力下降的产业焦虑

作为集成电路理论、技术和产业的策源地，美国是全球集成电路产业链最健全、龙头企业占比最大、综合实力最强的国家，长期以来引领行业发展与技术进步。美国集成电路产业以军工项目为稳定支撑，建立了包含原材料、设备、EDA 工具和 IP 核、设计、制造、封装等几乎所有环节的完整产业链，形成了完善的战略规划、政策扶持、知识产权保护、技术创新以及人才引进等立体保障体系，创立了 SIA、国家半导体咨询委员会等国际知名产业机构，在全球产业链、供应链、价值链中掌握重要话语权。目前，美国集成电路产业在先进设计与制造、精密设备、微处理器生产等多个领域处于全球领先地位，产业生态十分健壮。

（一）本土制造产能不足引发担忧

虽然美国集成电路产业发展实力强劲，但在高度国际化分工合作的背景下，受全球新冠疫情、地缘政治冲突、逆全球化思潮抬头等因素影响，世界集成电路产业正常秩序受到冲击，美国集成电路产业存在的潜在风险问题也日益凸显。特别是在全球芯片供需矛盾更加突出、全球产业链重组趋势显著、世界各国加强产业战略布局和投入的产业环境下，美国集成电路产业面临着制造产能相对弱势、技术创新优势不断减小、经贸争端频发以及后摩尔时代追赶者弯道超车等发展风险。

1."地主家"也不一定有"余片"

美国本土集成电路制造产能相对弱势，全球化芯片供需失衡凸显美国集成电路产业本土芯片供应隐患。目前，全球集成电路产业模式主要有垂直整合模式和基于产业链的垂直分工两种生产模式。尽管美国在多个环节都有巨头企业引领产业发展，但在 20 世纪 80 年代后，其本土逐渐聚焦于设计、装备等业务环节，大力发展无晶圆厂模式，而制造、封测等业务则外包至亚太区域。根据美国半导体工业协会估计，全球近 80% 的集成电路代工业务集中在亚洲，而美国本土的芯片制造产能特别是先进制造产能已不再占据领先地位。另外，受集成电路产业周期性波动特点约束，全球芯片制造产业根据产业预测情况逐年稳步扩大产能。但自 2020 年以来，全球新冠疫情防控、贸易争端频发、单边主义与逆全球化思潮暗流涌动等因素造成产业国际合作受阻，原材料、设备、制造、封装等供应链不稳定不确定性增加，叠加日本瑞萨工厂火灾、美国得克萨斯州极端天气等灾害影响，造成世界范围内芯片短缺。与此同时，居家隔离以及物联网、大数据等热门终端的广泛应用产生了新的增长点，致使集成电路市场需求意外上升，进一步加剧了芯片供需矛盾。

本土制造能力下降和芯片供应短缺的风险，引发美国对本土半导体供应链断链风险的高度担忧。根据 SIA 发布的《美国半导体产业状况》报告，其芯片制造产能占全球份额已经从 1990 年的 37% 急剧下降到 2020 年的 12%，总部位于美国的半导体企业的晶圆产能占比也从 2014 年的 52.2%

下降到 2020 年的 43.2%（图 5-1），而亚洲的半导体产能份额增至 80%，远高于美国所占份额，美国制造产能国际竞争力大幅落后于中国台湾地区和韩国。美国人工智能国家安全委员会（National Security Commission on Artificial Intelligence，NSCAI）也曾指出"美国对进口芯片的依赖成为美国经济、军事发展的潜在弱点，让美国芯片供应链变得更加脆弱"，致使美国本土半导体芯片供应链断链造成国家战略发展和国防安全的担忧甚嚣尘上。而在原材料方面，由于钯等材料主要由俄罗斯供给（图 5-2），受俄乌冲突影响，国际市场出现供应不稳和成本上涨。根据《中国证券报》报道，综合各方面消息，氖气价格从俄乌冲突发生前的 2000 元 / 立方米上涨至 25000 元 / 立方米，涨幅高达 11.5 倍。根据市场研究机构 Techcet 发布报道，由于美国集成电路产业 90% 的氖气来自乌克兰，35% 的钯材料来自俄罗斯，导致其本土芯片制造与供应前景更加严峻。在高度精细化产业分工合作背景下，由于本土集成电路制造产能相对弱势，跟不上市场增长需求，加之国际合作环境动荡，"缺芯"在一定程度上也必然会成为美国集成电路产业常态，影响产业发展。

图 5-1　2014—2020 年美国的半导体企业晶圆产能变化情况

注：2017年美国半导体晶圆制造产能占全球半导体制造份额数据缺失。

资料来源：SIA。

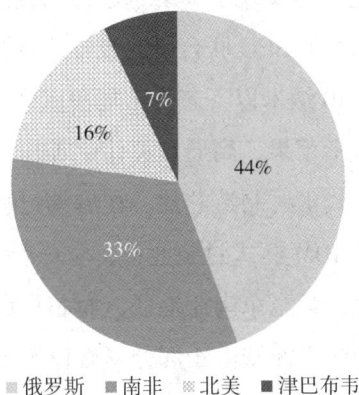

图 5-2　全球钯供给占比

资料来源：东北证券。

2. 后起之秀的虎视眈眈

传统产业技术领先优势不断减弱，后起势力持续抢占市场份额冲击美国全球价值链优势地位。在全球集成电路产业发展与市场重心的持续迁移过程中，美国分别将利润规模较小的封装业、制造业转移或外包到海外，本土则聚焦于技术壁垒更大、资金密集度更高的芯片设计、EDA 工具和 IP 核等细分领域并占据全球领先地位。随着日本、韩国、中国台湾等国家和地区的集成电路产业在不同细分领域的深耕发展，美国在部分传统技术领域面临创新不足且争端外耗的"内忧外患"，集成电路市场份额不断受到日本、韩国、中国大陆及中国台湾等国家和地区的集成电路产业冲击，在全球价值链重组过程中失去优势地位的不确定性增大。

在当前全球垂直分工产业布局下，美国在原材料、制造、封装测试等不同环节的技术创新与话语权均有所下降。据统计，目前中国多晶硅产能占全球份额在 70% 以上，远高于美国占比（9%），且中国集中提供了硅、镓等关键原材料；日本在硅晶圆、光刻胶等领域占据主导地位，全球市场份额分别在 50%、70% 以上，集成电路原材料整体生产能力超过美国。由于全球集成电路制造材料主要由东亚地区提供，对外采购依赖与地域集中对美国集成电路生产发展构成潜在瓶颈。在集成电路制造方面，韩国三星电子和中国台湾台积电相继实现了 3 纳米芯片的量产，并积极布局研发 2 纳米芯片技术。根据 SIA 与 BCG 联合研究报告，台积电先进制程工艺技术反超美国巨头英特尔，10 纳米以下芯片市场美国产量几乎为 0，而中国台湾地区则占 92%，使包括苹果、高通和英伟达等在内的美国巨头公司都要依靠台积电和其他亚洲代工厂制造芯片。在后端封装环节，由于产业国际化转移，美国主要进行 IDM 模式封装业务，全球容量仅占约 3%，落后于中国大陆、中国台湾地区甚至东南亚地区，而芯片堆叠等高级封装技术也落后于日本、韩国；测试方面则由于部分基础设施比较脆弱，难以满足相关要求。

随着亚太地区集成电路产业的强势崛起，美国在全球集成电路市场的份额不断被挤压。根据 SIA 统计数据，当前亚太地区已经成长为全球最大的集成电路市场，2020 年其规模达到 2710 亿美元，销售额占比达到 61.5%，超过其他地区总和（图 5-3）。而中国则成为全球规模最大、增速最快、潜力最强的集成电路市场，美国高通、美光科技、英特尔等集成电路巨头营收中来自中国的收入占比分别为 67%、57%、26%。在对外关系

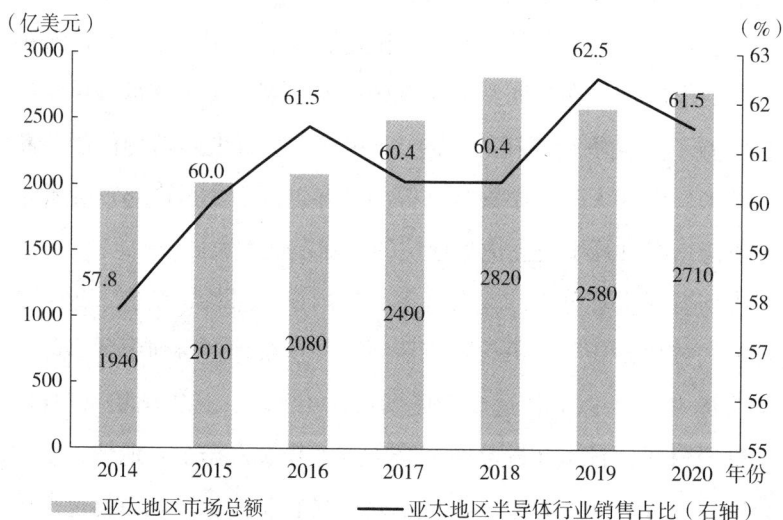

图 5-3　2014—2020 年亚太地区半导体市场规模变化情况

资料来源：SIA。

方面，特别是中美贸易摩擦、俄乌冲突引起的贸易封锁等国际贸易争端频发并持续升级，致使美国集成电路产业市场份额与营收进一步缩水，对资本投入高、回报周期长的集成电路产业来说，价值链重新洗牌风险越来越高，甚至影响美国企业的技术发展和竞争力。

在各国积极部署集成电路发展战略的竞合博弈态势下，不稳定的国际贸易环境、制造业投入不足、技术代差大、本土人工物料成本高等构成的"前有狙击、后有追赶"困局成为美国维持产业链、价值链优势地位的突出障碍。

3. 新兴产业技术群雄逐鹿

新兴场景需求驱动产业技术发展不断泛化，美国产业霸主地位遭遇各国颠覆性创新技术挑战。集成电路产业发展依赖市场需求，而市场很大程度上取决于应用场景。随着新一轮技术革命和产业升级的深刻变革，数字化、智能化、网络化等应用场景日趋多元化，智能穿戴、移动互联、大数据中心、智能汽车等领域需求不断驱动各国积极部署热门领域、发展先进集成电路技术。根据国际数据公司（IDC）统计数据，2021年全球可穿戴设备市场出货量较2020年上涨20%，其中，苹果在全球市场的占比达30.3%，小米、三星电子、华为分列第二、第三、第四名，总占比为27.2%，但同比增长率（分别为7.1%、20.1%、25.6%）均高于苹果（6.8%）。根据全球移动通信系统协会（GSMA）发布的《2022全球移动经济发展》报告，2021年全球移动数据流量增长40%，移动互联网用户达42亿，其技术和服务贡献了全球GDP的5%；5G使用率不断攀升，2021年5G连接数占总连接数的比重为8%，分布范围集中在中国和北美地区，其中，中国5G技术占本国连接总数的29%，美国5G技术占本国连接总数的13%，预计2025年5G全球连接总数占比将达到25%。DIGITIMES Research数据显示，全球电动汽车2021年销量达631万辆，同比增长101%；中国新能源汽车全年零售量为298.9万辆，同比增长169.1%。新兴应用场景的不断泛化为集成电路产业带来了更加旺盛的生命力。

技术领先奠定发展优势，一直是集成电路产业的"金科玉律"。从以上统计数据不难发现，为了能够在新兴领域抢占市场份额、争夺行业话语权，美国、日本、韩国、欧洲、中国等都在积极部署关键领域创新研究，格局呈现多分天下态势。随着摩尔定律逐渐趋近天花板，韩国、中国台湾地区和日本不断通过原始性、原理性创新突破现有集成电路框架，积极推进"可改变游戏规则"的先进集成电路技术研究，而美国在推进现有集成电路技术升级的产业霸主地位屡受挑战。后摩尔时代全球产业链、价值链优势格局有被打破重组的可能，产业霸主地位花落谁家尚不确定。

（二）政策激励试图掌控全球价值链

通过剖析美国集成电路产业发展中存在的问题，结合其现有产业状态和政策导向，其未来可能采取的产业发展政策包括以下几点。

1. 定向激励本土制造业

持续发挥军民融合优势，定向激励本土制造业，提升技术优势并打造安全可控供应链。就产业现状而言，美国集成电路制造业已不占优势，其制程工艺被三星电子、台积电远远超越，产能更是远远不及前两者。如今，美国 70% 的先进芯片需要从中国台湾地区进口，7 纳米以下芯片更是有约 80% 来自台积电，约 20% 来自三星电子，且先进芯片很多被用于军事设备。2021 年 3 月，美国人工智能国家安全委员会（National Security Commission on Artificial Intelligence）在其报告中指出，美国对进口芯片的依赖已经是美国发展战略中的弱点。

无论是从国家安全还是从制造业振兴角度，军民融合都是美国曾经成功且值得进一步突破的发展途径。美国军民融合战略最早可追溯至 1943年，经过近 80 年的不断探索、调整和完善，成为具有显著优势的先进制造业建设策略。根据美国国防新闻网发布的"2021 年度世界防务百强榜"，美国有 50 家企业上榜，数量和质量均排在世界第一，而前 10 名中的通用动力、波音等企业本身就是军民融合型公司。美国集成电路的产业领先优势起源于"国防采购政策""可信代工项目"等国家战略，使其典型代表IBM 等的集成电路生产能力率先达到 32 纳米以及 12 英寸先进制程。鉴于集成电路技术深度服务于军工产品，针对美国在先进制程工艺与本土制造产能方面的产业弱势，军民融合能够立足军备需求，发挥其资本与技术双向渗透、军用与民用双向转移发展优势，定向激励本土制造工艺与产能提升。针对可能威胁国家安全的高端芯片，则可进一步夯实"国家可信集成电路战略"，打造安全可控的本土供应链，以此来应对愈演愈烈的全球性芯片危机。

2. 实施合纵连横对外策略

实施合纵连横对外策略，政治、文化、贸易、金融多管齐下，掌控全球价值链分配。近年来，在新冠疫情、地缘政治、贸易争端、技术更迭等多种因素影响下，集成电路产业的全球化合作深受打击，特别是俄乌冲突引发原材料、设备、制造等多个环节都出现人为造成的短缺或涨价等问题。随着产业博弈格局日渐激烈，产业不确定性骤增，美国的产业话语权和掌控力受到严重削减，一方面是全球产业垂直分工的深化与精细化趋势不可逆，另一方面是本土发展制造业的高成本与长周期，因此，其应对当前严峻的供应链短缺风险最可能的方式是在盟国、扶持地区和对手之间采用合纵连横策略，通过政治、文化、贸易、金融等多种手段，强大自我的同时打击对手，加强对集成电路产业全球价值链的分配。早在20世纪80年代美日贸易争端阶段，美国就曾采用该策略，利用《美日半导体协议》《广场协议》等进出口压制措施，几乎360度无死角地压制日本集成电路产业，并扶持日本的竞争对手韩国、中国台湾地区的集成电路产业发展，导致日本集成电路产业"元气大伤""由盛转衰"，后效之长甚至影响到日本当前中下游环节产业水平。

在当前复杂多变的世界政治格局下，美国已相继推出"美国半导体联盟""印太经济框架""Chip 4联盟""MitreEngenuity联盟""美日芯片同盟"等多个组织，并启动"印太经济框架"，多管齐下，在产业链不同环节打造"小圈子"：对欧洲，美国将加强在集成电路制造设备方面合作，建立上游供应链合作联盟；对韩国与中国台湾地区，美国将加强对其企业的收购、整合、投资，持续邀请三星电子、台积电赴美建设分厂，提高本土芯片产能；对日本，美国则会在集成电路原材料及下一代半导体技术（如2纳米先进制程技术）上增加产业要素双向交流；对印度以及越南等国家，则会进一步扶持其低端制造业与封测业发展；对中国大陆和俄罗斯，美国将动用一切手段压制其集成电路产业国际合作，尽可能阻碍其技术进步与产业发展，甚至有可能以集成电路为筹码，针对中国整个电子信息及通信产业，在政治、文化、对外贸易、投资等方面实施进出口管制和技术封锁，并阻止其海外并购和投资，以期掌控全球价值链分配。

3. 后摩尔时代的战略创新

采取多维发展战略支撑创新体系，推动新兴产业领域转移，锁定后摩尔时代领先地位。随着摩尔定律逐渐趋近天花板，全球各个集成电路大国都在积极探索有可能改变"游戏规则"的"颠覆式"集成电路技术，通过行业技术换轨使固化的巨头垄断格局迎来了追赶者可能弯道超车的岔道口。一方面，瞄准后摩尔时代的新集成、新材料、新架构进行技术攻关和创新，以未来10年的产业化集成电路技术为导向，在集成工艺上，突破2纳米先进制程、环绕式栅极技术（Gate-All-Around，GAA）、3D封装技术等；在材料上，攻关硅光技术、量子器件、第三代半导体材料技术，包括氮化镓（GaN）、碳化硅等；在架构上，研究开放式设计、类脑架构等模式。另一方面，围绕人工智能、物联网、5G通信、大数据等新技术加速布局边缘计算、智能穿戴、智能传感器等新兴专业应用领域，争取技术上的领先优势。

当前，在人工智能、5G通信等技术领域美国领先优势不明显，为了形成垄断地位，美国可能会发挥多维发展战略支撑创新体系的技术攻关能力，从国家战略的高度统筹美国国防部高级研究计划局、国家标准与技术研究院、高等院校、行业巨头企业联合创新，采用政府项目投资、市场融资、军备采购等方式激励美国在颠覆性技术和新兴产业技术的创新，以绝对技术优势提前锁定后摩尔时代的领先地位。

4. 产业人才开源节流

持续完善人才培养与引进体系，加强人才资源与知识产权管控，严防先进技术外泄。在愈演愈烈的全球集成电路产业竞争中，人才成为最稀缺的资源，尤其是高端领军人才、核心技术人才更是各国竞相争夺的战略资源。美国具有比较完善的人才培养与引进制度，其每年公共教育支出占国家 GDP 的 8%，并设立"青年研究员计划"等高层次人才专项计划进行激励；在人才引进方面，实施灵活的签证和移民政策，吸引了各国高精尖科技人才，为美国的创新与发展注入巨大活力。根据美国国家科学与工程统计中心（NCSES）牵头发布的《美国博士学位调查》（*Survey of Earned Doctorates*），2020 年美国高教共授予博士学位 55283 个，其中，临时签证持有人被授予博士学位 16003 个，中国、印度、韩国学生分列前三。

自 2007 年开始，美国出现人才逆流现象。据普林斯顿大学、哈佛大学和麻省理工学院研究人员收集数据显示，超过 1400 名中国科学家在 2021 年放弃美国就业机会，转而回国。为了防止人才外流导致关键技术泄漏，美国必将加大对集成电路产业高层次人才和知识产权的管控。一方面，严格限制集成电路从业人员与竞争对手研发人员之间的技术交流，统筹法律部门、知识产权部门、情报部门力量，创建集成电路行业工程师数据库，管控关键行业人才的行程，防止他们进入竞争对手国家和地区泄露关键技术；另一方面，提高竞争对手国家的学生、学者或从业人员至美国学习交流的准入门槛，尽最大可能保密行业核心关键技术。此外，对现有集成电路企业员工，美国将尽可能完善保障体系，通过多元化的福利制度、有优势的薪资水平、有诱惑的分红模式以及有吸引力的人才激励制度留住人才，从根本上防止先进技术外泄。

二、日本从产品逐步向上游迁移的曲折之路

日本集成电路产业在发展初期主要依靠引进欧美先进技术，之后通过制定相关政策与法律、加大投资、推动政产学研一体化协同创新等手段，不断跟进技术并实现自主创新，探索出了一条"引进—消化吸收—再创新"的发展之路，一度成为行业翘楚。在 60 多年的产业发展过程

中，日本集成电路产业经历了从无到有、由强到弱、转型重振的全过程，在与美国、韩国的产业博弈过程中，逐渐专注于产业链细分领域，围绕SoC布局集成电路材料、工艺、器件等上游原材料关联技术开发，并带动集成电路制造设备研制生产，形成了全球领先的产业优势，产业生态较为健壮。

（一）市场份额逐渐被分化

技术创新和IDM运作模式是日本集成电路产业转型重振的关键因素。然而随着韩国和中国台湾地区集成电路产业的崛起，由于日本对产业市场的决策失误、国内经济泡沫等因素，单一的IDM模式和"质量大于效率"的理念带来成本过高、技术更新慢等问题，成为产业发展桎梏。

1. 难以转型升级的产业模式

大型IDM企业支撑产业发展的单一模式导致创造力和灵活性不足，产业转型升级难。通过20世纪60—90年代的产业发展，日本积累了强大的家用电器和电子制造能力，并在此基础上形成了大型IDM企业支撑产业发展的模式。该模式在产业早期利用整机与芯片的有效结合，取得了可靠性高、性价比好、产业稳健的优势。随着全球集成电路产业精细化分工，为了提高企业经济效益，以美国企业为代表的产业巨头将封测、制造等环节分配给韩国、中国台湾地区的集成电路企业，自身则专注于产业链价值更高的设计环节。"术业有专攻"的产业结构能够根据市场需求合纵连横、转型升级，创新力和灵活性都明显优于单一的IDM模式方式，从而在快速变化的集成电路市场环境中如鱼得水。在这种情况下，日本企业依然坚守IDM模式，市场份额逐渐减少，产业利润不断被挤压，下游环节产业优势不在。

在产业变革交叉口上，日本没有适时抓住风口，一应承揽所有环节，利润也没有得到有效平衡。直到2011年，本土IDM模式因大地震灾情停产而损失惨重才开始谋求新模式，但是在产品成本、技术更新速度和产能水平上都与竞争对手存在较大差距，日本集成电路的产业地位也面临严峻挑战。

2. 空心化严重的下游产业链

扼守供应链上游细分领域而下游环节空心化严重，产业稳健性差。作为全球最重要的集成电路材料生产国，日本集成电路材料行业在全球市场占据绝对优势，特别是在硅晶圆、光刻胶、保护涂膜等十几种重要材料方面，全球市场份额均超过50%（图5-4、图5-5）。在集成电路设备方面，日本的竞争优势也十分明显，全球前十集成电路设备企业中有一半来自日本。但随着集成电路产业重心逐步转移到更具生产优势的国家和地区，日本集成电路产业链弊端显现，其在芯片设计、研发、制造、封装等环节的技术和产能均大幅落后竞争对手韩国和中国台湾地区。根据日本经济产业省2021年6月公布的数据，当前日本芯片的全球市场份额为10%，预计再过10年，市场份额将接近于0。下游环节弱势，加之本土芯片消费市场需求薄弱，日本集成电路产业无法充分借助其他国家产业资源推动本国产业发展，在当前国际政治局势动荡、贸易争端频发的国际大环境下，产业稳健性备受考验。

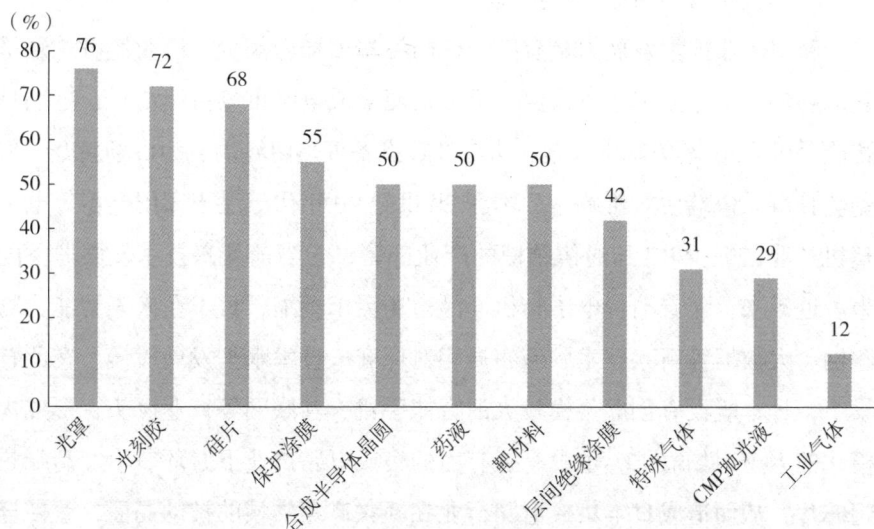

图5-4 2019年日本前端集成电路材料所占全球市场份额

资料来源：根据公开数据整理。

（%）

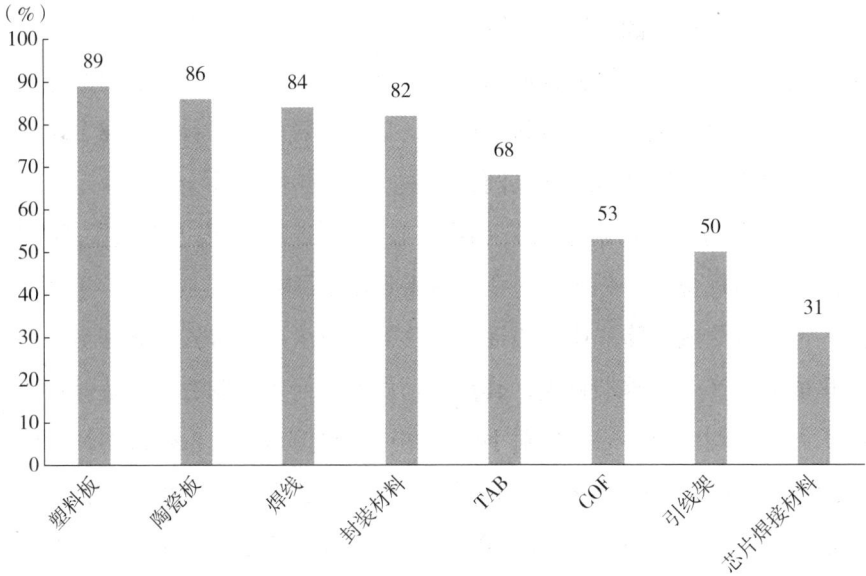

图 5-5　2019 年日本后端集成电路材料所占全球市场份额

资料来源：根据公开数据整理。

3. 不具优势的新型产业赛道

新型产业技术发展力量有限，热门终端市场份额少，产业经济总量呈衰退趋势。全球数字化革命深入推进促使集成电路市场持续增长，特别是智能手机、5G 通信基础设施、边缘计算设备等热门终端成为市场新宠。但受美日贸易争端后效影响，日本在 20 世纪 90 年代专注于家用电器等电子整机产业，缺少 PC 和通信领域的产业部署，为当前新兴技术发展埋下隐患。近年来，随着消费电子整机产品市场需求萎缩，日本在人工智能、物联网、大数据等新兴技术领域布局相对保守，技术水平发展缓慢。在此背景下，日本既没有创立规模较大的智能手机、互联网等行业巨头，形成规模化的本土市场需求，也没有强有力的集成电路产业下游环节生产高端热门芯片，从而造成日本集成电路行业在新兴产业领域的被动局面，致使全球热门终端市场份额逐渐缩小，产业经济总量呈衰退趋势。

相较之下，美国、韩国、中国等多个国家和地区正投入大量人力、财力、物力发展新兴产业领域，争夺技术高点和市场份额，进一步刺激集成电路产能从美、欧等发达国家和地区向中国大陆、东南亚等发展中国家和地区不断迁移，日本市场份额面临进一步降低的风险。

4. 新旧霸主夹击下的高产业壁垒

美国贸易压制后波及周边国家和地区"围剿"势头强劲，产业竞争壁垒增大。20世纪80年代，日本集成电路整体产值超过美国，跃居世界第一，而美国对日本集成电路行业的打压也就此拉开帷幕并不断升级。美国通过签订《美日半导体协议》《广场协议》等限制日本半导体进出口，提高产品成本；与此同时，扶持韩国、中国台湾地区的集成电路产业，在日本DRAM芯片产业优势领域进行有力竞争并反超，致使日本集成电路产业国际竞争力大幅下滑并持续衰退，其在21世纪初的全球市场份额已不足20世纪90年代的一半。在丧失DRAM芯片市场之后，日本及时调整发展方向，在SoC、材料、设备等细分领域深耕细作，形成了新的全球竞争力。但在其衰落期，韩国和中国台湾地区已经成功抢占世界市场，并在晶圆代工、芯片制造等领域占据绝对优势。

受美日贸易摩擦的直接影响，日本既没有在当时抓住垂直分工的风口，也难以在如今强敌林立的产业竞争中全面发展中下游产业，而且本土内需薄弱、境外市场又被对手挤压，想要重回全球集成电路产业霸主的位置难上加难。

（二）探索"购—建—补—强"的发展政策

通过剖析日本集成电路产业发展中存在的问题，并结合现有产业状态和政策导向，分析其未来可能采取如下发展政策。

1. 购链：强化本土下游产业

持续性增加产业投资，有力收购、引进先进代工企业，强化本土下游产业。虽然日本在集成电路原材料、制造设备等上游端占据巨大优势，但在集成电路设计、制造、封测等方面已处于落后状态，其芯片在全球的市场份额仅占10%。随着中国台湾、韩国、中国大陆集成电路制造业的进一步发展，日本市场份额有可能进一步减少。

后疫情时代，为了保证未来 10 年日本本土先进集成电路的稳定供应，以完整强健的产业链促进本土集成电路原材料业、设备制造业发展，形成稳健的产业生态，日本一方面将加强对本土集成电路的研发、制造和先进封装领域的战略规划与产业投资，由政府引领并统筹日本产业界、金融界、教育界、研究机构等优质资源要素，发展本土下游产业；另一方面，将加强与其他国家和地区优势集成电路产业的深度合作，如台积电、英特尔等巨头以及对集成电路制造业回流有强烈需求的美国、欧洲，通过收购整合、合资办厂、引进分厂的方式提升自身集成电路产能，避免产业空心化，实现正反馈效益。

2. 建链："可靠盟友"国家加强产业合作

加强优势产业合作，与"可靠盟友"国家开展双向交流，研发新一代集成电路技术。目前，日本在集成电路制造、封测技术方面与竞争对手韩国、中国台湾地区的差距在两个世代以上。随着摩尔定律逐渐失效，集成电路性能、功耗、成本的提升趋向饱和，发展速度逐渐变缓，给了落后者以赶超机会。由于技术差距较大，靠一己之力实现弯道超车非常困难，因此，日本可与美国、欧洲等"盟友"国家和地区加强产业技术合作，开展产业资源要素的双向交流。以未来 10 ~ 20 年的实用集成电路产业化技术为目标，通过技术合作在延续摩尔、拓展摩尔、丰富摩尔等方向实现下一代集成电路技术的突破：在工艺上，瞄准 2 纳米制程、SoC 技术；在封装上，瞄准芯粒（Chiplet）技术、系统级封装（System in Package，SiP）等 3D 封装技术；在架构上，瞄准开放式设计、类脑等模式；基于创新成果的市场化应用，推动日本集成电路产业升级。

3. 补链：布局新型终端应用领域

围绕全球化市场需求，以新型终端应用为导向布局集成电路生产基地建设，扩大市场占有率。随着消费电子、存储器等传统领域集成电路产品需求减弱，以智能手机、互联网通信、智能穿戴、5G 基础设施等热门终端为代表的场景应用类集成电路成为市场翘楚，带动全球集成电路产业发展。虽然日本在人工智能技术研究方面成绩斐然，但在移动互联、网络通信等领域布局滞后，本土数字化进程缓慢。根据《日本经济新闻》报道，2020年全球新冠疫情暴发初期，日本政府部门可通过网络申请的行政手续仅占12%，需用发传真形式统计感染者数量，手机电子支付等手段普及率也较低。落后的数字化进程致使日本在新型热门终端应用领域产业基础较弱，加之日本的全球市场份额较少，导致日本集成电路产业下游环节发展陷入困境。

为破除困境，日本可能会围绕人工智能、物联网、自动驾驶、5G通信等新兴领域推动前沿技术研究，并大力布局与之相关的边缘计算应用设备、智能家电、车载智能设备、低功耗集成电路、智能传感器等新兴集成电路生产基地，提高日本集成电路全球市场份额，并以此促进日本集成电路产业下游环节乃至全产业链发展。

4. 强链：重温政产学研举国追赶模式

发挥政产学研创新机制优势，突破"颠覆式"前沿技术，推动开放式创新优势。在日本集成电路产业的两度崛起历程中，由政府、企业、学校、研究机构组成的"政产学研"协同创新模式作出了突出贡献，一方面，能够保证政策、资金等资源要素及时注入产业；另一方面，能够保证尖端技术的交流合作，促进前沿成果的应用转化，从而大大提高技术攻关效能。在全球新一代科技革命与产业变革进程中，为了在产业岔道口上打造新优势，必须开发可改变"游戏规则"的"颠覆式"前沿技术，例如光电融合技术、第三代半导体材料技术（氮化镓、碳化硅）、SoC技术、量子器件技术等。

为了实现创新技术的优势互补，使本国研究资源与全球市场需求相匹配，日本可考虑与比利时微电子研究中心、美国电子联合体等半导体产业联盟建立开放式国际产学研合作机制，打造全球范围内的半导体创新生态，确保产业新技术位于世界领先水平。

三、韩国超越集成电路周期追赶的存量短板

作为全球集成电路产业第三大生产国，韩国集成电路产业发展具有明显的阶段式追赶特点。早期作为跨国企业的封装测试基地，切入世界集成电路产业，引进美、日先进技术并积极布局，建立起较为完善的本土集成电路产业链；而后通过政府为主、民间为辅的联合自主创新和逆周期投资，在存储器等特定领域集中力量重点突破尖端技术，成为新一轮全球产业重心；在确立不对称产业竞争优势之后，韩国修正单一产业结构，在集成电路材料、设备、设计、制造等多个领域布局，实现跨越式发展。目前，韩国集成电路产业已建立起以三星电子为代表的 IDM 生产模式，完备覆盖科研技术、生产制造和市场营销全流程，并积极发展移动通信、汽车电子等终端领域，推动人工智能、物联网、5G 通信等创新技术的开发落地，形成了具有长远优势的产业竞争力。

（一）供应链掣肘问题犹存

以存储器为切入点，以技术创新为抓手，韩国集成电路产业采用立法、政策、投资、税收、人才等多种手段为产业发展营造了良好的生态环境。但在 2019 年日韩贸易争端之后，受日本出口管制，韩国业务组合结构疲弱、上游供应链掣肘、先进制程研发效费比低、人才流失严重等产业发展问题逐渐凸显。

1."一枝独秀"的产业结构

非存储芯片领域相对弱势，业务组合结构优势减弱，产业话语权竞争激烈。在美国压制日本集成电路产业发展背景下，韩国集成电路产业发迹于美国的技术转让与进出口政策扶持。打败日本成为存储芯片行业龙头后，韩国内存产业的全球市场份额高达 70%，成为全球集成电路产业链的重要一环。但就产业结构而言，韩国集成电路产业结构明显失衡。根据用途不同，半导体领域大致可以分为存储半导体与系统半导体。在全球半导体市场，系统半导体（含晶圆代工和逻辑芯片）占据 70%（图 5-6），但

韩国在该领域的市场占有率仅为 5% 左右，业务组合并不占据优势，产能和市场占有率远远不及对手中国台湾地区。

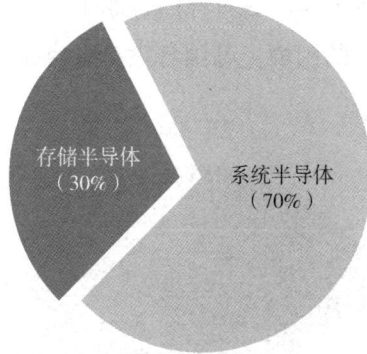

图 5-6　两类半导体的全球半导体市场占有率

资料来源：根据公开数据整理。

2019 年以来，由于日本对出口韩国的半导体原材料进行管制，加上全球经济形势下滑、新兴产业领域冲击等因素，存储半导体市场需求与价格剧烈变动，韩国业内纷纷担心仅凭内存领域的一技之长会步东芝、茂德科技的后尘。当前全球集成电路产业竞争愈演愈烈，各国都在积极部署全面发展战略、争夺产业话语权，发展系统半导体对韩国集成电路产业十分紧迫。

2. 矛盾交迭的上游产业链

产业上游支撑设备、原材料依赖国外企业，产业链全局完整性有限，供应链掣肘风险大。材料和设备是集成电路产业的基石，在产业上游起着支撑整个产业的作用。在过去 10 年中，韩国半导体设备、材料的本地化率分别为 19% 和 48%，严重依赖从日本和美国进口。在半导体材料方面，根据韩国贸易协会和韩国国际经济政策研究所统计结果，韩国 2020 年从日本进口的半导体材料占总进口量的 38.5%，尤其是氟化氢、氟聚酰亚胺、光刻胶 3 种材料，其占比分别高达 93.7%、91.9%、43.9%；在半导体设备方面，日本也是韩国的主要设备进口国，2020 年韩国从日本进口的半导体设备金额为 30.1 亿美元，几乎是第二进口国美国的 2 倍。上游产业高度依赖国外进口，成为掣肘韩国集成电路产业发展的重要环节。

日本是全球最重要的半导体生产材料出口商（图 5-7）。2019 年 7 月，因日韩争端，日本调整对韩国的出口策略，限制高纯度氟化氢、氟聚酰亚胺、光刻胶等 3 种材料出口，这对韩国智能手机、电视机、OLED 等诸多行业造成"无米之炊"的困境，韩国各大产业巨头纷纷感受到生存危机，产业利润受到较大影响。

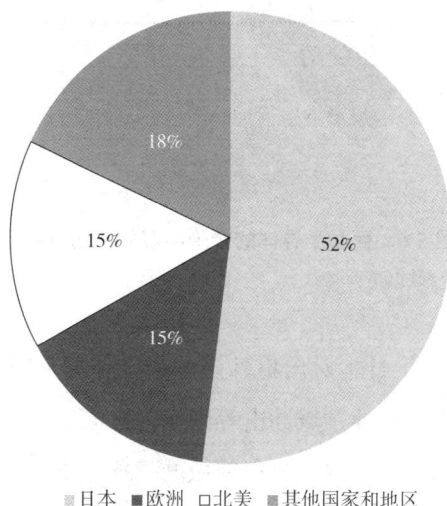

■ 日本　■ 欧洲　□ 北美　■ 其他国家和地区

图 5-7　全球半导体生产材料市场份额

资料来源：国际半导体产业协会。

3. 趋近天花板的技术存量发展空间

摩尔定律趋近天花板，先进制程研发效率比低，晶圆代工优势将受影响。在芯片代工领域，韩国实力雄厚，其代表企业三星电子的全球排名仅次于台积电，位居第二。在先进制程技术方面，三星电子已经实现 3 纳米芯片量产，但良率不高，晶体管密度与台积电的 5 纳米工艺水平相当。但由于集成电路在器件结构、工作架构等方面的特殊性，业界主流大都认为摩尔定律效应在现有框架内已经逐渐趋近天花板，先进制程研究难度越来越大，研究时间越来越长，而集成度进一步提升所带来的功耗、算力、成本的优化空间越来越小，研发效率比越来越低。

后摩尔时代，在没有划时代的产业技术出现之前，集成电路性能提升速度势必要慢下来，这无疑会缩小制程引领者与追赶者的技术差距。此外，根据TrendForce统计数据，2020年台积电在全球晶圆代工市场占有率达54%，三星电子为17%，差距较大。前有台积电阻挡，后有中国大陆追赶，韩国晶圆代工优势前景并非高枕无忧。

4."坑多萝卜少"的人才缺口

集成电路研发人力资源培养规模下降，高端人才流失趋势明显，技术外流日益严重。在产业发展早期，韩国采用"技术＋人才"的模式大力培养、积累人力资源，在短时间内赶日超美。而对当前韩国集成电路产业来说，与备受重视的国家发展战略相背离的是其产业人才的缺口问题，高端人才数量、人才质量、员工经验等都无法满足产业要求。一方面，国家培养的专业人才数量大幅下降，首尔国立大学毕业的集成电路专业研究生从10年前的100人减少到现在的30人左右，对应的研发项目资金预算也大幅下降，而且行业待遇水平跟医疗、人文社科专业人才相差较大，多数人不愿从事产业技术基础研究；另一方面，韩国的集成电路产业人才流失现象较为严重，根据瑞士洛桑国际管理发展研究院发布的结果，韩国人才竞争力排名在亚洲位数前列，但由于劳动市场和经营管理方向的管制与结构问题，人才流失指数在4分左右（满分为10分），远低于美国、德国、日本，这意味着流失人才回头的情况很少。

2020年，韩国公布了112宗海外泄露技术案件调查情况，不乏三星电子等行业巨头公司工程师在竞争对手3~4倍年薪诱惑下跳槽导致技术外流的情况。目前，该问题已经引起韩国工业司法部、知识产权局、情报局等多个政府部门的关注。

（二）综合发展推动产业进步

针对韩国集成电路产业发展中存在的问题，结合其现有产业状态和政策导向，分析其未来可能采取的产业发展政策。

1. 联合攻关"抢跑"先进制程技术

推动政企学研联合技术攻关，突破系统半导体领域芯片技术和产能，优化业务组合结构。在存储半导体领域，韩国优势显著，长期保持世界第一内存芯片生产国地位。但在系统半导体领域，随着系统半导体市场规模逐渐达到存储半导体的两倍，该领域成为韩国集成电路产业短板。因此，优化业务组合结构、提升系统半导体制造能力是韩国集成电路产业发展的重要方向。在韩国集成电路产业崛起历程中，形成了政企学研联合技术攻关的高效创新方式，在产业规划、研发投资、人才调动、企业经营等方面具有一定优势。针对系统半导体领域，韩国可瞄准更先进的制程工艺节点，推动政产学研联合技术攻关，并以三星电子、SK海力士等巨头为核心，构建集成电路设计、制造、封测、设备、材料完整产业链，改变当前业务组合结构。根据韩联社报道，三星电子计划在未来10年投资约1510亿美元加码逻辑芯片和晶圆代工产业领域。

由于当前各国都在积极部署本土集成电路制造产业以应对全球性芯片短缺，芯片产能高度集中也引起了欧美国家和地区对芯片安全的普遍焦虑，韩国或会考虑将5纳米芯片制造生产线放到欧洲、美国、中国大陆等不具备5纳米先进制程技术的国家和地区，或者在境内外进行并购重组，从而能够与台积电的竞争中，提升全球市场份额，进一步优化业务组合。

2. 双管齐下健全产业链聚集带

依托国家战略规划与多元融资，发展上游支撑产业，构建全链产业聚集带。根据韩国国际经济政策研究所发布消息，受日韩贸易争端影响，在日本管制出口3年后，韩国集成电路材料依然严重依赖日本，难以摆脱阴霾。突破集成电路材料、设备等上游支撑产业的限制仍是韩国集成电路亟待解决的瓶颈问题。从韩国产业崛起的历史经验中可以发现，国家产业政策支持与多元融资方式对韩国集成电路产业发展起到关键作用。针对上游支撑产业瓶颈问题，韩国可以根据当前产业水平制定合理的国家发展战略，通过国家直接投资、各大"财阀"融资、市场引资的多元化方法持续性投入资金进行产业技术攻关与发展，并制定相应的税收优惠、知识产权保护政策，促进产业技术自主创新和项目实施落地。

从全球视角来看，韩国集成电路产业实力强劲，对日本、美国、欧洲等国家和地区的集成电路材料、设备制造企业具有强大吸引力。日本关东电化学工业公司、日本东京应化、日本大金工业计划等材料厂商以及荷兰ASML等设备厂商纷纷表示要在韩国布局产业。利用这次机遇，韩国集成电路产业可以通过制定合理的外企引进和优惠政策，吸引优势企业进入韩国，促进韩国集成电路上游支撑产业薄弱环节发展，构建全链产业聚集带。

3. 新兴领域创新"续航"产业优势

夯实优势产业基础，推动新兴领域技术创新落地，"长久续航"产业竞争力。当前，人工智能、5G通信、物联网、云计算等新兴技术方兴未艾，集成电路市场需求主体也逐渐由传统的家电消费类芯片转向热门终端应用类芯片。在全球新一代科技与产业革命进程中，韩国为了实现集成电路产业竞争力的"长久续航"，一方面，需要在继续夯实当前优势产业的基础上，从国家战略层面推动前沿技术研究，并借助产业实力推动前沿技术向实用核心技术与商业技术的开发落地；另一方面，针对摩尔定律失效可能带来的产业格局重组，需要积极布局后摩尔时代先进集成电路技术，在围栅器件、第三代半导体材料、开放式芯片架构设计、SoC、自组装器件等技术领域开展研究，做到即使在全球产业链、价值链面临重整之际，也能够以先进的技术"一招制胜"，夺取新兴集成电路产业领域的话语权。

4. "引育留用"组合拳攻克人才关

深入实施人才培育和引进战略，完善人才保障体系，严防技术人员外流。集成电路专业人才的培育是一项周期长但十分重要的工作，针对实施半导体战略发展面临的人才数量与质量缺口，韩国需制定更加符合战略需求的人才培养和引进策略。一方面，增加大学集成电路相关专业招生数量，并提高本国贸易、工业和能源部的集成电路研发项目预算，从而增大专业人才基数。在培养过程中，应注意专业人才的技术落地，支持与集成电路企业、研究机构联合办学，设立专门院校或战略产业综合教育中心培养职业人才等。另一方面，通过放宽签证、提高职位和待遇等方式引进国外顶尖人才，提升人才质量。

对从事集成电路行业的人员要完善现有保障体系，采用多元化福利制度、有优势的薪资水平以及有竞争力的人才激励制度留住人才。与此同时，法律部、知识产权、情报部门应注意关键行业人才行程，通过创建工程师数据库等方式合理管控关键人才出入对手国家行程，防止关键技术外泄。

四、中国台湾地区面临新格局下的多重发展挑战

中国台湾地区的集成电路产业萌芽于20世纪60年代中期，以外资主导的下游封装业发端，经过长期产业结构调整与技术创新，逐渐延伸至产业链中上游，已成长为其最具优势的产业。目前，中国台湾地区集成电路产业已经形成以晶圆代工制造为主体，覆盖设计、制造和封装测试在内的较为完整的产业链；构建了以新竹科学工业园为核心，并联动南部科学园区、中部科学园区的产业集群；凝聚了一批具有国际竞争力的龙头企业，多元化产业技术日趋提升、竞争格局不断调整，培育了良好的产业生态环境。

（一）数重挑战下的产业隐忧

就现状而言，尽管中国台湾地区的集成电路产业规模较为庞大，产业实力较为雄厚，产业链构成也相对合理，但受全球新冠疫情、中美摩擦升级等因素影响，世界经济发展态势持续低迷，政治格局与贸易关系波谲云诡，中国台湾地区的集成电路产业也面临着上游支撑产业不足、下游市场依赖度高、新兴技术布局缓慢、抗风险能力弱等潜在问题。

1. 政治夹缝中优势产业脆弱性大

上游支撑产业高度依赖进口，全球贸易格局风起云涌，优势产业脆弱性大。目前，中国台湾地区的集成电路产业发展采用的是基于产业链的专业分工生产模式，虽然在芯片设计、晶圆代工和封装测试三个环节均有优势企业引领，但这些企业的主营业务大都独立地集中在一两个环节上，上下游企业关联协同不足；既缺少能全面掌控各领域的全产业集成企业，也

没有能够高效整合软硬件和服务等环节的超强企业，特别是在集成电路材料和设备等上游支撑产业领域，中国台湾地区高度依赖进口，供应链断链冲击风险极大。

集成电路材料在晶圆制造中起关键性作用，根据国际半导体产业协会统计数据，中国台湾地区的半导体材料消费连续 12 年位居全球第一，许多关键材料都依靠进口。据台湾当局经济事务主管部门"产业经济统计简讯"统计结果，对半导体制造过程中使用的超过 50 种不同类型的复杂晶圆处理和测试设备，中国台湾地区 2020 年半导体设备进口额为 232.47 亿美元（来自日本、美国、荷兰等），半导体设备需求总量为 239.45 亿美元，进口需求比例高达 90% 以上。在当前政治格局与经济形势日趋变化情况下，一旦半导体材料与设备供应链出现问题，将会严重影响下游产业链的正常运行，导致整个集成电路产业链无法闭环，冲击整体产业生态。

2. 下游产业市场拓展道阻且长

下游产业应用高度依存中国大陆市场，竞争对手布局制造产业，市场拓展道阻且长。中国台湾地区集成电路产业在科研技术、生产制造方面布局强劲，但受限于狭小地域和有限资源，本地区内的集成电路市场不足以支撑产业的持续发展，出口导向型经济发展模式使其产品行销和行业发展依存于中国大陆市场。一方面，中国台湾地区是中国大陆集成电路产业的最大制造代工方，通过从中国大陆进口初级产品进行深加工转而产出高精密集成电路产品获取高额贸易差。根据中国海关总署统计数据，2020 年中国大陆对中国台湾地区的出口总额为 601.4 亿美元，同比增长 9.1%。另一方面，中国大陆是中国台湾地区的第一大贸易伙伴，是中国台湾地区集成电路最大出口去向地。根据中国台湾地区海关部门统计数据，2020 年中国台湾地区对中国大陆（含中国香港）的集成电路出口总额为 750.3 亿美元，占主要货品的 49.6%（图 5-8）。由此可见，海峡两岸集成电路产业形成了紧密的产业链合作关系，而中国大陆作为全球最大的集成电路产品消费市场强力支撑了中国台湾地区集成电路的市场拓宽需求。

（%）

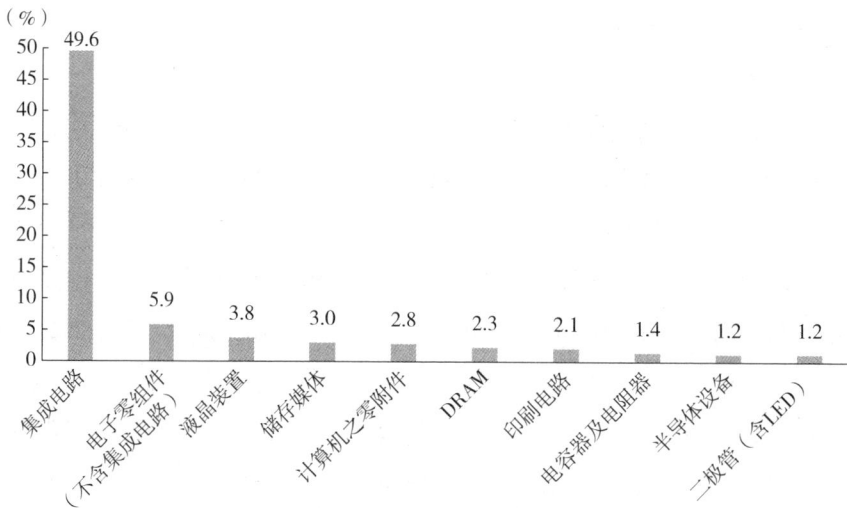

图5-8 2020年中国台湾地区出口中国大陆及中国香港的主要货品占比
资料来源：中国台湾地区海关部门。

近年来，中国大陆与中国台湾地区"委托—代工—贸易"的产业合作关系遭遇很大冲击，投资核准条件和审查周期严苛使高端产业链合作举步维艰，持续缩限两岸经贸合作有可能促使中国台湾地区的集成电路产业陷入区域经济边缘化困境。

3. "一个苹果救台湾"难长久

区域经济过于依赖单一产业，新技术创新投入不足，新业态产业布局缓慢。凭借垂直分工生产模式、庞大的产能规模与先进的制程工艺，中国台湾地区集成电路以高于全球平均水平的成长率快速发展，产值达到GDP总额的14%以上，成为中国台湾地区经济独一无二的支撑产业。"一枝独秀不是春"，由于过度依赖单一产业，台湾当局对地区经济的宏观调控能力和对其他行业的扶持能力极为有限，除集成电路产业外，其他行业如汽车、电子、机械设备等终端市场产业大多呈现衰退态势，多次上演"一个苹果救台湾"的现象。更为严峻的是，由于区域经济惨淡，且严格限制陆资入台，台湾当局难以对新兴集成电路技术进行经济激励，更难以大力发展人工智能、物联网、5G通信、智能汽车等高新产业。在此背景下，集成电路产业与其他产业无法形成协同发展、互为支撑的产业生态。

随着摩尔定律带来的性能提升趋近天花板，延续摩尔定律方向已不再是唯一途径，以新封装、新材料、新架构为特征的后摩尔时代到来，除了给中国台湾地区的集成电路产业带来激烈竞争之外，更带来了新产业方向发展缺乏技术优势的挑战。

4. 产业安全局部边际不稳定

局部竞合格局日趋不稳，产业安全边际日新月异，抗全球价值链重组风险能力弱。长期以来，中国大陆和中国台湾地区在集成电路产业领域建立了紧密、必要的合作关系。一方面，从双方优势来看，中国台湾地区的先进产业技术和高端人才形成了显著产业优势，而中国大陆完备的工业体系、巨大的市场潜力和健壮的金融体系为两岸产业互利双赢发展提供了广袤的市场支撑和资金保障。另一方面，从产业链全球化进程来看，两岸产业链都着力于细分领域的分工合作，"嵌入式"参与方式使许多核心产业环节仍然受制于人，话语权和主导力不强，深化高端产业合作是双方的最优解。

随着中国大陆经济增长模式向高质量发展阶段转变，两岸集成电路产业的竞争态势逐渐扩大。一方面，当前以产业链垂直分工为主的合作方式不能满足中国大陆新技术、新产业、新业态、新模式的发展需求，特别是中国大陆在5G通信、人工智能、大数据等方面的突出优势，亟须在关键设备和核心技术方面有所突破。另一方面，近年来，受海峡两岸关系影响，两岸合作障碍大幅增加。因美国高技术出口管制，中国大陆不断加快集成电路国产化进程，而部分台商受迫于美国高科技霸主地位，也不得不放弃与大陆合作而前往美国设立工厂，致使两岸产业竞争日趋激烈。

受日渐不稳的国际政治格局、贸易政策、军事关系等因素影响，两岸竞合格局不断发生变化，难免会在零和博弈与互利双赢之间产生不必要的拉扯消耗，特别是在全球新冠疫情深度影响集成电路产业供应和市场端关系的情况下，中国台湾地区高度细分的产业链断链风险高，任意环节断链都有可能在全球价值链重组的演变过程中失去竞争优势。

（二）全面打造先进生态系统

针对中国台湾地区集成电路产业当前发展中存在的问题，结合其现有产业状态及优势条件，给出如下建议。

1. 以新技术对冲政治格局动态

持续推进先进制程技术，布局新兴产业领域，对冲周边政治气候影响。近两年来，台积电迎来高光时刻，凭借先进的 7 纳米和 5 纳米制程工艺、良好的客户关系，生产营收达到全球行业营收的 56%，以压倒性优势登顶王座。然而，在台积电先进制程技术背后，危机伴随而来。受地缘政治影响，美国、欧洲、日本、韩国等纷纷制定战略规划大力发展集成电路制造业，美国想要拿回制造业主导权，英特尔也决定重返代工业务，这使台积电的可替代性不断增加。因此，中国台湾地区要想守住其制造业优势，必须继续推进先进制程技术，保持其领先地位，也要积极布局人工智能等新兴产业领域，以期抓住热门终端应用集成电路市场。

在不稳定的周边政治气候环境中，以技术领先确保行业发展，不失为有效途径。在先进制程技术方面，台积电几乎将 2D 电路线宽做到物理极限，而韩国在 3 纳米制程研制中则采用了全栅极环绕结构，在集成度、性能、功耗方面的提升空间更具优势，应当受到台积电重视；在人工智能、物联网、5G 通信等领域，中国台湾地区应当在加强政府投资的基础上，依托多元化融资方式推动新领域技术发展，争取在数字化革命中谋得一席之位。

2. 全球化合作联盟拓宽产品市场

加强境外产能扩张与资本入股，构建全球化产业合作联盟，拓宽产品市场。由于中国台湾地区地域狭小、电力资源有限、热门终端应用产业不强、本土集成电路市场薄弱，中国台湾地区集成电路发展天花板效应明显。而且，其产业在上游原材料和设备方面高度依赖美国、欧洲、日本，下游产业应用市场依赖中国大陆、美国，加之中美贸易争端等因素，中国台湾地区要想进一步发展集成电路产业，必须要寻求全球化产业深度合作，将其成熟工艺产能向外转移。比如，通过境外收购整合、资本入股等方式加强在东南亚等地区的产业投资，扩大产能；在欧美地区则可以通过联合建设分支机构或工厂方式，建立深度产业合作联盟，拓宽产品市场，形成健壮的产业生态以应对各种政治风险。

3. "尖兵养成计划"解决人才荒

倾力推动"尖兵养成计划"，打通产学研一体化绿色通道，解决即将到来的人才荒问题。在中国台湾地区集成电路行业如火如荼的发展背后，人才问题一直是隐匿的危机。根据中国台湾地区104人力银行发布的2021年《半导体产业与人才白皮书》分析结果，中国台湾地区半导体产业在2021年第二季度的人才缺口达到2.7万人/月，按年计算增幅高达44.4%，创6年以来新高，其本质原因是台湾地区的"少子化危机"，直接原因则包括行业待遇不高、人才流失、专业技能不足等。伴随中国台湾地区人口负增长的出现，人才缺口危机会持续恶化。

作为中国台湾地区经济支柱产业，为了满足集成电路产业的全球化发展与竞争需求，建议采取"尖兵养成"措施：一是中国台湾地区政治界、教育界和产业界共同努力，提高在校集成电路专业研究生的生活补助、奖学金待遇和就业待遇，增加攻读研究生尤其是博士研究生的吸引力；二是借鉴美国集成电路技术研发联盟模式，通过校企合作，打通产学研一体化绿色通道，实现学校培养与企业需求直接对接，提高人才培养效率；三是提高集成电路企业从业人员尤其是研发岗位从业人员的薪酬、福利、分红待遇，使行业留住人才。

当然，由于周边竞争对手都存在大量人才缺口，人才争夺必将愈演愈烈。因此，也要考虑人才资源的"开源节流"，既要放眼全球进行高端人才招募，也要注意实施相应管控措施，阻止掌握核心关键技术的人才外流。

4. 两岸合作互补健壮产业生态

寻求两岸产业合作新方式，推动产业资源要素交流，健壮产业发展生态。受美国"长臂管辖"及中国海峡两岸关系的影响，两岸集成电路产业的合作深度和广度都遭到限制。但是中国大陆作为全球最大的集成电路市场，是中国台湾地区集成电路产业下游应用的重要支撑，中国台湾地区集成电路产业必须抓住与中国大陆合作的机会。在政策允许范围内，以市场导向为主加强与大陆民间资本的合作，促进产业要素交流，避免同质建设浪费和恶性竞争，保证产业生态的健康发展。

五、欧洲面临创新不足的产业复兴瓶颈

欧洲是全球集成电路产业的重要组成部分，技术上较为发达，产业规模占全球 10% 左右，虽大幅落后于美国和亚太地区，但发展态势相对稳定。凭借雄厚的工业底蕴，欧洲集成电路产业在多个细分领域独具特色，占据领先地位，例如，比利时的 IMEC 对全球产业的基础研究、成果转化和人才培养贡献巨大，英国的 ARM 是全球最大的 IP 公司，荷兰 ASML 的高端光刻机全球领先等。因此，从全球集成电路产业细分领域来看，欧洲集成电路产业在制造设备业、集成电路材料业具有强劲竞争优势，产业生态发展稳定。

（一）难补的短板与难出的困境

尽管欧洲集成电路产业在基础研究、人才培养等方面竞争优势明显，但受地缘政治、产业方向定位和前沿技术产业布局等因素影响，其发展存在产业链高度聚焦上游环节、产业格局趋向分散保守、企业利益与战略规划方向不一致等问题。

1. 偏安一隅的上游集成电路产业

高度聚焦上游环节，芯片制造技术和产能赛道并未领先，产业链不够健壮。从 20 世纪末到 21 世纪初，随着全球经济格局变化和集成电路产业

垂直精细化分工，欧洲将汽车半导体、工业半导体作为产业重点发展方向，并以此为基础，在功率半导体、IP 核、光刻机等领域占据领先优势，技术工艺先进、产品线完整。根据 BCG 统计数据，2019 年欧洲企业在半导体设备、DAO 领域、EDA 工具和 IP 核领域全球市场占有率分别达到 18%、19% 和 20%（图 5-9），ArF 浸没式光刻机、高端 EUV 光刻机全球垄断，ARM 架构智能设备全球占比超过 90%，其"三巨头"企业英飞凌、意法半导体、恩智浦更是常年雄踞全球集成电路企业前 20 强，领域优势显著。

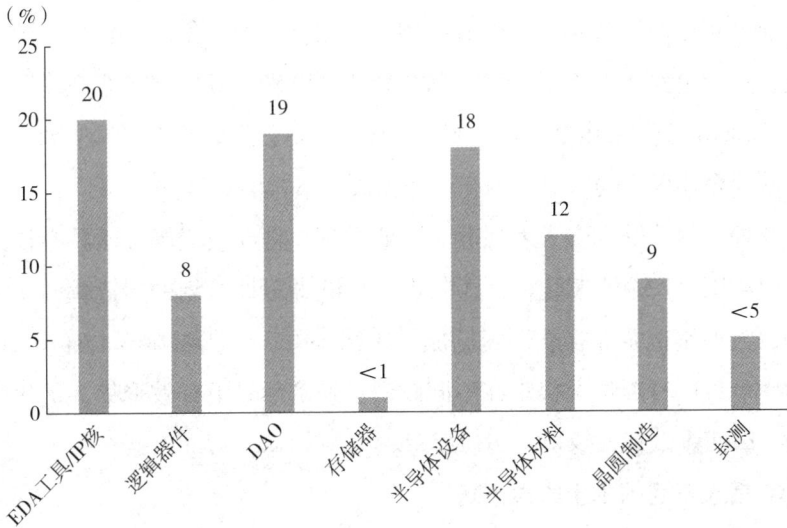

图 5-9　2019 年欧洲集成电路产业细分领域全球占比

资料来源：波士顿咨询公司。

　　然而，由于过度聚焦上游细分领域，欧洲错过了处理器、存储器、晶圆代工、人工智能等热门领域布局，相关技术大幅落后美国、日本、韩国、中国台湾地区 5～15 年不等，产业链发展不够健全。以晶圆制造为例，目前三大巨头 90% 的晶圆厂都设在了欧洲之外，欧洲本土纯晶圆厂销售额全球占比约 6%，制程技术停留在 14 纳米工艺，没有 10 纳米以下先进制程。正如全球著名半导体分析机构 Yole Développement 的主席兼首席执行官 Jean Christophe Eloy 所说，先进制造缺失是当前欧洲产业面临的严峻问题。

2. 难以规模发展的分散式产能

地缘政治导致欧盟各国无法有效聚集先进产能，整体实力较为分散，大型领先企业较少。目前，欧洲集成电路产业主要分散在德国、荷兰、英国、比利时等国家，各国政治环境、行业发展方向、扶持政策、人资物力等都不尽相同，因而产业上下游不同环节关联度不高。再加上产业整合、重组频繁，难以聚焦先进产能形成链路正反馈，因而整体竞争实力相对较弱，主要依靠英飞凌、意法半导体和恩智浦等巨头企业引领，尚未形成产业聚集效应。近年来，随着韩国、中国台湾地区集成电路行业的强势崛起，集成电路产业逐渐实现全球化转移，欧洲集成电路产业规模逐渐没落，全球市场份额由 20 世纪 90 年代的 20% 下降到 2021 年的 9% 左右，很多欧洲企业成为美国、亚洲企业巨头收购整合的对象。

此外，尽管欧洲在人才培养、产业融资、创新模式等方面具有较大优势，但各国生产成本和生活成本较高。以欧洲近期策划的制造业回流计划为例，大型制造企业在欧洲建厂成本比在美国、亚洲要高出 15% ~ 20%，这种"负重前行"情况很难在不同政治、经济愿景下有效聚集、优化产能结构，因而难以补齐短板、实现反超。

3. 后天不足的本土终端市场

本土终端市场萎靡，前沿领域发展缓慢，产业格局趋向保守。从全球范围来看，受新冠疫情、地域争端等因素影响，集成电路产业市场需求尤其是芯片市场需求不断扩大，供需矛盾较为显著。通过分析行业数据可以发现，拉动市场需求的主要动力是下游通信、消费电子、智能设备等终端应用，而欧洲集成电路产业优势集中在汽车半导体、工业半导体，本土智能手机、互联网、通信设备等终端制造企业非常少，对先进集成电路产品几乎没有需求，本土终端市场萎靡。

在发展规划方面，本土集成电路企业当前主要关注传感器、功率器件等传统领域，对人工智能、物联网、大数据等先进领域没有布局和投入，技术进步缓慢且差距较大，相关技术水平已落后先进水平 5 ~ 10 年，从而导致产业格局保守，产业竞争力不容乐观。

4. 方向不一致的战略计划

行业投资规模有限，企业利益与战略规划方向不一致，产业发展前景扑朔迷离。根据美国数据创新中心统计数据，欧洲政府对新上市科技公司的投资力度比中国、美国要小，且欧洲对集成电路产业的投资聚焦于传统优势行业，对新技术、新领域的投资规模相对薄弱。行业投资规模受限将影响欧洲地区科研优势与商业领域间的高效转化，加剧集成电路产业危机。

随着全球经济增长率下滑趋势明显，欧洲 Stellantis 集团、大众汽车在 2021 年第三季度的营业利润均有较大幅度下降，分别同比减少 14%、12%，其主要原因为全球性芯片短缺，这也引起欧洲集成电路企业的重点关注。在"缺芯"焦虑下，欧盟委员会频频透露消息要振兴欧洲芯片产能，提升芯片研发、创新尤其是先进制造能力。但由于欧洲缺乏强大的需求市场，该战略没有得到本土集成电路产业巨头的支持。2021 年，西门子、英飞凌等企业相关人都曾表示，将芯片制造能力留在欧洲对本土自身行业发展帮助不大；只有荷兰光刻巨头 ASML 表示强烈支持。企业利益与战略规划方向不一致，致使欧洲相关战略发展规划的推进效果扑朔迷离。

（二）"百年品牌"须因地制宜发展

针对欧洲集成电路产业发展中存在的问题，结合其现有产业状态及优势条件，提出如下应对策略。

1. 以立法促使统一规划

以立法形式制定战略发展统一规划，促进成员国之间合作优化，完善现有产业集群汇聚建设。综观美国、日本、韩国集成电路产业发展历程，不难发现，从国家层面制定产业发展统一规划，能够有效统筹产业链上下游资源，优化产业结构实现不同环节、不同行业的优势互补，创造健壮的产业生态。但与其他国家不同，欧洲的集成电路产业分散在不同的国家，且相互之间政治愿景、经济水平、市场规模、人才数量都不尽相同，依靠每个国家"运动式"各自推动，力度严重不足。例如，欧盟委员会于2013年提出"欧盟新电子产业战略"以运动形式鼓励对研发创新的投资，但收效甚微。因此，欧盟可考虑以立法形式将产业发展策略固定下来，形成产业发展的长久抓手；从欧洲产业全局角度出发由顶层主导，促进成员国之间的双向合作沟通，根据发展需求优化配置有限资源，完善现有产业集群的汇聚建设，实现效益最大化。

此外，在立法基础上，欧盟可考虑进一步制定相关投资、税收优惠、知识产权保护等扶持政策，惠及并保护本土集成电路企业，加强巨头企业引领作用，激发中小型公司创新活力，建立良好的产业发展生态。

2. 因势利导部署新产业

强化现有人才、投资、创新模式等多方优势，部署先进技术和新兴产业，提升全球市场份额。尽管欧洲集成电路产业在全球产能与市场所占份额有所下降，但作为老牌产业强国，欧洲集成电路在人才培养、产业融资、创新模式等方面具有显著优势。根据瑞士洛桑国际管理发展研究院发布的《2021年IMD世界人才竞争力报告》，人才竞争力排在全球前十的经济体几乎全在欧洲地区，人才优势显著。其中，以比利时IMEC为代表的国际产学研联合机构在提升战略判断、技术研发、成果转化等方面具有强大的合作基础。利用此优势力量，欧洲能够在夯实自身现有产业上游优势基础上，抓住全球数字化改革时机，加强布局下游通信、消费电子、智能设备等终端应用领域：通过自主创新、自身产业聚集、与优势国家开展国际合作等方式缩短技术差距，打造本土人工智能、汽车制造、电子通信等领域的联合利益体，深度开拓本土终端应用集成电路市场；并以市场内需带动中下游环节发展，构造完备、强健的上下游产业链回馈市场，提升全球集成电路市场份额。

3. 国际化合作扩大产能

扩大区域尖端集成电路产能，全力促进产业跨国合作，打造独立集成电路供应链。近几年，作为欧洲最具优势的集成电路产业，汽车半导体行业深受全球芯片短缺之苦。由于全球近 80% 的芯片生产集中在亚洲，欧洲"缺芯"困境可能比其他集成电路大国要持续更长时间，因此，欧洲需要在集成电路创新研发、先进制造等环节进行战略布局。一是加大先进芯片的研发与生产，利用其优势基础集中力量攻克尖端技术，利用技术差距带动产能提升；二是加强与非欧盟国家和地区的产业合作，制定联盟开放政策和税收优惠政策，吸引集成电路研发与制造巨头到欧洲（合资）建厂，快速提升芯片制造能力；三是通过收购整合、境外入股等方式在亚洲、美国等寻求全球化合作，以代替单一的芯片外包形式。

　　在统一战略规划指导下，欧洲各国加强优势产业聚集合作，并发挥人才基础、创新组织等基础优势，利用加大投资、加强国际合作等方式，打造独立的集成电路供应链，以应对欧洲集成电路面临的众多难关。

参考文献

[1] Boston Consulting Group, Semiconductor Industry Association. Government Incentives and US Competitiveness in Semiconductor Manufacturing[R]. 2020.

[2] IEEE.org. International Roadmap for Devices and Systems [R]. 2020.

[3] Semiconductor Industry Association. State of the U.S. Semiconductor Industry [R]. 2015–2022.

[4] 白光裕，梁明，李松梁 . 两岸高端产业竞合形势与展望——基于集成电路产业的视角 [J]. 台湾研究，2021（5）：1–12.

[5] 半导体行业观察 . More Moore 最新路线图浅读 [EB/OL]. [2021–03–08]. https://zhuanlan.zhihu.com/p/355397303.

[6] 半导体行业观察 . 台积电的多重隐忧 [EB/OL]. [2021–09–13]. https://baijiahao.baidu.com/s?id=1710772060365875741&wfr=spider&for=pc.

[7] 比特网 . GMI：AI 芯片市场将在 2026 年达到 700 亿美元 [EB/OL]. [2020–05–02]. https://baijiahao.baidu.com/s?id=1665546048925176861&wfr=spider&for=pc.

[8] 陈磊，赵聪鹏，葛婕，等 . 全球集成电路技术与产业发展实践与创新发展趋势 [J]. 数据与计算发展前沿 . 2021，（5）：55 –64.

[9]　方欣.集成电路产业发展：现状，制约因素与促进政策 [J].中国集体经济，2021
　　（11）：161-162.

[10] 方圆.美国日本集成电路产业发展路径 [J].高科技与产业化，2013（4）：96-99.

[11] 季鹏飞，陶伟，余炳晨.美国集成电路发展态势及对策研究 [J].中国集成电路，
　　2022，31（1）：32-38.

[12] 李传志.我国集成电路产业链：国际竞争力，制约因素和发展路径 [J].山西财经大
　　学学报，2020（4）：61-79.

[13] 李鹏飞.全球集成电路产业发展格局演变的钻石模型 [J].财经智库，2019，4（4）：
　　58-80.

[14] 李文龙，杨柳青，吴代君，等.中国台湾地区与大陆集成电路贸易结构、趋势分析
　　与政策建议 [J].中国集成电路，2021，30（6）：22-26.

[15] 刘晓萌，贺琪，王岳，等.我国集成电路产业运行特点及问题研究 [J].国防科技工
　　业，2019（8）：51-54.

[16] 马文君，蔡跃洲.日美半导体磋商对中美贸易摩擦下中国集成电路产业的启示 [J].
　　中国科技论坛，2020（10）：160-178.

[17] 马源，屠晓杰.全球集成电路产业：成长，迁移与重塑 [J].信息通信技术与政策，
　　2022（5）：68-77.

[18] 前瞻产业研究院.2020年5G芯片行业研究报告 [R].2020.

[19] 王小强，邓传锦，范剑峰.集成电路发展历程，现状和建议 [J].电子产品可靠性与
　　环境试验，2021，39（S01）：106-111.

[20] 吴松强，徐子鉴，金鑫，等.我国集成电路产业突围路径探究：中美贸易摩擦视角
　　[J].创新科技，2020，20（10）：16-23.

[21] 吴松强，王鹏程，杨洁，等.日韩集成电路产业借鉴与启示 [J].创新科技，2020，
　　20（8）：29-38.

[22] 杨道州，苗欣苑，邱祎杰.我国集成电路产业发展的竞争态势与对策研究 [J].科研
　　管理，2021，42（5）：47-56.

[23] 张晓兰，黄伟熔.半导体产业优势国家和地区资金支持的经验及启示 [J].经济纵
　　横，2020（8）：86-92.

[24] 张奕.我国集成电路产业升级路径研究——基于全球价值链视角 [J].商业经济，
　　2019（2）：66-68，180.

[25] 中国电子信息产业发展研究院，中国半导体行业协会，等.中国集成电路产业人才
　　白皮书（2019—2020年版）[R].2020.

[26] 中国台湾地区 104 人力银行 . 半导体人才白皮书 [R]. 2021.

[27] 周小柯 . 台湾地区集成电路产业发展情况分析 [J]. 海峡科技与产业，2021，34（6）：1–4.

[28] 朱筱，李东方，周明 . 新形势下深化海峡两岸集成电路产业合作与发展趋势 [J]. 台湾研究，2021（5）：13–21.

第六章　多重因素引发芯片供需失衡

受地缘政治局势紧张、新冠疫情、自然灾害等不确定性因素影响，芯片供应链受到严重扰动，导致芯片供需关系失衡，引发全球芯片供应短缺。高盛研究报告表明，2021 年全球有多达 169 个行业在某些程度上受到芯片短缺的影响，其中汽车行业受到的冲击最为严重。2020 年，多种因素共振导致全球集成电路供应链紊乱，引发各行业恐慌，诸多企业普遍囤积芯片，避免生产因芯片供应问题而中断。主要国家和地区对集成电路产业的重视程度随之提高，为缓解芯片供应短缺的问题，政府（当局）多措并举，确保将供应链安全与弹性置于效率之上，改变了全球集成电路供应链运转逻辑。全球集成电路供应链脆弱性日渐显露，其不稳定性和不确定性明显增加。

一、供应链紊乱导致全球芯片供需失衡

近年来，各类突发事件频发，导致全球芯片生产能力受损和流通不畅，加剧了全球集成电路供应链的脆弱性，叠加稳健增长的芯片需求，全球集成电路市场一时出现供需关系失衡的局面。

（一）意外事件导致供应中断

2020 年下半年以来，芯片供需关系失衡的直接原因在于芯片的生产和流通受阻。在新冠疫情、自然灾害及地缘政治危机等多重因素影响下，芯片制造企业被迫停工停产，由此引发芯片产能分配不合理和运转持续紧张的事态。东南亚地区依托人力成本优势，成为全球芯片封装和测试的重要

基地，在全球芯片封装测试行业的市场占有率近 27%。据统计，意法半导体、英特尔、英飞凌、瑞萨和德州仪器等 50 余家集成电路公司都在马来西亚建立了制造或封测工厂。受新冠疫情影响，处于供应链上游的东南亚地区对部分集成电路工厂进行人流管控，要求生产线维持低密度人力运转，产线降载导致芯片制造和封测环节无法正常运转。2020 年 3 月 19 日，以功率器件实力雄厚著名的意法半导体公司，为应对新冠疫情，减少工厂容纳人员的数量，将其在法国最大的 8 英寸晶圆厂和研制氮化镓工艺技术的工厂减产 50%，对汽车芯片的产能带来了较大的影响。

此外，意外事件频发也加剧了供应链危机。2020 年 10 月 20 日，日本旭化成集团旗下唯一的晶圆厂发生火灾，导致小众的音频 IC、传感器芯片等供给中断，2021 年 4 月，旭化成集团宣布放弃修复该晶圆厂，瑞萨旗下的那珂工厂 8 寸晶圆生产线将替代旭化成生产芯片，以维持芯片的供应。2021 年 2 月，美国得克萨斯州出现暴风雪极端天气引发大规模停电，位于得克萨斯州的三星电子晶圆厂、恩智浦、英飞凌和德州仪器等集成电路工厂被迫停产。2021 年 3 月 19 日，日本汽车芯片制造大厂瑞萨电子厂房发生火灾，导致芯片产能进一步紧张。

在一系列突发事件的影响下，芯片供需关系失衡，供货周期延长，一般芯片的备货时间从 10 ~ 15 周增加至 20 周以上，对于更稀缺的芯片，比如汽车用的 MCU 芯片，备货时间从 6 ~ 9 周增加到 26.5 周以上，供应链相关企业面临较大的运营成本压力。尽管各大供应商纷纷建厂扩大产能，但新增产能释放较缓，新增产能从建设到设备迁入需要 8 ~ 12 个月，安装设备和调试需要 10~12 个月，即需要 18 ~ 24 个月时间完成决策到大规模生产，损失的产能不能及时恢复，无法满足逐步扩大的芯片需求，短时间内缺芯状态仍将继续。

芯片价格波动由市场供需关系决定，2021 年在芯片紧缺的背景下，台积电、联电、三星电子、联发科等晶圆代工厂商纷纷公布新一波涨价计划。台积电计划将部分 8 英寸和 12 英寸制程价格上调 10% ~ 20%；联电上调全品项晶圆代工报价，涨幅为 5% ~ 10%，三星电子宣布代工价格提高 15% ~ 20%；联发科宣布芯片价格提高 15%。此外，力积电、世界先进也计划上调报价。

（二）中长期需求稳定增长

新科技带来新的芯片需求，芯片在新能源汽车、通信设备、消费电子、智能家居家电等各个领域的应用范围越来越广，芯片需求持续旺盛。根据 WSTS 统计，2021 年全球半导体销售达到 5559 亿美元，同比增长 26.2%（图 6-1）。

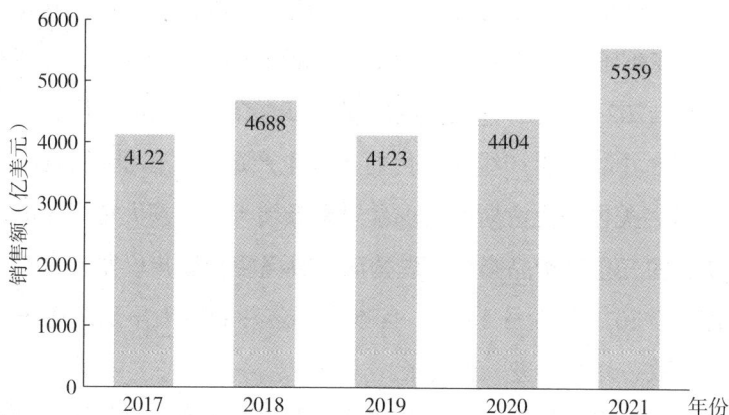

图 6-1　2017—2021 年全球半导体市场规模

资料来源：WSTS。

一方面，在碳排放目标的约束下，新能源汽车需求增速加快，拉动汽车芯片的市场规模扩大。传统燃油汽车平均单车芯片数量为 700 ~ 800 片；新能源汽车除三电增加芯片需求外，智能网联程度更高，大到动力系统、底盘安全系统，小到摄像头、水温传感器均需要芯片支撑。根据中国汽车工业协会数据预测，2022 年我国新能源汽车单车芯片数量约 1459 片，所需芯片数量成倍增长。

另一方面，随着新基建时代的到来，5G 基站、大数据中心、人工智能、工业互联网等产业的快速推进，芯片迎来更丰富的应用场景和更广阔的市场空间。5G 芯片，图形处理器（Graphics Processing Unit，GPU）、张量处理器（Tensor Processing Unit，TPU）、嵌入式神经网络处理器（Neural-network Processing Units，NPU）等人工智能芯片，实现了新能源汽车、高铁轨道交通应用功率转换与变频控制的关键芯片绝缘栅双极型晶体管（Insulated Gate Bipolar Transistor，IGBT）模块，针对智能硬件、智能家电和智能计量等不同应用场景的物联网专用芯片的市场规模都将不断扩大。新冠疫情的持续催生了"宅经济"，居家办公、学习的选择使平板电脑、笔记本电脑及游戏机等消费终端需求激增，存储器、电源管理芯片、显示驱动IC芯片的市场需求也随之增长。

未来，随着数字化社会的到来，人工智能、智慧可穿戴设备、智能工厂和智能农场的应用或将带动更多的芯片需求。但科技产业的发展难以捉摸，市场的需求难以准确预测，这种不可捉摸的芯片需求在一定程度上也增加了供应难度。

二、部分领域"缺芯"尤为突出

面对全球范围的芯片供需失衡的行业困境，芯片供应商积极扩充新产能。在供给端和需求端的综合影响下，汽车领域和消费类电子领域作为集成电路产品的重要应用场景，芯片供需关系失衡的问题尤为突出。

（一）汽车领域"芯"事重重

2021年全球汽车行业缺芯状况持续升级，严重影响了整车企业的发展，各车企也积极采取措施应对汽车芯片供需失衡的现状。一方面，车规级芯片具有自身特殊的工作环境，要求越来越高；另一方面，汽车搭载的芯片越来越多，需求持续提升。

1.车规级芯片的特点

车规级芯片具有研发周期长、作业环境相对恶劣、可靠性要求严格、供货周期长和客源稳定等特点。

第一，车规级芯片作业环境相对恶劣。汽车使用地域的广泛性和四季变化，决定了汽车芯片的实际工作温度会有很大波动，需要同时适应极高和极低的温度。另外，取决于芯片在车上安装的位置不同，其工作温度范围也有差异，例如发动机舱要求芯片正常工作温度范围要覆盖 $-40 \pm 150℃$，车身控制芯片温度在 $-40 \pm 125℃$ 范围。而常规消费类芯片的工作温度范围则在 $0 \sim 70℃$。

第二，车规级芯片由于研发周期较长，投资回报慢。汽车芯片从设计阶段开始就需要考虑其严苛的工作环境制定独特的设计路线，由于可靠性要求更高更严格，测试项目更多更复杂，其晶圆生产与封装测试需要独立的生产线。此外，与消费类芯片相比，车规级芯片从新品设计样片制造出来之后，首先要经过两年以上的车规认证，然后经过三四年时间的车厂导入测试，才能大规模量产。总体而言，车规级芯片需要比其他行业芯片多花五年时间才能获得回报，投资回报周期更长。

第三，车规级芯片的安全性能要求其具有更高的可靠性，需要做到零DPPM（每百万件产品不良率，Defect Parts Per Million）。一款消费类芯片的DPPM 小于 100 即可满足要求，而汽车芯片则要求 DPPM 小于 1，比一般芯片高出至少两个数量级。也就是说 100 万颗芯片中也不允许有 1 颗失效芯片，因为每一颗失效芯片都可能对应一起交通事故，造成生命和财产损失。

第四，车规级芯片的生命周期长，供货周期长。相比于智能手机、笔记本电脑等消费类电子产品，汽车的设计寿命普遍在 15 ~ 20 年，汽车搭载的零部件和芯片生命周期也要长达 20 年以上。为了能够为汽车全生命周期提供维护和支持，确保供应链安全弹性、稳定可靠，对车规级芯片供应商提出了更高要求。

第五，客户稳定性高。车规级芯片在导入车厂的过程中需要完成大量的试验、检测与认证，从开始导入到实现整车大规模量产需要花 3 年以上时间。在这个认证过程中车厂需要建立产线，投入大量的资金与人力，因此，整车企业一旦导入了某芯片供应商的产品后，基本会持续采购 10 年以上。像车企这样长期稳定、有黏性的客户，是大多数芯片设计企业梦寐以求的理想甲方。

2. 汽车芯片的现状

汽车芯片从芯片功能和用途看，可以分为 10 类：控制类、驱动类、计算类、存储类、通信类、模拟类、功率类、传感器类、信息安全类和电源类（表 6-1）。

表 6-1 汽车芯片分类及车内占比

分类	具体分类	车内占比
控制类	MCU 为主，少部分 SoC 类芯片	24%
功率类	运算放大器、比较器、电芯监测芯片、电池计量芯片，以及一些模拟开关等	28%
传感器类	压力传感器、温度传感器、惯性传感器、磁力传感器、光电传感器、陀螺仪、加速度传感器、霍尔传感器、红外传感器、激光雷达、毫米波雷达芯片、图像传感器芯片	10%
模拟类	运算放大器、比较器、电芯监测芯片、电池计量芯片以及一些模拟开关等	9%
计算类	CPU、GPU、ASIC、FPGA 等	29% 按照车内占比排序
存储类	DRAM、SRAM、NOR Flash、NAND Flash、eMMC、电可擦写可编程只读存储器（Electrically Erasable Programmable Read Only Memory，EEPROM）等	
通信类	CAN PHY、CANFD PHY、LIN PHY、ETH PHY、ETH SWITCH、射频芯片、蓝牙芯片、Wi-Fi 芯片、基带芯片、导航芯片、UWB 芯片等	29% 按照车内占比排序
电源类	LDO 芯片、DCDC 芯片、ACDC 芯片、PMU 芯片	
驱动类	高低边驱动芯片、桥驱动芯片、预驱动芯片、LED 驱动芯片、继电器驱动、显示驱动芯片等	
信息安全类	T-Box 安全芯片、V2X 安全芯片、ESAM 安全芯片等	

资料来源：根据公开资料整理。

根据车内芯片应用占比，排名前三的汽车芯片分别为功率类、控制类和传感器类。第一类汽车功率类芯片是电子装置的电能转换与电路控制的核心，主要功能包括变频、整流、变压、功率放大和功率控制等，同时能提升汽车能源使用效率，包括 IGBT 模块、金属氧化物半导体场效应晶体管（Metal-Oxide-Semiconductor Field-Effect Transistor，MOSFET）、二极管和双极结型晶体管等。第二类汽车控制类芯片类似于人的大脑，主要起到运作控制的作用。汽车上的控制类芯片主要是 MCU。MCU 作为汽车电子系统内部运算和处理的核心，主要分布于处理器和控制器系统；遍布悬挂、气囊、门控和音响等次系统中。电子系统在汽车中的应用越来越复杂，汽车控制类芯片也发挥越来越重要的作用。第三类是负责信息收集和传输的传感器类芯片，分布于雷达、安全气囊与胎压监测等系统，用于感知汽车各系统物理量，并按一定规律转换成可用输入信号，包括器件压力传感器、温度传感器、惯性传感器、磁力传感器、光电传感器、陀螺仪、加速度传感器、霍尔传感器、红外传感器、激光雷达、毫米波雷达芯片、图像传感器芯片等。另外，车载计算芯片的发展趋势正逐步从以 CPU/MCU 为核心的电子控制单元（Electronic Control Unit，ECU）走向以现场可编程门阵列（Field Programmable Gate Array，FPGA）、ASIC、GPU 为核心的自动驾驶芯片，甚至是模仿人脑神经元结构设计的类脑芯片，其中车载计算芯片属于关键上游零部件。

随着汽车自动化、智能化的趋势越发明朗，汽车的应用场景更多元化，汽车将不仅是代步的交通工具，还可以像手机、平板电脑等消费终端一样，集大数据、算法、智能芯片和新材料于一身，成为芯片的重要承载设备。根据 Strategy Analytics 统计，一台燃油车所用的芯片有 40 ~ 150 种；而新能源汽车所用芯片是燃油车的 4 ~ 5 倍，并且对功能芯片 MCU 的需求不断增加。

伴随着人工智能与信息通信技术的革新，汽车行业也逐步朝电动化、智能网联化的方向转变，智能汽车目前已成为产业发展战略方向与竞争焦点。在汽车智能化时代，汽车将成为海量数据的载体，也是最大的计算中心和价值量最大的智能终端，汽车半导体单车价值量逐渐上涨。在过去的20 年里，汽车的电子化程度也在逐渐加深，20 世纪末，汽车上的 MCU 数量一般不到 10 个，而今智能化汽车的 MCU 平均数量早已达到了 100 个以上，高端的智能汽车甚至拥有超过 300 个 MCU。例如，自动驾驶汽车通过随时与周围环境进行感知采集数据并进行数据传输，确保其正常工作，这就需要更多性能强劲的芯片作为算力供给（表 6-2）。

表 6-2　　　　传统汽车、新能源汽车、智能网联汽车承载芯片种类

传统汽车	CPU、MCU、GPU、EEPROM、胎压监测芯片、二极管、温度传感器、压力传感器、轮速传感器
新能源汽车	CPU、MCU、GPU、EEPROM、胎压监测芯片、二极管、温度传感器、压力传感器、轮速传感器、IGBT 模块、MOSFET、电源管理 IC
智能网联汽车	CPU、MCU、GPU、EEPROM、胎压监测芯片、二极管、温度传感器、压力传感器、轮速传感器、IGBT 模块、MOSFET、电源管理 IC、MEMS 传感器、CIS 芯片、DSP 芯片、SoC 芯片、射频收发芯片、ASIC、安全芯片、存储芯片、FPGA

资料来源：根据公开资料整理。

目前，全球汽车芯片的市场被美欧日等国家和地区的几家龙头企业所垄断，如瑞萨电子、恩智浦、英飞凌、德州仪器和意法半导体等，这 5 家企业占据着全球汽车芯片市场的半壁江山。5 家龙头企业在 2021 年的汽车业务上的营业收入同比均大幅增长，其中恩智浦涨幅突破 40%（表 6-3）。

表 6-3　　　　2021 年全球五大汽车半导体供应商汽车业务收入

公司	国别	2020 年收入（亿美元）	2021 年收入（亿美元）	同比增长（%）
英飞凌	德国	43.9	55.10	26
恩智浦	荷兰	38.3	54.93	43
瑞萨	日本	31.9	39.84	25
德州仪器	美国	28.9	38.5	33
意法半导体	瑞士	32.84	43.51	33

资料来源：根据公开资料整理。

受多重因素影响，全球范围内汽车缺芯状况持续升级，严重影响了整车企业。在芯片供需关系失衡的背景下，汽车芯片供货交付周期持续延长，甚至出现了囤积居奇抢夺市场资源的情况，供不应求的市场关系也致使汽车芯片价格持续攀高，涨幅在 30% 以上，其中功能芯片 MCU 上涨 8 ~ 10 倍，部分芯片上涨超过 20 倍。对于整车企业来说，工厂停产、原材料和零部件的加价、供货周期延长等不良因素或将引发行业风险。

在汽车芯片短缺的危机下，全球汽车行业产量随之下滑。据 Auto Forecast Solutions（AFS）统计，2021 年全球汽车累计减产 1027 万辆。其中，

亚洲地区受到的冲击最大，汽车累计减产超过 370 万辆，北美洲和欧洲紧随其后（图 6-2）。据整车企业发布的消息看，2021 年福特汽车在全球市场的销量为 394.2 万辆，同比下滑 6%；大众汽车表示，2021 年其销量比原计划减少了 200 万辆；通用汽车和丰田汽车均减产 110 万辆。与之相对应的，2021 年全球汽车芯片的出货量达到 524 亿颗，同比增长 30%，增幅是有史以来最高的。可以看到，虽然 2021 年全球汽车芯片的出货量的增幅达到了历史最高点，但仍未能满足整车企业对汽车芯片的需求，最终汽车芯片的短缺限制了整车企业汽车产量增长。

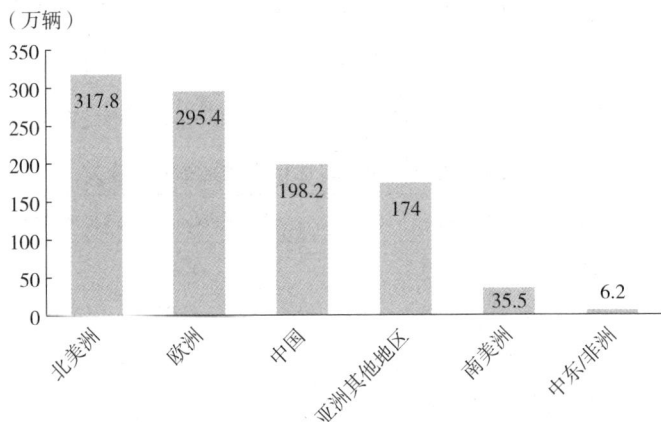

图 6-2　2021 年全球各地区（或国家）汽车累计减产情况

资料来源：Auto Forecast Solutions。

3. 汽车芯片供需关系失衡的原因分析

目前，汽车产业对芯片的需求仍然以采用 40 纳米以上的成熟工艺和传统工艺为主，2021 年汽车芯片供应量达到历史最高增幅，在新冠疫情等不可抗力因素的影响下，市场需求倒逼晶圆生产厂商加速释放产能，但这并未改变市场供需关系失衡的状况，仍然存在汽车芯片短缺的困境。由于芯片供应商资本支出主要集中在先进制程，未能及时响应汽车芯片需求的结构性变化，叠加产业链"牵一发而动全身"的特点、相关制造商产能被消费类电子芯片所挤压以及政府的干预，导致汽车芯片市场需求与供给错配，引发了本次汽车芯片供需关系失衡，且短期内难以缓解。

第一，各个国家和地区政策干预的影响。汽车芯片的产业链集中度较高（表6-4），具备一定的自我调节机制。然而，主要国家和地区通过政策举措强化本土集成电路产业发展，影响了集成电路产业全球化分工合作的发展模式，制约了产业内部自我调节机制发挥作用。各个国家和地区的政治手段将加剧集成电路产业碎片化，导致产业链重复建设，当下芯片的需求处在复杂多变的形势下，芯片供应商很难准确把握芯片的需求，无法做到及时响应市场的需求，均衡分配晶圆产能。

第二，市场需求呈阶梯式增长。随着汽车功能的不断升级，拉动汽车电子产品需求激增。从单辆车上搭载集成电路产品的成本占比来看，单车芯片价值已经从20世纪50年代的不到1％增长到现在的35％，到2030年预计增长至50％。这一需求端的结构性转变来得如此之快，以致全球的芯片制造商没有做好产能切换的转变。新冠疫情将这一芯片供需的结构性错配放大得更加明显：2020年3月新冠疫情早期，全球汽车需求暴跌，汽车芯片供应商纷纷停工停产，并将生产能力从汽车设备转移到消费电子领域；2020年下半年，拥有14亿人口巨大消费市场的中国通过税费减免、放宽限购指标等措施推出救市方案，刺激汽车消费，车企芯片订单突然增加，与此同时全球对智能手机、平板电脑、PC电脑、游戏机和家用电器的需求激增，相关集成电路企业已无法将产能转回汽车芯片，进一步加剧了汽车芯片市场的供应不足。

表6-4　　　　　　　　　全球汽车芯片主要供应商

产品类别	主要供应商			市场集中度
	美国	欧洲	日本	
MCU	德州仪器	英飞凌、意法半导体	瑞萨、富士通	TOP3＞70％
ASIC/ASSP	德州仪器	英飞凌、意法半导体、恩智浦、博世	松下、Denso	TOP3＞50％

产品类别		主要供应商			市场集中度
		美国	欧洲	日本	
模拟和分立器件	电源管理	安森美	英飞凌、意法半导体	东芝	TOP3＞70%
	功率器件	安森美	英飞凌、意法半导体、恩智浦	东芝、瑞萨	N/A
传感器	图像传感器	豪威科技（OmniVision）、尔必达	意法半导体	索尼、夏普	TOP3＞90%
	加速度传感器	亚德诺	博世、VTI	Denso	TOP3＞70%
	陀螺仪	亚德诺	博世	PED	TOP3＞60%

资料来源：根据公开资料整理。

　　第三，制造产能高度集中且单一。经过几十年的发展，汽车芯片产业形成了市场集中度较高、制造产能集中度较高的特点。集成电路产业的产能扩充比较谨慎，而且资本支出主要集中在先进制程。此外，汽车芯片的工作场景决定其具有较高的可靠性和安全性，因此汽车芯片上游的设计环节、中游的制造环节、下游的封装测试环节及支撑材料和设备等均具备比较高的产线建设门槛。目前，汽车芯片的市场被芯片巨头所垄断，竞争格局难以动摇，例如，博世集团作为全球最大的汽车零部件供应商垄断了汽车传感器的市场，其芯片供应遭到冲击直接影响到全球所有整车企业。此外，芯片行业高度依赖于全球集成电路产业链一体化布局，瑞萨电子、英飞凌、恩智浦、意法半导体等主要汽车芯片供应商普遍将MCU芯片交由台积电代工，台积电一家独揽了整个MCU芯片产业70%的产能，一旦台积电的产能受影响，将会对整个汽车芯片供应链产生影响（表6-5）。在汽车产业这种高度集中单一的市场布局下，一旦供应链中的某一环节出现问题，整个供应链都将受到损害。

表6-5　　　　　　　主要汽车芯片供应商代工分布

芯片厂商	市场份额	16 纳米	28 纳米	40/45 纳米	65 纳米	110/130 纳米
瑞萨电子	30%	—	台积电	台积电	—	台积电
恩智浦	26%	台积电	台积电	—	—	—
英飞凌	14%	台积电	—	台积电	台积电	台积电
赛普拉斯	9%	—	—	台积电	—	—
德州仪器	7%	—	—	台积电、联华电子	自产	—
微芯科技	7%	—	—	多个代工厂	多个代工厂	—
意法半导体	5%	—	主要自产	主要自产	—	—

资料来源：根据公开资料整理。

第四，消费类电子芯片挤占产能。目前，汽车行业所面临的真正重灾区并非先进工艺生产的高端芯片，而是对功耗性能以及尺寸要求较低、成本低廉的基础芯片，这些基础芯片的生产线采用的是相对落后的8英寸晶圆生产设备，几乎每台车搭载的ECU芯片和车身稳定系统（Electronic Stability Program，ESP）芯片都是由8英寸晶圆生产设备生产。然而，2008年后，随着智能手机及其他移动智能终端的普及，许多芯片制造商将资源重点转移到更先进、利润率更高的12英寸晶圆生产线，分解了原有8英寸晶圆片的产能。根据IC Insights的统计，2009—2020年，全球至少有25座8英寸晶圆厂关闭，约占全球关闭晶圆工厂数量的90%，产能不断往几家大厂集中，同时12英寸晶圆厂从68座增加到127座。从8英寸和12英寸晶圆对应的终端应用市场来看，12英寸主要生产消费类电子芯片（表6-6），这类芯片的利润率远远高于汽车芯片，在新冠疫情的影响下，移动终端的需求增加带动了消费类电子芯片的需求扩张，集成电路制造商继续将产能转移到消费类电子芯片，从而导致了汽车芯片短缺问题。

表6-6　　　　　8英寸和12英寸晶圆对应的终端应用市场

晶圆尺寸	半导体器件	终端应用市场
8 英寸	CMOS 图像传感器、功率分立器件、MCU、模拟器件、电源管理芯片、显示驱动芯片等成熟制程芯片	汽车、工业、智能手机、物联网

晶圆尺寸	半导体器件	终端应用市场
12 英寸	逻辑器件、DRAM 芯片、NAND Flash、CMOS 图像传感器等	智能手机、PC 电脑、平板电脑、服务器、游戏、汽车、工业

资料来源：根据公开资料整理。

4. 全球汽车企业应对芯片供需关系紧张的对策

2020 年年底爆发汽车芯片短缺危机后，全球汽车企业纷纷采取措施应对，全球最大的汽车零部件供应商博世集团表示已投资 10 亿欧元自建一条芯片生产线工厂。在各国汽车企业中，中国自主品牌企业应对较为灵活，由于其使用的芯片数量较少，与其他合资企业相比其对芯片的需求没有那么紧缺；反观大型合资企业，大部分企业的芯片采购基本被外资把控，外资品牌体量大、生产基地分布全球各地，要求其站在全球产能布局和市场发展需求的立场及时解决芯片供应问题不现实，因此大部分合资企业只能被动地等待芯片供应，无奈选择减产、停产，甚至减配。目前，全球汽车企业应对芯片短缺有以下三种对策。

第一，以大众为代表的车企优先分配给利润更高的车型。考虑到芯片短缺造成的供应不足等问题，大多数车企除了采取停产、减产外，还采取了减配，将芯片优先分配给利润更高或销量更好的车型。比如，在大众的核心品牌中，2021 年奥迪的总交付量为 168.1 万辆，同比下降 0.7%，落后于宝马和梅赛德斯—奔驰的销量；2021 年斯柯达的全球销量总交付量为 87.8 万辆，同比下降 12.6%。2021 年保时捷创造了新的交付纪录，销量超过 30 万辆，销售增长率达 10.9%。同年西雅特共销售 47.1 万辆，同比增长 10.3%。此外，新车出厂取消部分高端功能，例如，奥迪的部分热门车型暂时只配备一把钥匙，芯片缓解之后再补给车主一把钥匙；保时捷的部分车型在不影响安全性能的部件上，使用临时芯片替代。

第二，以特斯拉为代表的少数车企重新设计芯片和更新软件。对于非关键零配件，特斯拉决定暂时取消部分功能，待后期为客户安装，比如特斯拉 Model 3 和 Model Y 车型中控和后排未安装 USB 接口，只预留孔位，同时手机无线充电功能也被减配。为了应对关键零部件和芯片的短缺，特斯拉及少数车企具备重新设计功能和更新软件的能力，通过重写软件代码赋予芯片新功能，并重新设计相关的软件使其与这些获得的芯片兼容解决缺芯难题；同时，打造供应商多样化的供应链，以替代工厂、多重寻源确保供应链稳定、可靠。比如，紧急情况下能够及时更换 MCU 供应商，以确保供应。特斯拉凭借在软件上的技术实力和芯片自研能力，发挥了其整合产业链资源的优势。比如，向外界采购功率器件、MCU 等通用型零部件。而对电池及高性能计算 CPU 芯片等价值较高的零部件，特斯拉采取自主研发或友商外包，确保核心技术不会受制于人，从而能够在全球供应链混乱的大环境中管理好自己的供应链。

第三，以比亚迪为代表的车企选择自主研发芯片。凭借在集成电路领域的提前布局，比亚迪在全球芯片短缺的危机中保持销量领先。据比亚迪发布，2021 年比亚迪乘用车全系销售达 73 万辆，同比增长 75.4%，其中新能源乘用车销量为 59.4 万辆，同比增长高达 231.6%。

比亚迪成立半导体公司并已经成为新型集成电路供应商。2002 年比亚迪成立集成电路设计部，主攻电池保护集成电路研发；2004 年正式进军集成电路行业微电子及光电子领域；2005—2007 年成立微电子项目部、光电子项目部和 LED 项目部；2010 年比亚迪完成 LED 全产业链布局；2014 年微电子与光电子部门整合并于 2020 年正式更名为比亚迪半导体股份有限公司。目前，比亚迪半导体已经成为中国大陆领先的 IDM 企业，在功率半导体、传感器和光电器件处于领先地位。自 2007 年比亚迪半导体进入工业 MCU 领域并延伸至车规级 MCU 领域，比亚迪半导体先后于 2018 年和 2019 年推出第一代 8 位车规级 MCU 芯片和第一代 32 位车规级 MCU 芯片，并批量装载在比亚迪全系列车型。据悉，比亚迪半导体工业级与车规级 MCU 累计出货量已突破 20 亿颗。此外，比亚迪长期深耕 IGBT 模块、动力电池和混动技术领域，实现供应链的深度融合。目前比亚迪已经形成了动力电池、汽车电子、整车制造三位一体的运营模式，成为全球自己设计芯片、自己生产芯片的垂直整合型制造企业，并能够与汽车供应链上下游进行整合，为全球车企应对芯片短缺树立了新典型。

5.汽车芯片的发展趋势

汽车芯片的发展趋势有以下三个方面。

第一，汽车芯片的需求量仍大幅增加。汽车行业正面临着智能化产业升级，拉动了汽车芯片数量的激增。据 Strategic Analytics 数据显示，2019年新能源汽车单辆车平均半导体价值是传统燃油车的两倍多，高档新能源汽车单辆车的芯片需求量超过 2000 颗。随着人们赋予汽车越来越多的智能化功能，汽车芯片需求将持续扩大，未来全球汽车芯片的供需关系依然会保持紧张状态。而供给端受"黑天鹅"事件等多重因素影响。2022 年 3月，日本福岛县海域发生地震，全球最大的 MCU 供应商瑞萨电子那珂工厂、高岗工厂等 3 家工厂在 5 级地震范围内，导致工厂临时停产。2022 年3 月 17 日，日本汽车业龙头丰田宣布由于芯片短缺，下调全球产量目标；同年 4 月，日本国内全部 14 座工厂 28 条产线，5 座工厂 7 条产线将停工数天，部分产线最高停工 9 天。面对大幅增加的汽车芯片需求，汽车芯片供应仍旧紧张。

第二，汽车芯片技术不断升级。从关键技术看，未来汽车在互联互通、安全性和能效技术上将有大幅提升，涉及传感、导航、通信、处理、控制、电源管理和功率器等相关芯片。从底层架构设计来看，智能汽车的电子电气架构呈集中化发展趋势。博世汽车电子电气架构演进路线图提出，未来智能汽车电子电气架构将经历 6 个阶段：分布式模块化阶段、功能模块整合阶段、区域中心化阶段、功能域逐渐融合阶段、域融合整车阶段和云端计算阶段。随着汽车电子电气架构从分布式朝着区域中心化的演进，算力需求激增，迫切需要创新芯片技术以保证算力供给。从汽车应用前景来看，自动驾驶技术成为智能汽车的必然趋势。人工智能芯片将取代 MCU 成为未来汽车芯片的主导。当前 MCU 芯片难以满足智能驾驶的需求，车规级 AI 芯片将是未来智能化汽车的"大脑"。AI 芯片一般是集成了CPU、GPU、音频处理 DSP、深度学习加速单元 NPU+ 内存 + 各种 I/O 接口的 SoC 芯片，拥有 TOPS 级别（1 TOPS=1 万亿次计算每秒）的运算能力，可以为自动驾驶提供保障，例如英伟达 Xiavier/Orin/Atlan 芯片分别可以达到 30/200/1000TOPS 的算力。此外，功率器件 IGBT 模块的性能也将获得优化。IGBT 模块是目前新能源汽车电控系统和直流充电桩的核心功率器件，主要用于电能变换和控制。

第三，汽车芯片生态链正在重构。从汽车芯片供应链关系看，芯片供需关系失衡危机暴露了传统的垂直协同供应链模式的弊端，汽车芯片供应链从传统的垂直链条状供应关系走向网络状。传统的垂直链条状供应关系是主机厂跟一级供应商（Tier 1）沟通，Tier 1 再跟二级供应商（Tier 2）零部件厂沟通，Tier 2 再跟芯片供应商沟通，芯片供应商再跟晶圆厂沟通。由此可以看出，传统的供应链关系中间层级较多、链条较长，主机厂通常不会跟 Tier 2 直接沟通需求，因此下游需求发生波动不能及时传递到上游晶圆厂，导致晶圆厂调整产线迟滞。垂直信息链的传递模式造成需求传导滞后，加剧芯片供需结构性失衡的困境。现在，网络状的供应链关系可以实现主机厂跟 Tier 2 甚至晶圆厂直接沟通，推动汽车芯片供应链节点的深度融合。

总体而言，随着汽车不断被赋予新的功能，芯片在汽车的渗透作用显著增强，有必要构建供应链各节点协同创新发展的汽车芯片生态，这就要求整车企业与零部件厂和芯片供应商加强沟通和需求对接，以期能够及时应对各类突发事件，实现汽车芯片产业的蓬勃发展。

6. 全球共同应对汽车芯片危机建议

2020 年开始的全球性汽车芯片供需关系紧张引起的焦虑和危机仍在不断升级，全球上游芯片的供应商与下游整车企业之间供求平衡的局面被打破。从供需关系来看，结构性缺芯状况短期内仍将持续，随着产业生态的不断优化和完善，供需两侧将在中长期逐步平衡。全球供应链各个环节需要凝聚共识，深化合作，有条不紊地应对危机并防范未来风险。

首先，短期内芯片生产商以保持供给为主。需求端评估各类产品的库存水平和需求，供给端强化产能合理分配能力，制定合理的生产进度，识别市场需求，加强风险意识，确保有效供给。

其次，中期阶段应该以规避风险为主。提高供应链的可见性，确保供应商来源多样化，并寻找替代途径，构建可靠、稳定、弹性的供应链，并持续优化供应链管理，深化整车企业与芯片供应商的合作关系。

最后，长远来看应该以造血为主。在供给传统逻辑芯片的同时，采取多元化的举措如新一代电子电气结构引入，人工智能芯片的开发标准化及模块化等方式，确保汽车芯片产需关系平衡，才能更好地应对未来更复杂的技术需求及供应布局。

（二）消费类电子"芯"事难休

2021年，全球集成电路产业陷入供需关系失衡的局面，作为集成电路的重要应用场景，消费类电子领域面临芯片供不应求的状况。随着技术的升级和新兴产业的发展，消费类电子芯片应用场景不断丰富创新，促进消费类电子芯片需求增长。

1. 消费类电子芯片的特点

第一，处理性能高，运行速度快。不管是智能手机还是其他消费终端，芯片的性能已经成为定位产品需求、衡量产品好坏的重要指标。以智能手机为例，CPU运行速度快、摄像头像素高成为用户追求的品质。以高通骁龙X70芯片为例，其内置全球首个5G人工智能处理器，利用人工智能技术提升数据传输链路的稳定性、加快数据传输速率、加大网络覆盖范围、延长电池续航能力以及优化信号。

第二，功耗要求苛刻。一般而言，一颗芯片上搭载着数十亿个晶体管，芯片工作会产生大量的功耗。而且芯片性能越高，其功耗也会越高。如果不加以控制，可能会使设备出现"宕机"的现象，严重者甚至能将主板烧毁。例如，手机基带芯片随着性能的不断增强，其功耗水平也"水涨船高"，在一定程度上影响了智能手机使用体验的提升。因此消费类电子产品需要平衡好性能与功耗的关系，更不可一味追求性能提升而忽略功耗。

第三，需要控制生产成本。相比于汽车工业芯片的制程工艺，消费类电子芯片的制程工艺更加先进，其制造成本也随之攀升。据 DIGITIMES Research 调查公司评估，28 纳米工艺的建设成本为 60 亿美元，5 纳米工艺的建设成本已经增长至 160 亿美元。可以看出，芯片价格随着芯片性能增强而升高，因此在终端产品的价值也越来越高。但是，从市场竞争的角度看，控制成本不仅能够提高产品竞争力，还为企业带来更高的利润。

第四，追求先进工艺。消费类电子产品往往空间有限，并且性能强大，这就需要缩小芯片内部电路之间的距离并且在有限的空间内容纳更多的晶体管，不仅可以提供强大的算力，还能够降低功耗。因此芯片制程工艺遵循着从微米到纳米的演进规律。手机关键芯片工艺制程从早期的 90 纳米，到 3G 的 40 纳米、4G 的 10 纳米，再到 5G 第一代商用芯片就采用了当时最先进的 7 纳米工艺。2021 年年底，高通、联发科先后发布 4 纳米工艺 5G 芯片，并快速导入终端产品中，推动 5G 手机进入 4 纳米时代。2022 年以来，包括 OPPO、vivo、小米、荣耀、Motorola 等在内的 10 多家手机制造商均发布了采用 4 纳米芯片平台的旗舰机型。短短 3 年多时间，5G 手机规模商用芯片的工艺已从 7 纳米快速提升至 4 纳米。芯片的工艺升级还未止步，2022 年 6 月三星电子宣布 3 纳米芯片开始在韩国量产；台积电已量产 4 纳米芯片，并计划于 2022 年下半年量产 3 纳米芯片。可以说，移动通信技术驱动了芯片制造工艺的不断提升。

2. 消费类电子芯片的现状

新冠疫情、自然灾害等因素加剧全球芯片短缺危机，消费类电子芯片也深陷困境，其下游应用市场如通信、安防、数据处理、娱乐、智能家居应用等消费电子产品等各个领域都存在芯片短缺的问题，各类芯片的交货周期都有所延长，最长的需要等待两年以上。

从需求端看，新冠疫情影响下的居家办公、在线学习等应用大量增加了消费类电子产品的需求。IDC 数据显示，2021 年全球智能手机出货量为 13.5 亿台，同比增长 5.7%，继 2020 年扭转 3 年下降趋势后继续实现增长；2021 年全球平板电脑出货量达到 1.7 亿台，同比增长 3.2%；2021 年全球 PC 电脑出货量为 3.4 亿台，同比增长 15%，达到了自 2012 年以来全球 PC

电脑出货量的峰值; 2021 年全球可穿戴设备出货量为 5.3 亿台, 同比增长 20%; 2021 年全球消费级 VR 头戴式立体显示器销量达 1110 万台, 同比增长了 66%。可以看出, 在芯片短缺的背景下, 全球手机、平板电脑和 PC 电脑等移动终端的出货量都有所增加。以智能手机、平板电脑和 PC 电脑为代表的消费类电子产品的需求激增使消费类电子产品的芯片也面临产能短缺的问题。

另外, 随着数字经济的推进, 人工智能产业的快速发展拉动了人工智能芯片的需求, 虽然全球的人工智能芯片的发展水平尚在起步阶段, 但是具有强大的发展潜力, 因此, 消费类电子芯片紧缺的情况还将持续。

3. 消费类电子芯片短缺原因分析

与汽车芯片不同的是, 消费电子领域的芯片大部分属于使用先进工艺的高端芯片, 这类芯片采用 12 英寸晶圆生产线, 在技术领先性和利润率上都有显著的优势。这使各大芯片供应商将芯片产能重点放在 12 英寸晶圆生产线上, 以平衡消费类电子芯片需求提升后的供需关系。然而, 受多重因素影响, 全球性缺芯潮从汽车行业蔓延至智能手机、平板电脑、PC 电脑等多个领域。

受到汽车芯片供不应求的影响, 芯片原材料涨价和部分厂家囤货抢占了市场资源, 牵一发而动全身, 对消费电子芯片的价格和供给都带来了负面影响。在芯片短缺前期, 整车企业预计汽车的需求放缓, 于是削减了汽车芯片订单。而实际上, 消费需求意料之外地集中到了汽车上。为了扩大车用芯片供货, 包括台积电和联电等晶圆代工厂增加车用芯片产能, 包括瑞萨、英飞凌和意法半导体等芯片供应商也几乎将自有产能全都调拨用于车用芯片生产, 这大幅影响了芯片供应厂商对消费类电子芯片的供货能力。

与此同时, 新冠疫情催生了"宅经济", 拉动了智能手机、平板电脑、PC 电脑、游戏机、网络摄像头等移动终端的需求, 晶圆代工厂商的资源是一定的, 难以根据市场情况实时调整自己的产能分配, 快速平衡供需关系, 导致全球整个集成电路应用行业都面临芯片紧缺的问题。

不可否认的是, 在技术革新和消费升级的双重驱动下, 消费电子产品仍是集成电路行业的主流产品, 高需求的状态将会持续, 产能供应问题终会得到解决，芯片紧缺只是阶段性的现象。

4. 消费类电子芯片需求趋势

消费类电子芯片需求呈现出以下变化：5G 手机、平板电脑、PC 电脑持续拉动传统逻辑芯片需求，人工智能芯片的升级迭代带动模拟更多需求，可穿戴设备带动需求增长，未来虚拟现实产业的复苏拉动芯片需求。

（1）5G 手机、平板电脑、PC 持续拉动传统逻辑芯片需求

2020—2021 年是 5G 手机的过渡期，由于价格成本较高，用户主要集中在高端机市场，中低端市场尚未铺开。根据 IC Insights 的统计，2021 年手机应用处理器销售额跃升至 350 亿美元，达到历史最高点。2022 年 5G 手机的市场需求依然强劲，手机芯片会集成更多的功能，例如更新配备 5G 的蜂窝调制解调器、更优异的摄像头性能和人工智能等功能，将带动 5G 手机芯片出货量的进一步拉高。

计算机中央处理器 CPU 微处理器的出货量反映在 PC 和平板电脑上。在 PC 方面，2021 年全球 PC 出货量为同比增长 15%，在许多消费者、企业和学校购买后，个人和家用计算机的强劲需求将放缓。平板电脑行业，2021 年全球平板电脑总出货量达到 2016 年以来的最高水平，主要是因为新冠疫情影响，人们在网上学习、移动办公和居家娱乐导致需求增加，平板电脑具有比手机屏幕大、比传统笔记本体积和重量小的优势，成为消费者的首选；加上无纸化办公和学习的普及，平板电脑在消费者领域和商业领域的应用都越来越广泛。值得一提的是，2021 年的平板市场出现了新的升级趋势，其中最重要的一点是屏幕更大，如今市面上大多数平板电脑的尺寸在 10 ~ 12 英寸，三星电子和苹果将会推出 14.6 英寸以及 16 英寸的"超大"平板。可以预料到，平板电脑有可能从消费领域跨向专业领域成为生产力工具，随着硬件与软件技术的发展，移动办公、教育市场、居家娱乐的需求进一步增大，2022 年平板电脑的市场仍呈增长态势，CPU 微处理器的高位需求将继续保持。

（2）人工智能芯片的升级迭代带动模拟更多需求

从广义上讲，只要能够运行人工智能算法的芯片就是人工智能芯片。

现阶段人工智能算法是指深度学习算法或者其他机器学习算法，因此现在定义人工智能芯片主要是针对人工智能算法作了特殊加速设计的芯片。对人工智能芯片进行分类可以从功能划分，按技术框架区分或者根据使用场景分类：按功能划分，人工智能芯片可以分为训练环节和推断环节；按技术架构分类，则分为 CPU、GPU、半定制化的 FPGA、全定制化 ASIC 和类脑芯片（表 6-7）；按应用场景分类，可以分为云端（服务器端）和终端（移动端）（表 6-8）。

表 6-7　　　　　　　　　　人工智能芯片特点对比

芯片类型	特点	主要优点	主要缺点	布局企业
CPU	逻辑控制、串行运算等通用计算	—	—	英特尔、AMD
GPU	处理图形图像领域的海量数据运算	通用性强、浮点运算能力强、速度快	性能功耗比较低	英伟达、AMD
FPGA	可定制编程反复烧写	灵活性强、速度快、功耗低、可编程性强	价格高、编程复杂、整体运算能力不高	英特尔（收购 Altera）AMD［收购 Xilinx（赛灵思）］
ASIC	可根据算法进行定制	性能高、功耗低	需定制电路、周期长、难扩展	谷歌、寒武纪
类脑芯片	模仿人脑异步、并行和分布式处理信息	功耗低、可扩展性强、存算一体	算力低、对主流算法支持差、难以商用	IBM

资料来源：根据公开资料整理。

表 6-8　　　　　　　　全球主要人工智能芯片类型及企业

应用场景	功能 / 场景	领导者
云端	训练	英伟达
	推理	英伟达
终端	智能手机	苹果、三星电子、华为海思、高通、联发科、展锐
	安防	华为海思、安霸、英特尔、英伟达
	汽车	英特尔、英伟达

资料来源：根据公开资料整理。

当前，人工智能芯片逐渐表现出多样性、专用性的特点，正在以强劲的发展速度取代传统芯片的应用场景和需求，未来物联网领域需要体积更小、功耗更低、能效比更高的人工智能芯片。例如，智能手表等可穿戴设备的电池容量因为受体积限制需要损耗小、能效比高的人工智能芯片；智能门锁要想实现超长待机，就需要对门锁中识别指纹的智能模块的能效比提出较高的要求；智慧工厂里的传感器也需要使用低功耗人工智能芯片降低维护成本。

目前，人工智能技术在语音识别和图像识别等方面具有突破性的进展，但是如果想像 CPU 一样适用于任何人工智能的场景还需要经过一定程度的深度学习。未来，随着芯片的制程工艺不断升级，新材料和器件不断突破，人工智能芯片将在自动驾驶、智能手机、无人机、云端、可穿戴设备、安防等领域都具有广泛的应用。

（3）可穿戴设备带动需求增长

以智能手表、智能手环、TWS 耳机为代表的可穿戴设备在功能升级和产品迭代的带动下逐渐普及，人工智能芯片和传感器芯片有望迎来新的增长点。以智能手表为例，2021 年全球智能手表出货量同比增长 24%，市场对于智能手表的需求依然强劲。最新的智能手表不仅能够测量血压和 BMI，监测心率、血氧饱和度等健康数据，还能够独立连接蜂窝数据，作为独立佩戴使用的智能手机使用。此外，尽管全球 TWS 耳机出货量增长率仅有 1.3%，但是在印度地区其实现了跨越式的增幅，带动了芯片行业需求的增加。

（4）未来虚拟现实产业的崛起将拉动芯片需求

元宇宙概念的兴起，让用户沉浸在多维时空的虚拟世界里。虚拟现实产业展现了虚拟与现实世界的高同步性和高拟真度，从技术及成像特性方面，可以将虚拟现实技术分为虚拟现实（Virtual Reality，VR）、增强现实（Augmented Reality，AR）和混合现实（Mixed Reality，MR）。VR 技术使用户完全沉浸在一个虚拟世界中，其核心是沉浸感和图像质量，直接向用户展示虚拟图像。AR 技术是在真实的物理世界增加虚拟信息，为虚拟结合现实。MR 技术是用户通过设备可以同时看到真实世界和虚拟世界交织呈现，并且两个世界的人际、人机能够进行交互。虚拟现实产业融入了互联网、人工智能和区块链技术，在虚拟和现实交织的空间里，增强用户的沉浸感。

目前，随着技术和功能日益完善，适配场景逐步明晰，成本门槛大幅降低，虚拟现实终端设备开始规模上量，比如华为 VR Glass 头戴式立体显示器通过搭配通信功能和摄像功能成为手机伴侣。而 AR 技术和 MR 技术主要应用在 B 端和 G 端，售价高，销量低，作为消费级产品的需求比较滞后。未来，AR 技术有望用于政府治理、教育培训、远程办公、工业制造和智慧城市等领域，成为下一代交互平台，例如微软开发的 Hololens2 已经成为新兴生产力平台。

三、企业和政府加强应对策略

为应对芯片供需关系失衡的危机，主要国家和地区的政府与集成电路产业链上下游企业纷纷加快战略布局。芯片供应商方面，一方面，加大投资新产能项目，或是扩容现有产线，以提高产能利用率；另一方面，加大投资并购，整合行业资源，增强自身竞争力。主要国家和地区为强化对集成电路供应链的掌控力，制定出台集成电路产业扶持政策和举措，巩固本土集成电路产业竞争优势。

（一）芯片供应商纷纷扩产

在芯片供需关系失衡的背景下，各大芯片晶圆代工企业纷纷扩产，甚至通过并购的方式扩展产能。但产能的扩张也引发了对产能过剩的担忧。

1. 各大芯片晶圆代工企业纷纷扩产

新冠疫情拉动了宅经济，5G、电动汽车、高性能计算、人工智能等技术与市场快速扩张，刺激各个领域的芯片需求激增，芯片供应商产能力所不及，短期内无法满足快速增长的需求。而且，芯片制造具有技术密集和资本密集的特点，导致产线建设门槛较高。为了缓解供应链短缺的疼痛，专注尖端工艺和成熟工艺的许多大厂斥巨额投资建厂扩张产能，以支撑各行各业度过芯片短缺的寒冬。

台积电方面，倾向于相对先进的制造工艺，5纳米和7纳米工艺都十分受欢迎，其中7纳米工艺是台积电的主力，5纳米工艺的产能也将在2022年新厂建成后进一步提高。2021年4月，台积电对外宣布计划3年内投入1000亿美元，用于扩产和技术拓新；4月22日，台积电斥资28.87亿美元扩充中国南京工厂28纳米成熟制程，扩产后产能达到4万片/月；2021年11月9日，台积电又宣布与索尼合作成立先进半导体制造公司，2022年在日本建12英寸晶圆厂，产能4.5万片/月；同时决定在中国台湾地区建造7纳米和28纳米晶圆厂，计划于2024年竣工。台积电表示2021年对成熟工艺的投资占了资本支出的一半，然而2022年因应需求放缓，总资本支出320亿~360亿美元，平均值约年减6.3%，低标则年减11.8%，略低于市场预期。

三星电子方面，2021年5月13日，三星电子宣布在2030年之前斥资171亿韩元增加系统半导体和晶圆代工的投资规模；2021年10月28日，三星电子计划在2026年前将晶圆代工的产能扩大3倍。目前，三星电子中国西安NAND Flash工厂是其唯一的海外存储芯片制造基地，2020年启动第二工厂。据TrendForce统计，三星电子西安工厂的产能占三星电子闪存芯片总产量的42.3%。2021年11月三星电子计划投资170亿美元在美国得克萨斯州建造以5纳米先进制程为主的12英寸晶圆厂。

英特尔方面，2021年3月23日，英特尔宣布其"IDM 2.0"战略，旨在重返晶圆代工市场，开启英特尔服务时代。英特尔计划投资200亿美元在美国亚利桑那州新建两座晶圆厂，生产7纳米以上先进制程的芯片。2021年9月7日，英特尔表示在未来10年将在欧洲投资800亿欧元用于提高欧洲的芯片产能，并向汽车制造商开放在爱尔兰的半导体工厂。此外，英特尔宣布将在法国、意大利、德国建立工厂，扩大其欧洲芯片制造产能。

2. 扩产潮下的"并购潮"

尽管全球集成电路产业面临芯片供需关系失衡的风险，2021年芯片制造领域仍不乏并购案例。据IC Insights统计，2021年并购价值达到227亿美元。值得关注的并购事件有以下 5 起。

一是美国高通公司以 14 亿美元收购本土初创公司 Nuvia。Nuvia 是一个芯片初创公司，由 3 位苹果公司的前高管创立。Nuvia 致力于 CPU 设计，被高通收购后将服务于智能手机、笔记本电脑和汽车工业领域。

二是日本瑞萨电子以 59 亿美元收购英国公司 Dialog。Dialog 总部位于英国伦敦，是欧洲增长速度最快的半导体公司之一。Dialog 致力于推动移动设备和物联网发展，被瑞萨收购后将与 MCU 业务形成优势互补。

三是美国德州仪器以 9 亿美元收购美国公司美光科技公司位于美国犹他州的 Lehi 300mm 晶圆厂，以提高产能，此举将进一步加强德州仪器在制造和技术方面的竞争力。

四是韩国公司 SK 海力士以 4.93 亿美元收购本土晶圆代工厂 Key Foundry。Key Foundry 是 8 英寸晶圆代工厂，主要生产电池管理芯片、显示驱动芯片和 MCU 芯片等。SK 海力士向晶圆代工领域发起冲击，拓展其业务领域，有助于推进其深度融入全球集成电路价值链。

五是日本半导体材料公司 JSR 收购美国光刻胶公司 Inpria。Inpria 在 EUV 光刻胶领域具有技术优势，被收购后将与 JSR 在光刻胶领域抢占更多的市场份额。

3. 扩产潮引发产能过剩担忧

由于芯片扩产的技术难度和成本门槛都比较高，相关技术发展也需要时间，新产线从搭建好到投入使用也需要长时间的验证、测试等过程，因此这一轮扩产潮并不会在短期内提高芯片产能。但在扩产浪潮下，部分芯片的高涨需求已略有降温，达到供需平衡，比如面板驱动芯片、非车用 MCU 等芯片的供不应求状况稍有缓解。同时，晶圆代工的产能具有一定的弹性，例如 2021 年下半年开始，液晶显示器的驱动芯片已备货充足，厂商就可以将该产能挪作他用，生产其他产能短缺的产品。因此，随着各国政府加大扶持力度，各地新建产线投入使用，产能陆续释放，产能紧张问题有望缓解，预计未来两年，将有大量产能投入使用。但是，若扩产持续升温，市场由供不应求转为供过于求，芯片行业则会再次遭受冲击。IC

Insights 预计，未来几年集成电路出货量将稳定增长，带来产能利用率攀升，产能利用率也将每年持续增长，但这种情况只能维持至 2023 年，2024 年的产能过剩问题，可能会引发产能利用率下降和芯片价格下降。

（二）各方积极作为，试图掌控"芯"局面

动荡的国际形势、各个国家和地区自给自足的策略将打破全球集成电路一体化的格局，一方面，各方为强化对本土集成电路供应链自主可控能力发起的芯片保卫战，企图通过技术管制和限制人才流动等措施，将损害全球集成电路供应链持续优化的价值；另一方面，随着集成电路产业链本土化的进程不断加快，全球集成电路供应链进一步割裂，各方将供应链安全置于效率之上，难以借助各方自身的产业优势和资源条件获得更高的生产效率和成本效益。短时间内，"芯片供需失衡"难以缓解；长远来看，全球化分工合作的集成电路产业运作模式或将走向终结。全球集成电路产业将面临市场分割问题，跨国（地区）合作的基础将被动摇，这会进一步制约集成电路技术与产业创新突破，导致以集成电路为基础的数字经济产业发展陷入增速放缓的窘境。

1. 美、欧、日、韩等国家和地区加快战略布局

新冠疫情后，全球化分工合作的集成电路供应链的脆弱性凸显，暴露出不同程度的芯片供需关系失衡问题。近年来，面临芯片供应链危机，美、欧、日、韩等主要国家和地区高度重视产业链供应链安全可控，全球集成电路产业格局出现新的变化。一方面，芯片关乎国家经济安全，深入国民经济发展的各个领域。供应链安全引发政府担忧，主要国家和地区加大对集成电路产业的扶持力度，推动产业链本土化，提升产业链话语权和控制力。另一方面，集成电路产业带来就业和税收等问题，同样引起各方政府高度重视。

美国以重构芯片供应链为核心推出了一系列法案法规。2021 年 2 月，拜登签署第 14017 号"美国供应链行政令"；2021 年 4—9 月，美国政府与全球集成电路龙头企业接连举办 3 次半导体峰会，讨论解决芯片短缺问

题。在美国力邀之下，台积电、三星电子宣布赴美建厂，英特尔、美光科技宣布扩大在美生产能力，以响应美制造业回迁的战略。同时，美国以政府订单的方式，与英特尔达成"快速保证微电子原型——商业计划"协议，与铿腾电子（Cadence）和新思科技（Synopsys）等美国公司共同合作建立美国芯片代工生态系统。2021 年 6 月，美国参议院通过《2021 年美国创新和竞争法案》，将半导体生产激励措施的 500 多亿美元用于激励本土半导体产业发展。同月，提出《晶圆法案》，将为芯片制造商提高 25% 的制造设备和设施投资税收抵免，旨在为建设、扩建和升级美国和众议院的半导体制造设施和设备提供支持。

表 6-9	主要国家和地区发展集成电路战略举措
国家和地区	主要举措
美国	● 2020 年 5 月，美白宫公布对华战略方针，根据《2019 年国防授权法》和《国际紧急经济权力法案》，对华企业实施制裁。 ● 2020 年 6 月，美国参议院提出《为半导体生产创造有效激励措施法案》和《美国代工法案》。前者旨在增强美国半导体产业基础，包括制定 100 亿美元联邦匹配计划，建立具有先进制造能力的半导体制造厂，后者计划以 250 亿美元的联邦投资支持美国半导体制造业，强化美国领导地位，打击中国对产业的持续投资。 ● 2021 年 4 月，美国白宫主办"半导体对策"紧急视频峰会，拜登出席并扬言让美国夺回全球半导体的主导权。 ● 2021 年 6 月，由 6 名美国两党议员组成的团体共同提出《促进美国制造半导体》法案，给予芯片制造商 25% 的制造设备和设施投资税收抵免。 ● 2021 年 6 月 8 日，美国参议院通过《2021 年美国创新和竞争法案》，将半导体生产激励措施的 500 多亿美元用于激励本土半导体产业发展，吸引全球半导体企业主要是亚洲企业到美国本土设厂。 ● 2022 年 1 月 25 日，美国众议院通过了《竞争法案》，拨款 520 亿美元激励美国私营企业在本地投资，支持国防部和情报界特殊需求的研发与开发，并拨款 450 亿美元改善美国供应链，确保美国在全球的竞争力和领导地位。 ● 2022 年 3 月，美国众议院通过了《晶圆法案》，将建立投资税收抵免以激励半导体制造、设计，并在美国进行研究。 ● 2022 年 8 月，美国总统拜登签署《芯片和科学法案》（CHIPS and Science Act），为美国本土芯片产业补贴 542 亿美元，并通过先进制造业投资税收减免（ITC）政策为本土半导体制造项目提供 25% 的投资税收优惠，10 年内最多为企业减免约 242.5 亿美元的税费，以提高美国在半导体领域的竞争力和领先优势

国家和地区	主要举措
欧盟	● 2020年12月，欧洲17国发表《欧洲处理器和半导体科技计划联合声明》，以组建产业联盟、制定多国项目等方式推动欧洲半导体技术发展和应用。 ● 2021年3月，欧盟委员会发布《欧盟2030数字罗盘》，计划到2030年占全球先进半导体制造20%的市场份额，将从欧盟重建基金中出资约1500亿欧元。 ● 2021年5月，欧盟更新"产业战略"，旨在原材料、医药原料和半导体等6个战略领域减少对外国供应商的依赖。 ● 2021年9月，欧盟提出《欧洲芯片法案》，集合研发、设计、测试环节领先优势，协调欧洲层面和国家投资，为欧洲先进制造创造有利条件，为突破性技术开拓市场。 ● 2022年2月，欧盟公布《欧洲芯片法案》，调动超过400亿欧元的预算和私人投资建立"欧洲芯片生态"，欲大力推动欧洲半导体产业链，计划到2030年其芯片产量及全球市场占有率提升一倍，以减少对少数东亚国家制造的依赖
日本	● 2020年5月，日本政府出台"加强半导体等数码产业基础的新战略"，保护本国产业免受"半导体武器化"影响。 ● 2020年6月，日本经济产业省公布"强化半导体产业新战略"，与海外代工厂合作兴建新厂，重振日本半导体产业。 ● 2021年6月，日本经济产业省宣布《半导体数字产业战略》，强化尖端半导体设计、开发和制造，优化产业布局，加强产业韧性
韩国	● 2020年4月，韩国实施《为了强化材料、零部件、设备产业竞争力的特别措施法》，以提升韩国半导体供应链"内循环"。 ● 2021年5月，韩国政府宣布《K-半导体战略》计划，在未来10年投资500万亿韩元发展芯片行业，包括扩充电力等基础设施、扩大人才储备（10年培养3万余名专业人才）等全方位扶持方案。 ● 2022年7月，韩国产业通商资源部发布《半导体超级强国战略》，旨在从投资支持、人才培养、确保半导体领域技术竞争力和构建稳定半导体生态系统4个方面进行布局，确立韩国全球供应链中关键生产基地的地位
中国	● 2020年7月，国务院发布《新时期促进集成电路产业和软件产业高质量发展的若干政策》，从财税、投融资、研发、人才、知识产权、市场应用及国际合作等方面提出优惠政策。 ● 2021年1月，工业和信息化部发布《基础电子元器件产业发展行动计划（2021—2023）》，支持电子元器件领域关键短板及技术攻关。 ● 2021年3月，国务院发布《中华人民共和国国民经济和社会发展第十四个五年规划和2035年远景目标纲要》，围绕集成电路设计业、制造业、封测业和关键装备、材料四个方面提出主要任务和发展重点

资料来源：根据公开资料整理。

继美国后，韩国、日本也提出了集成电路发展战略。2021 年 5 月 14 日，韩国提出半导体强国目标，未来投资 4500 亿美元，将韩国建设成全球最大的半导体制造基地，引领全球的半导体供应链。推行以制造为核心的全产业链本土化布局。2021 年 9 月，日本拨款近万亿日元扶持芯片产业，计划在本土制造芯片，并拉拢台积电等芯片厂在日建厂，优化本国半导体产业布局，加强供应链韧性。

进入 2022 年，这场全球范围内的芯片保卫战愈演愈烈，主要国家和地区纷纷加大对本土集成电路制造业的支持力度。2022 年 1 月 25 日，美国众议院通过了《2022 年竞争法案》（2022 Competes Act），拨款 520 亿美元激励美国私营企业在本地投资，支持国防部和情报界特殊需求的研发与开发，并拨款 450 亿美元改善美国供应链，防止关键产品的短缺，并确保更多此类产品在美国本土制造，推动美国科学研究和技术创新，并通过经济发展和国际同盟关系确保美国在全球的竞争力和领导地位。2022 年 2 月，欧盟公布《欧洲芯片法案》，调动超过 400 亿欧元的预算和私人投资建立"欧洲芯片生态"，欲大力推动欧洲半导体产业链，计划到 2030 年其芯片产量及全球市场占有率提升一倍，以减少对少数东亚国家制造的依赖。2022 年 7 月，韩国产业通商资源部发布《半导体超级强国战略》，提出鼓励企业未来 5 年投资 340 万亿韩元用于半导体基础设施建设，未来 10 年培养 15 万名专业人才，并大规模投资下一代芯片研发，打造以实力企业和优秀人才为引领的半导体超级强国。2022 年 8 月，美国白宫通过《芯片和科学法案》，为美国本土芯片产业补贴 542 亿美元，并授权 1700 亿美元用于技术研究与创新，长期确保美国在全球集成电路产业竞争中的领先优势。

2. 政治经济大变局下的全球集成电路产业格局重塑

过去 30 年，全球集成电路产业在市场竞争环境下自然发展，形成"你中有我，我中有你"的高度全球化、分工化产业格局。在全球一体化供应链中，所有国家和地区相互依存，依靠自由贸易将世界各地的材料、设备、知识产权和产品流动到每个分工环节最佳的活动地点，基于地域分工的全球集成电路供应链为产业发展提供了巨大价值。任何国家或地区都不具备实现自给自足的本土供应链的条件,任何组织或政府也不具备改变全球集成电路产业格局的能力。

近年来,美国联合盟友推行"美国优先"政策,通过政治和安全手段与中国展开竞争。一方面,加大投资本土集成电路制造业;另一方面,推动构建"去中国化"的全球集成电路供应链。虽然美国政府大规模的政治干预能否帮助美国集成电路制造业保持竞争优势尚未可知,但其无视全球一体化的集成电路供应链为各个国家和地区带来互利共赢的基本事实,强行采取单边主义行为,势必割裂当前全球化分工合作的集成电路供应链,损害全球技术合作的信任基础,阻碍全球集成电路技术快速进步和产业健康发展,全球集成电路产业格局正在重塑。

参考文献

[1] 比亚迪半导体.比亚迪半导体车规级 MCU 量产装车突破 1000 万颗 [J].中国集成电路,2021,30(6):21.

[2] 陈灏,伊鸣.从全球头部芯片企业财报看汽车芯片供应 [J].汽车纵横,2021(12):31-35.

[3] 李先军,刘建丽,闫梅.产业链优势重塑:各国破解汽车芯片短缺的举措及中国对策 [J].当代经济管理,2022,44(7):64-71.

[4] 王若达,夏梦阳,解楠,等.全球汽车芯片产业现状及布局 [J].中国集成电路,2022,31(8):10-14.

[5] 韦柳融.后摩尔时代的算力产业发展 [J].信息通信技术与政策,2021,47(6):80-84.

[6] 朱晶.全球汽车半导体产业现状及对我国该产业发展的建议 [J].中国集成电路,2021,30(3):11-17.

第七章 重金投入的全球"芯"路并购

近年来集成电路产业内掀起一阵并购潮，通过并购可以产生规模效应，打破进入壁垒，提升资源配置效率等，成为集成电路发展的重要手段。

一、国内外集成电路产业并购风起云涌

伴随着工业物联网、机器人、智能嵌入式系统等新应用领域和高增长市场的出现，以及大型集成电路企业积极的推动，近年来全球集成电路产业并购事件广泛发生，尤其是 2015 年以来，全球集成电路产业迎来并购热潮，百亿美元级并购事件接连出现，诸如"大鱼吃小鱼"、强强联手等并购事件层出不穷，甚至还出现了部分"蛇吞象"并购事件。

（一）全球集成电路产业并购异军突起

2015 年前全球集成电路产业并购交易总额处于低位，2015 年以来全球集成电路产业迎来并购热潮。IC Insights 公布的数据显示（图 7-1），2010—2014 年全球集成电路产业并购交易总额分别为 77 亿、170 亿、95 亿、118 亿、169 亿美元，年平均值仅为 125.8 亿美元。2015 年之后，全球集成电路产业并购迎来热潮，从当年公布的并购交易情况来看[①]，2015 年和 2016 年全球集成电路产业并购交易总额分别为 1077 亿、1007 亿美元，处于历史高位。即使是在全球集成电路产业并购交易显著放缓的 2017—2019 年，交易总额也维持在 300 亿美元左右，远高于 2010—2014 年中任何一

---

① 指当年宣布进行的并购交易。

年的并购交易总额。2020 年公布的全球集成电路产业并购交易总额更是达到 1179 亿美元的历史新高。从最终达成的并购交易 [①] 情况来看，2015—2019 年 [②] 全球集成电路产业最终达成的并购交易总额分别为 1077 亿、598 亿、284 亿、266 亿、315 亿美元，年平均值达 508 亿美元，是 2010—2014 年平均值的 4 倍多。

　　大型并购交易助推 2015 年以来的全球集成电路产业并购热潮。据 IC Insights 公布数据（图 7-1），由于物联网、可穿戴和智能化嵌入式电子产品的爆发，2015 年全球集成电路产业并购交易总额跃升至 1077 亿美元，其中超过 10 亿美元的大型集成电路收购交易有 10 项。2016 年公布的并购交易中有 7 项集成电路收购交易超过 10 亿美元，这也促使 2016 年全球集成电路产业并购交易总额达到 1007 亿美元 [③]。2017 年超过 10 亿美元的大型集成电路收购交易只有 2 项，但这 2 项大型收购交易占 2017 年全球集成电路产业并购交易总额的 87%。2018 年超过 10 亿美元的大型集成电路收购交易有 4 项，分别为 2018 年 3 月公布的微芯科技以 83.5 亿美元现金收购无晶圆厂混合信号集成电路和功率分立器件供应商美高森美（Microsemi）、2018 年 9 月公布的瑞萨电子以 67 亿美元的价格收购无晶圆厂公司混合信号 IC 供应商 IDT（Integrated Device Technology）、2018 年 10 月公布的内存制造商美光科技以约 15 亿美元的现金价格收购英特尔旗下合资公司 IM Flash Technology 以及 2018 年 9 月公布的中国最大智能手机合约制造商闻泰科技收购总部位于荷兰的标准逻辑和分立器件供应商安世半导体的股份。其中，最大的 2 项收购协议占 2018 年全球集成电路产业并购交易总额的 65% 左右。此外，在 5 项大型并购交易的推动下，2020 年全球集成电路产业并购交易总额达到 1179 亿美元的历史新高，而这 5 项大型并购交易总额为 940 亿美元，约占 2020 全年行业并购协议总额的 80%。

---

① 不包括终止的并购交易。
② 由于部分2020年宣布进行的并购交易仍在进行中，因此，暂不考虑2020年的情况。
③ 由于几单并购交易的终止，尤其是高通收购恩智浦的流产，导致2016年的全球集成电路产业最终达成的并购交易总额下降至598亿美元。

（亿美元）

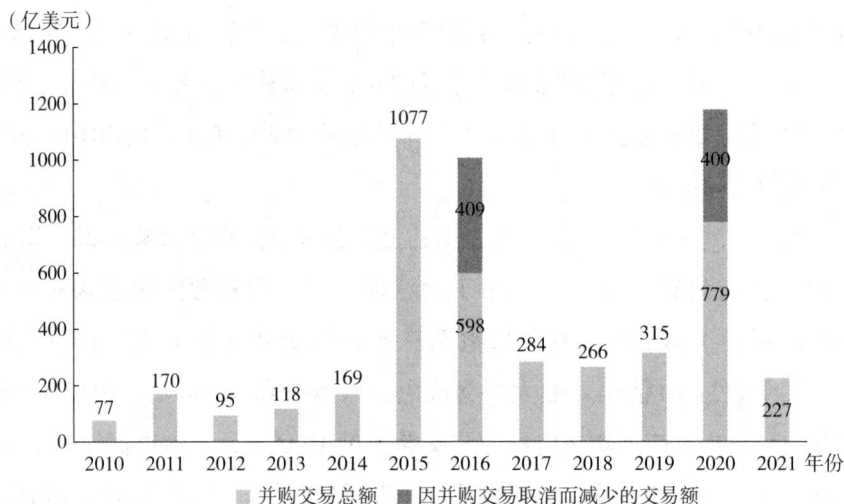

图 7-1 2010—2021 年全球集成电路行业并购协议总额

资料来源：IC Insights[①]。

各国政府监管审查力度的加大导致大型并购交易有所放缓。在各国保护国内技术的努力以及全球贸易摩擦的升级带来的各国对集成电路企业合并协议的监管审查日益密集的情形下，大型并购交易失败率陡增，全球集成电路产业并购交易进程有所放缓。例如，截至 2016 年以来史上最大的交易——高通收购恩智浦的终止，这也直接导致 2016 年的全球集成电路产业最终达成的并购交易总额由 1007 亿美元下降至 598 亿美元。2020 年9 月公布的图形处理器领导者英伟达以 400 亿美元收购英国处理器设计技术供应商 ARM 的计划最终于 2022 年 2 月宣告失败。

历年集成电路产业并购案中，美国并购交易最活跃，中国呈追赶之势。从图 7-2 可以发现：一方面，2010—2021 年，美国并购数几乎远高于其他国家或地区，其中，2019 年美国集成电路产业并购数高达 567 项，是

---

① IC Insights的并购清单涵盖了半导体公司、业务部门、产品线、芯片知识产权（IP）和晶圆厂的购买协议，但不包括IC公司对软件和系统级业务的收购。IC Insights的收购清单还排除了半导体资本设备供应商、材料生产商、芯片封装和测试公司以及设计自动化软件公司之间的交易。

中国大陆地区集成电路产业并购数的 3.7 倍，是德国集成电路产业并购数的 63 倍；另一方面，中国大陆地区集成电路产业并购数于 2014 年开始进入上升通道，且于 2017 年短暂超过美国集成电路产业并购数量，此后出现一定程度的下滑，于 2021 年再次超过美国，成为集成电路产业并购数量最多的地区。

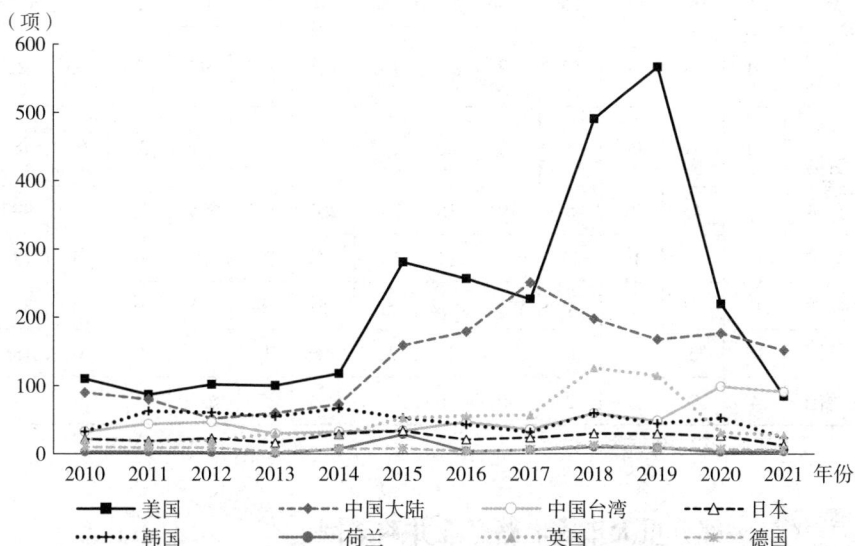

图 7-2　2010—2021 年主要国家和地区集成电路并购数

资料来源：BVD数据库①。

表 7-1 提供了 2010—2021 年主要国家和地区集成电路产业并购交易总额，可以发现，美国集成电路产业并购交易总额依然是最高的国家，且与其他国家和地区保持明显的差距。2010—2021 年，美国集成电路产业并购交易总额高达 4328 亿美元，是中国大陆地区集成电路产业并购交易总额的 3.5 倍，是德国集成电路产业并购交易总额的 25 倍。除此之外，值得注意的是，尽管中国大陆地区集成电路产业并购数于 2017

① 利用BVD数据库，保留交易状态为"complete"的样本，并剔除交易价格缺失、年份缺失的样本后整理得出。

年、2021 年超过美国（图 7-2），但相应年份的中国大陆地区并购交易总额仍与美国存在较大差距。这反映出美国在集成电路产业的"霸主地位"。

表 7-1　　2010—2021 年主要国家和地区集成电路并购交易总额　单位：亿美元

国家和地区	2010年	2011年	2012年	2013年	2014年	2015年	2016年	2017年	2018年	2019年	2020年	2021年	总额
美国	275	196	152	228	304	519	384	340	483	433	723	291	4328
中国大陆	21	38	16	55	39	101	161	117	253	97	235	95	1228
中国台湾	11	31	66	8	30	40	142	8	28	20	35	69	488
日本	9	43	29	5	19	18	387	201	127	55	33	71	997
韩国	11	41	16	12	7	11	9	12	23	10	26	5	183
荷兰	0	18	27	1	22	182	33	5	24	33	0	2	347
英国	14	3	5	8	13	22	12	66	18	10	9	6	186
德国	4	7	2	2	30	2	1	3	7	102	4	7	171

资料来源：BVD 数据库。

（二）部分重大集成电路产业并购案例

本部分将系统整理 2011—2019 年国内外集成电路产业并购的部分重大案例（表 7-2），具体案例分析如下。

表 7-2　2011—2019 年国内外集成电路产业并购的部分重大案例　单位：亿美元

时间	收购国家	收购方	并购方	金额
2011 年 4 月	美国	德州仪器	美国国家半导体	65
2012 年 10 月	荷兰	ASML	Cymer	25
2013 年 12 月	美国	安华高	艾萨华（LSI）	66
2014 年 12 月	美国	赛普拉斯	飞索半导体（Spansion Semiconductor）	50
2015 年 3 月	荷兰	恩智浦	飞思卡尔	118
2015 年 5 月	美国	安华高	博通	370
2015 年 6 月	美国	英特尔	阿尔特拉（Altera）	167

续表

时间	收购国家	收购方	并购方	金额
2015 年 8 月	中国	长电科技	星科金朋	7.8
2015 年 10 月	美国	西部数据	闪迪	190
2015 年 10 月	美国	泛林半导体	科磊	106
2016 年 7 月	美国	亚德诺	凌特（Linear）	148
2016 年 7 月	日本	软银	ARM	320
2017 年 3 月	美国	英特尔	Mobileye	153
2018 年 10 月	中国	闻泰科技	安世半导体	53
2019 年 6 月	德国	英飞凌	赛普拉斯	101
2019 年 8 月	美国	博通	赛门铁克安全业务	107

资料来源：根据公开资料整理。

1. 德州仪器收购美国国家半导体，强化其在模拟半导体领域的市场地位

案例简介：2011 年 4 月，德州仪器与美国国家半导体宣布已签署最终协议，根据该协议，德州仪器将以每股 25 美元、总价值约 65 亿美元的现金价格对美国国家半导体进行收购。在获得这两家公司董事会的一致批准，并通过全部的监管部门审查，以及美国国家半导体公司股东核准之后，德州仪器于美国中部时间 2011 年 9 月正式完成对美国国家半导体的收购，最终交易价值为 65 亿美元。

并购主体：德州仪器是模拟半导体领域的全球领导者，拥有 3 万种模拟产品和模拟半导体领域先进的生产制造能力。此外，公司还建有全球首个 12 英寸的模拟晶圆制造厂，在客户群体中具有广泛的影响力。美国国家半导体的总部位于美国加利福尼亚州圣克拉拉城市，公司是电源管理技术领域的领导者，拥有 12000 种模拟产品，而且可以提供优秀的客户设计工具。因其易于使用的模拟集成电路和世界一流的供应链而闻名，公司的高性能模拟产品使其客户的系统更加节能。

并购影响：收购完成后，新公司将继续开展美国国家半导体位于各

地区的制造业务，并接管其位于圣克拉拉城市的总部和全球销售与设计支持机构。由此，一方面，新公司将具备更多模拟半导体领域先进的模拟产品、更强大的生产制造能力以及模拟半导体领域最具规模的销售和应用团队，其在模拟半导体领域的市场优势和市场份额将进一步扩大。据估算，在美国国家半导体并入之后，德州仪器模拟部门的营业收入将占其总营业收入的近50%。另一方面，作为模拟半导体行业的两大领导者，德州仪器与美国国家半导体在提供改善性能和效率，以及在电子系统中转换现实世界信号的产品方面各具独特优势，其结合所带来的4万多种互补的模拟产品和顶级的研发及产能合并，对全球模拟市场和技术发展产生了深远的影响。

2. ASML 收购光学技术供应商 Cymer，巩固其光刻机霸主地位

案例简介：2012年10月，荷兰光刻设备供应商ASML宣布将以现金和股票交易的方式收购其关键的光学技术提供商Cymer。在获得ASML和Cymer公司董事会的一致批准，并通过全部的监管部门审查以及Cymer公司股东核准之后，ASML于2013年5月正式完成对Cymer的收购，最终交易价值为19.5亿欧元（约合25亿美元）。

并购主体：ASML总部位于荷兰，是全球领先的集成电路行业光刻系统供应商之一，其生产的光刻机设备对集成电路至关重要。在光刻机设备这一领域，ASML在高精度制程方面处于全球绝对领先位置，其主要客户有三星电子、台积电和英特尔等。Cymer总部位于美国加利福尼亚州圣迭戈，是全球集成电路微影光源的主要供应商，是开发光刻光源行业的领导者，是行业内向EUV光刻技术过渡的先驱。Cymer是ASML系统准分子激光器和EUV光源的关键供应商。

并购影响：EUV光源开发计划长期都是ASML的一大技术障碍，此次合并将Cymer在EUV光源方面的专业知识与ASML在光刻系统设计和集成方面的专业知识相结合，在降低ASML开发风险的同时，加速其在EUV集成电路光刻技术领域的开发，这项技术将提升未来智能手机和平板电脑芯片的性能和功能。

3. 安华高收购半导体和软件供应商艾萨华，创建高度多元化的集成电路市场领导者

案例简介：2013 年 12 月，安华高与艾萨华宣布已签署最终协议，根据该协议，安华高将以每股 11.15 美元、总价值约 66 亿美元的现金价格收购艾萨华。在获得安华高与艾萨华公司董事会的批准，并经不同司法管辖区的监管机构批准以及艾萨华股东的核准之后，安华高于 2014 年 5 月正式完成对艾萨华的收购，最终交易价值为 66 亿美元。

并购主体：安华高是一家领先的模拟半导体器件设计、开发和全球供应商，专注于基于 III-V 的产品。公司产品组合广泛，拥有数千种产品，主要涉及 3 个目标市场：无线通信、有线基础设施、工业及其他。艾萨华公司主要为加速数据中心、移动网络和客户端计算中的存储和联网而设计半导体和软件。公司技术是提高应用程序性能的重要智慧，并应用于与合作伙伴合作创建的解决方案中。

并购影响：一方面，此次互补性的收购交易使安华高在已有的有线基础设施、无线和工业业务基础上扩充了半导体存储业务，扩大了安华高在有线基础设施，尤其是系统级专业能力方面的产品供给和生产能力，使其成为一个高度多元化的集成电路市场领导者。随着在多个有吸引力的终端市场上规模的扩大和产品组合的多样化，合并后的公司能够充分利用数据中心 IP 和移动数据流量快速增长所创造的各种机会。合并后的新公司的规模和收入增加，客户群更加多样化。另一方面，在非公认会计原则（Non-GAAP）的基础上，此次收购对安华高的自由现金流和每股收益产生显著和直接的增值。到 2015 财年年末，年运营协同效应达到 2 亿美元，合并后的新公司产生了 50 亿美元的年收入。

4. 赛普拉斯和飞索半导体强强联合，共建全球领先的嵌入式芯片供应商

案例简介：2014 年 12 月，赛普拉斯和飞索半导体宣布达成了一项以价值约为 40 亿美元的全股票免税交易方式合并的最终协议。在经过一系列常规程序，包括赛普拉斯半导体和飞索半导体公司董事会的一致批准，

美国、德国等监管部门审查，以及飞索半导体公司股东的核准之后，该项合并交易于 2015 年 3 月完成，最终交易价值为 50 亿美元。合并公司总部设在加利福尼亚州圣何塞，名为赛普拉斯半导体公司。根据协议条款，每家公司的股东各拥有合并公司约 50% 的股份。合并公司具有一个 8 人董事会，由 4 名赛普拉斯半导体董事和 4 名飞索半导体董事组成。飞索半导体董事长担任合并公司的非执行董事长。

　　并购主体：赛普拉斯半导体是一家总部位于美国加利福尼亚州旧金山湾区南部圣何塞的公司，是可广泛增强消费品和工业产品连接性和性能的 USB 控制器领域的全球领导者，也是 SRAM 存储器和非易失性 RAM 存储器领域的全球领导者。赛普拉斯半导体主要提供高性能、数模混合、可编程的解决方案，这些解决方案为客户提供快速的上市时间和卓越的系统价值；产品包括旗舰产品 PSoC 1、PSoC 3、PSoC 4 和 PSoC 5 等可编程的 SoC 系列。此外，赛普拉斯半导体是电容式用户界面解决方案领域的全球领导者，包括 CapSense 触摸感应、TrueTouch 触摸屏以及笔记本电脑和外围设备的触控板解决方案。赛普拉斯半导体主要服务于消费者、手机、计算、数据通信、汽车、工业和军事等领域。飞索半导体是嵌入式系统解决方案领域的全球领导者，其总部位于美国加利福尼亚州的森尼韦尔。该公司专业化于设计、开发和制造闪速存储器（Flash Memory）、MCU、数模混合和模拟产品以及提供 SoC 解决方案；公司产品主要涉及汽车电子、家用电器、外围计算设备、消费设备、工业和网络等领域。

　　并购影响：一方面，合并之前，赛普拉斯半导体和飞索半导体在 MCU 业务上的投资几乎没有重叠，两家公司的客户、技术和应用覆盖是互补的；在内存业务上均非常独立，赛普拉斯半导体是 SRAM 芯片的主要生产商，飞索半导体则从 NOR Flash 存储器领域扩展到 NAND Flash 闪速存储器领域；合并后的公司成为嵌入式系统所需的 MCU、SRAM 和 NOR 闪速存储器的全球领先供应商，可以创造更高的运营效率和规模经济，并将为股东带来最大价值，为员工提供新机会，为客户提供更好的体验。另一方面，据估算，合并后的公司每年将产生超过 20 亿美元的营业收入。另外，此项合并交易所带来的协同效应预计在未来 3 年中每年为新公司节约 1.35 亿美元的成本，并且在交易完成后的第一个完整年度中增加新公司非公认会计原则下的收益。

5. 恩智浦收购飞思卡尔，成为全球最大的汽车半导体厂商

案例简介：2015 年 3 月，恩智浦就合并飞思卡尔签订了最终协议，根据该协议，恩智浦将以现金加股票的方式收购飞思卡尔。在获得恩智浦与飞思卡尔公司董事会的一致批准，并经不同地区的司法管辖区的监管机构批准，以及恩智浦与飞思卡尔公司股东核准之后，恩智浦于 2015 年 12 月正式完成对飞思卡尔的收购，最终交易价值为 118 亿美元。合并后的公司将继续以恩智浦的身份运营。

并购主体：恩智浦总部位于荷兰，作为嵌入式应用安全连接解决方案的全球领导者，恩智浦正在推动安全连接车辆、端到端的安全和隐私，以及智能连接解决方案市场的创新。飞思卡尔为未来互联网提供安全的嵌入式处理解决方案，专注于汽车电子芯片等嵌入式处理器和模拟电路领域，主要产品是 MCU 和电子网络处理器，即嵌入式处理器。

收购影响：收购完成后，一方面，此次互补性合并交易将恩智浦与飞思卡尔结合起来，新公司着眼于成为全球汽车半导体解决方案和 MCU 领域的领跑者，推动合并后的新公司进入汽车的新应用领域，包括动力传动系统、安全和车身电子设备，巩固其在音频信息娱乐、安全和车辆网络方面的现有领先地位。除此之外，此次合并还巩固了新公司在其他快速增长的芯片领域的市场地位，例如可穿戴设备和健康显示器。另一方面，此次合并创造了高性能数模混合半导体行业的领导者，合并后的新公司市值将超过 400 亿美元，年营业收入超过 100 亿美元。另外，该笔交易预计在 2016 年增加恩智浦的非公认会计原则收益，且在实现 5 亿美元年度成本协同效应的明确路径下，为恩智浦实现 2 亿美元的成本节约。

6. 安华高收购博通，签署了截至 2020 年以来集成电路行业最大的收购协议

案例简介：2015 年 5 月，安华高和博通宣布签署了一项最终协议，根据该协议，安华高将以现金和股票交易的方式收购博通。在获得安华高和博通公司董事会的一致批准，并经不同司法管辖区的监管机构批准以及安华高和博通公司股东核准之后，该交易于2016年2月正式完成，最终交易价值为370亿美元。合并后的公司被命名为博通公司。该交易是截至2020年以来集成电路行业最大的收购协议。

并购主体：安华高总部位于新加坡，是一家领先的模拟半导体器件设计、开发和全球供应商，专注于基于Ⅲ-V的产品以及基于复杂数字和数模混合CMOS的器件。公司产品组合广泛，拥有数千种产品，主要涉及4个主要目标市场：无线通信、企业存储、有线基础设施、工业及其他。博通是有线和无线通信半导体解决方案的全球领导者和创新者。公司产品在家庭、办公室和移动环境中无缝提供语音、视频、数据和多媒体连接服务。公司拥有业界最广泛的、最为先进的系统集成芯片解决方案组合之一。

并购影响：一方面，此次合并交易标志着博通无与伦比的工程能力将与安华高从惠普、美国电话电报公司和艾萨华继承的技术进行结合，合并后的新公司成为有线和无线通信半导体领域的全球多元化领导者。另一方面，合并后的新公司将拥有集成电路行业最多元化的通信平台，企业价值为770亿美元，年总营业收入约为150亿美元。

7. 英特尔收购阿尔特拉，助力重返全球芯片领导者的地位

案例简介：2015年6月，英特尔宣布以167亿美元价格收购全球第二大FPGA厂商阿尔特拉，这笔交易通过已有现金加借贷的方式进行，成为该公司有史以来最贵的一笔收购案件。在接受收购之后，阿尔特拉将被划归于英特尔的数据中心业务部门，阿尔特拉公司的FPGA技术方案得以应用，客户可以在购买此类芯片之后根据具体需要自行加以配置。

并购主体：英特尔是在计算创新领域最具有影响力的企业，是美国唯一同时从事研发和制造的领先企业。该公司制造了世界上第一个商用"无冲突"的微处理器，并设计和建造了作为全球计算设备基础的关键技术。阿尔特拉公司总部在美国加利福尼亚州，提供FPGA、SoC、CPLD和电源解决方案等补充技术，为全球客户提供高价值的解决方案。从成立至今，阿尔特拉公司一直在同行业中保持着龙头地位，是 FPGA 技术的领先提供商，也是世界上可编程芯片系统（SOPC）解决方案倡导者。

并购影响：此次收购把英特尔的前沿产品和制造工艺与阿尔特拉领先的 FPGA 技术结合起来，这一结合有望实现数据中心和物联网细分市场客户需求的新型产品。阿尔特拉的 FPGA 业务与英特尔的成长战略相符，FPGA 也将从摩尔定律中受益。英特尔技术向阿尔特拉的 FPGA 产品提供英特尔 Xeon 至强处理器技术以形成高度定制化、整合的产品，还可以通过英特尔的整合设备制造模式，从设计及制造两方面提升阿尔特拉的产品。

8. 长电科技收购星科金朋，"蛇吞象"式跨国并购

案例简介：2015 年 8 月，江苏长电科技股份有限公司联合国家集成电路产业投资基金股份有限公司、芯电半导体（上海）有限公司以自愿有条件全面要约收购的方式私有化新加坡上市公司星科金朋的交易正式完成，总股权交易对价约为 7.8 亿美元，对应企业价值约为 18 亿美元。此次交易为中国 A 股上市公司首次跨境收购国际一流封装测试公司，同时也是 2010—2015 年全球最大的集成电路封测行业控制权收购案。

并购主体：长电科技前身为江阴晶体管厂，如今是全球领先的集成电路制造和技术服务提供商，致力于为全球客户和合作伙伴提供全方位的微系统集成一站式服务，公司所属集成电路封测行业，从事分立器件、集成电路封装与测试以及分立器件芯片的设计与制造等业务，并根据市场需求情况自行加工销售封测产品，为海内外客户提供封装设计、组装、测试等微系统集成一站式服务，其集成电路封装技术在我国乃至世界名列前茅。星科金朋前身 STATS 于 1994 年成立于美国加利福尼亚州，2000 年在纳斯达克及新加坡交易市场挂牌上市。星科金朋的研发能力很强，其拥有的 2000 多项专利中八成集中在美国，两成集中在亚洲较为发达的区域。一直以来星科金朋主要从事半导体封测业务，其测试业务在全球领先，其中 eWLB、IPD、3D 等的封装技术代表着未来集成电路的发展方向，特别是在后摩

时代，其先进的封装技术会以低成本和高性能占据未来产业的制高点。

并购前后：在2013年星科金朋被并购前，其总资产约为144亿元、营收约为99亿元，总市值约为45亿元，而长电科技总资产约为76亿元，营收约为51亿元，资产负债率约为68%，净现金流约为2亿元，可见当时星科金朋的规模是长电科技的两倍左右，长电科技需要花费45亿元控制星科金朋，因此长电科技自身无力完成对星科金朋的收购，一方面长电科技股权较为分散，募集资金可能会导致控股公司失去控制权；另一方面，长电科技现金流匮乏，大量举债会造成严重的财务风险。为此，长电科技设置了非常巧妙又极其复杂的交易结构，使其在出资少的情况下掌握足够控制权。

并购影响：长电科技虽在国内集成电路封测领域名列前茅，但其在封测技术、客户资源以及市场份额等各方面与全球一流水准相比仍有很大的差距。并购的主要影响表现如下：一方面，通过并购提升自身国际影响力，巩固自身在行业所处地位。长电科技并购星科金朋，可以通过星科金朋的品牌影响力进入海外市场，建立品牌优势。另一方面，进一步开发海外市场，扩大市场占有率。星科金朋在海外市场拥有良好的产业布局、完整的销售服务体系，长电科技收购星科金朋，将目标群体定位在高端客户群，扩大了客户基础。此外，获得了先进封装技术，提升了研发实力。星科金朋一个重要的特点就是研发能力强，且封装技术名列前茅。长电科技收购星科金朋可以在一定程度上实现优势互补，更为清晰、准确地与目标市场需求匹配，提升研发实力，为长电科技进一步迈入国际一流封测公司奠定基础。

9. 西部数据完成对闪迪的并购，为双方创造共赢局面

案件简介：2015年10月，西部数据和闪迪宣布达成一项协议，根据该协议，西部数据将以现金和股票的组合方式收购闪迪的所有已发行股份。在获得西部数据和闪迪公司董事会的一致批准，并经中国大陆、美国、欧盟、新加坡、日本、韩国、南非和土耳其等司法管辖区的监管机构批准以及闪迪公司股东的核准之后，西部数据于2016年5月正式完成对

闪迪的收购，最终交易价值为 190 亿美元。

并购主体：西部数据公司位于美国加利福尼亚州，成立于 1970 年，是一家行业领先的存储解决方案开发商和生产制造商，致力于帮助消费者创建、管理、体验和保存数字内容。该公司是存储行业的长期创新引领者，其产品主要有 HGST 和 WD 等品牌，主要面向全球用户。在被希捷（Seagate）超越之后，西部数据成为全球第二大硬盘生产商。闪迪是 Flash Memory 解决方案领域的全球领导者，在非易失性存储器（Non-volatile Memory，NVM）、系统解决方案和制造领域具备专业知识。公司的许多高质量、最先进的解决方案已成为世界上最大数据中心的核心，并嵌入先进的智能手机、平板电脑和 PC 设备中。

并购影响：一方面，对于西部数据而言，其长期在机械硬盘（Hard Disk Drive，HDD）领域实力雄厚，而在固态硬盘（Solid State Disk，SSD）市场发展相当滞后，特别是在 Flash Memory 领域，这影响了其在全球存储行业的市场地位。此次收购使西部数据成为一家覆盖全球的综合存储解决方案提供商以及一个广泛的产品和技术平台，包括旋转磁存储和 NVM 方面的专业知识。西部数据集齐了 SSD、闪存卡、U 盘等众多存储领域的顶尖技术，弥补了其之前的短板，从而更加稳固公司的定位，致力于满足以等比级数逐年成长的数据储存需求。另一方面，此次合并在交易完成后的 18 个月内实现每年 5 亿美元的协同效应。

10. 泛林半导体收购科磊，产品范围进一步扩大

案例简介：2015 年 10 月，集成电路设备制造商泛林半导体以约 106 亿美元收购其竞争对手科磊公司。周三美股盘前交易科磊的股票上涨约 18.5%，至 63.85 美元，仍低于泛林半导体的收购报价每股 67.02 美元。

并购主体：泛林半导体和科磊总部都位于美国，泛林半导体是向世界半导体产业提供晶圆制造设备和服务的主要供应商之一，《财富》2008 年度高盈利科技企业排行榜中泛林半导体位于第 20 名。由于互联网设备对更便宜的芯片和新产品的需求，芯片制造商越发需要巩固自己的供应链，以至 2015 年以来芯片制造领域不断出现创纪录的并购交易。科磊是一家

从事半导体及相关纳米电子产业的设计、制造及营销制程控制和良率管理解决方案商，其产品包括芯片制造、晶圆制造、光罩制造、CMOS 和图像感应器制造、太阳能制造、LED 制造、资料储存媒体 / 读写头制造、微电子机械系统制造及通用 / 实验室应用等。

并购影响：一方面，泛林半导体和科磊虽然都为晶圆厂提供制造设备，但是两家公司的产品并不重合，而且设备功能也是各有特色，合并之后公司的产品范围将进一步扩大。另一方面，合并之后的公司将发挥各自的优势来研发新设备，而且其体量也将超越其他竞争对手。根据分析，泛林半导体和科磊将占据半壁江山，拥有晶圆制造设备市场 42% 的份额；另外，新公司年支出将减少 2.5 亿美元。

11. 亚德诺半导体收购凌特，全球集成电路产业整合速度进一步加快

案例简介：2016 年 7 月，亚德诺宣布收购凌特。亚德诺以每股 46 美元现金加上 0.2321∶1 比例的换股收购了凌特，整个收购价为 148 亿美元，该公司计划通过约 5800 万股新股以及约 73 亿美元新债和现金来为该交易融资。收购完成后，两家公司的市值接近 300 亿美元，亚德诺也将成为仅次于德州仪器的全球第二大模拟集成电路厂商，年营业额接近 50 亿美元。在全球集成电路规模以上企业中，凌特多年保持利润率榜首的位置，这样一家极具特色的公司被收购，也显示了全球集成电路产业整合速度的进一步加快，2015 年全球集成电路并购金额达到创纪录的 1500 亿美元。

并购主体：亚德诺公司是业界认可的数据转换和信号处理技术全球领先的供应商，拥有遍布世界各地的 6 万家客户，涵盖了全部类型的电子设备制造商。作为领先业界 40 多年的高性能模拟集成电路制造商，亚德诺的产品用于模拟信号和数字信号处理领域，公司总部设在美国马萨诸塞州诺伍德市，设计和制造基地遍布全球。凌特成立于 1981 年，是一家业界领先的模拟半导体厂商，在电源管理方面，凌特更是业界当之无愧的领头羊。根据 IC Insights 的数据，在收购发生之前的 2015 年，亚德诺和凌特营业收入在模拟厂商中分别位列第 4 位和第 8 位（表 7-3），凌特公司的利

润率也高达 49%，这一数据是非常可观的。

表 7-3　　　　　领先的模拟集成电路供应商营业收入　　　单位：亿美元

2015 年排名	公司	2014 年	2015 年	变化	市场份额
1	德州仪器	81.40	83.40	2%	18%
2	英飞凌	27.70	28.85	4%	6%
3	思佳讯	25.70	27.00	5%	6%
4	亚德诺	26.15	26.65	2%	6%
5	意法半导体	28.36	24.65	–13%	5%
6	美信（Maxim）	20.35	19.60	–4%	4%
7	恩智浦	17.30	19.05	10%	4%
8	凌特	14.37	14.40	0%	3%
9	安森美	12.91	11.55	–11%	2%
10	瑞萨电子	9.10	8.05	–12%	2%

资料来源：IC Insights。

并购影响：亚德诺收购凌特的主要目的在于成为高性能模拟半导体工业的领导者。在产品系统中，电源是关键，也是基础，因此在过去的几十年里，每个厂商都在努力提高电源的效率和稳定性。然而，电源技术始终没有很大的突破，转换效率也没有太大的提升。而在该领域深耕多年的凌特恰好有一些积累，其最被称赞的产品之一就是电源管理，该公司在该领域的占有率为业界第二，收购该公司将对亚德诺形成有益补充。

12. 软银收购英国芯片巨头 ARM，加速迎接物联网时代

案例简介：2016 年 7 月，日本软银集团提出以 243 亿英镑（320 亿美元）现金收购 ARM 公司，并表示，收购后将保留 ARM 的组织架构，包括继续将其总部留在英国剑桥，并保留 ARM 现有高管团队、品牌和以合作伙伴关系为基础的业务模式，将在未来 5 年内，把 ARM 在英国的员工数量提升至少一倍。

并购主体：ARM 成立于 1990 年，是苹果、Acorn Computers 和 VLSI Technology 的合资企业，致力于为所谓的精简指令集计算机或 RISC 的特殊

类型机器研发微处理器。ARM 拥有支撑全球大部分消费科技行业的知识产权，其授权技术为高通和台积电等公司生产的芯片提供动力，然后被用于智能手机、平板电脑、智能电视，以及苹果、三星电子和华为等公司的其他产品。软银是 1981 年在日本创立的综合性风投公司，致力于网络、电信等 IT 产业的投资。目前，软银在全球投资超过 600 家公司，已成为一个市值 680 亿美元的全球电信与媒体巨头。软银不光持有美国第四大电信运营商 Sprint 和日本第一大搜索引擎雅虎日本的多数股权，还于 2000 年以 2000 万美元入股阿里巴巴，于 2006 年以 150 亿美元收购了沃达丰日本业务，这也让软银一举成为日本的第三大运营商。

并购影响：随着虚拟现实、人工智能等新技术浪潮的涌现，软银希望在人工智能和物联网领域占有一席之地，而近年来向互联网领域进军的 ARM 则是最好的目标。在英国公投脱欧后，英镑大幅贬值，这也让软银可以更便宜地买下 ARM。对 ARM 而言，该公司虽然在芯片设计领域独当一面，但截至 2015 年，公司营收却只有 10 亿英镑，根据全球芯片行业的标准，这种营收水平并不高，而软银的收购价相当于 ARM 2014 年净利润的 70 倍，因此，ARM 通过利用软银提供的所有资源，可以让公司进一步加速发展基于 ARM 架构的计算技术。

13. 英特尔收购 Mobileye，汽车行业以及消费市场的一大进步

案例简介：2017 年 3 月，英特尔和 Mobileye 联合宣布，双方已经达成一项最终协议，英特尔将以 153 亿美元收购 Mobileye。根据该协议的条款，英特尔一子公司将会以每股 63.54 美元的现金收购 Mobileye 全部的已发行流通股，总金额为 153 亿美元，这将成为以色列科技领域历史上金额最高的一起收购案。

并购主体：英特尔是集成电路行业和计算创新领域的全球领先厂商，创始于 1968 年。如今，英特尔正转型为一家以数据为中心的公司以推动人工智能、5G、智能边缘等转折性技术的创新和应用突破，驱动智能互联世界。Mobileye 是一家有十几年技术研发背景、致力于用视觉系统协助驾驶员安全驾驶并降低交通事故发生率的老牌技术公司，目前是 ADAS（高

级辅助驾驶）领域的龙头企业。Mobileye 希望未来车辆在任何道路上都可以实现自动驾驶，而这个愿景自然就和英特尔推动汽车智能化、数据化的布局物联网的愿景不谋而合。2016 年 7 月，Mobileye 为"眼"、英特尔为"脑"、宝马为"躯干"，三者携手共同研发自动驾驶汽车，在此次合作中 Mobileye 与英特尔加深了彼此信任，亦是此次收购案的推动因素。

并购影响：对英特尔而言，此次收购的目的在于抢先布局汽车自动驾驶领域，并试图以规模优势取胜。在官方收购公开信息中，英特尔认为车载系统与数据服务的市场价值将在 2030 年达到惊人的 700 亿美元，可观的未来价值促使英特尔布局该领域。此外，英伟达与高通频频高调发力自动驾驶，加之英特尔 2016 财年包括汽车制造在内的物联网业务的销售额增长了 15%，在这些因素的促进下，英特尔拓展其他领域，尤其是汽车领域的决心更坚决。对 Mobileye 而言，此次收购是汽车行业以及消费市场的一大进步，Mobileye 是汽车级计算机视觉领域的领头羊，且与众多汽车制造商和供应商均有合作，英特尔收购 Mobileye 可以为汽车制造商提供一个更高效、更低成本的自动驾驶解决方案，也能提供关键自动驾驶的基础技术，包括绘制汽车的路径和实时驾驶决策。

14. 闻泰科技收购安世半导体，优势互补，创造中国最大集成电路收购纪录

案例简介：2018 年 10 月，闻泰科技宣布以 36 亿美元收购安世半导体的部分股份；2019 年 3 月，闻泰科技以 53 亿美元（约合 338 亿元人民币）的价格收购安世半导体的 100% 股权。这是中国半导体行业有史以来最大的收购案，也是中国从海外收购的最优质半导体资产。

并购主体：安世半导体为集成器件制造企业，身为恩智浦的标准产品事业部，于 2017 年年初开始独立运营。相比专注于单一环节的集成电路设计公司、晶圆加工公司、封装测试公司，该公司覆盖了半导体产品的设计、制造、封装测试的全部环节。安世半导体还是全球领先的半导体标准器件供应商，专注于分立器件、逻辑器件及 MOSFET 器件的设计、生产、销售，其产品广泛应用于汽车、工业与动力、移动及可穿戴设备、消费及

计算机等领域，总部位于荷兰奈梅亨。相对应于安世半导体，闻泰科技处于电子设备制造业产业链的中游，主营业务为移动终端、智能硬件等产品的设计、研发、制造及销售等。2019年以来，闻泰科技借助财务杠杆完成了对安世半导体的收购，创下了迄今为止中国最大的半导体收购纪录。收购完成后，闻泰科技将成为中国最大的半导体上市公司。

并购影响：闻泰科技和安世半导体在其主营业务领域高度一致，优势互补，迎5G风口。闻泰科技处于产业链中游，安世半导体处于产业链上游，闻泰科技并购安世半导体，最大的威力就是整合闻泰科技和安世半导体的资源，实现协同发展。作为此次并购的发起人，闻泰科技客户群覆盖全球，与业内大多数主流品牌保持着深入的合作关系，服务于世界大多数国家和地区。闻泰科技40%的客户和市场在欧洲和美国，而40%以上的收入来自汽车动力半导体，熟悉全球市场的闻泰科技可以将安世半导体的产品大量引入全球知名品的手机、平板电脑、笔记本电脑、智能硬件等，帮助安世半导体扩大其在消费电子市场领域的市场份额，双方的合作将为双方未来的发展发挥"1+1>2"的协同效应。

15. 英飞凌收购赛普拉斯，将一跃成为车用半导体龙头

案例简介：2019年6月，英飞凌与赛普拉斯公司宣布，双方已经签署最终协议，英飞凌将会以每股23.85美元现金收购赛普拉斯，交易总价值为101亿美元。该交易已获得赛普拉斯股东的批准，并已获得所有必要的监管许可。2020年4月，英飞凌科技股份公司宣布完成对赛普拉斯半导体公司的收购，总部位于圣何塞的赛普拉斯即日起正式并入英飞凌。

并购主体：英飞凌的前身是西门子的半导体事业部，1999年独立，并于次年上市。从创建至今，英飞凌多次精简自身业务，先后剥离了DRAM、无线解决方案等部门。在不断精简业务的同时，英飞凌也在不断强化自身布局深度。2015年，英飞凌完成了对美国国际整流器公司（IR）的收购，加强了在功率半导体方面的市场地位。2019年，英飞凌更是宣布以87亿美元的价格收购美国半导体巨头赛普拉斯，提升了自身在MCU、电源管理芯片、传感器等领域技术实力和市场份额。2020年，随着整合

完成，英飞凌成为全球十大半导体公司之一，并将自己的业务分为四大部门，分别为汽车、工业电源控制、功率和传感器系统和连接安全系统。赛普拉斯是一家知名的电子芯片制造商，生产高性能 IC 产品，用于数据传输、远程通信、PC 和军用系统。公司于 1982 年成立，是一家国际化大公司。

并购影响：英飞凌重视赛普拉斯在汽车、物联网等领域的优势。英飞凌的安全专长加上赛普拉斯的连接技术，可使英飞凌加速进入全新的物联网应用领域。在汽车半导体方面，MCU 和 NOR Flash 的扩展组合将带来巨大潜力，特别是考虑到它们在先进驾驶辅助系统和车辆全新电子架构中的重要性日益增加。同时，英飞凌希望将旗下的油电混合动力系统控制技术与赛普拉斯车载信息娱乐系统的技术相结合，到 2022 年，收购交易将产生 1.8 亿欧元的年度成本协同效应；长远来看，年度收益协同效应将达到 15 亿欧元，英飞凌期望通过该笔交易跻身全球十大半导体制造商的行列。可以看到，英飞凌和赛普拉斯具有极强的互补性，通过赛普拉斯在计算、软件生态系统以及连接上的布局，英飞凌可以更好地将现实世界连接至数字世界中去。

16. 博通收购赛门铁克企业安全软件业务，意在"变废为宝"

案例简介：2019 年 8 月，博通正式宣布，将以 107 亿美元现金收购网络安全企业赛门铁克旗下的企业安全业务。这笔交易实际上将赛门铁克一分为二，博通将拥有赛门铁克的整个企业安全产品组合和赛门铁克品牌名称，而赛门铁克将保留面向消费者的产品组合，其中包括 LifeLock 身份保护品牌和诺顿（Norton）防病毒软件。

并购主体：博通成立于 1991 年，是全球最大的集成电路公司之一，也是全球最大的 WLAN 芯片厂商，拥有 2000 多项美国专利和 800 多项外国专利。2018 年 7 月，博通宣布将以 189 亿美元现金收购 CA Technologies，以拓展集成电路和存储领域以外的业务。2016 年，该公司以 55 亿美元的价格收购了博科，并将博通的芯片和博科的网络技术整合在一起。赛门铁克公司成立于 1982 年 4 月，公司总部位于加利福尼亚州的 Cupertino，现已在全球 40 多个国家和地区设有分支机构，2006 年全球销售额超过 50 亿美元，全球员工超过 17500 人。赛门铁克是信息安全领域全球领先的解决方案提供商，为企业、个人用户和服务供应商提供广泛的内容和网络安全软件及硬件的解决方案，可以帮助个人和企业确保信息的安全性、可用性和完整性。但随着杀毒软件在消费市场的需求逐渐萎缩，赛门铁克的收入从 2014 年开始出现了大滑坡。在 2019 年 5 月，赛门铁克给投资者带来了双重"噩耗"：不仅业绩、前景不佳，领导层也发生了震动。

并购影响：博通收购赛门铁克是满足其未来业务发展需要的举措。博通本身持续在网通应用相关业务发展，但在目前网络连接越来越重视安全防护情况下，若博通能结合软件安全防护技术资源，势必能在软硬件整合方面发挥更大效益。此次并购在博通的发展战略中起到了核心作用，赛门铁克的企业安全业务在不断发展的企业安全领域被公认为是老牌领导者，已开发了一些世界上最强大的防御解决方案，可以最大限度地支持博通的后续战略布局。尽管赛门铁克和先前并购的美国商业软件公司 CA Technologies 产品组合仅在少数领域有所重叠，但双方有一个共同点：它们都越来越多地迎合那些拥有混合云环境的企业，特别是赛门铁克最近一直在加强混合云业务。在集成电路并购这条路基本被堵死的情况下，转而投资软件行业，这对专注于投资整合的博通来说，不算意外。

二、国内外集成电路企业并购的深远影响

企业并购有其自身的目的性：一方面，企业通过并购可以协助其获取先进技术和新的产品生产线；另一方面，企业通过并购可以优化和整合资源，实现规模效应。当前，全球集成电路企业并购也呈现出一定的特征，给产业和企业带来了巨大影响。

（一）并购特征日趋鲜明

当前集成电路企业并购呈现出以下五大特征。

1. 大型并购交易趋多，但与此同时，大型并购交易的失败率也陡增

近年来，伴随着工业物联网、机器人、智能嵌入式系统等新应用领域和高增长市场的出现，以及大型集成电路企业积极的推动，全球集成电路产业大型并购交易活动频繁发生，尤其是 2015 年全球集成电路产业并购热潮以来，百亿美元级并购事件层出不穷。表 7-4 中列示了 2015—2020 年全球集成电路产业并购交易额超过百亿美元的案例，可以发现，2015 年以来，全球集成电路产业共有 17 笔并购交易过百亿美元，其中，有 6 笔并购交易额超过 300 亿美元，超过交易总数的 1/3，最大的一笔并购案例为 2017 年博通计划以 1170 亿美元收购高通。进一步可以发现，2015 年以来，全球集成电路产业每年都有超过百亿美元的并购案例发生，而这一现象在 2015 年之前则较为罕见。

表 7-4　　2015—2020 年全球集成电路产业过百亿美元并购案例

时间	收购方	被收购方/资产	金额	交易结果
2015 年 3 月	恩智浦	飞思卡尔	118 亿美元	2015 年 12 月完成
2015 年 5 月	安华高	博通	370 亿美元	2016 年 2 月完成
2015 年 6 月	英特尔	阿尔特拉	167 亿美元	2015 年 12 月完成
2015 年 10 月	西部数据	闪迪	190 亿美元	2016 年 5 月完成
2015 年 10 月	泛林半导体	科磊	106 亿美元	2016 年 10 月终止
2016 年 7 月	软银	ARM	320 亿美元	2016 年 9 月完成
2016 年 7 月	亚德诺	凌特	148 亿美元	2017 年 3 月完成
2016 年 10 月	高通	恩智浦	440 亿美元	2018 年 7 月终止
2017 年 3 月	英特尔	Mobileye	153 亿美元	2017 年 8 月完成
2017 年 9 月	贝恩资本	东芝存储器部门	180 亿美元	2018 年 6 月完成
2017 年 11 月	博通	高通	1170 亿美元	2018 年 3 月终止
2018 年 7 月	博通	CA	189 亿美元	2018 年 11 月完成
2019 年 6 月	英飞凌	赛普拉斯	101 亿美元	2020 年 4 月完成
2019 年 8 月	博通	赛门铁克安全业务	107 亿美元	2019 年 11 月完成

时间	收购方	被收购方 / 资产	金额	交易结果
2020 年 7 月	亚德诺	美信	210 亿美元	进行中
2020 年 9 月	英伟达	ARM	400 亿美元	2022 年 2 月终止
2020 年 10 月	AMD	赛灵思	350 亿美元	2022 年 2 月完成

资料来源：全球半导体观察。

然而，随着各国保护国内技术的努力，以及全球贸易摩擦的升级带来的各国对集成电路企业合并协议的监管审查日益密集，大型并购交易失败率陡增。例如，截至 2016 年史上最大的交易——高通收购恩智浦的终止，直接导致 2016 年的全球集成电路产业最终达成的并购交易总额由 1007 亿美元下降至 598 亿美元。2017 年 11 月公布的博通计划以 1170 亿美元收购高通最终于 2018 年 3 月终止。2020 年 9 月公布的图形处理器领导者英伟达以 400 亿美元收购英国处理器设计技术供应商 ARM 的计划最终于 2022 年 2 月宣告失败。

2. 横向并购与纵向并购齐头并进

横向并购指的是在相同行业间的整合并购，纵向并购指的是产业链供应链上下游间的整合并购。不同形式的并购目的也不一样：横向并购倾向于提升企业的规模效应，降低生产成本，进而提高企业的市场份额及市场竞争力；而纵向并购更倾向于内部化企业市场交易，降低交易成本，提高议价能力。

基于不同的目的，集成电路产业呈现出横向并购与纵向并购齐头并进的局面。比如，2011 年 4 月宣布的德州仪器收购美国国家半导体表现为明显的横向并购特征，德州仪器与美国国家半导体均为模拟半导体领域的全球领导者，合并后的新公司能显著提升规模效应，在模拟半导体领域的市场份额进一步扩大。此外，同样表现为横向并购特征的还有 2014 年 12 月赛普拉斯和飞索半导体的强强联合、2015 年 10 月宣布的西部数据收购闪迪以及 2015 年 3 月宣布的恩智浦收购飞思卡尔，合并后的公司均成为各领域领先的供应商。与之相对应，2012 年 10 月宣布的 ASML 收购 Cymer 则表现为明显的纵向并购特征，Cymer 是 ASML 系统准分子激光器和 EUV 光源的关键供应商，收购后的公司将结合 Cymer 在 EUV 光源方面的专业知识与 ASML 在光刻系统设计和集成方面的专业知识，加速推进在 EUV 集成电路光刻技术领域的开发速度。

3. 集成电路企业并购离不开政府投资、银行贷款和资本市场的支持

集成电路产业是资本密集型和技术密集型产业，产业整合并购是集成电路产业未来发展的必然趋势。然而，由于集成电路产业发展具有投入高、回报周期长、风险大等特点，资金不足一直是制约集成电路产业发展的核心问题之一。完善便利的融资渠道和雄厚的资金实力是助力集成电路企业并购、推动集成电路产业发展的关键。

从全球集成电路产业来看，各国在推动集成电路企业并购以及集成电路产业发展的过程中，都经历过政府投资、银行贷款和资本市场的支持。比如，2015 年宣布的长电科技收购星科金朋，在这一项交易价值 7.8 亿美元的收购案中，产业基金、长电科技、中芯国际合力协作，分别出资 3 亿美元、2.6 亿美元和 1 亿美元，助力长电科技成功完成收购，剩余资金由中国银行无锡分行提供贷款。此外，类似案例还有 2016 年 7 月宣布的软银收购 ARM、2015 年由武岳峰资本领投的中国资本联合体以超过 7 亿美元的总价击败赛普拉斯成功收购芯成半导体（ISSI）、2014 年华创投资与中信资本和金石投资组成的买方团收购了美国集成电路设计公司豪威科技等。

4. 大型企业并购主要由美国企业主导，近年来中国企业开始崭露头角

自集成电路诞生至今，无论是技术、规模还是产业结构，美国几乎一直处于全球集成电路产业的领导地位。作为先发国家，美国企业是集成电路产业的引领者，IC Insights 公布的数据显示，全球前 50 大集成电路供应商中有 50% 左右是美国公司，其中英特尔、高通、美光科技、德州仪器位列全球前 10 名；在全球前 50 的 Fabless 供应商中仍有一半左右是美国公司，其中，高通、苹果、英伟达、AMD、美满、赛灵思 6 家公司位列前 10。美国企业几乎主导了全球集成电路产业链，由美国企业主导的并购交易不胜枚举，早期发生的大型并购交易也主要由美国领先的集成电路企业主导。

与美国集成电路产业相比，中国属于集成电路领域的后发国家。近年来，随着全球集成电路产业的发展，中国集成电路企业实力也得到了显著提升。数据显示，2017年中国大陆进入全球前50名集成电路设计企业的数量达到了10家。中芯国际、华虹集团分别位列全球代工企业第5、第7名；在封测领域，长电科技并购星科金朋之后，成为全球第三大封测企业。

中国集成电路企业实力的提升也助推其积极进行海外并购。首先，在IC设计领域，通过几轮海外并购，中国在手机基带芯片、高频射频芯片和存储芯片CMOS传感器等领域得到了加强与补足，走上了加速发展的进程。2013—2014年，紫光集团先后收购了展讯通信以及美国上市公司锐迪科微电子，两项收购完成后，紫光集团将展讯和锐迪科整合为紫光展锐，并于2014年获得了英特尔90亿元人民币（约合15亿美元）的注资。2015年5月，建广资本与合肥瑞成成功收购了荷兰Ampleon集团，Ampleon集团承接了从恩智浦中剥离出来的射频功率芯片业务，是世界第二大射频功率芯片供应商。收购前，中国企业在射频功率芯片业务这项技术上的商业化应用罕有成功；而收购Ampleon集团将使中资新增射频功率芯片业务，填补了国内高端集成电路技术的空白。其次，在半导体封测领域，中国头部封测公司通过积极海外并购，在全球市场占有一席之地。2016年4月，通富微电完成了对AMD位于苏州与马来西亚封测厂的收购，在加入新并购公司的营收之后，通富微电在全球封测业的排名有望上升到第7或第8位。再者，在晶圆代工领域，中国台湾地区厂商正在进行多起对海外资产的并购，以进一步加大市场占有率。2019年10月，联华电子宣布收购日本三重富士通。最后，中国企业正积极开展并购交易。表7-5列示了2019年十大集成电路收购案例，可以发现，在2019年十大集成电路收购案例中，中国公司参与了其中3起，收购金额分别排名全球第5、第6、第9位。

表 7-5　　　2019 年十大集成电路收购案（包括终止案例）

排名	收购方	被收购方	金额（亿美元）	收购方国家
1	博通	赛门铁克	107	美国
2	英飞凌	赛普拉斯	101	美国
3	英伟达	Mellanox	69	日本
4	瑞萨电子	IDT	67	日本
5	闻泰科技	安世半导体	53	中国
6	紫光国微	Linxens	26	中国
7	应用材料	日本国际电气	22	美国
8	英特尔	Habana Labs	20	美国
9	韦尔股份	豪威科技	19.5	中国
10	恩智浦	美满通信芯片	18	荷兰

资料来源：根据公开资料整理。

5. 并购表现出互补产品相结合的特征，发挥产品协同效应

在集成电路行业里，企业进行并购主要为追求长期发展，补充自身产品生态系统，以更好地结合两类甚至多类互补的成熟产品，来追求收入、费用、客户、研发等多方面的协同效应，从而扩大市场、增强竞争力。

例如，20 世纪 90 年代后，检测工艺在生产流程中越来越重要，过程工艺控制演化出多种细分领域，且设备的需求显著上升，在此背景下，KLA 仪器公司与 Tencor 仪器公司合并为 KLA-Tencor。从产品布局和市场占有率来看，该合并交易形成了较好的产品协同效应，Tencor 补充了 KLA 不具备的薄膜测量和无图案晶圆检测，KLA 则在 Tencor 不涉及的光学检测和光罩检测领域拥有极强的竞争力。合并后的 KLA-Tencor 成为过程工艺控制设备各细分领域的重要参与者，形成了过程工艺控制设备细分领域的优势互补，奠定了过程控制设备龙头地位。

再如，伴随着先进封装的应用越来越广泛，应用于先进封装凸点中的沉积工艺、硅通孔（TSV）中的刻蚀和沉积工艺等也越来越重要。在此背景下，泛林收购诺发系统，在刻蚀、表面处理与沉积 3 个领域形成产品优

势互补以追求收入和成本上的协同效应。从财务数据的角度来看，此次收购的协同效应主要体现在收入的增长和费用的降低上。在 2011 年及之前，泛林与诺发的营业收入之和占其余前 4 家集成电路设备企业（应用材料、东京电子、ASML、科磊）营业收入之和的比值保持在 20% 左右，而合并后的营业收入体现出协同效应，营业收入的绝对值和比值均有所上升，在 2017 年该比值接近 30%。

（二）巨头效应逐渐凸显

集成电路企业的并购行为将推动产业走向高度集中，推动产业结构优化升级，提升产业间的协调能力，带来强劲的规模经济效应。

1. 推动集成电路产业走向高度集中

集成电路产业具有典型的"赢者通吃、强者恒强"的产业逻辑，每个细分赛道最多只有 3～5 家头部公司，企业想要发展壮大，必须聚焦优势产品线，而并购整合是快速提高产业集中度的方式。

近年来，集成电路产业并购活动较为活跃，头部企业通过并购重组可以快速提高市场占有率，而这种巨头企业间的"联姻"活动也进一步推高了产业集中度。以 FPGA 市场为例。近年来，全球 FPGA 市场规模维持在 50 亿～60 亿美元，长期被赛灵思、阿尔特拉、莱迪思、美高森美四大巨头垄断，特别地，2015—2016 年，全球约 90% 的 FPGA 市场份额被赛灵思和阿尔特拉所占据，仅赛灵思的市场占比就达到 53%。2015 年 12 月，英特尔对 FPGA 市场占有率达 38% 的阿尔特拉进行收购；2020 年 9 月，英伟达宣布 400 亿美元收购 ARM；同年 10 月，AMD 与赛灵思宣布达成最终协议，AMD 拟以全股票交易的方式收购赛灵思，交易金额为 350 亿美元。在这几项大型并购交易完成之后，FPGA 市场进一步集中。

具体来说，并购对产业格局带来的影响表现在以下三点。其一，全球数据中心市场三分天下，产业格局发生重大调整。全球数据中心市场将形成英特尔、英伟达、AMD 三分天下的格局，尽管目前数据中心还是英特尔主导的天下，但英伟达的黄仁勋和 AMD 的苏姿丰目前都处于"行大运"

意气风发阶段，正不断蚕食英特尔的领地，三分天下的节奏越来越快。其二，江湖似乎再无上规模的 FPGA 厂商。此前英特尔收购了阿尔特拉，加上这次 AMD 收购赛灵思，业界两大独立的 FPGA 的厂商都被收购，那么此后江湖似乎再无规模稍大的 FPGA 厂商。其三，集成电路市场酝酿技术新变局。当全球集成电路企业进入并购整合的"躁动期"，预示着市场需求的变化，大厂商们才会如此急忙地收购各类新锐的创新公司来弥补短板，各种细分、新锐技术都纷纷被溢价收购，这意味着技术变局将是必然的趋势。

2. 产业结构优化升级，产业间协调力提升

并购将通过有效配置资源要素推动产业结构优化升级。一方面，企业并购行为将促进资源在行业间的流动。对集成电路这种资源利用效率较高的产业而言，企业并购行为可以更大范围调动生产资源，将集成电路产业内生产要素进行重新组合，引导优质资源向生产率更高的企业流动，从而最大限度发挥资源配置效应的最大化，促进要素市场有序发展。同时，并购带来的资源流动可以整合集成电路产业内生产能力相对过剩的企业，避免产业内有效资源的流失，应对产业内产能过剩以及缓解产业内竞争程度。另一方面，企业并购行为还将带动资源在地区之间流动。跨区域并购可以最大限度地打破原有的市场分割格局，跨区域调整经济布局，加速资源地区间流动，为企业高效发展注入新的活力。企业可以根据自身生产比较弱势，选择并购其他国家集成电路产业内的优势企业来进行互补，这样不仅提升了企业生产经营的实力，同时还稳固了企业在产业内所处的位置，进一步完善了企业在产业内的布局。资源优化配置的过程就是产业结构合理化进程不断推进的过程，在这一过程中，企业并购是手段，资源再配置是桥梁，产业结构合理化是最终目的，也是反映并购效应的标尺。

此外，对半导体设备企业而言，纵向布局上游是一个重要的并购方向。由于上游关键子系统对集成电路设备起到至关重要的作用，设备企业与关键子系统企业往往有着较强的相互依赖关系，因此企业有着纵向收购

以进行供应链管理的动机；同时，纵向布局也有助于降低自身的生产成本，提升产品的附加值，形成产业链上的协同；并且对关键子系统的收购会形成对于竞争对手的排挤，有助于提升市场竞争地位，对于技术壁垒高、垄断性强的产品上游而言尤其如此，如光刻机。在这一方面比较经典的案例有：ASML 于 2012 年 9 月收购了荷兰的线性电机制造商 Wijdeven Motion 以布局工作台上游。线性电机是一种提供直线方向运动动力的机械，在光刻机中，线性电机主要用来在直线方向上移动工作台，即掩膜台和晶片台，以使掩膜和晶片到达正确的位置，而工作台的要求运动精度决定了线性电机也需要有纳米级别的运动精度，因此线性电机是非常精密且重要的组件。据 ASML 公告称，ASML 是 Wijdeven Motion 的最大客户。

当前中国集成电路不同产业环节也加快海外并购的步伐。对于封测环节而言，受惠于政策资金的大力扶持，中国封测企业逐步加快海内外并购步伐，不断扩大公司规模，包括长电科技联合产业基金、芯电半导体收购新加坡封测厂星科金朋，华天科技收购美国电子连接器供应商 FCI 公司，通富微电联合大基金收购 AMD 苏州和槟城封测厂，晶方科技则购入英飞凌智瑞达部分资产等，国内封测企业借助出海并购，行业竞争力显著提升。对于设计环节而言，紫光集团对展讯进行收购，之后又以 9.07 亿美元的价格收购了美国上市公司锐迪科微电子，两项收购完成后，紫光集团将展讯和锐迪科整合为紫光展锐，紫光展锐每年提供 7 亿套手机芯片，占全球手机市场份额的 27%，居全球第三，营收规模已经跻身全球前十大集成电路设计企业阵营，成为中国在手机芯片领域对抗高通和联发科的"新平衡者"。随着产业并购热潮，集成电路产业结构也得到了进一步优化升级，集成电路设计、芯片制造和封装测试 3 个子行业的格局正在不断变化，中国集成电路产业链结构也在不断优化。中国集成电路设计业占中国集成电路产业链的比重一直保持在 27% 以上，并由 2011 年的 27.2% 增长至 2021 年的 43.2%，发展速度总体高于行业平均水平，已成为集成电路各细分行业中占比最高的子行业（图 7-3）。

（％）

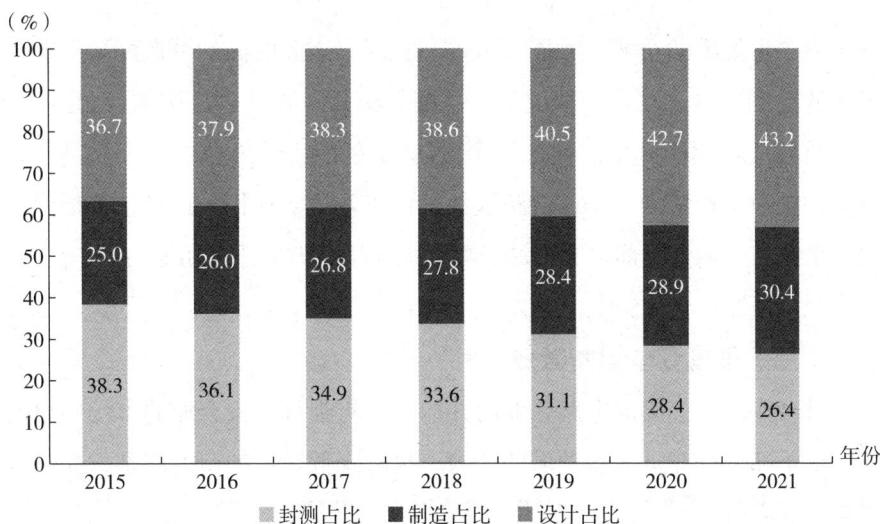

图 7-3　2015—2021 年中国集成电路产业各环节占比情况

资料来源：中国半导体行业协会。

3. 并购加快产业规模经济效应

企业并购行为可以实现行业内资源的优化整合，形成规模经济效应[①]。一般来说，产业的规模经济效应与需求的分散程度成反比，大规模流水线产品的工业需求份额越大，规模经济效应越明显；相反，小批量定制产品的份额越大，规模经济效应越不明显。集成电路产业的不同子部门表现出完全不同的规模经济效应：规模经济在重资产和需求集中的环节（如集成电路制造业）更为明显；在轻资产和长尾效应明显的环节（如集成电路设计行业），规模经济效应不太明显。

集成电路产业中的重资产环节对设备和研发投资的需求量很大，而且呈上升趋势。在这种情况下，生产能力的集中是产业发展的必然结果，企业必须不断扩大生产能力，降低产品的边际成本，确保销售收入能够弥补设备费用。例如，随着晶圆尺寸的扩大和工艺节点的进步，设备的采购成本以极快的速度增长。对于集成电路制造业而言，制造过程的不断升级往往需要数十亿或数百亿美元的资本投资，这给企业带来了巨大的挑战，只

---

① 规模经济效应是指生产规模越大平均生产成本越低的现象。

有形成一定规模的企业，才能实现盈利目标，因此资源的分散配置不利于行业的健康发展。在这种情况下，并购无疑是一剂良方。例如，2013年，华天科技成功收购昆山西钛微电子63.85%的股份，迅速扩大了先进封装能力，增强了竞争力。企业的跨国并购可以较快实现扩大产量、降低固定成本来提高竞争力，即扩大市场份额的规模经济效应非常明显。

（三）市场竞争不断激烈

对企业而言，集成电路企业的并购行为将强化龙头企业的市场领导地位，给予部分企业进入新领域的能力，也将降低企业的研发成本，提升进入市场速度。

1. 强化龙头地位，增加市场份额

根据市场力理论，并购活动的主要动机是并购企业能够扩大市场力，操纵市场。具有这种动机的企业通过并购，利用目标企业的资产、销售渠道和人力资源，实现低成本、低风险的企业扩张，从而减少竞争对手，加强对企业经营环境的控制，提高市场占有率，保持长期盈利。

通常情况下，市场的力量一般来自企业的规模及其在市场中对资源的控制和配置能力，大多数的并购是并购竞争对手、上下游供应商等与产业高度相关的企业，从而实现资源的整合。对于集成电路产业来说，这点尤为突出。集成电路设计企业对相关产业依赖性很强，特别是设计和制造公司、设计和封测公司之间，存在着相互依赖、互为依托的关系。由于半导体工艺的复杂性，制造工艺对产品设计的影响较大，同时产品流片过程也需要设计公司的动态调整。这个过程要求设计公司进行正确的设计，并熟悉代理工厂的每个过程模型，还要求代理工厂了解并配合产品制造所需的流程特征，甚至与设计公司进行适当的流程调整和配合。集成电路制造厂和封装公司的顺利上市直接决定着设计公司的产品、生产时间、产品可靠性和成本等影响市场竞争优势的重要因素。在这方面，大型设计公司在原始设备制造商中拥有更大、更有利的市场地位，可以获得更完善的支持。

从企业生产效率的视角分析，采用并购形式协调生产要比企业自身

研发投入生产的机会成本更低，因而集成电路产业出现了大量企业并购行为。从企业市场竞争程度的视角进行分析，如果同一产业内多家企业经营规模、产品种类以及竞争实力处在相同阶段，可能会导致产业内竞争激烈程度加剧，企业均只能保持较低利润的生产。如果企业想要改变所处困境，就需要提升自身技术水平，在产业内达到一定优势地位，占据一定的市场份额，这需要企业调整所处产业的资本配置格局，收购其他具有技术优势的企业，并购可以最快地帮助企业实现这一点。此外，集成电路设计行业是一个典型的技术和资本密集型行业。规模经济、经验曲线和范围经济对该行业的影响非常明显。纵向和横向整合，扩大企业规模，无疑会降低企业成本，增强与供应商的谈判能力。

随着全球化水平日益提高，企业之间的竞争已经从国内转向世界范围，集成电路产业竞争日趋加剧。因此，为了适应现阶段集成电路产业发展情况，企业必须争取在市场中获得主导地位并巩固自身产品优势，从而出现了大型企业跨国并购浪潮，最大限度实现了资源集聚，减少产业内竞争，增加市场份额，逐渐垄断本行业的技术和市场。

2. 打破市场进入壁垒，捕捉行业发展前沿

进入壁垒是新企业进入一个行业时可能遇到的不利因素，它起到了保护行业现有企业的作用，也是新企业进入一个行业必须首先克服的困难。集成电路产业具有资本密集型和技术密集型的双重特征，随着科学技术的不断进步，该行业的进入壁垒不断增加。目前，进入的主要壁垒有以下三点。

一是专利壁垒。在芯片专利申请较多的公司中，美国公司仍然占据主导地位。例如，英特尔和AMD几乎垄断了CPU市场，英特尔已经建立了一个涵盖知识产权、技术积累、规模成本和软件生态的完整商业模式壁垒，而这一壁垒从未出现减弱的迹象。如果企业只专注于产业规模的扩张，而没有核心技术，将很容易在未来受到外国竞争对手的专利阻碍。因此，进入集成电路行业将面临很高的专利壁垒。

二是技术壁垒。集成电路行业是一个典型的技术密集型行业，所以如果集成电路企业想进入这个行业并发展壮大，必须有深厚的技术背景。同时，由于集成电路技术和产品的快速更新，要求集成电路企业具备不断的技术创新能力，不断满足日益变化的市场需求。此外，集成电路的生产过程复杂且精度高。集成电路企业要实现技术水平和工艺技术的创新，需要进行长期、大规模的生产实践和开发研究。随着包装和检测行业的发展，先进的包装技术也成为包装和检测领域新进入者面临的挑战。基于上述原因，技术壁垒也是新进入者需要考虑的主要障碍。

三是资本壁垒。集成电路产业一直具有高投资、低回报、高风险的特点。现有的资本壁垒主要体现在，受限产业发展需要大量的资本投入以及"漫长的投资周期"需要更多的耐心和较低的资本回报；同时，集成电路设计行业也需要大量资金用于研发人员的工资、生产所需的进口设备和技术、产品研发等。最后，封装和测试环节的新包装技术也需要更高的资金投入。因此，无论从事集成电路行业的哪个环节，新进入者能否维持各种费用以及自身能否承担资本风险，都是需要考虑的重要问题。因此，资本壁垒也是进入集成电路行业的障碍之一。

相应地，集成电路行业始终处于不断分化、整合、调整和融合的状态。每年都有许多新成立的公司和研发团队涉足集成电路行业，其中一些公司拥有非常深厚的研发经验和市场资源。在这种情况下，通过收购高端领域潜在发展的国内外公司，有利于本土设计企业利用目标公司现有资源顺利进入高端市场，从而改变长期困扰本土设计企业的市场空间狭小、利润低下、竞争残酷的行业现状。通过并购最大化突破了集成电路行业所面临的专利壁垒、技术壁垒和资本壁垒，从而实现更好更快的发展。

例如，2022年集成电路设计行业的资本热度居高不下，芯片企业的并购也迎来了新的高潮。2022年2月，美国集成电路公司AMD宣布完成对全球最大FPGA厂商赛灵思的收购。按赛灵思的市值来算，这宗收购价值接近500亿美元，创下了芯片领域收购的新纪录，同样这起收购案例也成功地刷新了AMD的收购历史。同月，英特尔宣布以54亿美元收购高塔半导体。上述几笔重要并购案都与FPGA有关，而FPGA的研发难度很大，一方面，对芯片材料和制程要求较高；另一方面，FPGA 的编程语言更加底层、流行度更低，难度更大。因此，FPGA 具有研发门槛较高、马太效应明显的特征，显然对于资金充足的行业巨头来讲，走自我研发的突破之路并不是个最优选择，因此"花钱买"变成了一个最快突破瓶颈的方式，也正是因为并购行为的发生以及新技术的获取，才促使芯片生产质量获得了质提升。

此外，集成电路行业的发展离不开工艺节点的进步。随着工艺节点不断缩小，半导体制造的解决方案会不断变化，新的设备和技术需求由此形成。若有企业把握了新需求的兴起，可以抢先布局新的设备和技术企业，充分享受需求红利。而并购正是企业跟随工艺节点，迅速且有效地捕捉行业前沿趋势，享受需求红利的重要手段。例如，0.35 微米制程带来了新设备——化学机械抛光（Chemical-Mechanical Polishing，CMP）设备的需求，各公司发起并购以布局行业前沿设备。

3. 降低研发成本，提升进入市场速度

对于集成电路企业而言，行业进入门槛高，对生产技术的要求更加严格，企业研发能力和技术积累水平的提升周期性较长，大量研发投入和时间成本使企业难以开发高端新产品。据统计，集成电路设计企业通常需要一年甚至几年的时间才能正常开发一个芯片，芯片市场的更新非常快，上市的速度往往是产品在市场上成功的关键。据统计，近 88% 的新产品最终无法为公司带来收益。此外，企业研发能力和精力有限，通过内部创新开发新产品往往是有风险的，尤其是在芯片设计行业，产品开发的成功率只有 40% 左右。在此背景下，采用并购是推出新产品的捷径。与企业自身发展相比，并购行为能够加快推进新产品的技术开发，也更容易快速进入市场。当然，在并购之前，企业可以评估新产品的市场前景，因此风险相对较小。

集成电路企业并购的原因在于越来越高的研发成本和制造成本，以及越来越缓慢的利润增长。毕马威发布的关于全球集成电路展望调查结果显示，2/3 的调查对象将购买知识产权、挖掘技术人才、升高的研发和制造

成本列为合并与收购的关键驱动因素。这种现象也反映出逐渐高企的内部创新成本，以及从一个完整的技术产品组合中获得合理回报的难度。在企业面对创新技术作出自创还是收购的决策时，多数调查对象认为，收购在研发中的技术相比独自研发能够获得更多回报。调查结果表明，集成电路企业往往将并购作为获取新技术的手段，这也是进入新市场的重要途径，通过严格的投资计划和产品管理，能够实现研发的高效化，赢得"获胜权"，这种并购行为也将推动行业利润越来越集中在集成电路行业的头部企业。

三、重大并购前景无限

随着各国对集成电路产业监管力度的加强，部分并购案例宣告失败，未来全球集成电路大型并购速度或将放缓，全球集成电路产业也将进入新技术和新需求的新发展阶段。

（一）重大案例成为业界关注焦点

1.英伟达收购ARM失败，集成电路跨国收并购面临难题

意料之中，在ARM联合创始人以及各主要国家头部芯片公司的共同反对声中，英伟达收购ARM事件画上了休止符。自此，这场自2020年9月被英伟达公开承认的"世纪收购案"正式走向剧终。

英伟达的这项收购事宜备受争议，除了行业不希望IP巨头ARM从属于某一家下游芯片产业公司之外，还有其他考量：英伟达本质上是一家美国公司，即便英伟达在收购之初就明确表态，交易完成后，仍然保留ARM的名称并扩大其在剑桥总部的规模，ARM的知识产权也将继续在英国注册。在如今缺芯愈加紧张的全球贸易环境中，英伟达的承诺到底在后续执行过程中是否保持一致，并不能得到完全确定性的答案。不只英伟达，近期集成电路行业在寻求跨国收购过程中，也有备受瞩目但最终失败的案例。例如，全球第三的集成电路硅晶圆厂环球晶圆（Global Wafers）宣布收购

排名第四的德国世创（Siltronic），最终因未得到德国监管机构批准而结束。如果两家公司能够顺利完成收购，它们的环球晶圆市场占有率将达到26.7%，超越目前行业排名第二的日本胜高（SUMCO），逼近行业龙头日本信越（ShinEtsu）的市场占有率（33%）。再如，2021年12月，中国私募股权公司智路资本对韩国芯片制造厂商美格纳半导体公司（MagnaChip）的收购案也倒在了美国外国投资委员会的门前。但反观同一国家内的交易，AMD收购赛灵思的案例陆续获得了各国的批准。

大规模集成电路跨国收并购案例屡次失败，集成电路跨国收并购难上加难。当前的缺芯环境让主要国家和地区都认识到了自主掌控产业链上游能力的重要性，且欧盟各国和美国也都在陆续加大对集成电路产业投资和对知识产权及人才的维护。从这个角度看，当前环境下，集成电路产业跨国收并购越来越难，尤其是涉及规模较大的交易。

2. SK海力士收购NAND Flash芯片业务，存储器行业或将实现革命性的大跨越

近年来全球各国芯片业的竞争不断加剧，在这种情况下，仍然出现了不少芯片业收购案，其中包括英伟达宣布收购ARM、AMD宣布收购赛灵思等。而在这两大美国芯片巨头试图扩大芯片生产版图之际，英特尔却反其道而行之，在2019年7月卖掉芯片基带业务后，2020年又宣布以90亿美元（约合600亿元人民币）将NAND Flash业务出售给韩国芯片巨头SK海力士，包括NAND SSD业务、NAND部件和晶圆业务以及在中国大连的NAND Flash制造工厂。

对于英特尔而言，摆脱束缚，轻装上路。英特尔此次出售NAND Flash业务实际上并不让行业惊讶，先有与美光科技分道扬镳，完全出售IMFT（IM Flash Technologies）工厂股份，后又放弃了基带芯片业务，彻底退出智能手机相关主力业务。近两年来，竞争力逐渐下滑的英特尔的主题只有一个——减负前行，专注核心。身为PC时代集成电路领域的王者，经历一轮战略失误后，英特尔不仅在移动互联网时代步伐略显疲态，甚至其引以为傲的主力战场也不断受到挑战，最终不得不为技术方向的选择和执行力等一系列错误买单。在承受来自内外的双重压力之下，英特尔不仅逐渐失去了原有的竞争优势，还不得不放弃经营多年的"自产自销"模式，首度表示出委外订单的意愿。而在 NAND Flash 市场，英特尔也一如既往表现出竞争乏力、无心纠缠的状态。这是因为 NAND Flash 受市场供求影响，价格波动极大，且闪存的研发生产又需要极大量的资金投入，利润很难得到保障，而出售相关业务无疑是一条寻求降低风险的选择。

对于 SK 海力士而言，卧薪尝胆，谋求爆发。通过收购英特尔 NAND Flash 业务，SK 海力士有望短期内在 NAND Flash 市场上将占有率提升到 20% 以上，从而缩小与处于领先地位的三星电子之间的差距。同时，在与三星电子的"军备竞争"中，SK 海力士也将获得帮助。三星电子在 2017 年 8 月 28 日宣布未来将投资 70 亿美元用于扩大西安三星电子 NAND Flash 的生产，SK 海力士自然不甘落后，因而能否获得大连工厂对其就变得十分重要。英特尔和 SK 海力士均具备研发并自主生产 NAND Flash 的技术，但市场定位不同，前者是企业级的 SSD 和闪存芯片，而后者的主要战场在消费端。从长远看，这项交易引发的行业整合也有助于减少行业竞争，同时帮助 SK 海力士超越其他竞争对手。

对于集成电路产业整体发展而言，整个行业在工艺和制程上或将实现新一轮大变革。世界经济和产业格局充满各种不确定性，SK 海力士此番并购行为，直接打破了 NAND Flash 行业当前的产业生态和市场认知，新的产业格局由此开展。一言以蔽之，全球 NAND Flash 产业将从此前的群雄逐鹿，东西方资本力量的相互制衡的格局，走向半导体存储毫无疑问的霸主三星电子以及新生的 SK 海力士双雄争霸，东方资本占据绝对优势地位。SK 海力士和英特尔存储器业务的合并，一方面，将推动 SK 海力士在技术和资本上的持续创新和投入，加速新工艺新制程的诞生；另一方面，对于身处行业顶层的三星电子而言，两大巨头合并带来的市场威胁，促使其进行更大规模的技术投入和资本运作。至于对整个产业而言，无论是三星电子的技术投入，还是 SK 海力士的持续创新，都将引领整个行业在工艺和制程上进行新一轮的军备竞赛，客观上整个存储器行业或将因此实现革命性的大跨越。

3. 环球晶圆对德国世创并购失败，欧洲不会坐视亚洲厂商继续做大

全球第三大硅片厂环球晶圆对全球第四大硅片厂德国世创的收购案于交易截止日前未能取得德国政府核准，以失败告终。环球晶圆作为巨头企业本寄望通过这笔收购，拿下全球晶圆市场份额第二的宝座，但最终未能如愿。环球晶圆原规划用于收购案的资金将转为资本支出及营运周转使用，预期 2022—2024 年总资本支出约 36 亿美元，包含重大新厂扩建。从大宗收购迅速切换到大手笔扩产的背后，既是硅片市场需求旺盛的荣景，也有各国对于集成电路产业收购越来越谨慎的隐忧。

环球晶圆是硅晶圆的主要供应商之一，在欧洲，环球晶圆有比较稳定的客户关系，这也是其发起对总部设在德国慕尼黑的世创并购的原因之一。完成并购后，环球晶圆的市场份额将有望从原来的全球第三晋升到全球第二，拿到 26.7% 的市场份额。然而，这笔交易从最开始就引起了德国政府和产业界的担心，这种忧虑集中在包括"市场份额的提升是否对下游产商的利益造成损害"，以及"其先进的产线是否会更大规模地向欧洲以外地区转移"等方面。

在全球集成电路短缺背景下，环球晶圆对德国世创并购失败，暴露了欧洲芯片厂商对亚洲供应商的依赖，同时引发了整个欧洲大陆努力提高自身芯片产量的风潮。2022 年 2 月，欧盟对外公布《欧洲芯片法案》提案，预期将在未来 8 年时间里推出数百亿欧元的补贴支持欧洲芯片制造业，2023 年 7 月 11 日欧洲议会正式通过该法案。而硅片作为集成电路产品的关键原材料，自然也成为欧盟各国强化集成电路供应链安全的关键一环。世界正面临芯片严重短缺的问题，欧洲必然加强其在集成电路方面的能力，以确保未来的竞争力并保持其技术领先地位和供应安全。

4. AMD 完成收购赛灵思，中国"芯"路面临更多不确定性

在英伟达收购 ARM 的世纪交易以失败告终之际，随着各项监管手续获批，AMD 成功将赛灵思收入帐下。2022 年 2 月，集成电路设计公司 AMD 表示，已完成对可编程芯片大厂赛灵思公司的收购，交易价值约 500 亿美元。

集成电路行业资源更为集中，进入三巨头垄断局势。FPGA是目前数据中心中最重要的芯片元件，在此背景下，意图与英特尔在数据中心市场展开竞争，夺下更多市场份额的AMD将目光盯上了FPGA，赛灵思显然是最优的选项。AMD收购赛灵思之后，将依靠后者的FPGA产品来进行自身补强，美国芯片产业将会产生三大巨头，分别是：英特尔和阿尔特拉、英伟达和ARM、AMD和赛灵思。所有并购顺利结束后，集成电路行业的资源将会进一步集中，集成电路市场进入三巨头垄断的局势。

中国"芯"路面临更多不确定性。AMD完成收购赛灵思，强强重组的AMD与赛灵思有望成为新的产业巨头。从趋势来看，这几年集成电路市场一直在进行行业整合，尤其是龙头企业都为抢占未来业务市场而进行战略布局，AMD收购赛灵思便是这一背景下的产物。从制衡来看，美国方面的默许也意味着，美国当局已经将芯片及相关手艺"兵器化"，伴随着中美贸易战的展开，频发的美国大型集成电路企业并购案无疑将对中国集成电路企业产生影响。值得强调的是，中国一直是最大的芯片消费市场之一，估计到2030年，中国芯片消费量将达到全球的40%。从这个角度看，中国芯片之路充满不确定性，极易受到发达经济体政策变动的影响，产业链抗风险能力仍需加强。此外，中国FPGA厂商需要更努力，承担国产化需求、满足差别化场景需求也将是将来的首要市场偏向。

（二）更加重视未来发展趋势

1. 美国大企业将加强整合，打造巨型的生态系统

2020年下半年的收购多是美系集成电路企业发起，究其原因，仍是美国政府采取宽松货币政策，使资本市场位处高点。在集成电路大厂拥有足够现金的情况下，用收购方式强化自身产品线是最为合理的选择。

受中美科技博弈的影响，美国大企业将加强整合，打造巨型的生态系统，核心是希望构建一个强大且不可企及的生态科技系统，以对冲中国大陆企业的技术替代威胁。美国政府采取宽松货币政策，资本市场位处高点，细分赛道的龙头企业现金充沛，且有补齐业务板块、打造生态闭环的

需求，从而促成美国频发的大型并购交易。此外，由于摩尔定律的二维缩放的物理极限临近，集成电路逻辑将面临根本性的改造，人工智能、物联网和通信技术的快速发展也需要模拟和存储技术的突破性创新。因此，美国现在大力且迅速地投资于美国国内原型制造能力和推广突破性集成电路技术，并成立 Mitre Engenuity 半导体联盟，利用跨部门机构整合美国集成电路行业多元化力量。

2. 并购推动"两极分化"，集成电路行业资源进一步整合

并购将推动集成电路产业"两极分化"，行业资源进一步整合，但在"缺芯"背景下，各国均将集成电路视为与国家安全密切相关的产业，因此将加强对并购行为的审查监管。

一方面，在全球经济不确定性加剧的背景下，集成电路产业吸引力下降，新进入的企业将越来越少。主要的原因在于，企业进入该市场所面临的风险和自身收益很难成正比。全球集成电路产业的三大巨头引领行业发展，在集成电路应用方面，主要有高通、苹果等企业；在集成电路产业技术进步方面，主要有英特尔、三星电子和台积电。"大者恒大"仍然是全球集成电路产业发展的主要趋势。

另一方面，现存的集成电路企业数量或将进一步缩减。近年来，并购已经成为集成电路产业的常态，这是因为，集成电路产业日趋成熟，只有整合资源发展规模经济，企业才能够发挥资源最大化，从而实现可持续发展。比如，英特尔以 167 亿美元收购拓朗半导体、博通公司以 370 亿美元并购安华高科技、微芯收购麦瑞等。对于集成电路产业而言，并购并不新鲜，但是并购规模相较于过去更为庞大。

此外，"缺芯"浪潮袭来，"集成电路"已经成为各国的敏感词，作为各行各业的关键角色，集成电路也站在风口浪尖，各国争相竞逐。国家出台政策保护本土芯片产业的发展，政府主动提供税收及其他优惠补贴鼓励国外集成电路企业在本国建厂，为了发展集成电路产业内外兼修，保护主义思潮抬头，各国自然也不会允许垄断现象的产生。在此背景下，目前并非集成电路企业大型并购的最佳时期，各国将严格把控有关集成电路并购的监管审核。

3. 全球集成电路大型并购放缓，中国市场持续资本补位

2022 年芯片行业的资本热度依旧居高不下。宏观层面，欧、美、中、日、韩的计划使芯片行业 2022 年的资本支出在 2021 年 1500 亿美元的基础上翻了一番。台积电、英特尔、格罗方德等上游晶圆制造大厂也相继宣布拿出巨额资金进行建厂、研发。但与此同时，开年来多个大宗重资产收购案接连告吹，为全球集成电路并购形势蒙上一层阴影，而得益于"缺芯潮"及"造车热"，中国车芯市场呈现出一片繁荣景象。

随着集成电路产业价值的提升，集成电路产业的贸易环境开始发生变化，全球经济体越发注重芯片的战略地位，且持续保护本土集成电路产业的发展，以期在未来的科技竞争中获得更大的话语权。为此，全球各国政府也都加大了对跨境高科技交易的审查力度。以德国为例，2021 年，德国当局进行了 306 项投资审查，而 2019 年只有 78 项，2020 年为 106 项。中国作为全球最大且最具潜力的集成电路市场，在这轮全球集成电路产业竞争中充当着重要的角色。未来的集成电路并购，如果是在设计公司之间发生，交易双方的业务不造成垄断，成功的可能性或将更大，比如刚完成的 AMD 收购赛灵思等。而如果涉及制造设备等重资产，各国监管部门不惜拿着"放大镜"对待此类交易。这种并购案在监管层面受到的阻力更大，通过审核的可能性较低，环球晶圆、英伟达和博通的收购案就是典型的例子。

新时代赋予了中国集成电路产业新的角色，这也给进一步的国产替代带来了机会窗口。在国内"造车热"的发酵下，国内汽车芯片产业近年来也再度成为资本争相押注的对象。在国内汽车智能芯片市场持续放量及"缺芯"的大背景下，不难预测，中国资本及上下游企业将持续拿起资本武器完成补位，国内芯片产业也将在其滋养下迎来发展高潮，有望跑赢时间、跑赢市场。

4. 全球集成电路行业正进入新技术和需求的拐点

集成电路行业是典型的跨地域、多产业链合作的行业，需求牵引、技

术驱动是行业发展的核心逻辑，基于多样的下游应用场景，集成电路产业拥有广阔的市场空间，并且随着传统电子设备升级换代以及新型智能终端应用爆发，行业发展迎来新的历史机遇。

全球集成电路龙头企业进一步发展遇到"瓶颈期"，技术开发难度大、风险高，企业需要通过兼并重组等方式，增加自身实力，合理对冲外部风险。细究原因，是左右了集成电路行业超过半个世纪的摩尔定律走到极限，企业需要找到新的技术方向以应对之后的技术挑战。全球集成电路行业正进入新技术和需求的拐点，突破摩尔定律的极限，研究出下一阶段的新技术，在电子芯片的道路上攻克下一个工艺节点，对所有企业来说都是赌注。为了研发 3 纳米工艺，三星电子和台积电重金押注了不同的技术路线，英特尔、IBM 也在光子集成技术上不遗余力地投入。

不过在 2020 年并购潮达到顶峰后，2022 年全球集成电路行业的整合会随着政策审查的不断严格而减少，但对中国企业来说，由于国内集成电路行业正处于高速增长阶段，资金较为充足，融资相对容易。国际形势的变化和国产替代的推进，在一定程度上将激励中国集成电路行业的崛起。

参考文献

[1] 黄阳棋，刘超，乔路 . 英特尔 50 年存储发展史对我国的启示 [J]. 河南科技，2020，39（28）：3.

[2] 简祯富，郭仁村 . 服务型制造和台积电制造服务模式 [J]. 工业工程，2013，16（2）：10.

[3] 鲁义轩 . 高通：芯片对无线应用的重新定义 [J]. 通信世界，2011（20）：2.

[4] 吕萌 . ARM"改嫁"英伟达能否保持"中立"之身？ [J]. 通信世界，2020（26）：2.

[5] 魏晓云，陈杰，曾云 . DSP 技术的最新发展及其应用现状 [J]. 半导体技术，2003，28（9）：4.

[6] 翁寿松 . 从美日之争看微纳米半导体技术的研究与发展 [J]. 微纳电子技术，2003(3)：1–7.

[7] 杨荣斌 . 中国集成电路产业的投融资环境分析 [J]. 集成电路应用，2017（12）：67–69.

[8] 于燮康 . 兼并重组可能是后来者最好的切入点 [J]. 集成电路应用，2015（8）：4–7.

[9] 于寅虎 .2012 年世界最大 20 家半导体公司排行榜 [J]. 电子产品世界，2013，20（1）：1.

[10] 赵厚连 . 我国大型民营企业债务融资模式的研究 [D]. 西南财经大学，2014.

[11] 赵明华 . 半导体设备产业崛起在中国 [J]. 半导体行业，2007（1）：6.

芯变局

THE CHANGE OF CHIP
INSIGHT INTO THE GROWTH CHANGE AND RESHAPING OF
THE GLOBAL INTEGRATED CIRCUIT INDUSTRY

下 篇
展望未来：格局重塑仍在路上

　　一直以来，集成电路产业都具有高度国际化的特点，在全球各国精细的分工协作下，技术不断成熟、规模持续扩大，没有任何一个国家能够不依赖他国完成全产业链配套，完全实现独立发展。2020 年以来，受新冠疫情、全球化逆流等因素影响，集成电路产业正常的国际经贸秩序遭到冲击，市场供需矛盾更加突出，协作分工生产和国际化合作受阻。同时，围绕新材料、新架构、新封装的技术创新迭起，"5G+AI+IoT"在新兴产业领域展现出巨大的应用前景，为世界各国带来了同一起跑线发展的难得机遇，吸引各国加强布局和投入，全球集成电路产业链和价值链重组趋势已经依稀可见。

第八章　技术突破与人才培养进入新的发展阶段

一、摩尔定律放缓带来技术进步困局

（一）主要国家和地区开始新一轮创新博弈

过去的半个多世纪，集成电路产业高速发展，推动人类社会从信息时代跨向智能时代。20世纪，以美国、日本、韩国、欧盟为代表的主要国家和经济体，瞄准集成电路创新研究，推动集成电路产业不断向前发展。随着摩尔定律放缓带来的技术进步挑战，以及各国对集成电路安全的不断重视，主要国家和经济体开始了新一轮的集成电路创新博弈，集成电路或将迎来新一轮全球格局调整。

全球集成电路的发展一共经历了五个阶段。

20世纪50年代，美国人罗伯特·诺伊斯发明了集成电路，并创办了英特尔，推出了第一个商业集成电路DRAM芯片，标志着全球集成电路产业的诞生。

20世纪70年代，全球集成电路产业进入第二个发展阶段，日本得益于美国集成电路制造业转移，以日立、三菱、富士通、东芝、日本电气5家企业为主体，与日本通商产业省电气技术实验室、日本工业技术研究院电子综合研究所和计算机综合研究所组成联合研发二体，先后投入737亿日元实施"日本VLSI计划"，缩小了与美国的技术差距。

20世纪80年代，日本超越美国短暂领先，是全球集成电路产业发展的第三阶段。日本DRAM芯片产品全面领先；韩国政府实施"超大规模集成电路技术共同开发计划"加大投资DRAM芯片技术的研发，缩小与美国、日本的技术差距。

20 世纪 90 年代，全球集成电路的发展进入第四阶段，1985—1992 年，日本成为全球最大的集成电路生产国。1987 年，美国政府财政资助成立 SEMATECH 组织，每年投入 2 亿美元，专攻 IC 制造工艺与设备提高研发效率。1993 年，美国重夺全球第一。

21 世纪后，全球集成电路产业发展进入第五阶段，以韩国为代表的东亚新兴势力崛起。美国先后发布纳米技术计划和人工智能国家计划，建立国家纳米技术协调办公室，确保美国技术领先，促进人工智能相关投资，释放数据资源。韩国加快推进集成电路产业政策立法，建立研究机构，实现集成电路生产本土化。同时，启动超大规模集成电路技术共同开发计划和半导体工业综合发展计划持续加码支持 DRAM 开发，并发布实施新一代集成电路基础技术开发项目持续夯实 DRAM 技术研发，助力韩国自 2021 年起成为 DRAM 芯片市场的霸主地位。

近年来，各国不断提升对集成电路产业链和供应链安全的重视程度，主要国家和经济体积极布局集成电路技术创新研发战略，意图形成技术优势以占领产业制高点。美国多次发布国家战略支持技术创新。2015 年 7 月，美国总统奥巴马签发行政令，正式启动"美国国家战略性计算计划"（NSCI），旨在最大限度地提高高性能计算能力，支撑后摩尔时代大规模集成电路的研发和技术创新。2017 年 6 月，DARPA 推出后摩尔时代的"ERI"计划，计划未来 5 年投入超过 20 亿美元开发应用于电子元器件的集成电路新材料、开发将电子设备集成到复杂电路中的新体系结构和用于集成电路软硬件设计与实现的创新工具，开启下一次电子革命。2018 年 4 月，美国电气与电子工程师协会发布了"全球器件与系统路线图"（IRDS），这是继"全球半导体技术路线图"（ITRS）之后，对进入后摩尔时代的集成电路技术未来 15 年发展的总体设想，旨在对系统和集成电路器件的发展趋势作出一系列预测，介绍了在达到集成电路尺寸微细化物理极限后，通过"管芯三维堆叠，层间致密互联，异质异构集成和器件低功率化"等方案变相实现微细化诉求，延续芯片性能的再次增长。2020 年，美国启动"电子复兴计划"第二阶段，拟解决摩尔定律放缓的瓶颈，确保美国集成电路的领导力和竞争力，推动美本土化集成电路制造。欧盟重视集成电路基础技术研发。2018年，欧盟提出由法国、德国、意大利、英国等国家的29家公司共同参与的"后摩尔定律时代半导体增值策略"。ESPRIT推动通信微电子技术发展，JESSI发布亚微米硅计划，德国高技术战略强化微电子在内的产业发展，欧盟新电子产业战略加大产业投资。2021年2月，欧盟19个成员国签署《欧洲处理器和半导体科技计划联合声明》，通过组建工业联盟解决技术共性问题，如推动2纳米尖端制造等产业能力提升。随着东亚地区逐渐成为集成电路产业主要的制造中心，日本、韩国、中国等新兴集成电路经济体加快推动技术研发，为实现本土集成电路产业战略目标暗自积蓄力量。2021年3月，日本经济产业省建立研究尖端集成电路制造技术框架，邀请龙头企业参与；同年6月，IBM、英特尔加入该框架，将协同合作研发尖端集成电路。韩国主攻DRAM技术研发取得显著成效。2021年5月，韩国政府发布了《K-半导体战略》，将投入4510亿美元建立半导体设计支援中心、人工智能半导体创新设计中心等设计基地，巩固存储芯片在全球的领先地位，引领全球SoC市场。2021年5月，中国召开国家科技体制改革和创新体系建设领导小组第十八次会议，针对面向后摩尔时代的集成电路潜在颠覆性技术进行讨论。

（二）知识产权布局成为重要的霸权工具

集成电路具有知识密集型特点，便于以专利筑起知识壁垒，可通过专利布局的技术手段保持企业的技术领先性，通过收购重组的资本手段壮大企业，完成企业的战略扩张。这在集成电路产业链上游环节，如知识附加值高的EDA工具、IP核和设计行业尤其明显。EDA工具核心在于算法，并且需要上下游企业协同，只有与先进的晶圆制造厂保持紧密合作，依据制造厂的工艺数据开发相应的仿真验证工具，才能持续保持产品优势。随着电子设计的日趋复杂，软件需要时刻更新，老牌EDA厂商均同设计、制造等环节形成了深度合作关系，有效利用知识产权手段，提高后来者门槛。在欧洲专利局（EPO）发布的《2021年专利指数》报告中，与半导体相关的专利有3748件。从专业领域来看，全球主要国家和地区的专利申请种类各有千秋。在半导体材料方面，中国是全球半导体材料第一大技术来源国，占比32.05%；其次是美国，占比23.78%。在光刻胶方面，日本专利数量遥遥领先其他国家，其中东京电子在涂布显影设备领域占据80%以上的市场份额。

随着集成电路企业竞争日益加剧，集成电路行业竞争从"低水平业务之争的价格战"转变为"知识产权之争的专利战"，专利成为集成电路企业制胜砝码，老牌企业拥有多年研发和专利积累，先发优势明显，后进者为避免专利之争，需要进行很多工作，专利逐渐成为寡头企业的合法垄断手段。

（三）集成电路制造工艺持续革新

2021年全球晶圆产能为2160万片/月（折合8英寸），2022年增长到2546万片/月。据SEMI预测，2023年全球晶圆产能将达到2900万片/月。全球集成电路制造业呈现出以下发展趋势：一是先进工艺投资大、门槛高、竞争格局进一步集中，28纳米、14纳米、7纳米工艺的技术投资强度分别为10亿美元、14亿美元、28亿美元，先进工艺提升的投资金额显著增加，目前仅有台积电、三星电子、英特尔、中芯国际仍在持续推进10纳米及以下工艺研发。二是成熟工艺需求量大，全球28纳米以上工艺制程代工市场规模仍占60%以上。成熟工艺覆盖从0.5微米至28纳米的多个工艺节点，芯片类型丰富、工艺专用性强，面向广泛的下游应用市场，涉及生产、生活的各个领域，市场需求旺盛。三是以氮化镓、碳化硅为代表的宽禁带半导体作为第三代半导体材料的前景广阔，受到国际广泛关注。第三代半导体材料具有耐高温、耐高压、大功率、高频率的优异特性，在电力电子器件、射频功率器件、半导体照明等领域拥有巨大的发展潜力。

（四）集成电路制造进入后摩尔时代

按照摩尔定律，在相同价格下，每经过18～24个月集成电路上所容纳的晶体管数量会增加一倍，性能也会提升一倍。半个多世纪来，集成电路行业遵循摩尔定律快速发展，芯片制程已经从最初的微米级发展到当前的 4 纳米工艺节点量产水平，并正在向 3 纳米甚至更小的工艺节点迈进。随着尺寸微缩极限的到来，摩尔定律在尺寸、功耗、成本三方面逼近极限：在尺寸方面，摩尔定律的目标就是不断缩小芯片的物理尺寸，当继续缩小至 2～3 纳米，芯片上线条宽度仅相当于几个原子大小，届时宏观尺度的物理学定律失效，硅材料的性能将发生质的改变；在功耗方面，晶体管密度持续增加，同时产生大量功耗，现有技术方案无法从根本上解决问题；在成本方面，随着工艺节点的不断缩小，系统设计难度不断增加，芯片制造过程不仅需要更复杂的制造装备和技术，如 EUV 光刻技术、GAA 制作技术等，还需要开发与新技术匹配的新设备、新材料和新软件，这些都将导致制造成本显著增加。

随着集成电路从平面制造技术向三维制造技术发展，提升制程带来的性能收益变得越来越艰难，以硅为主体的经典晶体管和以 SoC 技术为代表的芯片开发模式已逼近极限，集成电路制造进入后摩尔时代。

（五）后摩尔时代面临多重技术瓶颈

以智能制造为主导的第四次工业革命中，5G 通信、大数据、物联网、云计算、人工智能、自动驾驶等新兴领域的发展对大量数据的快速处理能力和存储能力提出了更高的要求，高算力和大存储成为后摩尔时代新兴产业的重要需求。

1. 材料方面

传统集成电路器件中包括多种材料，如金属材料、硅基底、氧化物材料等，通常采用异质结构的设计，利用外延生长技术将多种材料连接起来。一方面，随着芯片的集成度越来越高，性能越来越强，芯片的异质结构能够支撑高性能的需求，但同时导致器件功耗增加。另一方面，异质结构中存在两种不同材料连接的界面层，尺寸微缩对材料电学性能产生挑战。由于不同原子之间的尺寸、排列方式和作用方式不尽相同，会产生大量没有成对的孤电荷。随着尺寸的减小，这些孤电荷将成为多个散射中心，共同影响器件中传输的电荷信号并产生负作用，显著降低晶体管中电荷传输效率。为了保证芯片性能，需要更高的工作电压驱动电荷，器件的功耗随之增加。总体而言，超高的热流密度和载流子迁移率等问题成为传统集成电路材料方面在新时代、新领域应用的瓶颈。

第一，材料的有效热管理是高性能芯片面临的首要问题。据文献报道，某些高性能芯片发热模块的面积仅有 500 平方微米至 5 平方毫米，其功耗已经超过 200 瓦，其中局部发热点的热流密度甚至超过 40 兆瓦每平方米。航天器返回大气层时所形成的热流密度为 5 兆瓦每平方米左右，而高性能芯片的热流密度与其相比提高了一个数量级。因此，后摩尔时代高性能芯片对材料承受较高的热流密度提出了巨大挑战。

第二，提高载流子迁移率是后摩尔时代材料方面需要解决的重要难题。受量子限域效应显著影响，随着特征尺寸的不断微缩接近极限尺度，传统半导体材料的载流子迁移率将不断降低甚至趋于零。当传统栅介质材料（如硅、锗等）变薄减小至十几纳米时，有效电场强度明显增加并产生多重负面因素，进而导致其电学性能退化。当达到 1 ~ 2 纳米的极限尺寸时，硅、锗等传统半导体材料的迁移率甚至会接近零，器件变为完全不导电的绝缘体，不再具备晶体管的性能。

2. 算力方面

后摩尔时代算力水平不断提升，但基于当前集成电路技术的算力提升空间趋于瓶颈。从工艺看，当前制程再度提升带来的整体性能回报率不断下降。在芯片工艺从 28 纳米逐步演进到 14 纳米、7 纳米、5 纳米、4 纳米，再到三星电子已经量产的 3 纳米芯片。起初每一代技术革新能带来 50% 以上的性能收益，但从 7 纳米开始，提升一代工艺只能带来 20% 的性能回报，从 4 纳米开始甚至下降到了 10% 以下。每一次技术革新后的制造工艺都会产生新的良率。据文献报道，通过归一化计算，16 纳米、14 纳米制程以下，以 250 平方毫米作为规划的基本数据，先进制程每平方毫米可获得有效良率的代价呈现上升趋势，但良率却整体处于偏低的状态。由此可见，摩尔定律已经到达瓶颈。但是，芯片集成度越来越高，算力水平越来越高的技术需求和产业发展方向不会改变，因而迫切需要革新算力提升的新技术和新路径。从处理器的代际发展看，算力提升技术面临多元的发展方向。从20世纪70年代起，以处理器为载体的算力水平实现巨大飞跃，经历了CPU算力、GPU算力、DSA算力3次升级。CPU中心架构的出现为指令集提供了标准化规范，建立了软硬件解耦的生态体系。GPU可以并行处理，并且调用更多资源用于计算，能够比CPU解决更复杂的计算问题。DSA本质上是一种基于敏捷设计方法设计的ASIC，针对特定应用场景开发定制化的架构，增强灵活应对差异化需求的能力。总而言之，后摩尔时代算力革命正在引发新的技术创新。

3. 封装技术

随着人工智能、信息通信技术的飞速发展，市场需求不断革新驱动芯片朝着性能更强、功能更多样化的目标发展，带动集成电路封装技术不断升级。自工艺制程进入28纳米以后，研发制造成本呈指数级倍增，但芯片性能提升趋于瓶颈，SoC设计面临发展困境，引发产业界积极探索新的封装技术以提高芯片性能，如多芯片封装（Multi-chip Package，MCP）、SiP等。整体来看，集成电路封装技术经历了单芯片封装（Single Chip Package，SCP）、MCP、三维封装、SiP和三维异构集成（3D HI）的发展路线。

然而，随着芯片的集成度越来越高，其内部的互联方式也越发复杂。一方面，由于IP核的多样性，SoC内部集成的多个IP间缺乏互联通用接口，限制了信号的联通，SoC内部集成的IP核数量随着功能的增加同步增长，进一步加剧了信号联通的难度；另一方面，不同厂商的SoC采用不同的IP核，进行信号传输不仅需要建立网络结构，还需要制定和实现相匹配的算法。复杂的制造过程将产生更多的工艺缺陷，导致芯片制造的良率降低，抬升其制造成本。

总体来看，随着芯片工艺的不断演进，硅基芯片的工艺发展趋近于物理瓶颈，在摩尔定律放缓及高算力、高存储的需求背景下，以硅为主的经典晶体管很难维持集成电路产业的持续发展，有必要通过新材料、新算力、新封装继续探索后摩尔时代集成电路的发展路径，持续推动集成电路技术发展。

（六）后摩尔时代对技术突破提出更高要求

集成电路制造技术进入了后摩尔时代，人们尝试从发现新的材料来制作相关的器件、改进现有晶体管制造工艺和封装技术、构建新的架构和方法等方面努力寻找延续摩尔定律的方法，以期实现低难度、低成本、高性能、灵活的解决方案。在计算架构方面，存算一体能显著减少数据搬运过程，在提高计算速度的同时降低功耗；在指令集架构方面，以 RISC-V 为代表的指令集架构具有开源、简洁的特点，能够满足芯片技术快速迭代、功能定制化或多样化的芯片需求。材料方面，硅难以满足高频、高功率、高压的要求，碳基材料石墨烯和第三代半导体材料迎来了发展契机。封装技术方面，三维堆叠和 SiP 技术已经实现规模商用，以 SiP 先进封装为基础的 Chiplet 技术未来市场规模有望快速增长。

1. 计算架构：存算一体化

传统的计算架构为存算分离模式，即存储单元和计算单元两者存在界限，彼此分离，存储单元中存放大量数据，计算单元即 CPU 仅负责提供算力。当 CPU 工作时，处理器根据指令将数据从存储单元中提取到计算单元，完成计算后再将数据从计算单元传输回存储单元，存在大量的数据单元和计算单元之间的来回传输操作，有限的总带宽直接限制了交换数据的速度；另外，处理器和存储器的设计思路迥异，由于工艺不同两者的性能差距也越来越大，存储数据访问速度远低于 CPU 的数据处理速度，导致产生了"存储墙"问题；再者，存算分离架构的数据搬运的能耗比浮点计算高 1~2 个数量级，数据搬运功耗占比越来越大，到 7 纳米时代，访问功耗达到 25pJ/bit(45.5%)，通信功耗达到 10pJ/bit（18.2%），数据传输和访问功耗总占比达到了 63.7%。

随着数据量指数级增长，传统存算分离的冯·诺依曼架构由于数据传输的瓶颈已难以满足超高速、高带宽、大容量、高密度、低功耗和低成本的超高性能计算的需求。"存算一体"成为备受关注的新型计算架构。

存算一体架构采用数据存储单元和计算单元融为一体的模式，有效地解决了存算分离架构引起的数据搬移延迟和功耗等问题。存算一体化解决了"存储墙"的问题，省去了大量数据搬运的过程。一方面，数据以电阻值等物理形式存在于存储器中，计算过程和结果的读取工作也都在存储器中完成。计算速度更快，能耗更低。另一方面，底层硬件结构简单，存储和计算硬件更新同步，相比于传统冯·诺依曼架构，存算一体化处理的成本更低，也更容易设计和维护。目前，存算一体的技术路线可以分为两类：片外存储和片内存储。片外存储指在存储器中植入计算单元降低数据交换时间，提升计算速度；片内存储指通过嵌入算法权重使存储器具备计算能力，实现存算一体的功能。

现阶段，存算一体化的局限性主要存在以下四个方面。一是目前该架构支撑的运算类型存在局限性。数据首先要存在存储器里，基本上实现的运算模式是加乘运算，加乘运算是最基本的运算模式。该模式完成一次计算后形成一个参数体系，下一次计算后参数规模逐渐扩大，通过多次的复合计算参数规模持续扩大。但是，随着参数规模持续扩大，传输数据的压力也随之加大，带来更大的能耗。二是计算精度的局限性限制适用场景。片内存储本质上是模拟计算，其计算精度有限，难以满足高计算精度的场景，如人工智能。三是对存储需求不高的场景不适用。存算一体更适用于存储需求较大的场景，对于存储需求不高的应用场景，其内存成本较高导致性价比不理想。四是产业生态尚需完善。目前存算一体的发展模式尚处于起步阶段，存算一体产业链与集成电路产业链高度重合，存在"断链"的风险，如芯片制造也主要依靠圆晶代工厂，缺乏专用于存算一体的 EDA 工具，流片后没有成熟的测试手段，下游应用暂时不能适配等。

此外，异构计算也为算力提升提供了新的方案。如果通过异构计算，充分发挥不同计算平台的优势，可以提升计算效率及能效比。异构计算涵盖 CPU+GPU、CPU+FPGA、CPU+ASIC 等方式，将不同的任务分配给对应的芯片进行处理，将存算一体架构从以计算为中心转变为以数据为中心，消除了冯·诺依曼架构的瓶颈，能够平衡高能效和高性能，实现全面覆盖，从而显著提升平台的计算能力。随着人工智能技术的发展，异构计算架构已经广泛适用并预计在后摩尔时代人工智能深度学习等大容量大规模并行计算的场景中具有广阔前景。

2. 指令集架构：RISC-V

指令集架构（ISA）是计算机抽象模型的一部分，是连接硬件和软件之间的接口，它定义了软件如何控制 CPU，指定处理器能够做什么以及如何完成。ISA 定义了支持的数据类型、寄存器、硬件如何管理主内存、关键特性（例如虚拟内存）、微处理器可以执行哪些指令以及多个 ISA 实现的输入 / 输出模型（表 8-1）。

表 8-1　　　　　　　　　主流芯片指令集架构对比

指令集架构	代表厂商	发明时间	特点	局限性	应用领域
x86	英特尔、AMD	1978 年	性能高，速度快，兼容性好	被英特尔和 AMD 垄断，不对外授权	PC、服务器
ARM	苹果、谷歌、IBM、华为	1983 年	成本低、功耗低，高并发处理机制，良好的可扩展性	授权费用高昂，且具有断供风险	移动设备和嵌入式系统，如手机、平板以及物联网芯片
RISC-V	三星电子、英伟达、西部数据	2014 年	开源、模块化，极简，可拓展、低成本，没有专业壁垒	目前生态尚不完全成熟	服务器，家用电器，工控，微传感器

资料来源：根据公开资料整理。

过去，x86 架构和 ARM 架构发展成主流芯片指令集架构。然而 x86 架构长期被英特尔和 AMD 垄断，基本不对外授权，且 ARM 架构授权费用高昂，还存在断供风险。未来，RISC-V 架构有望推动指令集架构创新并加快开放架构应用进程。RISC-V 是一种新兴的指令集架构，具有完全开源、开放、自由等特点，没有高昂的授权费。它设计简单，易于移植 Unix

系统，采用模块化设计，允许任何人、任何公司使用、设计基于 RISC–V 指令集的芯片。RISC–V 作为从零开始的指令架构，不仅可以规避地缘政治和知识产权的风险，还充分吸取了现有 x86 和 ARM 架构中的经验和教训，摆脱对固有技术的依赖，同时无须向下兼容已经过时的指令。RISC–V 指令集适用于现代云计算，智能手机和小型嵌入式系统，未来有望成为和 x86、ARM 比肩的重要架构。

近年来，RISC–V 指令集已成为学术界和工业界的研究热点，例如西部数据公司基于 RISC–V 设计通用架构 SweRV，阿里巴巴研发出 Xuantie–910 处理器，中科院计算技术研究所开发出 RISC–V 处理器核"香山"等。目前，尚未有任何国家的企业为 RISC–V 建立起专利壁垒，以 RISC–V 为代表的开放指令集将逐渐取代传统芯片设计架构，以更高效、更快速满足技术创新迭代、应用场景多样化与芯片功能定制化的市场需求。

3. 封装模式：SiP 技术和 Chiplet 技术

随着节点尺寸的不断缩小，集成电路的制作工艺变得越来越复杂，成本也越来越高，提高集成度就要在基板上塞进更多元件，在摩尔定律发展受限的背景下，封装技术由最初的双列直封装逐步过渡到立体三维封装形式，SiP 技术和 Chiplet 技术为先进封装提供了新方案。

SiP 技术指处理器、存储器、传感器和射频收发器件等模块通过系统组装到一个封装体内，大幅压缩器件体积，并实现更高的集成度。SiP 技术能够大幅缩短研发周期，降低开发成本。SiP 技术具有三点优势。一是 SiP 技术可以解决异质集成问题，实现不同材料的封装。例如，手机射频系统的不同零部件往往采用硅、硅锗（SiGe）、砷化镓（GaAs）以及其他材料和工艺，通过 SiP 封装技术，将不适合 SoC 集成方式的这些器件和零部件进行集成。二是 SiP 技术提升芯片系统整体功能性和灵活性，将具有数字功能和模拟功能的集成在一起，处理器、基带和射频三大功能集成在一起。比如手机毫米波芯片会把处理器、基带和射频全部封装在一起。三是 SiP 技术降低工艺成本。SiP 技术将不同工艺制程的芯片封装在一起，可以减小电路板面积，降低工艺成本。此外，基于摩尔定律发展的单片 SoC

模式将不同 IP 进行单片整合，实现软硬件集成，虽然具有功能全、功耗低、体积小、速度快等优点，但也面临开发难度大、灵活性不足、针对不同规模化功能的重新设计会造成资源低效使用、周期较长、风险高等问题。SiP 技术能够解决上述困局，其组合的系统具有集成度更高的优点，并且由于减少线路布局与复杂程度节省空间、缩短开发周期，具有显著的成本优势。

Chiplet 技术采用三维封装，具有显著的集成优势。所谓芯粒，它是一种具有特定功能的芯片，芯粒之间能够互相连接，多个芯粒进行垂直堆叠互联，实现芯片异构、异质、模块化集成。它之所以具有集成度高和经济优势主要有以下四点原因。一是 Chiplet 技术源于三维堆叠技术。三维堆叠技术可以解决传统平面封装的局限性，通过多次堆叠实现空间利用效率的最大化，进而提升集成度。二是芯粒可以循环使用多次。通过微加工技术在标准总件、接口的调度下将芯粒集成到一起形成一颗芯片，之后可以再将这颗芯片作为一个芯粒与其他的芯粒一起再次集成，以此逐渐扩大集成规模。在集成过程中，若从长、宽、高三个维度合理规划，不仅可以集成更多的芯粒，还可以解决小型化的问题。三是 Chiplet 技术可以充分降低成本。由于该技术具有集成优势，并非所有的芯粒都需要用到 5 纳米的先进技术，如果把 SoC 芯片根据需要切割成一颗颗小芯片，成熟制程芯片和先进制程芯片交错使用，可以降低成本。四是适用场景丰富。在这种工艺模式下，构建一个包含模块芯片库的生态系统，集成商根据需求设计芯片结构，自由选择模块芯片交给制造商进行制造和封装，可大量减少芯片设计和调试时间，进而缩短交付周期。值得一提的是，目前，英特尔与台积电、三星电子等多家科技厂商发起的 UCle 标准为 Chiplet 技术提供了统一的接口和技术标准，将各个企业的 Chiplet 规范在统一标准之下，使不同厂商、工艺、架构、功能的芯片可以自由组合，实现高带宽、低延迟、低能耗、低成本的互通，驱动先进封装技术和市场的快速发展。

4. 材料革新：碳基材料、第三代半导体材料

目前集成电路器件主要使用硅基材料，具有良好的稳定性和经济优

势，制造工艺也较为成熟，功耗更低。但传统的硅基材料由于尺寸微缩极限下，量子限域效应显著，导致器件电学性能衰退和能耗较大成为延续摩尔定律的阻碍。发现新材料成为美国、日本、韩国、欧盟等集成电路主要国家和地区及其龙头企业的研究热点，以期通过全新的作用机理形成新的计算逻辑、概念和器件，推动集成电路产业不断革新。

（1）石墨烯：新型碳基材料

石墨烯因其优异的导电性能和高迁移率引起了全球学术界和产业界的关注。实际上，在石墨烯研究获得诺贝尔物理学奖前，无论零维碳材料富勒烯、一维碳纳米管、二维石墨烯和石墨块、金刚石等碳的同素异形体，任何碳材料的发现都会吸引学术界和产业界的广泛关注。结构决定性质，从结构上看，石墨烯是单层碳原子结构，单层石墨烯的厚度仅为0.34纳米，差不多和一个碳原子的直径相当，约为头发丝的直径的1/200000。从性能上看，石墨烯具有独特的线性电子能带结构，电子在石墨烯中移动没有阻力，使其具有超高的迁移速度，因此石墨烯具有较高的载流子迁移率，使用石墨烯晶体管可以大幅提升CPU的运算速度。制造工艺方面，碳基技术有着比硅基技术更优的性能和更低的功耗，性能功耗综合优势为5～10倍，这意味着碳基芯片性能比相同技术节点的硅基芯片领先三代以上。比如采用90纳米工艺的碳基芯片有望制备出性能和集成度相当于28纳米技术节点的硅基芯片；采用28纳米工艺的碳基芯片则可以实现等同于7纳米技术节点的硅基芯片。

然而，石墨烯材料也存在瓶颈。一方面，石墨烯不具备良好的"开关特性"。石墨烯中电荷的迁移速率超快，但是不一定能够及时"刹车"停住。因此，为了更好地利用石墨烯晶体管，通常在石墨烯材料中进行掺杂来制造器件，以降低石墨烯较高的迁移率，帮助电荷及时"刹车"。这样既能利用电荷在石墨烯晶体管的高迁移速度，又可以保证石墨烯具备较好的晶体管性能。另一方面，将石墨烯应用于集成电路的最大挑战来自获取高质量、大尺寸的单层石墨烯晶圆。目前，石墨烯作为集成电路器件新材料其技术具有可行性，但距离产业化还有很长的路要走。即使制备技术取得突破，其与硅基材料竞争时的成本问题也值得关注。

（2）第三代半导体：碳化硅、氮化镓

新能源汽车、电力电子设备和射频功率器件的发展，对半导体材料提出了更高的要求，相比于传统的硅基半导体材料，以氮化镓、碳化硅为代表的第三代半导体材料具有禁带宽度大、临界击穿场强高、导热性能好、电子迁移率高、介电常数小等特点。

第三代半导体材料在物理结构上具有能级禁带宽的特性，决定其在提升器件功率密度、提高系统性能具有出色的表现。例如：与 IGBT 模块相比，碳化硅 MOSFET 器件具有更小的体积，100 安 1200 伏的碳化硅 MOSFET 芯片体积大约只有 IGBT 模块与续流二极管的 1/5。氮化镓可应用于更高频率、更大带宽的射频器件，以 5G 技术为例，氮化镓将在 3500 兆赫兹以上频段具有更强的竞争优势，特别在毫米波频段，氮化镓甚至是目前唯一的选择。碳化硅、氮化镓等第三代半导体材料在具有更高能量转化效率的同时也更利于器件的小型化，体积的减小可带来材料成本、器件损耗的进一步降低，在大功率、高频段的器件应用中具有先天的性能优势。

第三代半导体被认为是 5G 通信和新能源汽车不可或缺的芯片材料。氮化镓以高功率、高热导的优势在功率传输上具有性能优势，被用于快速充电领域，有望垄断手机、笔记本电脑等充电器市场。另外，随着 5G 通信、工业互联网、智能制造等领域的崛起，氮化镓为提升功率器件的运算处理能力提供了新方案，成为基站、雷达和卫星等无线通信设备的功率放大器上的主要候选者。电动汽车上的功率器件主要有电源转换系统、主逆变器、车载充电系统以及非车载充电桩，使用碳化硅 MOSFET 器件替代 IGBT 模块可以显著提升逆变器效率，提升电池续航能力，优化逆变器组件的体积和重量，降低整个电力系统的成本。目前，碳化硅芯片使汽车及零部件更加小型化、轻量化，因其优于传统硅基芯片的特性，碳化硅功率器件已成为电动汽车驱动系统的主流技术。此外，第三代半导体是"军民两用"的关键技术，如碳化硅基氮化镓射频芯片是预警雷达、电子干扰仪、导弹导引头的关键组件。但是，第三代半导体技术难度大、门槛高，需要特殊制造工艺，如其衬底材料制备难度大，材料价格高，芯片加工过程中需要专用的金属有机化学沉积、高温氧化等设备。

我国第三代半导体材料的发展面临一些困境。当前，欧美日企业在模拟器件领域具有显著优势，在第三代半导体材料和技术上已提前布局，中国台湾地区企业在制造和封测领域占据了重要地位。我国的高铁、移动通信等领域功率放大器芯片大部分依赖进口。一旦国外对我国进行技术封锁和芯片、材料禁运，我国相应产业发展将会受阻。此外，第三代半导体的商业化应用有待加强。市场不仅关心产品性能，更关注成本和可靠性。目前，碳化硅已进入市场多年，一方面，成本在规模生产中不断降低；另一方面，可靠性在产品应用中得以检验并提升。而氮化镓虽然具有兆赫级别的开关频率，但从市场上考虑，其可靠性仍需时日考量。

5. 新技术：绝缘体上硅技术带来新可能

绝缘体上硅（SOI）技术通过在顶层硅和硅衬底间引入一层埋氧层作为绝缘层的平面工艺技术。相比于传统体硅工艺技术，SOI 可以更加有效地将器件与衬底隔离，从而实现低功耗、速度快、抗干扰强、集成密度高等优点。作为支撑 SOI 技术发展的基础，SOI 硅片市场近年取得快速发展。据 MarketsandMarkets 预测，2019—2024 年 SOI 硅片市场复合增长率为 29%。

FD-SOI 技术无须全面改造设备结构、完整性和生产流程，相对于 3D 结构的鳍式场效应晶体管（Fin Field-Effect Transistor，FinFET），可大幅降低工厂建设成本和芯片生产成本，被认为是 28 纳米工艺节点后的备选路线。在衬底供应方面，SOI 晶圆技术已在 5G 终端需求的驱动下逐步由 200 毫米向 300 毫米过渡。在代工工艺方面，意法半导体于 2012 年推出 28 纳米 FD-SOI 工艺平台，并于 2014 年授权给三星电子，格罗方德 22 纳米 FD-SOI 代工平台 22FDX 于 2017 年投产，于 2018 年发布 12 纳米 FD-SOI 平台，并表示能够以低于 16 纳米 FinFET 的功耗和成本提供等同于 10 纳米的 FinFET 性能。在设计服务方面，新思科技和铿腾电子已有经过验证的 FD-SOI IP，ARM 和西门子 EDA 等企业也在纷纷着手开发相关 IP，联发科、瑞芯微等设计企业宣布将基于 FD-SOI 工艺研发相应芯片。

射频绝缘体上硅（RF-SOI）技术主要应用于制造智能手机和无线通信设备上的开关、天线调谐器、低噪声放大器、功率放大器等射频器件。相比于传统砷化镓和蓝宝石上硅技术，RF-SOI可以实现更高的集成度和更优越的低功耗性能，满足射频前端模组等部件复杂度不断提升的需求，逐渐成为射频前端模块的主流解决方案。在智能手机的轻薄化、大屏幕屏设计趋势下，不断挤压内置射频前端功能区的空间，同时5G手机所需的射频器件如功率放大器、滤波器、开关、低噪声放大器和天线调谐器等的数量成倍增加，要求智能手机使用更高集成度、更小体积的射频前端芯片方案，RF-SOI能很好地解决这一难题。据法国半导体材料商Soitec称，5G手机中RF-SOI器件的占比不断提升，RF-SOI技术已经成为天线调谐器与射频开关的主流技术。目前RF-SOI产业生态已经逐步建立，全球RF-SOI代工厂包括高塔半导体、格罗方德、台积电、联电、中芯国际、华虹宏力等。

目前，SOI产业生态尚不完善。第一，原材料供应不足，全球仅有少数几家公司可以提供SOI晶圆，企业产能有限，衬底材料供应相对紧张。第二，行业牵引力不足，作为同一时间提出的另一备选路线，FinFET技术能够迅速占领市场主要在于得到了台积电和英特尔的认可和支持，SOI阵营中的格罗方德、意法半导体等企业相对缺乏足够的市场号召力和控制力。

二、全球芯片人才需求日趋强烈

（一）芯片人才规模持续扩大

集成电路作为国家战略性新兴产业之一，是一个国家综合国力的标记和战略竞争制高点。当前，全球集成电路产业已进入"大国博弈"的发展新阶段，产业竞争也从原先的"技术战"蔓延至更为底层核心的"人才战"。

1. 全球已依托产业要素资源分布形成区域集中的人才布局

集成电路于 20 世纪 60 年代前后起源于美国，至今仅不足 70 年的发展史，但已经历了三次产业转移，依次为 1970—1990 年，美国向日本转移设备产业，日本确立集成电路产业地位；1990—2010 年，产业分别向韩国和中国台湾地区转移；2011 年后，产业向中国大陆转移。产业的高速发展催生了大量产业人才的需求，美国、欧洲、日本、韩国及中国台湾等产业先发国家和地区对产业人才的培养均起源于 20 世纪 60—70 年代。高水平的科研成果转化为高质量的设计和生产水平，进而吸引更多的高素质人才进入这些国家和地区学习、从业，也助力本土建立起数量丰沛、结构完备的人才梯队。

根据调研和公开资料显示，2021 年美国本土直接从事集成电路产业的人员规模超过 30 万人，产业间接创造了超过 180 万个就业岗位；欧洲的产业从业人员规模逾 20 万人，间接创造了 100 多万个就业岗位；日本由于社会形态相对稳定，员工离职率低，集成电路产业从业人员维持在 17 万人左右；韩国央行数据显示，集成电路产业每增加 10 亿韩元产值，就会创造 1.9 个就业岗位，保守推算，2021 年韩国集成电路就业人数约为 19 万人；中国台湾地区的集成电路产业从业人员数量维持在 23 万人左右，但人才缺口进一步扩大，预计未来将会有较为明显的人数增长。中国大陆的集成电路产业从业人员规模约为 56 万人，远高于上述集成电路产业先发国家和地区，年复合增长率高达 11%。从数据中可以看出，中国大陆虽然产业发达程度不及美国、欧洲、日本、韩国及中国台湾等先发国家和地区，但人才规模及增速远高于后者，这是因为先发国家和地区已形成了较为完备的布局和产业分工，承接的多为集成电路产业中附加值和技术含量较高的环节，同时其自动化水平远高于正处在产业高速发展期的中国大陆，对于一线操作工人的需求量远低于中国大陆，从业人员的人均产值也明显更高。

2. 集成电路产业对复合型人才和"三高"人才需求旺盛

集成电路产业链条长且复杂，涉及电子、计算机、物理、数学、化学甚至管理等多个相关却又迥异的学科，因此也需要能够掌握并融会贯通多门学科的复合型人才。同时，由于集成电路产业技术门槛较高且在不断更新迭代，需要大量具有高学历、高技术和高经验的"三高"人才支撑产业的跨越式发展。

从主要国家和地区现有人才队伍层次来看，美国约有40%的集成电路产业从业者大于50岁，且有超过半数从业人员拥有学士及以上学位。考虑到美国集成电路产业整体起步早，从业者整体年龄较高，学士学位可被认为是高学历，因此，美国集成电路从业者普遍具有较高的学历水平和从业经验。欧洲20万个与集成电路相关的岗位中，有逾1/3岗位分布在ASML、Dialog、英飞凌、恩智浦、意法半导体、X-FAB 6家头部企业，且比例逐年递增；在这6家头部企业中，从事技术含量较高的研发岗位的员工占比也超过25%。欧洲集成电路产业高水平从业人员占比不断增大。日本社会遵循按部就班和"尽人事，图安心"的价值观，整体离职率很低，试图通过跳槽而实现快速发展红利的日本人更是极少，这也使日本企业得以通过长时间的人才积淀实现技术积累。中国台湾地区集成电路产业从业人员的平均年龄在30岁左右，其中上游工程师的平均年龄为30.58岁，非工程师平均年龄31.5岁；产业链中游工程师平均年龄28.12岁，非工程师平均年龄30.8岁；产业链下游工程师平均年龄28.4岁，非工程师平均年龄29.9岁。上游工程师比下游平均年长3岁，非理工科系工程师因自学时间较长比理工科系工程师年长1~2岁。可以看出，集成电路产业对从业者知识体系和从业经验的高要求。从中国台湾地区集成电路头部企业的员工情况来看，台积电、联华电子、日月光和联咏电子的员工平均年龄都在36~37岁，且平均工作年限均在6年以上，再次印证了集成电路产业对员工工作经验的高需求。

3. 全球集成电路产业从业者薪资高企

由于集成电路属于泛半导体产业且对复合型人才需求旺盛，常常涉及与薪酬更高的互联网、金融等行业争夺人才的情况，并且集成电路工作本身较为艰苦、枯燥且技术含量高、工作难度大，因此需要用高回报吸引人才，全球集成电路产业的薪资水平普遍高于全行业平均水平。近年来随着集成电路产业的重要性被一再提及，主要国家和地区纷纷发力布局本土集成电路产业，集成电路从业人员的薪资更加水涨船高。

从地区行业平均薪酬来看，美国集成电路产业平均薪资显著高于其他主要国家和地区。根据美国劳工部和半导体行业协会统计，集成电路行业从业人员的平均年薪折合成人民币超过 110 万元（含分红、奖励等）。具体来看，美国集成电路行业岗位类型呈现多样化，其中生产制造相关职位最多，占比为 39.6%，但平均年薪为 62 万元，低于行业平均水平；工程类职位占比 23.9%，仅次于生产制造类，这类岗位的薪资较高，平均年薪 147 万元；管理类岗位占比虽然仅有 8.6%，但平均年薪高达 244 万元。此外，产业从业人员的工资因公司、地域及工作年限等呈现较大差异。根据中国台湾地区 104 人力银行统计，本地集成电路产业的年薪中位数折合成人民币为 16 万元，平均月薪 1.2 万元，为岛内仅次于计算机及消费性电子制造业的第二高薪产业。在中国台湾地区集成电路产业链内部，薪资水平则呈现上游设计业高于中游制造代工环节、下游封装测试最低的形态。从具体职位的薪资水平来看，集成电路设计工程师的平均月薪最高，为 2.2 万元。在中国台湾地区，初入集成电路行业人才中以成功大学、台湾清华大学、台湾交通大学为代表的硕、博士研究生平均月薪可达 1.3 万元，且从事职务多与工程研发或软件设计相关；最高学历为本科的职场新人平均月薪则为 0.86 万元，岗位主要涉及集成电路设备、制程、产线等。

从头部企业员工收入水平来看，员工平均年收入居高不下。根据公开资料显示，2021 年美国高通公司员工平均年净收入折合成人民币达到 144 万元；英特尔员工平均年净收入约 107 万元；英伟达员工平均年净收入高达 282 万元。欧洲集成电路头部企业的人均年净收入分化较为明显。光刻机巨头 ASML 员工年净收入稳定维持高位并在 2021 年达到 136 万元 / 人；恩智浦受新冠疫情影响，营收和净利润均同比下降，人均年净收入也受影响减少至 40 万元；英飞凌的员工平均年净收入则为 19 万元；日本集成电路设备业优势凸显且薪资持续走高，东京电子在各个设备领域都保持着较高的市场占有率，多产品线并进且业绩稳步增长，自2015年后员工年净收入业界领先，并在2021年达到136万元/人。LASERTEC作为唯一一家能够提供EUV光刻用光罩缺陷检查设备的公司，随着EUV工艺的稳步推进，公司效益大幅增长，员工平均年净收入超越东京电子升至第一，约合195万元/年。据《日本经济新闻》报道，韩国集成电路头部企业三星电子为解决合格工程师短缺问题，向员工发放了相当于11个月工资的奖金，员工年收入达到"23薪"。根据韩交易所披露，三星电子在韩员工的平均年薪折合成人民币为69万元，考虑到奖金和员工福利等，人均总报酬高于130万元/年。2020年中国台湾地区70家集成电路上市公司的平均员工薪资费用折合成人民币为38.42万元/年，平均员工福利费用（含工资）42.6万元/年。此外，对于中国台湾地区集成电路头部企业而言，除了基本薪资，业绩奖金和酬劳（分红）也较为丰厚。综合薪资和各项福利，中国台湾地区员工平均年收入（折合成人民币）排名前十的企业分别是：祥硕科技（90.74万元）、联发科（85.44万元）、瑞昱（80.65万元）、威盛（80.65万元）、联咏（80.54万元）、爱普科技（62.88万元）、日月光投控（61.42万元）、台积电（60.52万元）、创意电子（59.57万元）、联阳半导体（56.77万元）、矽创（54.50万元）。

4. "政产学研" 联合培养已成为主流产业人才培养模式

集成电路产业需要的复合型、工程型人才通常需要经过8～10年的培养才能成熟，而这与高速发展的产业和不断扩大的人才缺口不相适应，因此，政府引导，产业界与教育界强强联手，共同培养匹配企业需求的人才成为业界公认的集成电路人才培养最快、最有效的模式，全球主要国家和地区也均有相关案例，具体模式因应各国国情有所不同。

美国的人才培养以政策为牵引，STEM教育为抓手。在政策牵引方面，2018年12月4日，白宫公布了《制定成功路线：美国STEM教育战略》，详细介绍了联邦政府扩大和提高全民STEM教育、为将来的STEM经济保驾护航的STEM教育5年战略。2019年11月，美国教育部宣布将投资5.4亿美元支持STEM教育。2020年，美国联邦政府机构共设立STEM教育项目 174 个，预算共计 36.8 亿美元，比 2019 年增加 15%。《无尽前沿法案》中也提出，希望拨款 100 亿美元创建 10 个技术中心，将美国各地的制造业中心和研究型大学联结起来，分散投资，用于支持和扩大新技术的研究，包括半导体、人工智能和机器人技术等。在 STEM 教育方面，一些大型半导体企业也通过与中学、高校和社区学院合作推进 STEM 教育，通过设立奖学金吸引学生攻读相关专业，通过员工教育援助项目、鼓励女性学习相关专业、促进族裔多元化等方式鼓励且培养相关人才。同时，一些美国半导体企业每年提供 140 万美元经费支持员工攻读与工作相关的学位，或为员工提供每年 3 万美元的学费报销项目；一些企业通过雇佣合作、提供实习机会等为企业培养储备人才。美国的相关高校也通过开设实践相关的课程或设置导师项目，帮助学员提前了解行业情况和工作内容。

欧盟的人才培养以产业界为主导，着重培养技能人才。欧盟因循自身独特的经济联合体形态，由产业界权威机构牵头，多国联合进行技能型人才培养。2019 年 11 月，国际半导体产业协会与欧洲 14 个国家的 19 个合作伙伴共同发起总金额 400 万欧元的微电子学教育鼓励计划，以促进欧洲微电子人才的发展。2020 年 11 月，欧盟委员会发布了名为 "Pact for Skills" 的技能公约。在微电子产业，技能公约计划募集 20 亿欧元，为产业集群内超过 25 万名工人和学生提供培训。欧盟委员会还宣布在包括微电子在内的关键工业生态系统领域建立欧洲技能合作伙伴关系，通过联合所有相关合作伙伴的力量，将人才投资的影响发挥最大化，提升人才现有的技能水平。欧盟委员会还呼吁产业界、企业雇主、社会伙伴、商会、协会、公共当局、教育和培训机构、职业介绍所等共同努力，为整个欧盟所有适龄工作人员提供培训，共同推进欧洲人才的技能提升，从而填补转型道路上的人才缺口。

日本政府运用产学融合项目进行人才培养。2019 年 3 月，日本文部科学省发布了 2019 年《超智能社会高技术人才培养计划》，在 2018 年 "信息技术人才基地建设项目" 和 "超智能社会数据专家培养项目" 的基础上，新增 "可持续产学合作人才培养体系项目"。该计划旨在加强日本在超智能社会背景下的高技术人才培养，聚焦产学合作，通过构建培养利用实践教育从业人员的平台，并开展成人继续教育计划，加强人力资源短缺领域的信息技术人才培养等方式促进数据和人力资源的开发，从而推动日本社会发展。

韩国采用"政府＋大财团"模式培养人才，并针对各年龄层构建差异化培养体系。集成电路是韩国的国民支柱产业，三星电子、LG等头部企业更是掌握极高的话语权，韩国集成电路人才的培养主要以"政府＋大财团"引导，鼓励校企融合，维持韩国在集成电路产业中的优势。早在1986年，韩国政府就将4M DRAM列为国家项目，成立电子与电信研究所并联合三星电子、LG、现代和国内6所顶尖高校成立产学研联盟。该联盟在1986—1989年共投入1.1亿美元研发资金，其中57%由政府承担。韩国政府在2016年推出希望基金，投资集成电路相关企业，专注于新技术的开发，尤其是存储方面的新技术。2019年4月，韩国政府制定了一套着眼于"构建系统半导体行业的自主生态圈"的2030年综合半导体强国发展战略。在人才领域，韩国延世大学、高丽大学将新设半导体定向培养学科，预计到2030年将培养3400名学士、4700名硕士和博士及8700名专科人才，推进产学研融合的硕士／博士培养计划，并将韩国安城的Polytech大学改革为半导体学校，在政府的支持下增设半导体设计教育中心（IDEC）。2021年5月，韩国政府发表了《K–半导体战略》，韩国政府宣布为实现该目标将投入4500亿美元用以未来10年的项目研发工作，计划到2031年培养3.6万名半导体人才，设置与设备、企业等相关的新学科，并将面向在职者或就业准备生提供半导体专门实务教育。此外，韩国针对不同年龄段制定了差异化的人才培养模式，将半导体人才培养"从娃娃抓起"。韩国将从中小学阶段起加强STEM教育，着重提升数学及科学教育基础能力。面向大学生及研究生，韩国则将建立符合产业现场需求的人才培育体系，活化学位取得，非以撰写论文而是以产业或创业实务为主的双轨制，扩大非学位型的创新课程，并在工学院全面引进人工智能教育及现场实战教育，借此加强产业人才培养体系应对未来需求变化的灵活性，并扩大民间主导的人才培育。面向在职人员，韩国建立专业能力持续开发体系，提供工业 4.0 领域的高水准专业在职教育，以建构专业技术人力职务转换安全网，具体做法包括加强大学回流教育、建构职务转换支援体系等。

中国台湾地区产学融合，以"产业园 + 项目"形式快速培养人才。早在 20 世纪 70 年代，中国台湾地区就通过派遣学员赴美学习深造的方式，在集成电路领域快速积累起一批领军人才。这些人才学成归来后，在中国台湾地区建立起了世界上第一个由当局主导成立的科技产业园区——新竹科技产业园。该产业园吸收了台湾清华大学、交通大学的人才研究资源，在当局的主导下与美国无线电公司开展了晶圆制造项目的合作。此后的数十年，中国台湾地区还不断地向欧美、日本等地输送人才，让他们深造后为本土工业作贡献。此外，中国台湾地区还通过各种集成电路项目让在校生提前进入产业实习，缩短人才培养周期。中国台湾地区通过"工业局智慧电子学院计划"等促进高级人才和基础人才的培育，让大二、大三在校学生利用寒暑假进入工研院实习，研二和博士生进入工研院接受工程师培训，毕业可直接留园或进入产业界。企业方面有台积电设立大学晶圆快捷专案项目，帮助顶尖大学杰出教授使用先进的制程技术以研发创新电路设计观念。值得一提的是，中国台湾地区高校的集成电路学院与产业界密切结合，运营方式也更为自主，比如独立的财务核算、宽松的人事聘用资格和修业期限等，同时学院根据业界的要求设计人才培养规划、课程内容和学科特色等，从而有效提升集成电路产业对高端人才的吸引力。

（二）高端人才需求更加旺盛

1. 随着新兴产业蓬勃发展，集成电路人员规模进入新一轮增长期

集成电路产业历经 60 多年发展，其技术创新、产业生态、市场格局等已相当成熟，但随着数字经济的兴起，5G、新能源汽车、人工智能等新兴应用对计算能力提出新要求带来新机遇，数据中心、边缘计算、物联网等智能化转型促进全球计算产业蓬勃发展。在此带动下，集成电路产业将再度迎来新的增长期，从业人员也相应出现增长。预计随着全球新一轮产业投资热潮的落地，相关人才需求将随之增长。

近两年来，全球主要国家和地区集成电路产业从业人员规模均有明显增加，并且有明确的人员规模扩张计划。美国一改前几年本土直接从事集成电路产业人员维持不变的状态，自 2020 年从业人员逐年递增，其中2020 年从业人员规模为 28 万人左右，较 2019 年的 25 万人增长 12%。根据美国半导体行业协会预测，随着《2022 年美国竞争法案》520 亿美元落地，2022—2026 年在美国本土将有望增加约 24 万个集成电路直接就业岗位并额外带动 87 万人就业。欧洲近年来的集成电路产业从业人员规模也有小幅增长，目前已超过 20 万人。预计随着欧洲处理器计划、欧洲高性能计算共同计划、技能公约计划等一系列与集成电路相关的产业发展和人才培养计划的落地实施，未来几年欧洲集成电路相关从业者人数将进一步扩大。日本集成电路从业人员总数虽然一直维持在 17 万人左右，但集成电路设备业作为日本的优势产业，其代表企业东京电子和爱德万的人员规模近年来一直稳步增长，并预计会在未来几年内持续保持增长势头。韩国近两年来的产业人员增速维持在 4% 左右并在 2021 年达到约 19 万人。随着韩国《K− 半导体战略》的发布，政府、企业和高校合力发展布局本土半导体产业并加大人才储备，预计韩国集成电路人才增速将保持 4% 的复合年均增长率，并在 2030 年达到 27 万的从业人员规模。中国台湾地区集成电路产业人员规模维持在 23 万左右，但人才缺口却不断扩大，甚至在 2021 年第二季度一度达到 2.8 万人 / 月，年度人才缺口增幅更是高达44.4%，这些职缺主要集中在集成电路设计工程师和产线支撑工程师等技术含量较高的岗位。

2. 集成电路产业对高质量人才的需求日益旺盛

从人均销售额来看，1999 年以来，美国半导体行业的劳动生产率提高了一倍以上。半导体产业人均销售额从 2019 年的 33 万美元增长至 2021年的 43 万美元，增长了 30%。欧洲的人均销售额由 2019 年的 20 万美元增长至 2021 年的 21.5 万美元。日本半导体产业的人均销售额从 2018 年的22 万美元增长至 2021 年的 24 万美元。2019—2021 年，韩国的人均销售额由 50.5 万美元增长至 53.5 万美元。中国台湾地区 2019—2021 年人均销售额增长了 51%，达到 58.5 万美元。总体来看，集成电路主要国家和地区的人均销售额逐年上涨，并且在未来几年有望持续增长，也印证了产业的技术含量不断提升，对高质量人才的需求量将不断增加。

同时，大国博弈的全球竞争格局也对集成电路产业的发展提出了新需求，催生产业向高科技、重创新高速迈进，这也意味着产业对领军人才、工程型人才、专业技术人才等高质量人才的需求也将进一步增加。

3. 集成电路产业先发国家的人才虹吸效应进一步凸显

全球范围内的高端人才争夺已愈演愈烈，主要国家和地区也开始重视集成电路人才保护和引进，以扩大自身人才规模，保持持续的产业领先优势。预期未来随着各国人才培养及保护策略落地，产业先发国家和地区将触发滚雪球效应，吸引更多的产业人才。

在人才保护方面，美国对产业人才流动实施收紧政策。美国一直紧盯我国人才计划，2019 年 11 月 19 日，美国参议院国土安全与政府事务委员会发布《对美国研究界的威胁：中国的人才招聘计划》报告，强调了中国的多项人才招募计划已对美国造成巨大威胁。2021 年 5 月 21 日，美参议院决议通过《无尽前沿法案》，其中第 303 条 "禁止外国政府人才招聘项目" 规定，凡涉及中国、俄罗斯、朝鲜或伊朗资助项目的研究人员将被禁止担任联邦新研究项目的主要研究员，也不能从其隶属机构的任何联邦资助项目中受益。近年来，日本媒体屡次发声，呼吁关注人才流失，重视人才外流。2019 年，日本 SPA 杂志发布文章称，由于中国出得起更高薪资，日本人才外流到中国已是无法阻挡的趋势。2020 年，《日本经济新闻》发布题为《日本研究人员持续流向中国》的观察报道称，日本研究人员难以在国内大学等机构找到工作岗位，而中国政府招揽优秀人才并提供丰厚待遇，不少年轻研究人员前往中国大学任职。2021 年，《读卖新闻》更是报道了 "日本将参考美国制度对学者参与中国‘千人计划’提出指导方针" 的计划。韩国集成电路企业和协会等为防止人才因高薪诱惑流失海外，屡屡发声呼吁政府重视并出台相关人才保护政策。韩国三星电子、LG 等企业均曾以保护敏感技术或商业秘密为由，通过法律手段禁止离职员工跳槽至海外。韩国贸易协会曾发布《中国，人才黑洞》报告，统计分析跳槽到中国企业的韩国人才，呼吁韩国政府出台长远人才计划留住人才。《亚洲经济》《朝鲜日报》等媒体也多次报道"核心人才大举流出"事件，呼吁政府加大支援力度，提高对优秀人才的待遇。中国台湾地区劳工部门与经济部门等"部会"于2021年4月决议，对大陆企业及台湾地区企业在大陆招聘的岗位职缺信息加以限制，尤其是在与集成电路、半导体相关的关键领域。

在人才引进方面，美国拜登政府采用更为开放的人才新政，鼓励高科技人才赴美，新政将支持扩大高技能签证的数量，并建立基于工资的分配程序（即在H-1B名额保持不变的现状下，优先考虑高薪资的国际人才），给半导体强相关的STEM博士直接发绿卡。拜登认为，在美国攻读博士学位的国际毕业生应该直接拿到美国绿卡，因为"将这些训练有素的人才流失到外国经济体，会损害美国的经济竞争力"。韩国政府出台了指导本国半导体产业发展的《K-半导体战略》，计划加大本土产业人才培养力度，从2022年下半年起对理工科专业留学生发放非专业就业签证，凸显了本国对海外人才的重视。

在产业集聚效应方面，产业先发国家和地区已建立起成熟的产业集群，如美国的硅谷、中国台湾地区的新竹科技园区等，并且韩国SK海力士自2021年起也投资1360亿美元筹建首尔都会区集成电路产业园区，这些产业园区有效地集中了人力、财力、物力，并有望在未来吸引更多高质量人才。除了产业集聚，这些国家和地区在人才培养方面也具有集聚优势，如美国形成了以西海岸的加利福尼亚理工学院、加利福尼亚大学洛杉矶分校等，东海岸的哈佛大学、麻省理工学院等为代表的一批顶尖院校集群，能够为本土集成电路产业持续不断输送高端人才；欧洲则有鲁汶大学、代尔夫特理工大学、比利时IMEC等集成电路产业知名智力中心，为产业不断输送高层次产业人才；韩国延世大学、高丽大学将新设半导体定向培养学科，中国台湾地区则有成熟的产业技术研究机构工研院。这些科研院所和高校的存在进一步保障了产业先发国家和地区对人才的培养、凝聚和吸引作用。

随着集成电路产业越来越受到政府的重视，越来越被大众所了解，工作环境、薪酬待遇、职业前景也将进一步优化，未来必将吸引更多人才进入本行业从业。

（三）人才培养体系仍需探索

1. 全球集成电路高端人才争夺白热化或将影响后发国家引智

随着全球竞争格局深刻变化，集成电路产业的战略地位日益凸显，美国、欧洲、韩国和中国台湾等主要经济体纷纷加快制定本土产业发展计划，迫切需要大批领军人才、专业技术人才支撑。然而，产业人才的培养无法一蹴而就，各国家和地区大力发展集成电路离不开外部高端人才引进，集成电路人才已成为全球"争抢"的稀缺资源。在此背景下，各国家和地区积极进行人才引培，如美国通过鼓励高技能人才来美、给 STEM 相关专业博士直接发绿卡、放宽 H–1B 的签证限额等手段，吸引海外人才并降低人才归化的门槛；欧盟发起技能公约，为微电子产业逾 25 万名人提供培训，旨在快速弥补本土人才缺口；韩国政府实施《K– 半导体战略》，计划扩大半导体相关大学人员名额，并由政府对拥有卓越半导体制造技术者给予"名人"称号，以吸引和固化本土和外来人才。此外，大力限制封锁后发国家引进人才，如美国加强对中国人才招募计划的审查和监控力度；日本 2020 年公布的"强化半导体产业新战略"中明确提出重振本土半导体产业并不与中国开展技术合作。

2. 满足产业高速发展需求的产教融合人才培养体系有待进一步探索

集成电路产业的高速发展需要大量知识基础扎实、实践经验丰富的人才支撑，产教融合的人才培养模式能够有效使人才实现从校园到企业的平滑过渡，然而我国当前的集成电路产教融合仍存在突出问题。一是院校培养的人才与企业需求存在错配。"集成电路科学与工程"一级学科属于交叉学科，囊括数学、物理、化学、材料、机械等基础知识，考虑到一级学科刚刚建立，学科设置与管理的相关办法尚不明确，培养的人才较企业实际需求存在一定偏差。二是高校教师缺乏培养产业人才的意愿。高校教师承担国家重大研发专项，相比于培养企业需求的产业化人才，更倾向于培养学术人才。教授科研任务繁重，但招生指标极其有限，长期大量借助其他院校和其他专业学生联合培养完成前沿科学研究任务，或许难以充分兼顾培养产业人才或承担企业研究课题的重任。三是集成电路院系生源指标分配不足。不同高校分配新增学生指标时，需要综合考虑多个相关学院的教师和培训资源，也会受到相关学院非集成电路专业的影响干预，部分高校存在集成电路生源指标不足的问题，进而导致相关专业人才的产教融合培养尚未形成完备体系。

3. 频繁地挖角和跳槽不利于产业高质量人才队伍建设

在大国博弈的背景下，集成电路产业热度居高不下，涌现出一批想要抓住历史机遇的新兴企业，互联网、半导体企业等也纷纷大力布局集成电路板块，市场对研发类、关键技术类、高级管理类等高端人才的需求量陡升。受限于集成电路的技术壁垒高、培养周期长的属性，人才供给短期内难以匹配产业需求，企业开出高于正常水平 2~3 倍薪资挖角的现象屡见不鲜。

这种不健康的高薪现象不利于人才梯队建设和产业可持续发展。一方面，初创企业薪资待遇畸高，其他企业为争夺人才只能不断提高薪酬，导致行业整体成本不断攀升。然而集成电路产业的体量并不足以支撑持续上涨的薪资成本，日后若产业高薪"泡沫"破裂，或将引发新一轮人才流失。另一方面，人才为快速实现高薪和职位升迁，往往倾向于不断跳槽，这会削弱先行企业潜心培养人才的意愿，也无法使人才对自己的真实水平建立正确认知，长此以往，不利于产业实现高质量发展。

参考文献

[1] Chen C,Xiang XY,Liu C,et al.Xuantie-910:A Commercial Multi-Core 12-Stage Pipeline Out-of-Order 64-bit High Performance RISC-V Processor with Vector Extension: Industrial Product. In: Proc.of the 47th ACM/IEEE Annual Int'l Symp.on Computer Architecture(ISCA)[C]. 2020.52-64.

[2] SIA, Oxford Economics. The Positive Impact of the Semiconductor Industry on the American Workforce and How Federal Industry Incentives Will Increase Domestic Jobs[R]. 2021.

[3] Ted M.RISC-V:High Performance Embedded SweRV™ Core Microarchitecture, Performance and CHIPS Alliance.Western Digital Corporation[EB/OL]. 2019.https://riscv. org/wp-content/uploads/2019/04/RISC-V_SweRV_Roadshow-.pdf.

[4] WALDROP M. M.. The Chips Are Down For Moore's Law[J]. Nature, 2016, 530（7589）: 144-147.

[5] 蔡蔚，孙东阳，周铭浩，等.第三代宽禁带功率半导体及应用发展现状[J].科技导报，2021, 39（14）: 42-55.

[6] 代波，邵晓萍，马拥军，等.新型碳材料——石墨烯的研究进展[J].材料导报，2010, 24（3）: 17-21.

[7] 黄思维.后摩尔时代芯片算力提升的途径[J].高科技与产业化，2022, 28（1）: 58-61.

[8] 蒋剑飞，王琴，贺光辉，等.Chiplet技术研究与展望[J].微电子学与计算机，2022, 39（1）: 1-6.

[9] 李雅琪，温晓君.存算一体化的发展现状挑战与对策建议[J].互联网经济，2020（4）: 15-17.

[10] 廉思.我国高科技人才培养路径探析[J].人民论坛，2022（10）: 72-76.

[11] 刘畅，武延军，吴敬征，等.RISC-V指令集架构研究综述[J].软件学报，2021, 32（12）: 3992-4024.

[12] 刘一凡，张志勇.后摩尔时代的碳基电子技术:进展、应用与挑战[J].物理学报，2022, 71（6）: 7-42.

[13] 秦敬凯，甄良，徐成彦.后摩尔时代晶体管：新兴材料与尺寸极限[J].自然杂志，2020, 42（3）: 221-230.

[14] 施展，孟繁科.后摩尔时代的算力创新及未来趋势[J].中国工业和信息化，2021（12）: 18-23.

[15] 杨晖.后摩尔时代Chiplet技术的演进与挑战[J].集成电路应用，2020, 37（5）: 52-54.

[16] 杨跃胜，傅霖煌.关于HIC、MCM、SiP封装与SoC的区别及工艺分析[J].中国集成电路，2021, 30（11）: 65-69.

[17] 雍国清，张碧，王永康，等.后摩尔时代芯片结构材料的热设计与表征[J].电子机械工程，2021, 37（5）: 1-13.

[18] 中国电子信息产业发展研究院，中国半导体行业协会，示范性微电子学院产学融合发展联盟，等．中国集成电路产业人才发展报告（2019—2020年版）[R]. 2020.

[19] 中国电子信息产业发展研究院，中国半导体行业协会，示范性微电子学院产学融合发展联盟，等．中国集成电路产业人才发展报告（2020—2021年版）[R]. 2021.

[20] 中国台湾地区104人力银行．半导体人才白皮书[R]，2021.

[21] 朱进宇，闫峥，苑乔，等．集成电路技术领域最新进展及新技术展望[J].微电子学，2020，50（2）：219–226.

第九章　自主雄心：主要国家和地区 "强芯" 政策密集出台

一、美国：集成电路产业新计划

美国集成电路行业近几年来逐渐重视设计研发而轻视制造，使集成电路制造的全球份额逐渐下滑，这引起了美国半导体行业协会、民间智库、政府人员的警惕，鼓励实体产业回流在美国政策研究人员中越来越受到认可。新冠疫情期间，随着供应链危机席卷多国，以及集成电路产能受开工缓慢影响出现供给严重不足，美国政界开始制定集成电路相关政策，2020年陆续推出了多份法案，计划为美国半导体制造业提供补贴，鼓励各厂商回到美国建设半导体工厂，解决产能紧缺问题、创造就业、保障美国供应链的安全。目前，美国国会为半导体进行了如下立法尝试。

● *Chips for America Act*，一般称作《芯片法案》，在 2020 年 6 月由两党参议员共同推出，计划拨款 120 亿美元，聚焦提供给国家科学基金会、国防高级研究计划局、能源部、商务部等政府部门相应资金，针对不同半导体项目进行扶持。美国两院在 2021 年 1 月将该法案附加在 2021 财年《国防授权法案》中通过，但只有项目计划，没有资金细节。

● *American Foundries Act*，一般称作《美国代工法案》，2020 年 6 月由两党参议员共同推出，计划提供 150 亿美元，聚焦提供给各州政府帮助扩大芯片制造工厂以及国防部等部门的半导体相关项目，同时提出与中国政府有关的企业不可获得资助。该法案部分内容被整合进芯片法案中附加在 2021 财年《国防授权法案》中通过。

● *Facilitating American-Built Semiconductors Act*，一般称作《晶圆法

案》，2021年6月由两党参议员共同推出，计划为半导体相关企业在购买设备、建设厂房、运行维护等方面提供高达25%的税收优惠，部分税收优惠可以申请成为直接现金补贴。该法案在参议院讨论未获得进展，随后主要内容被加入拜登的基建法案中作为一部分一起推动，但基建法案在参议院意外受阻，导致该法案一直没有通过，2022年3月两党众议员再次将该法案提交至众议院寻求推动，但没有下文。2022年7月，该法案的主要内容被吸纳到《芯片和科学法案》中，最终通过。

● *Innovation and Competition Act*，一般称作《创新和竞争法案》，2021年6月参议院通过，其中的芯片部分作为2021财年《国防授权法案》芯片法案部分的资金来源，详细列出了资金分配模式，总共520亿美元，其中涉及工厂建设390亿美元、研发112亿美元等。该法案目前需要与众议院版本的竞争法案寻求合议，形成一致的最终版。两院各自的竞争法案在半导体章节没有分歧，但在其他部分分歧较大，半导体章节被《芯片和科学法案》吸纳。

● *Competes Act*，一般称作《竞争法案》，在2022年2月众议院通过，是众议院回应参议院《创新和竞争法案》的版本，芯片法案资金部分与《创新和竞争法案》一致，但其他非芯片部分与《创新和竞争法案》差距较大，最终两院将半导体部分单独吸纳入《芯片和科学法案》快速通过。

● *CHIPS and Science Act*，一般称作《芯片和科学法案》，在2022年7月19日与28日国会两院通过，8月9日由拜登签字成为法律。该法案主要内容来自上文两院的竞争法案，由于《竞争法案》非芯片部分存在过多分歧，两院为了加速芯片补贴落地，将《竞争法案》芯片部分单独抽出，与《晶圆法案》和其他领域的开支授权合并为《芯片和科学法案》。

以上措施中，最早的《芯片法案》和《美国代工法案》被整合进入国防授权法案中签署成为法律；《晶圆法案》2022年3月在众议院进入委员会讨论，后被合并到《芯片和科学法案》；《创新和竞争法案》与《竞争法案》均是对《芯片法案》整合版的后续资金细化且3份文件的半导体相关部分没有太多分歧，最终转化为《芯片和科学法案》并成为法律。最近的《芯片和科学法案》中的芯片部分主要包含以下内容，如表9-1所示。

表 9-1　　　　《芯片和科学法案》中关于芯片部分的主要内容

设立美国芯片基金	在财政部下设立美国芯片基金，供商务部行使 2021 财年《国防授权法案》中的芯片相关部分（9902—9906）的任务。包括商务部制造激励计划：提供 390 亿美元的财政援助，用于建设、扩大或更新国内的半导体制造、装配、测试、先进封装或研发相关设施，包括 20 亿美元专门用于成熟半导体。在激励计划中，最多有 60 亿美元可用于直接贷款和贷款担保的费用。商务部研究与发展：110 亿美元用于商务部的研究与发展。商务部国家半导体技术中心（NSTC），这是一个公私合作项目，旨在进行先进半导体制造研发和原型设计，投资于新技术，并扩大劳动力培训和发展机会。商务部国家先进封装制造计划：一项联邦研发计划，旨在加强先进的装配、测试和封装（ATP）能力，与 NSTC 协调。商务部制造美国半导体研究所：政府、产业和学术界协同研究半导体设备的虚拟化，发展 ATP 能力，设计和传播培训。商务部微电子学计量研发：NIST 的一项研究计划，旨在推进测量科学、标准、材料特性、仪器、测试和制造能力
设立美国国防部芯片基金	在财政部下设立美国芯片国防基金，20 亿美元用于国防部实施"微电子公社"计划，这是一个全国性的网络，用于在岸的、以大学为基础的原型设计、实验室到工厂的半导体技术转化以及半导体劳动力培训
设立美国芯片国际技术安全与创新基金	在财政部下设立美国芯片国际技术安全与创新基金，额度为 5 亿美元，由国防部与美国国际开发署、进出口银行和美国国际发展金融公司协调，支持国际信息和通信技术安全与半导体供应链活动，包括支持开发和采用安全和可信的电信技术、半导体和其他新兴技术
设立美国芯片劳动力和教育基金	为此项基金分配 2 亿美元，通过利用国家科学基金会的活动，用于解决劳动力短缺问题，促进国内半导体劳动力的发展
先进制造业投资税收补贴	为半导体制造业的投资提供 25% 的投资税收抵免。该优惠包括制造设备以及半导体制造设施的建设和对半导体制造过程中所需要的专门工具设备的制造的奖励。还包括类似于芯片资金的防护措施，确保享受优惠的企业不能在威胁美国安全的国家，包括中国，建立先进的半导体生产设施
防止芯片资金接受者部分国家的某些芯片制造	要求联邦财政援助的接受者加入一项协议，禁止在中国或其他有关国家进行某些实质性的半导体制造扩张，适用于任何新设施，除非该设施主要为该国市场生产"传统半导体"，但不适用于现有的设施制造传统半导体。这些限制将在收到财政援助后的 10 年内适用，以确保半导体制造商将其下一轮投资集中在美国和伙伴国家。商务部部长在与国防部部长和国家情报总监协商后，更新禁止在有关国家生产的技术门槛，以便与出口管制以及技术进步保持协同。商务部部长在与国防部部长和国家情报总监协商后，确定存储器和封装的限制性工艺门槛，以及对国家安全至关重要的半导体

资料来源：《芯片和科学法案》。

在《芯片和科学法案》的蓝本《芯片法案》中，Section 9902 规定，公共机构、私企或联合会都有资格向商务部申请不超过 30 亿美元的联邦补助，申请除了体现工厂本身的现代化、先进性外，还要阐明对工人社群培训、教育机构协作的计划，以保证联邦资助结束后工厂有自立能力。法案设立了多边半导体安全基金，来与国际社会合作伙伴协调保证半导体供应链安全。法案授权设立微电子领导力小组委员会（Subcommittee on Microelectronics Leadership），由总统内阁相关成员构成，负责制定集成电路设计、制造研发优先路径的国家级战略。国家级战略确定后，国家半导体技术中心、能源部、国家科学基金会将根据战略负责最尖端芯片的研发。国家标准与技术研究所将主导一个国家先进封装制造项目，专门攻克本土生态下的集成电路先进测试、封装、集成技术，研发项目推动类似于国家半导体技术中心的项目。

当前创造上述研究项目、协作机制的《芯片和科学法案》已经被签署为法律。由于美国政界对本土集成电路行业补贴存在广泛共识，2022 年 11 月美国中期选举并不会对法律的落实产生过多影响，接下来美国对集成电路行业扶持将加速。

除了立法的努力外，美国当前在行政上也采取了一些措施以应对集成电路行业变化的环境。2021 年 2 月，拜登签署行政令，对半导体等 4 个行业开展供应链百日调查，目的是了解重要行业中有哪些环节存在对国外供应链依赖过多的问题，弄清美国接下来制造业发展需要补足的漏洞。同年 6 月，白宫发布供应链审查报告，对半导体等行业的评价一致认为，美国制造业产能下滑严重；芯片等商品采购过分追求成本而转移到海外地区；国际供应链缺乏高规格合作机制；政府对内投资激励缺失，企业因追求成本缺乏本土投产的动力。在供应链审查后的半年内，美国对内陆续对制造业振兴相关的补贴、基建法案进行推动，半导体行业内产生了前文提到的芯片法案后续计划，同时也有更广泛覆盖供应链、基建相关的就业法案、基建法案等进入立法程序，拜登政府一直在各地巡回游说以推动法案的立法进程，还建立了半导体预警系统、供应链中断工作组等应急机制。

此外，拜登政府对外推动半导体和供应链进行双边与多边的国际官方合作，其中有代表性的包括美韩、美日双边高级别会议，美日印澳四方合作机制，TTC，等，这些合作都涉及半导体供应链与技术研发内容，且拜登政府的主导位置十分明显。2021年6月，拜登政府与欧盟在布鲁塞尔举行了双边高级别会议，同意设立新的国际合作论坛TTC。同年9月，双方在匹兹堡会议上正式举行启动仪式，为了体现双方对该组织的重视，美欧均派出了外交和贸易的最高级别官员。贸易与技术理事会分为9个工作组专注解决不同领域的问题，其中第三工作组涉及半导体供应链问题，双方在联合声明中表示将从短期芯片短缺和长期芯片供应链脆弱性两个方面入手，解决危害半导体生态的问题。从长远看，贸易与技术理事会在半导体产业上的最终目标是扭转美欧在半导体领域的下滑趋势，将集中于东亚和东南亚的半导体制造业迁移回美欧。同时，双方在联合声明中提及投资审查与出口管制合作，在欧美对华趋紧的大方向下，半导体行业的对华投资审查和出口管制将显著上升。

2021年9月，拜登政府以帮助恢复供应链为理由，向半导体行业众多领军企业发去了一份含有26个问题的问卷，涉及如销售情况、主要客户、库存情况、增产情况等敏感商业信息，并威胁企业如果不按时回复，将动用强制手段获取信息。最终美国政府按期收集了164份半导体企业问卷回复，并在2022年1月25日发布半导体供应链信息请求（Request for Information，RFI）报告，报告显示，164家企业中，55家来自渠道商或终端用户（汽车42%，医疗健康18%），44家来自半导体及相关产品供应商，21家来自材料和设备供应商（图9-1）。对供应链问询情况，报告认为目前的集成电路供应链存在供需错配的问题，晶圆产能是芯片产能不足的主要瓶颈，国会需要快速为美国集成电路扩产提供资金。报告在最后的总结中始终围绕520亿美元补贴的正确性进行论述，可见推动芯片法案拨款通过是2022年白宫工作日程的重点。根据美国国内主流智库CSIS、美国进步中心、布鲁金斯分析观点认为，共和党与民主党在补贴和扩建产能的方向上没有分歧，最终达成一致只是时间问题。2022年7月《芯片补贴法案》的确被快速通过。

从产业角度看，美国的努力正在取得一定程度的回应。2021 年 5 月，美国政府披露将尝试扶持建设 6 ～ 7 家半导体工厂，并包括 5 纳米、3 纳米生产线，随后英特尔、台积电、三星电子、格罗方德、联电都披露了在美国的建厂计划，亚利桑那州已经与台积电和英特尔厂商在建厂事宜谈判上取得进展，纽约州与格罗方德的合作也正在进行，密歇根州与联电已经就建厂事宜开始接触。2021 年 10 月，得克萨斯州宣布成立国家半导体中心得克萨斯工作组，协调商务部将得克萨斯选为国家半导体技术中心和国家先进封装制造工程建设基地的事宜。

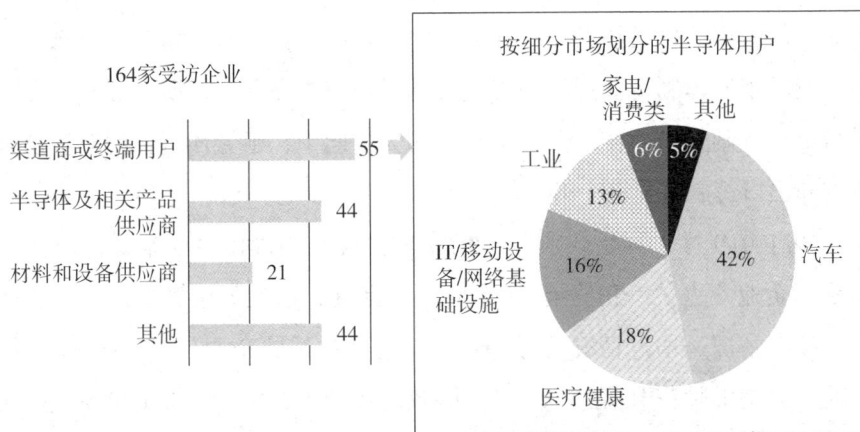

图 9-1　半导体供应链 RFI 报告

注：渠道商或终端用户是指接收以半导体为基础的产品或进入下游产品的用户；半导体及相关产品供应商是指提供半导体产品或服务的企业，包括芯片设计、制造、组装、封装、测试、电子制造服务、印刷电路板组装和分销；材料和设备供应商是指提供用于半导体生产的材料或设备的实体；其他是指半导体供应链之外的实体。包括个人、外国政府、学术机构和行业协会。

资料来源：美国商务部。

总体来看，新冠疫情下的供应链危机强化了美国对集成电路行业激励的力度，但解决因新冠疫情而起的芯片短缺绝不是美国集成电路计划的最终目标，随着中美科技竞争加剧、美国制造业就业需求上升，美国将坚定推动本土半导体产能提升、本土先进技术研发、西方新一轮半导体出口限制，以获得对华科技优势。美国国会在 2022 年 11 月有中期选举，由于民主党当时国会选情不佳，政府支持率持续下跌，对其施政灵活性造成严重限制，只能尽快将当前手中的几份力推法案推动通过，转换为自身政绩，争取中间选民的支持，由此推断在对华施政方向上拜登政府会进一步向共和党妥协换取国会共和党给相关立法的支持。

二、日本:《半导体数字产业战略》

新冠疫情、中美贸易争端导致的半导体供应危机让日本认识到半导体本国生产能力的重要性。2021 年 6 月 4 日，日本发布《半导体数字产业战略》，希望借助全球半导体供应链重构，为本国半导体产业抓住新的发展机会。该战略认为数字产业未来的发展离不开集成电路、数据中心和云产业的发展，对集成电路、数据中心等产业分别制定了发展规划。具体来说，战略的集成电路目标可以概括为以下三点。

一是保障本土集成电路供应能力。日本希望通过与国外先进晶圆厂合作，建立合资企业推动本土下一代生产技术研发以及产能建设。方向上包含尖端逻辑芯片、存储类芯片（DRAM 芯片、NAND Flash）、功率半导体、传感器、模拟芯片、延续摩尔定律（More Moore）超越摩尔定律（More than Moore）、3D 封装等。为了达成这一目标，日本希望利用自身在材料、设备上的优势促成与海外企业合作，运用前端工艺相关材料（纳米材料、绝缘材料、配线材料）、后端工序材料（密封剂、晶圆凸块、3D 封装基板）开发优势实现合作。参与机构上，计划以产业技术综合研究所（AIST）牵头，筑波创新园（TIA）相关单位（国立物质与材料研究所、筑波大学、高能加速器研究所、东京大学、日本东北大学）提供支持，拓展美国、欧洲、中国台湾地区的研发合作。

二是支持数字化、绿色化集成电路产品的设计开发。对 5G、智能制造、自动驾驶和大数据等数字产业，以及可再生能源、电动汽车等绿色产业相关集成电路设计进行扶持，并考虑对 EDA 工具开发进行支持。方向上有后 5G 时代应用场景的集成电路技术（超低延迟、多接口集成），融合集成电路技术（CPU、存储）与光电集成技术（光电混合器件）的系统开发，提升逻辑芯片设计能力（RISC-V 架构和 EDA 工具的开发平台建设）以及自旋电子技术进行集成电路设计、验证和开发。

三是对下一代技术开发的支持。为了防止日本的材料、设备领域产业优势丧失、生产外流，政府要强化产学研合作引导，同时在基于外汇法和《统合创新战略 2020》的出口管制基础上，强化各部门对技术外流预防的管理能力。与美国之外的其他友好国家的合作，也有助于达成这一目标。研发方向包括新型材料（碳化硅、氮化镓、氧化镓）应用和器件性能开发、光电混合处理技术等。政府将在国内和国际合作项目上提供税收、金融等项目的优待，强化人才培养、促进共享技术数据、联合友好国家并预防技术外流也是政策方向。

总体来看，考虑到本国集成电路衰落，无法独自寻求发展的事实，日本在强调研发、自主产能建设的同时，在多个方向上都强调国际合作。战略多次强调关注材料、前后端工艺、功率器件、第三代半导体等关键领域，当前该思路已经反映在台积电与索尼等日本企业的合资工厂日本先进半导体制造公司（JASM）上，日本寻求利用自身材料、设备的长处，加上政策优惠，拉拢在工艺上极其先进的企业，弥补自身短板。岸田文雄新政府在对外政策上继续加大亲美力度，执行美国的对华战略，未来日本与美国企业的合作会进一步加强，同时在出口管制上更加严格，合作研发的成果将很难被我国接触。

三、韩国:《K-半导体战略》

2021 年 5 月 13 日，为了应对全球集成电路行业新一轮竞争，韩国政府发布《K-半导体战略》，计划投资 4510 亿美元提振本土半导体生产能力。资金将包含政府补助、税收优惠以及企业投资，三星电子、SK 海力士以及另外 151 家企业将参与该计划。战略的核心思想在于，巩固韩国本身已经足够强大的存储芯片地位，同时发展其他半导体领域，在 2030 年成为半导体综合强国，形成自主供应链。政府将在京畿道和忠清道规划大规模半导体产业集群，包含设计、材料、制造、部件、设备等一体，整个地图分布接近于 K 字母，也是战略名称的来源。文件分为 4 个战略部分 16 个课题，详见表 9-2。

表 9-2　　　　　　　　《K- 半导体战略》文件具体内容

战略一：构建 K- 半导体产业带	
课题 1：制造	扩大先进存储芯片生产设备和现有设备的性能，强化韩国存储芯片领头羊地位
课题 2：材料、部件和设备	推动产业链上下游企业对半导体核心材料、部件和设备进行合作研发，确保供应安全，并在园区内建设测试平台，加快成果转化速度
课题 3：先进设备	吸引 EUV 光刻机、尖端蚀刻机外资进入，进行战略合作弥补供应链短板
课题 4：封装	开发倒装芯片（Flip Chip）、晶圆级封装（WLP）、面板级封装（PLP）、SiP 和 3D 封装等尖端封装技术，培训相关人才
课题 5：设计	建立系统半导体设计中心、人工智能半导体设计中心等，打造芯片设计厂集群（Fabless Valley），对设计厂商提供从创业到发展的支持，重点是人工智能半导体设计企业
战略二：加大半导体基础设施建设	
课题 6：税收优惠促进研发、设备投资	改革现有税收优惠政策，在"一般技术"和"新兴和原创技术"两个分类外增加"核心战略技术"，对半导体研发和设备提供更多优惠
课题 7：增加金融支持，促进设备投资	新设 1 万亿韩元的"半导体设备投资特别资金"，以低息贷款援助半导体设计、材料、制造等企业；通过企业并购基金等支持基于需求导向的碳化硅车规半导体制造
课题 8：放宽限制引入生产设备	放宽针对半导体设备的限制措施，包括审批流程简化、快速通道、100% 碳排放配额等
课题 9：基础设施建设	半导体园区水资源供给设施建设、电力基础设施 50% 资金支持、超纯废水处理研发技术国产化
战略三：强化半导体技术发展基础	
课题 10：培养人才	设立系统半导体专业，培养 14400 名学士；产学研项目与企业参与型课程培养 7000 名硕、博士研究生，13400 名技术人才，并向在职员工提供实操培训。对杰出贡献者提供奖励，提高核心人才社会地位，并支持退休人员再创业

续表

	战略三：强化半导体技术发展基础
课题11：半导体产业内部合作	一是在半导体供给企业与需求企业的前端产业内，构建以需求为中心的联盟，目前已有"未来汽车—半导体合作联盟"，今后在能源、生物、机器人、智能家电上也会构筑类似联盟；二是材料、设备等中小企业与器件大厂在后端的合作，开放大企业产线让材料、设备企业测试其产品性能，成立"半导体合作委员会"商讨整个价值链内的企业合作课题
课题12：核心技术研发	一是新一代功率半导体的材料、模块链条式研发，包括碳化硅、氮化镓、氧化镓等化合材料功率半导体；二是移动端、服务器神经网络处理器（NPU）和新一代人工智能半导体（第三代神经形态芯片），运用到数据中心、数字政务中；三是汽车、生物等领域传感器制品验证；四是利用纳米技术推动材料、设备的商业化，与美国、中国台湾企业合作研发提升供应链安全
	战略四：提升半导体产业危机应对能力
课题13：《半导体特别法》	研究全球半导体立法，协商是否制定《半导体特别法》和立法细节，包括人才培养、基础设施支持、投资支持、研发等
课题14：车用半导体供应链	短期对车用半导体快速通关支持，车用半导体厂商性能评估支持；中长期构建未来汽车－半导体联盟合作课题，将国内设计制造的半导体用到汽车产业
课题15：防止技术外流	开发技术泄露检测系统，加强跨部门合作，制定"第四次产业技术保护综合计划（2022—2024）"，加强对企业、高校、研究所的保护。强化人才管理，包括出国管理、竞业协议等
课题16：绿色半导体	一是投资减排设备，推进半导体制造环保研发；二是环保气体认证体系，发掘新型环保气体并量产

资料来源：《K–半导体战略》。

　　韩国的集成电路战略与欧美类似，同样强调在当前国际环境下的自立能力以及与西方国家合作。人才培养、碳化硅半导体、人工智能芯片产业导向等成为韩国集成电路战略的重点内容。三星电子、SK 海力士、ASML 都对计划积极响应，在相应的 2030 年计划中，三星电子将前期公布的投资计划提高到 171 万亿韩元，SK 海力士将投资 110 万亿韩元，荷兰 ASML 将在韩国投资 2400 亿韩元设立 EUV 光刻机再制造和培训中心。

　　集成电路战略是文在寅政府为未来政府规划的政策方向，不过在 2022

年 3 月结束的韩国大选中，文在寅对手阵营的尹锡悦获胜，为该战略的实施增加不确定性。从尹锡悦的前期表态看，其对发展韩国科技水平的认知与文在寅并没有太大区别，但是作为保守派代表人，高度亲美的战略思路以及前期表态时反复强调的联美制华思想很可能导致该集成电路战略在转化为集成电路立法时，出现显著的拉拢美国、对抗中国政策，为韩国集成电路企业在华投资、合作造成显著隐患。

四、中国台湾地区：集成电路前瞻科研及人才布局

2021 年 4 月，中国台湾行政主管部门发布《美中科技战下台湾半导体前瞻科研及人才布局》报告，包括以台积电、日月光为核心打造南部半导体 S 廊带，每年培育 1 万名半导体相关人才等内容，旨在从技术与人才等突围，扩大中国台湾地区半导体供应链优势。

在技术层面，为了保持在制程方面的优势地位，台湾当局已于 2020 年提出《埃米（＜1nm）世代半导体发展计划》，计划 2021—2025 年投入近 43.72 亿元新台币，推动中国台湾地区成为世界半导体先进制程中心。主要策略包括通过建立更完整的半导体产业集群，吸引半导体设备及材料等外商来台投资，落实材料及设备供应链自主化；并立足本土企业，大力引进外资，推动跨国芯片企业在中国台湾地区建立研发中心和制造中心。此前，中国台湾方面分别于 2018 年和 2019 年提出"半导体射月计划"和"AI on chip 研发补助计划"，"半导体射月计划"当时从 2018 年起到 2021 年，每年投入 10 亿元新台币，预计培育千位跨领域高阶研发人才；"AI on chip 研发补助计划"涉及的补助范围包含半通用 AI 芯片、异构整合 AI 芯片、新兴运算架构 AI 芯片与 AI 芯片软件编译环境开发等，鼓励产业创新与研发。2021 年，相关计划已总计投入逾 40 亿元新台币（约 9.32 亿元人民币）支持半导体产业发展。

在人才方面，在中国台湾地区集成电路产业中，"宁静危机"一直存在，面对美日韩的挑战以及中国大陆集成电路产业崛起，台湾当局出台多

项政策，提升集成电路人才培养能力。2020年，台湾科技主管部门出台"重点产业高阶人才培训计划"，计划在5年内投入15.46亿新台币，设立3～5个集成电路研发中心，进行集成电路前瞻技术研究；培育2000名集成电路高阶人才，400名博士储备人才，加强半导体研发技术人才培训及储备。同年，台湾教育事务主管部门提出《重点领域产学合作及人才培育创新条例》，该条例于2021年5月在中国台湾地区立法主管部门"二读"通过，旨在通过设立研究学院以建立产学系统性对话机制，从而营造更有利于集成电路产业竞争优势的学术环境。

《重点领域产学合作及人才培育创新条例》（以下简称《条例》）计划在"台成清交"4所顶级大学设立"半导体学院"（表9-3），每个学院每年培养100名高阶人才，其中博士80名、硕士20名，每年为产业增加400名硕博士。台湾当局每年向每校提供2亿元新台币，向合作企业提供4亿元新台币，计划在12年内共计培养近5000名半导体"尖兵"。该条例，一方面将推动相关院校引进国际重量级师资，通过改变教授晋升等机制，引导教授的研究课题更贴近集成电路产业需求；另一方面，将深化校企合作，四校所成立的集成电路相关学院皆从产业界内所需的项目出发，展开前瞻性的先进科学研究。值得注意的是，《条例》禁止中国台湾地区高校与中国大陆企业合作，也不得接受来自中国大陆的资金。

目前，台湾大学已揭牌重点科技研究学院，学校赋予学院在人事、经费以及产学合作上更多的自治权力，用以培养人才；台湾清华大学的半导体学院由台积电前研发副总经理、中研院院士林本坚担任院长，在合作企业及国发基金的支持下，已专聘及合聘的教授达40位，包括来自美国、日本等业界及学界的顶尖师资，以培育更多人才，巩固中国台湾地区集成电路业的一流地位；而台湾阳明交通大学以"前瞻半导体"及"智能系统"作为重点领域成立研究所，也是中国台湾地区第一家产学创新研究学院，已于2021年12月揭牌成立。

表 9-3　　《重点领域产学合作及人才培育创新条例》的主要内容

学校	学院	领域分类	合作企业	院长
台湾大学	重点科技研究学院	积体电路设计与自动化、前瞻元件材料与异质整合、纳米工程与科学	台积电、力机电、联发科、钰创	阙志达
台湾清华大学	半导体学院	元件、设计、制程、材料	台积电、力机电、环球晶圆、欣兴、联电、世界先进、联咏科技、南亚科技、东京威力	林本坚
台湾阳明交通大学	产学创新研究学院	前瞻半导体研究所（含设计、制程、封装、材料）、智能制造	台积电、联发科等七大高科技公司	孙元成
成功大学	智慧半导体及永续制造学院	设计、制程、封测、材料、智能与永续制造	台积电、国巨、旺宏、日月光、华邦电子、全讯、奇景光电、力机电等	苏炎坤

资料来源：《重点领域产学合作及人才培育创新条例》。

此外，中国台湾地区还通过制定有关规定严防集成电路产业技术和人才的流失。2022 年 2 月 17 日，民进党当局通过所谓"国家安全法"和"两岸人民关系条例"修正案，增订"台湾核心关键技术经济间谍罪"。2022 年 4 月 7 日，民进党当局内政委员会初审通过所谓"国家安全法"部分条文修正草案。重点内容主要包括以下六点：第一，明确规定"中国台湾核心关键技术之经济间谍罪"，以防止竞争对手的经济间谍活动，窃取其芯片等核心技术；第二，规定为境外发展组织侵害"中国台湾核心关键技术营业秘密"的行为案件，第一审由高等法院或智慧财产及商业法院管辖；第三，规定设立专门法庭或指定专人办理违反所谓"安全法"的犯罪案件；第四，受当地行政机构一定程度委托、补助或出资从事中国台湾核心关键技术者赴中国大陆要经过审查；第五，提高对陆企绕道来台从事业务活动的罚则；第六，明确违法陆企及陆资来台人头之罚则。

值得关注的是，为了防止中国大陆高薪挖角中国台湾地区的高科技人才，台湾当局在"两岸人民关系条例修正草案"中明订：受政府委托、补助、出资的核心关键技术人员或团体、法人、机构成员，结束委托、补助或离职未满3年，前往中国大陆须先通报并经审查许可，违者最高可罚1000万元新台币。中国台湾地区有关规定要求所有中国大陆的公司和关联公司在中国台湾地区开展业务需申请监管批准，并将提高对帮助中国大陆公司在台开展业务相关人员或团体的处罚，处罚从1年监禁或15万元新台币罚款增加到3年监禁或1500万元新台币罚款。

总体来看，在集成电路成为全球热点之际，中国台湾地区加快在集成电路产业制造、技术和人才等方面的布局，相关计划密集启动，以维持产业优势。

五、欧盟：欧洲集成电路联合声明与芯片法案

新冠疫情暴露的供应链危机让欧盟意识到，完全将商品依托于海外产能削弱了欧盟自身应对危机的能力，然而欧洲的集成电路行业面临着比美国更大的供应链自给率不足问题。当前欧洲集成电路企业主要集中在荷兰、比利时、德国等西欧国家，具有代表性的企业为英飞凌、恩智浦、意法半导体、ASML、ARM（日本软银收购）以及研究所性质的Fraunhofer、IMEC，虽然企业名声不小，但芯片制造业的三大顶梁柱英飞凌、恩智浦、意法半导体在欧洲本土的产能都所剩不多且老旧，大部分新产能都被放在海外劳动力成本低廉的地区；同时产品上也都聚焦于车规级半导体（如功率器件、MCU、射频技术等）这种对可靠性要求高，但对体积、工艺先进性要求不太高的车用半导体类别，在先进制程半导体（如存储器、晶圆代工、电脑和智能手机芯片等）上欧洲存在感稀薄。近几年诺基亚、爱立信、西门子、飞利浦等欧洲消费电子品牌逐渐没落让欧洲集成电路产业链下游消费电子领域客户群体萎缩，进一步压缩了欧洲先进制程需求。

随着新冠疫情下供应链危机爆发及美对华集成电路关键技术"卡脖子"，欧洲产业界、政界、学术界开始一致呼吁加强欧洲半导体自给能力。2020 年 12 月，欧洲 17 国联合发布了《欧洲处理器和半导体科技计划联合声明》，表示将追赶 2 纳米等先进芯片制程，提升只剩 10% 的全球半导体市场份额，投资总额可能达到 1450 亿欧元。声明认为，半导体行业主要国家都在加强本国半导体生态系统，欧洲强化本土产能"减少关键性外部依赖"迫在眉睫。计划的资金来源为欧洲复兴措施基金（Recovery and Resilience Facility），是欧盟为帮助各国从新冠疫情中恢复的救助款项的一部分，救助计划总共 7500 亿欧元，其中 5000 亿欧元为直接援助模式，2500 亿欧元为贷款。

在联合声明发布两个月后，2022 年 2 月欧盟出台了《欧洲芯片法案》（以下简称"芯片法案"），芯片法案计划调动超过 430 亿欧元的公共和私有资金，达到全球半导体市场份额占 20% 的目标。芯片法案有 5 个具体的发展目标，分别如下：一是强化欧洲研究与技术优势。该目标的核心是扩大欧洲在制造设备、先进材料上已有的优势，并形成下一代技术的突破。二是建立欧盟先进节能芯片的设计、制造、封装能力并能转化为下游产品。该目标将保证欧洲长期的芯片供应并进一步刺激整体经济发展，为欧洲的国际合作提供支撑能力。三是 2030 年前建设合理的产能提升构架。根据欧盟预测在 2030 年，全球半导体市场将翻倍，而欧盟需要在这个市场中争取更多的份额，因此当前需要快速引进建厂投资且充分鼓励欧洲内外的私企参与。四是吸引人才和支持技术教育。集成电路技术人员短缺问题正严重限制各国集成电路生态，随着多国扩建产能，人才短缺只会越来越严重。五是充分了解并预测全球集成电路供应链以建立预警能力。国际集成电路供应链高度融合，但缺乏透明度，导致集成电路供应危机迟迟无法解决，欧洲应充分分析国际集成电路供应链状况，合理调整国际合作对象，确保自身供应不受海外危机、政策干扰。

实施方略上，芯片法案将依靠三个支柱计划实现战略。

第一个支柱是欧洲芯片倡议。芯片法案将设立欧洲芯片倡议（Chips

for Europe Initiative），该倡议将归到数字欧洲和地平线欧洲项目下，利用已存在的关键数字技术联合项目（KDT Joint Undertaking）资源改造为欧盟芯片联合项目（EU Chips Joint Undertaking）。数字欧洲项目主要辅助集成电路在高性能计算、人工智能和网络安全领域的创新发展，地平线欧洲主要辅助半导体材料领域前竞争研究、技术发展和创新。具体来说，欧洲芯片倡议将达成的目标包括：建立虚拟设计平台，整合已有的和新的设计设施与 EDA 工具，包括中小企业和研究机构都可以在无知识产权担忧的情况下使用相关基础设施；建立供第三方使用的测试、研发试产线，三条试产线已经具有雏形，包括 FD-SOI（10 纳米及以下）、先进节点（2 纳米以下）、3D 异构系统集成和先进封装；建立量子芯片工艺能力，包括开源库、试产线、测试设施；建立欧洲技能中心网络，为利益相关方提供专业技术支持，包括终端中小企业、初创企业、垂直行业。对困扰行业的人才短缺问题，将在芯片倡议中专门采取应对方案，增加微电子教育机会、短期技能培训、实验室培训等扩大人才基础。欧盟资金对欧洲芯片倡议的支持将达到 33 亿欧元，其中地平线欧洲和数字欧洲各提供 16.5 亿欧元的资金，加上其他公共投资总共达到 110 亿欧元，总的资金将在新设立的芯片基金下统一进行管理。

第二个支柱是安全供应框架。在欧盟境内建立制造、封测设施，聚焦于一流设施（First-of-a-Kind Facilities），包括一体化生产设施（Integrated Production Facilities）和开放欧盟晶圆厂（Open EU Foundries），两种工厂分别对应满足自身市场的设计制造一体化工厂和为其他行业设计制造部件的工厂。在技术上，这类工厂应保证最尖端竞争力，包括技术节点、基板材料（如碳化硅、氮化镓）或其他能提升性能、降低能耗以及处理技术、环保技术的革新。欧盟认为该类设施的私人投资将需要大量公共投资来支持，所以如果在不投资就无法设置于欧盟境内的情况下，欧盟允许投资高达 100% 的比例。

第三个支柱是建立欧盟委员会与欧盟成员国互通的供应链监控机制。这一机制包括监测集成电路供应、预测需求、测算短缺、启动应急机制。

整个机制需从最早的短缺预警开始，一旦触动警戒欧盟应有权力要求行业对相关的短缺产品进行优先供应，强制力可充分影响到欧盟资助的一体化生产厂、开放晶圆厂，新设立的欧洲半导体委员会将负责该机制的落实。针对当前半导体供应危机，芯片法案打包的建议文件包含一个成员国协作工具箱，该建议文件不需要等待芯片法案通过，直接在成员国达成一致就可推行。此外，监控合作应延伸到国际层面，与志同道合的国家一道监控第三方国家的政策风险，并共同应对挑战。

由于欧洲芯片倡议将改造已有的关键数字技术联合项目（KDT JU）成为芯片联合项目，关键数字技术联合项目原有的资金分配将被大大加强，同时原利益相关方将充分整合，新项目不会局限于联合芯片制造企业，而是广泛地将下游交通、医疗、通信、制造业充分纳入。芯片联合项目包含欧洲芯片倡议的资金，算上本身的资金，欧盟为整个芯片联合项目提供的资金大约在 41 亿欧元。

《欧洲芯片法案》挪用了大量欧洲科研体系中的其他项目资源，而且有关资金来源的问题法案实际留有太多模棱两可的解读空间，可能会引起部分利益团体的反对。下一步，法案将被送到欧洲议会和欧洲理事会进行讨论，由于欧盟最近通过的科技相关立法数字市场法案和数字服务法案均经历了一年多才正式通过，《欧洲芯片法案》经过持续讨论，于 2023 年 7 月 11 日欧洲议会正式通过。由于欧洲经历俄乌冲突带来的社会冲击，北约、美国在欧洲的重要性被重新抬高，已经有多个欧洲国家表示愿意出资换取美国增加欧洲驻军，由此看，本就紧张的欧洲各国资金池很可能进一步受压缩，军事开支将对产业投资额度产生不利影响。

参考文献

[1] Abramovitz Moses. The Catch-up Factor in Post-War Economic Growth, Economic Inquiry, 1990, 1-18.

[2] Asa Fitch and Bob Davis. U.S. Weighs New Move to Limit China's Access to Chip Technology, Wall Street Journal, 2020.

[3] Assimakopoulos, Dimitris G. and Stuart Macdonald. A Dual Approach to Understanding Information Networks, Virtual Organisations, 2002.

[4] Badaracco. The Boundaries of the Firm, Socioeconomics: Towards a New Synthesis, 1991.

[5] Barkin, N.. Export Controls and the US-China Tech War, MERICS China Monitor, Mercator Institute for China Studies, 2020.

[6] Basic Documents, Wassenaar Arrangement, 2010.

[7] Berman and Garson. United States Export Controls, 1967.

[8] Bertsh. East-West Stategic Trade, COCOM and the Atlantic Alliance 33, 1983.

[9] BIS. ENTITY LIST, Supplement No. 4 to Part 744, 2022.

[10] Boston Consulting and SIA. Strengthening the Semiconductor Supply Chain in an Uncertain Era, 2022.

[11] Brummelman. Reducing Embargo List Divides COCOM, NRC, 1988.

[12] Buchanan. Western Security and Economic Strategy Towards the East, 1984.

[13] Bureau of Industry and Security. Commerce Control List (CCL), 2020.

[14] Chip Crisis Pushes European Car Sales to New Low, Euractiv, 2022.

[15] Cato Institute, T.J. Rodgers. Silicon Valley Versus Corporate Welfare, Cato Institute Brief Papers, Briefing Paper No. 37 , 1998.

[16] Cheng Ting-Fang and Lauly Li. Huawei Loses Access to Vital Chip Design Updates from Synopsys, Nikkei Asian Review, 2019.

[17] Daniel M. Marrujo. Trusted Foundry Program, Defense Microelectronics Activity, 2012, 11-12.

[18] Danish Technological Institute. Study on Internationalisation and Fragmentation of Value Chains and Security of Supply, Case Study on Semiconductors, Report Prepared for European Commission, DG Enterprise and Industry, 2012.

[19] Danny Crichton. 2021 will be a Calmer Year for Semiconductors and Chips (Except for

Intel), 2020.

[20] David C.. Mowery. Federal Policy and the Development of Semiconductors, Computer Hardware, and Computer Software: A Policy Model for Climate Change R&D, April 3, 2009.

[21] Dickson D. The New Push for European Science Cooperation, Science, 1983.

[22] Duchâtel, M.. The Weak Links in China's Drive for Semiconductors, Policy Paper, January, Institute Montaigne, 2021.

[23] Duthoit, A.. A 2020 Semiconductor Slump will Send Shockwaves Across the Global Electronics Industry, The View, 30 October, Euler Hermes Allianz Economic Research, 2019.

[24] Ed Sperling. FD-SOI Vs. FinFETs, Semiengineering, 2015.

[25] European Commission. Strategic Dependencies and Capacities, Staff Working Document, SWD(2021) 352 final, 2021.

[26] European Commission. Press Release, Digital Sovereignty: Commission Proposes Chips Act to Confront Semiconductor Shortages and Strengthen Europe's Technological Leadership, 2022.

[27] Evan Berlack and Cecil Hunt. Coping with U.S. Export Controls 1990, Practicing Law Institute, 1990.

[28] Franklyn Holzman. International Trade Under Communism: Politics and Economics, 1976.

[29] Freeman L C. Exploring Social Structure Using Dynamic Three-dimensional Color Images, Social Networks, 1998.

[30] Gary Bertsch. U.S. Export Controls, National Security and Technology Transfer, 1983.

[31] Genderen. Cooperation on Export Control Between the United States and Europe, 1989.

[32] Hagedoorn, John and J. M. Schakenraad. A Comparison of Private and Subsidized R&D Partnerships in the European Information Technology Industry, Journal of Applied Physiology, 1993.

[33] Haggard, Stephan, and Chung-in Moon. Institutions and Economic Policy: Theory and a Korean Case Study. World Politics 17, 1990, 210-37.

[34] Hufbaer and Schott. Economic Sanctions Reconsidered: History And Current Policy, 1985.

[35] Iris Deng. Huawei will Use its Own Phone Chips Amid Report UK Design Firm ARM

Has Cut Business Ties, Says Analyst, South China Morning Post, 2019.s

[36] Jeffery Smith. Dozens of U.S. Items Used in Iraq Arms, The Washington Post,1992.

[37] Johannisson. Entrepreneurship as a collective phenomenon, RENT conference, 1998.

[38] John Henshaw. The Origins of COCOM, Report NO.7, 1993.

[39] Kim Chang Soo. Samsung Electronics Sets Annual System LSI Chip Sales at $2.5 Billion by 2001, Dataquest Alert, Semiconductor Asia/Pacific, 1999.

[40] Kim H.Y. February. Korean Semiconductor Industry in 1999 Onwards, Semiconductor International, Newton，1999.

[41] Kim Linsu. The Dynamics of Samsung's Technological Learning in Semiconductors, 1997 by the Regents of the University of California, CMR, 1997.

[42] L. Georghiou. Socio-economic Effects of Collaborative R&D European Experiences, 1999.

[43] Laurens Cerelus. Europe's microchips plan doesn't add up, Politico, 2021.

[44] Measuring Distortions in International Markets: The Semiconductor Value Chain，Organisation for Economic Cooperation and Development, 2019.

[45] Macdonald S.. High Technology Policy and the Silicon Valley Model, Prometheus, 1983..

[46] Mark Lapedus. Demand Picks Up For 200mm, Semiconductor Engineering, 2020.

[47] Mytelka and Delapierre. The Alliance Strategies of European Firms in the Information Technology Industry and the Role of ESPRIT. Journal of Common Market Studies, 1987, 231-253.

[48] Poitiers, N. and P. Weil. A New Direction for the European Union's Half-hearted Semiconductor Strategy, Policy Contribution 2021, Bruegel, 2021.

[49] Quintas, Paul and Ken Guy. Collaborative, Pre-competitive R&D and the Firm, Research Policy, 1995.

[50] Richard Cupitt. The Future of COCOM, Export Control in Transition: Perspectives, Problems and Prospects, 1992.

[51] Sorensen K.. and Levold N.. Tacit Networks, Heterogeneous Engineers, and Embodied Technology, Science, Technology and Human Values, 1992.

[52] Spencer W. and Grindley P.. SEMATECH After Five Years: High Technology Consortia and US Competitiveness, California Management Review, 1993.

[53] Taiwan Export Control Information, Bureau of Industry and Security, 2020.

[54] The RACE Program: A 1989 Update, Rcscarch and Development in Advanced

Communications Technologics in Europe, 1989.

[55] Thierry Breton. How a European Chips Act will Put Europe Back in the Tech Race, 2021.

[56] Thomas D. The Alvey Programme - intelligent Knowledge Based Systems Aspects, R&D Management, 1985.

[57] Timmerman. It's too Early to Relax Technology Curbs for East Block, 1989.

[58] White House, Presidential Memorandum for the United States Trade Representative, 2017.

第十章 未来产业版图的变迁与重塑

随着数字经济时代的到来，集成电路产业的基础性、战略性和先导性作用更加显著。在产业方面，嵌入集成电路的数字化装备与产品，驱动各行业各领域持续数字化转型，加快ICT资本在经济体系中的深化速度，提升全要素生产率，使集成电路产业规模与技术水平直接影响国家数字经济发展与综合国力提升。在技术方面，作为新一代信息技术的重要构成部分，集成电路产业的技术进步速度和创新进程关乎全球数字经济市场规模和潜在增长空间，带动世界GDP快速增长。放眼全球洞察产业发展趋势，当前集成电路产业成长势头强劲，产业重心动态变化，热门产业应用不断涌现；产业竞争态势越来越激烈，国家间的合作和竞争呈现出新趋势。可以说，全球产业版图正在重塑，产业链和价值链重塑涌现出诸多新机遇与新挑战。

能否抓住这一轮发展先机，主动迎接挑战，关键在于能否站在新的变革起点上，研判产业发展大趋势、大规律，顺势而为，推动有效市场和有为政府更好结合，提升一国集成电路产业整体优势。本章通过审视全球集成电路产业发展的典型事实，从产业迁移与重塑两方面进行分析，以期更好地把握产业演进最新走向，助力深化规律性认识和完善政策体系。

一、愈演愈烈的国家产业干预

集成电路是一个比较成熟的产业，业界对其发展走势和波动有深刻认识，例如与宏观经济波动比较吻合，但也是一个动态创新型产业。随着数字化转型提速和全面铺开，国际环境日趋复杂，贸易争端带来的全球供应链危机与新冠疫情造成的全球工业生产节奏混乱相互交织，致使集成电路产业发展不再是单纯的经济问题或者市场问题。在数字经济时代，由于集成电路产业在经济数字化、国际竞争优势、产业安全发展方面的显著作用，越来越多的国家把它作为战略性支柱，将其直接与国家发展联系在一起，使其在国际上越来越具有政治色彩。

（一）数字化进程的支撑产业

当前，全球主要国家和地区加速数字化转型，为世界经济发展注入了新动能，也更加凸显了集成电路产业对国家发展的战略性、基础性、先导性作用。在生产方式上，以芯片为关键元器件的 5G、物联网、工业互联网等技术的规模化应用颠覆了传统的生产结构。在生活方式上，全球新冠疫情使基于芯片的数字产品和在线服务应用加速成为生产生活的刚需。在发展规模方面，全球 47 个国家和地区 2021 年度数字经济增加值规模达 38.1 万亿美元，占 GDP 比重达 45.0%。随着全球数字化进程的持续加速演进，以人工智能、大数据和边缘计算为代表的新兴技术产业将成为数字时代全球竞争的角力场，而芯片作为推动上述产业发展的关键元器件，对 GDP 增长、数字化转型起到关键作用。因此，全球主要国家和地区均把目标投向这些领域，纷纷出台政策，支持相关产业发展。

（二）博弈未来的战略高地

20 世纪四五十年代发生了第三次科技革命，其主要标识技术有原子能技术、航天技术和电子计算机技术，这些技术围绕美苏争霸目标，主要通过国家设项和投资发展起来，而非建立在自由市场竞争上。当前，以人工智能、大数据、云计算以及新能源、生物科技等为代表的第四次科技革命浪潮正逐步席卷全球，世界主要国家和地区均对人工智能、5G 等新技术新业态以及芯片、关键装备等制造业产品的发展投以战略扶持。核心关键技术、创新数字化转型、重要产业链供应链安全可控等受到各主要经济体的重点关注。显然，国家才是数字时代全球化竞争的主体。例如，2018 年之后，有 3 项与微电子和电池相关的 IPCEI 项目被欧盟批准，并建立相关战略论坛，以国家援助形式成为欧洲战略自主的重要工具。在集成电路行业，欧盟正积极探讨新的欧洲共同体利益项目，意图通过国家援助来推动行业的突破与发展。

（三）产业链安全的政治考量

当前，全球政治、经济、安全格局在多种复杂国际因素的交织下，不断发生大发展、大调整，世界多极化、经济全球化局势深入发展。在此背景下世界主要国家和地区将促进数字经济发展作为政府主推目标，其政治考量意味远远大于原本相对成熟的自由市场理念。与此同时，国内及国际不同层面的贫富分化使全球各地逆全球化势力和民粹主义粉墨登场，经济民族主义政策开始横行，加速经济失衡问题的政治化演变，导致早先建立起来的全球化经济体系由相互依赖转向各国自危。在中美贸易摩擦和全球新冠疫情的催化下，关键行业产业链供应链的安全性、稳定性和竞争力成为各国关注的重点。尤其在集成电路领域，自20世纪90年代全球垂直分工体系逐渐形成之后，产业分工的不断深化使产业链供应链核心关键环节只掌握在少数几个国家和地区手中，形成各国产业链对少数企业以及特定国家和地区的极端依赖。在当前不稳定的全球地缘政治背景下，各国为了降低关键行业和领域的对外依存度，纷纷制定产业发展战略，出台多项政策措施，确保自身芯片供应不再局限于依赖少数国家或企业，以构建更为安全可靠的弹性供应链，寻求更为平衡的国际合作关系。

二、持续动态的变化迁移引领发展

过去几十年来，集成电路产业不断演化，早期的产业组织是垂直整合模式。随着全球化分工深化，产业组织开始走向垂直分工，即设计业、制造业、封装测试业彼此分离，形成上下游密切协作的垂直分工体系，同时也衍生出集成电路原材料、设备、EDA和IP核等专业化从业者。在此过程中，产业发展格局动态演变，发展重心呈现出从策源地美国转移到追随者日本，再到东亚地区（日本、中国台湾、韩国和中国大陆）的大致脉络。而在其应用场景方面，消费电子、移动互联、网络通信等多元化场景倒逼产品类型创新，不同产品占比跟随市场需求发生明显调整。特别是人工智能、5G、物联网、无人驾驶等新兴技术的快速发展与广泛渗透，智能穿戴、大数据、智能网联汽车等新兴场景开始成为拉动产业增长的主赛道。

（一）亚太地区市场占据六成江山

随着全球电子通信设备生产基地转移到亚太地区，集成电路市场和产业发展重心正向着东亚地区显著转移。在市场规模方面，SIA 数据显示，亚太地区半导体市场规模从 2001 年的 398 亿美元增长到 2020 年的 2710 亿美元，成为全球最大的半导体市场，销售额占比达到 61.5%，超过其他地区总和（图 10-1）。产业布局方面，在全球垂直分工生产体系下，亚太地区的重要性不断攀升，在原材料、设备、制造、封测等不同环节均掌握了一定的话语权。例如，日本的半导体原材料在全球处于领先位置；韩国深耕存储器半导体领域，市场份额位居世界第一；中国台湾地区率先实现 5 纳米芯片量产与 3 纳米先进制程工艺；中国大陆则在封装测试环节具有一定优势。

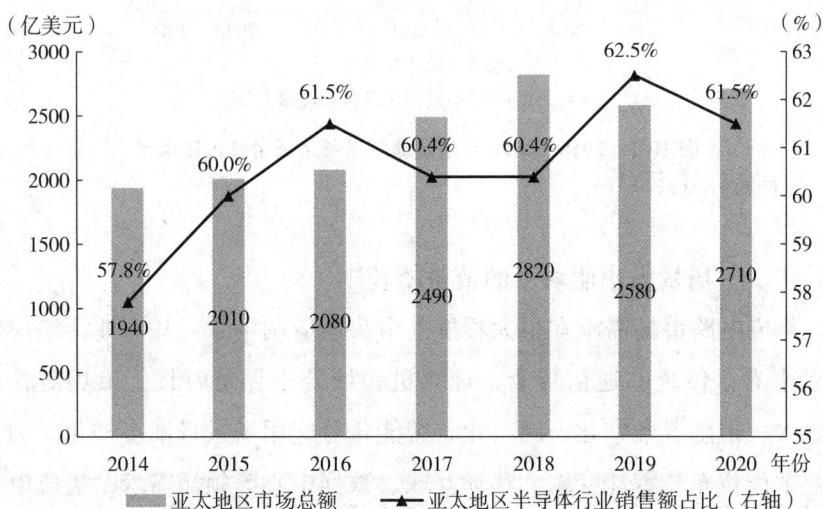

图 10-1　2014—2020 年亚太地区半导体市场规模变化情况

资料来源：SIA。

受人口红利、经济稳定发展、产业利好政策等因素驱动，中国已成长为全球最大的单一国家市场，不仅拥有全球最大的电子终端消费群体，也是全球最大的电子信息产品制造国。自2018年起，中国集成电路市场相关数据开始进入SIA发布的年度半导体行业状况报告，成为重点分析对象。2020年，中国集成电路市场的销售额为1518亿美元，在全球市场销售额占比高达34.4%（图10-2），大于美洲和欧洲的销售总和。得益于人工智能、5G等新兴技术产业应用的快速发展和传统产业数字化转型升级的需求激增，我国产业规模也快速增长，成为全球产业发展的主要市场之一。

图10-2 2018—2020年中国集成电路市场全球占比情况

资料来源：SIA。

（二）场景需求驱动下的放量增长

集成电路市场需求在很大程度上取决于应用场景。从产业下游应用场景来看，传统的通信行业、计算机领域处于存量时代，市场需求占比最大。但随着数字化、网络化、智能化等应用场景日渐多样化，为了满足智能汽车、智能穿戴、移动互联、数据中心等领域需求，集成电路行业也不断发展出更加先进的产品和工艺技术。根据WSTS统计数据显示，通信、PC与计算机、汽车电子、消费电子、政府采购、工业电子等场景一直是全球集成电路产品的主要应用领域，但领域占比发生了变化。2014 年，全球集成电路市场需求占比最大的是通信应用场景，高达34.4%；PC 与计算机应用场景次之，占比 30.6%；汽车电子领域占比位列第五，为 10.4%。到 2020 年，PC 与计算机应用场景占比成为最大领域，达 32.3%；通信领域屈居第二，为 31.2%（图 10-3）；政府采购应用场景占比最小。集成电路市场应用需求占比的变化显示了近几年来集成电路产品的发展趋势。

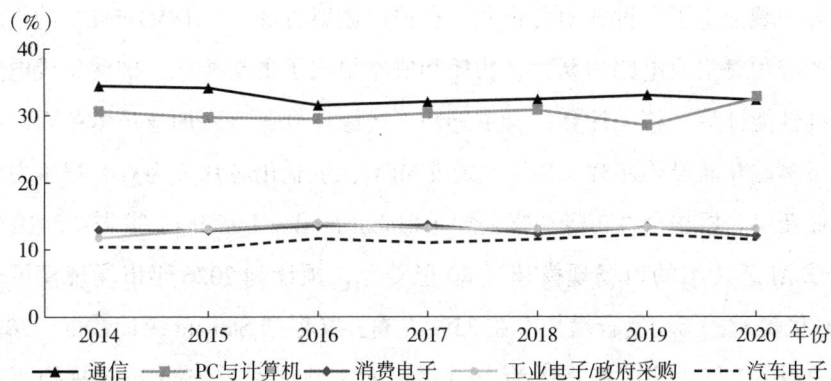

图 10-3　2014—2020 年全球半导体行业主要用途场景情况

资料来源：SIA。

需要强调的是，近几年全球范围内新能源汽车、智能汽车的发展和普及带动了汽车电子产业的快速崛起，诸如 MCU、存储芯片、功率半导体、智能传感器、无线通信、继电器等集成电路产品成为市场新宠。一方面，每辆汽车的集成电路产品平均总含量逐年提升，且网联化、智能化程度越高，所需 MCU、存储器、传感器等集成电路芯片数量越多；另一方面，新一代纯电智能化新能源汽车的需求市场迅速膨胀，成为增速最快的细分行业。加之新冠疫情导致全球汽车芯片产能失衡，各国都在积极导入供应链，汽车芯片有望成为未来主要拓展领域。

（三）"AI+5G+IoT"生态孵化新赛道

当前，5G 通信、工业互联网、物联网、人工智能、虚拟现实等新兴技术研究方兴未艾。集成电路先进工艺技术在推动新兴技术由理论研究落地到工业应用的同时，"AI+5G+IoT"的创新生态应用也为集成电路产业带来了新一轮的发展机遇，成为重要的市场增长点和技术创新领域。在市场需求方面，全球集成电路产业驱动力量正逐步由智能手机、PC 等传统设备扩增到人工智能与 5G 通信融合应用产品、智慧汽车和新能源汽车、工业物联网以及数据中心等行业，在 AI 芯片、自动驾驶、机器视觉、智能家居等领域催生了一批独角兽企业。在技术创新方面，"AI+5G+IoT"的创新生态应用对集成电路的算力、功耗和成本提出了更高要求，推动集成电路在高性能计算、移动计算、自主感知、边缘计算等方面加速技术革新，系统级多端互联异构芯片、单片 / 集成 MCU、定制化芯片成为具有竞争力的产业新贵。根据全球市场洞察公司（Global Market Insights）报告，2019 年全球 AI 芯片组的市场规模超过 80 亿美元，预计到 2026 年市场规模可达700 亿美元，年均复合增长率在 35% 左右；又根据 Statista 统计数据，2019年全球 5G 芯片的市场规模为 10.3 亿美元，预计到 2025 年市场规模可达145.3 亿美元，年均复合增长率将在 55% 左右，成为产业新的市场增长点与技术创新点。

随着数字经济的蓬勃发展，作为承载各行业信息系统运行的硬载体，集成电路已经成为数字经济时代的核心产业之一，高效的算法与先进的计算硬件结合，驱动整个社会的数据流通水平及算力提升。在端侧市场，数智化先进技术协同发展，联合培育产业生态圈，不断孵化智能交通、智慧医疗、智能制造等一系列创新应用场景，积极融入全球集成电路产业链生态圈；在技术革新方面，先进的集成电路硬件与产业发展政策共同推动先进技术融合创新，从过去的单点突破进入群体性演变的爆发阶段，引领数字经济深入发展。

（四）资本与人才就是先导生产力

集成电路产业具有典型的创新驱动特征，其成长速度、规模与技术革新进展紧密耦合。为了保持竞争力，集成电路企业必须通过持续性、高强度的资本与人才投入，力争在不明朗的产业走向中实现革新与颠覆。

随着产业竞争日益激烈，全球集成电路产业的资本投入增长明显，呈现"长周期、高投入"的投资特征。在研发支出方面，先发地区致力于通过投入高额研发资金打造技术领先优势，形成难以逾越的产业壁垒，进一步扩大产业差距。据 SIA 披露，2020 年，美国半导体研发支出占销售收入的比重全球最高，达 18.6%，欧洲、日本、韩国次之；中国大陆集成电路产业研发支出占销售收入的比重仅为 6.8%，差距非常明显（图 10-4）。在资本支出方面，随着 5 纳米、3 纳米先进制程工艺的逐渐成熟，叠加全球性芯片市场供应结构性短缺供需趋势影响，加大资本支出是必然要求。2020 年，美国半导体行业的资本支出总额为 303 亿美元（图 10-5），主要用于引进先进制造装备、建设制造厂，以应对本国制造业产能不足的隐患。随着国别间竞争加剧，世界主要集成电路国家均发布相关战略大幅提升研发和制造投入，加速全球集成电路产业创新步伐。

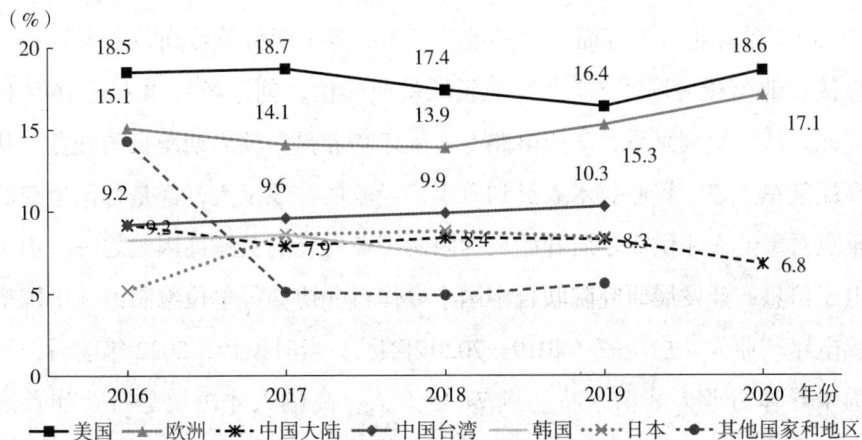

图 10-4　2016—2020 年主要国家和地区半导体研发支出占销售收入比重变化
资料来源：SIA。

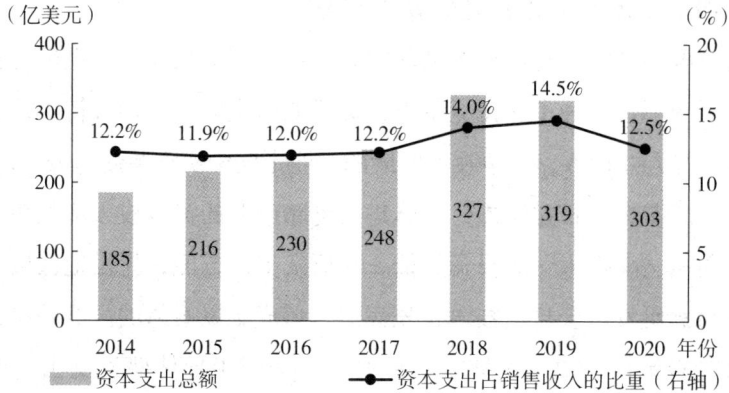

图 10-5　2014—2020 年美国半导体行业资本支出占销售收入的比重变化

资料来源：SIA。

　　集成电路产业是人才密集型行业，需要一大批高学历、有经验、复合型人才，有竞争力且稳定的高素质人力资源"蓄水池"是产业领先发展的重要保障。从需求侧看，随着全球产业规模的迅速扩大，集成电路设计、制造、封装测试、装备材料等全产业链环节对从业者数量需求都在扩大。SIA 数据显示，美国半导体行业从业者数量在 2014—2019 年总体保持稳定，在 24 万人左右，但 2020 年从业者数量急剧增长，达到 27.7 万人（图 10-6）。在就业岗位方面，更是带动了 160 万个间接就业岗位，平均每个直接就业岗位关联了 5.7 个其他领域就业岗位，创造经济收入达 1608 亿美元。从供给侧来看，集成电路专业人才培养是一项周期漫长的任务，从高端领军人才、核心技术人员到有丰富经验的一线工人，都是各国争夺的重点对象。人才供需矛盾开始成为限制产业发展的关键性因素之一。中国电子信息产业发展研究院联合中国半导体行业协会等单位编制的《中国集成电路产业人才白皮书（2019—2020 年版）》当时预计，2022 年前后，我国半导体行业人才需求将达到 74.45 万人，高端人才短缺是行业痛点之一。在全球产业蓬勃发展的大趋势下，现有集成电路人才存在明显缺口，短期内难以满足产业持续扩张的需求，针对高端人才的抢人大战已经蓄势待发。

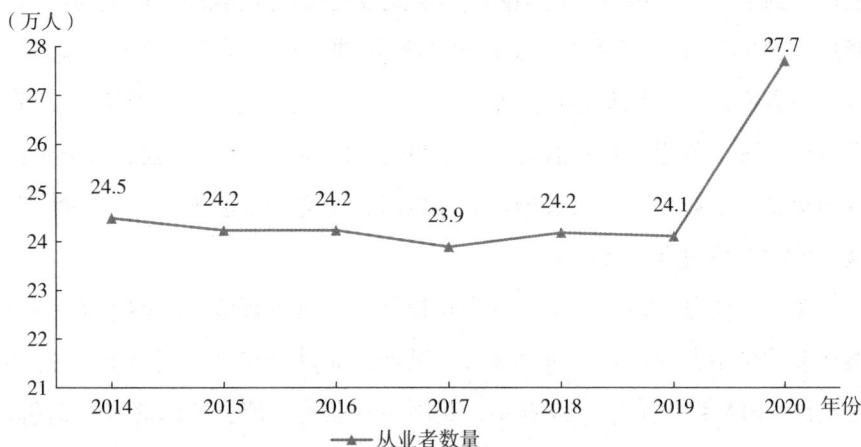

图 10-6　2014—2020 年美国半导体行业从业者数量变化情况
资料来源：SIA。

三、多重因素冲击下的竞合格局重塑

一直以来，集成电路产业是高度国际化的产业，没有哪个国家能够独立发展集成电路产业。但是，受全球新冠疫情、逆全球化思潮发酵等因素影响，全球集成电路产业正常的经贸秩序遭到冲击，周期性波动规律被打破，市场供需矛盾更加突出，协作分工生产和国际化合作受阻。同时，后摩尔时代，芯片集成度提高带来的有限性能提升空间与高额成本投入矛盾凸显，新兴技术不断加速突破，巨大的应用前景正吸引各国加强产业布局和政策指导，全球产业链和价值链重组趋势已变得越发显著。

（一）"芯片荒"蔓延下的本地化制造兴起

集成电路产业周期性波动特点突出。为防范供过于求带来的巨额亏损，全球芯片制造企业通常根据需求前瞻预测和行业产能利用情况，稳步推进制程和工艺升级，稳健扩大制造封测产能。意料之外的是，2020 年年初新冠疫情席卷全球，各经济体为防控新冠疫情推出了不同力度、不同方式的管控举措，这不可避免地打乱了全球供应链，原材料、设备、设计、制造、封装等上下游环节的国际合作随之处于不稳定状态，产能无法有效释放，供需失衡，直接引发全球性芯片短缺。特别是在汽车电子芯片领域，一方面，由于汽车芯片主要分布在欧美和东南亚地区，受新冠疫情严重影响，汽车芯片企业大幅减产，短期内难以补上；另一方面，智能手机、智能穿戴、工业互联、大数据、智能网联汽车等需求激增，加剧了断链风险，供需失衡一直延宕至今。

在专业化分工模式下，美国聚焦设计、装备等环节，长期把制造和测封环节外包给亚太区域，时至今日，其产能尤其是先进产能已不再占据领先地位。SIA 数据显示，2020 年，美国芯片制造产能占全球芯片制造份额下降到 12%，对总部位于美国的半导体企业来讲，其晶圆产能占比也从 2014 年的 52.2% 下降到 43.2%（图 10-7）。为了缓解芯片短缺、确保本国供应链充足，各国都在积极部署，瞄准先进制程技术，加大研发力度，并通过配置重资产，利用境外收购、入股、投资建厂等合作手段扩大生产规模，提高本土芯片制造产能。未来 5～10 年，本地化制造风潮带来的产业格局变化将对国际化合作产生深刻影响。

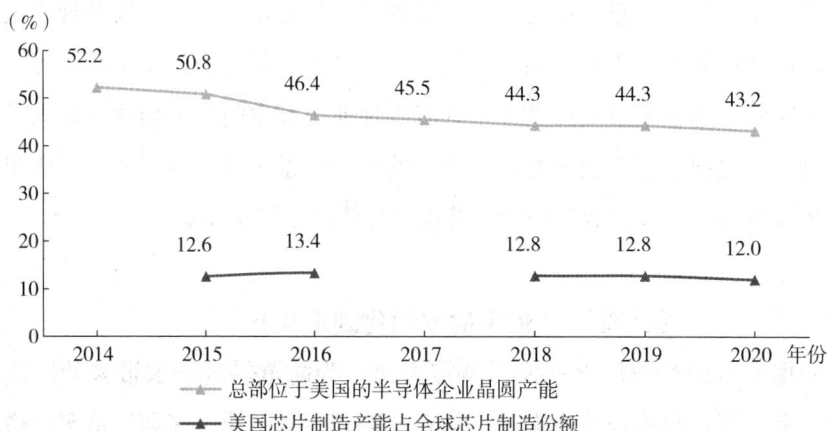

图 10-7　2014—2020 年美国半导体企业晶圆产能变化情况

注：2017年美国芯片制造产能占全球芯片制造份额数据缺失。

资料来源：SIA。

（二）后摩尔时代的颠覆性技术创新

自 1958 年诞生以来，集成电路产业一直按照"摩尔定律"的经验轨迹向前推进。随着先进制程工艺逐渐逼近物理极限，在现有技术框架下，集成度提升带来的功耗、算力、成本的优化空间越来越小，工艺提升难度不断加大，研发效费比开始成为新挑战，集成电路产业发展进入后摩尔时代，这给追赶者带来了机会。面对人工智能、大数据、自主感知、移动互联等应用领域对计算性能和存储能力的指数式增长需求，探索原理性、颠覆性创新，以推动产业技术的持续高速发展，开始成为主要经济体在新一轮科技和产业变革中谋求产业话语权的难逢机遇。

根据 IRDS 发布的国际半导体技术发展路线图，后摩尔时代集成电路技术将朝着延续摩尔定律、超越摩尔定律和新器件（Beyond CMOS）3 个方向（图 10-8），围绕新材料、新架构、新封装进行重大技术创新，持续提升集成电路芯片性能，使其具有更高的速度和密度、更低的功耗和更多的

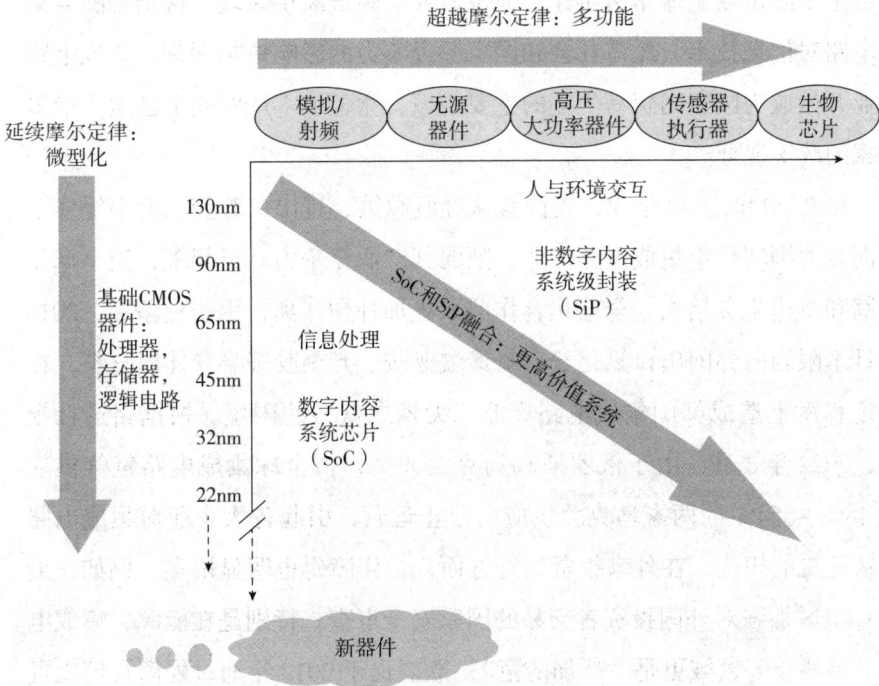

图 10-8　国际半导体技术发展路线

功能。例如，在新材料方面，高 k 栅极电介质、应变增强材料、高迁移率沟道材料是重要研究方向，以砷化镓、氮化镓、碳化硅为代表的化合物半导体材料能够满足新能源汽车、5G 通信等新兴产业对芯片的高频率、高功率、高耐压要求；在新架构方面，除了深入探索平面结构下的 FinFET 先进制程工艺技术的提升空间，横向环绕栅极结构 LGAA 以及横向 GAA 与垂直 GAA 相结合的 3D 架构为进一步提高芯片性能、降低功耗提供了解决途径，存内计算架构、量子、类脑新领域也有望取得突破；在新封装方面，异质异构 3D 集成与叠加的应用前景十分广阔，Chiplet 模式能够满足灵活集成、功能多样化的产业需求；此外，基于多学科、多技术交叉的开放式设计架构、生物芯片、碳纳米管芯片等也是较为热门的研究领域。

（三）不断拉高的国际合作壁垒

垂直分工模式下，集成电路产业的高效运转有赖于位于世界各地的产业链上下游市场主体紧密协作，但也放大了断链断供风险。特别是随着集成电路对信息技术、经济社会和国家综合实力的影响更加深刻，集成电路产业开始成为国家间贸易争端的主要领域，竞相追求产业安全已纳入诸多国家的政策视野。

早在 20 世纪 80 年代，美国就从经贸政策、进出口管制、汇率等多个方面发力围堵日本集成电路产业，削弱其产业竞争力。近年来，逆全球化思潮和单边主义抬头，全球化合作前景更加扑朔迷离，因历史争端，2019 年日本限制向韩国出口氟化氢、氟聚酰亚胺、光刻胶等半导体原材料，在一定程度上造成韩国集成电路产业"无米之炊"的困境。根据路透社报道，2022 年 3 月，由于俄罗斯和乌克兰冲突，占全球集成电路氖气供应量 45% ~ 54% 的两家乌克兰供应商停止运营，引起各大企业对集成电路短缺危机的担忧。在外来投资监管方面，合作障碍也明显增多。例如，美国 CFIUS 加强对外国投资者交易的国家安全审查，特别是在能源、集成电路、高科技等领域更是"严加防范"；欧盟也于 2019 年通过外商直接投资审查机制，以安全之名限制国际投资并购。

在目前复杂多变的国际政治、经济关系影响下，全球集成电路产业合作的内在动力弱化，产业发展不确定性增加，结合自身情况，加快构建本土产业链，增强产业链供应链韧性，开始变得日益重要。

（四）各方争相进行战略规划布局

面对全球日益复杂的政治、经济局势和供应链不稳定态势，全球集成电路竞争越来越激烈，已经超越公司层面，成为各方角逐的战略领域。在世界范围内，主要经济体都开始主动谋划、积极布局，大规模制定战略发展规划，以把握发展主动权，提升产业话语权。2019年以来，美国、日本、欧盟、韩国等国家和地区针对自身未来产业发展目标制定了一系列国家级集成电路产业发展计划和政策（表10-1），激励本土产业发展。例如，在DARPA推出电子复兴计划之后，美国于2021年接连推出《基础设施计划》《创新和竞争法案》《芯片和科学法案》；日本在2021年发布了《半导体数字产业战略》《半导体产业紧急强化方案》；韩国制定《K-半导体战略》；欧盟颁布《欧洲芯片法案》；等等。通过梳理这些计划和政策的主要内容，可以发现它们在很多方面都有相同或类似的布局方向。未来5～10年，各个国家和地区都将发展重点聚焦到加大产业投资、鼓励本土制造业发展和先进技术研发、提高芯片产能等方面，以打造起更加完善、健壮的集成电路产业供应链，加强集成电路生态系统建设，减少对外部产业力量的依赖。在此背景下，SIA预测，随着各国集成电路制造产能的扩大，未来全球半导体市场销售额将保持良好的增长态势，产业前景可观。

表10-1　　　　　　　　全球主要国家和地区半导体产业相关政策

国家	时间	政策	主要内容
美国	2021年3月	《基础设施计划》	共计投入22900亿美元用于发展道路交通设施、国内基础设施、创新研发、劳动力发展、制造业发展、护理经济等。其中，1800亿美元用于半导体、通信、能源和生物技术等关键领域创新；3000亿美元用于扶持制造业及小型企业；1000亿美元用于发展劳动力，提供职业技术培训；1740亿美元用于激励电动汽车发展

国家	时间	政策	主要内容
美国	2021 年 6 月	《创新和竞争法案》	由 1 个拨款方案（芯片和 5G 紧急拨款方案）和 4 个相互独立法案（《无尽前沿法案》《2021 年战略竞争法案》《确保美国未来法案》《2021 年应对中国挑战法案》）组成；其中，划拨 520 亿美元建立美国芯片生产激励基金，495 亿美元用于未来 5 年的美国芯片生产基金建立，20 亿美元用于美国芯片生产国防基金建立，5 亿美元用于美国 O-RAN 及芯片国际技术安全与创新基金建立
	2022 年 8 月	《芯片和科学法案》	内容分为《2022 年芯片法案》、科学条款、补充拨款 3 部分；其中，《2022 年芯片法案》设立美国芯片基金、美国国防芯片基金、美国国防技术安全和创新基金、美国劳工和教育芯片基金，总额为 527 亿美元，设立 15 亿美元的公共无线供应链创新基金
日本	2021 年 6 月	《半导体数字产业战略》	战略目标为制定实施国家级战略、夯实基础提升话语权、确保经济与环境共优，施策方向为半导体产业、数字基础设施、数字产业等领域；主要内容包括加快半导体生产基地建设；与美国合作研发下一代半导体技术；开发广电融合技术等改变"游戏规则"的新技术
	2021 年 11 月	《半导体产业紧急强化方案》	分短期、中期、长期 3 个阶段振兴半导体产业：第一阶段，持续提供补助吸引海外厂商赴日设厂，确保日本国内先进半导体产能；第二和第三阶段，携手美国着手进行新一代半导体技术研发，并构建全球性产学合作体制。目标是在 2030 年将日本半导体企业营收提升至 2020 年的约 3 倍水平，达到 13 兆日元
韩国	2021 年 5 月	《K-半导体战略》	以半导体企业税收支援为主要内容，未来 10 年，韩国三星电子、SK 海力士等 153 家企业将投资 4510 亿美元建设全球最大的半导体制造基地，且政府提供租税减免、金融援助、放宽化学物质限制、人才培养等政策以支持半导体产业，计划到 2030 年成为半导体综合强国
欧盟	2022 年 2 月	《欧洲芯片法案》	包括一揽子措施，旨在加强半导体生态系统、提高供应链安全与弹性、减少国际依赖；投入超过 430 亿欧元的公共和私有资金支持芯片生产、试点项目和初创企业，建设大型芯片制造工厂，提高研究、设计和测试能力。到 2030 年，将全球芯片生产份额从当前的 10% 增加到 20%

资料来源：根据公开资料整理。

　　综观全球集成电路产业发展历程，过去 30 年里，在全球化大潮推动下，产业逐步由垂直整合走向专业化分工模式，极大地提高了产业经济运行效率，带动了工艺技术的持续突破，市场规模的不断扩大，也大大加快了全球数字化进程。但是，逆全球化思潮抬头，叠加新冠疫情暴发以及经贸争端频发，直接放大了国际化分工下隐藏的断供断链风险，以往高效运转、密切合作的正常经贸秩序遭到破坏，信任机制开始遭到侵蚀。放眼未来，数字化转型大潮正扑面而来，集成电路产业的基础性、战略性、先导性地位空前提高，全球产业格局快速成长、动态迁移、逐渐重塑的特征更加明晰。同时，进入后摩尔时代后，围绕新材料、新架构、新封装的技术创新迭起，"5G+AI+IoT"在新兴产业领域展现出巨大应用前景，这给世界各国带来了难得机遇。正因为如此，主要经济体不约而同加强谋划、加快部署、加大支持，力求谋得主导权，抓住发展先机。为此，要在把握产业大势、尊重产业规律的基础上，通过借鉴国际经验，加强统筹谋划，加快前瞻布局，注重技术创新，拓展应用空间，壮大产业生态，统筹竞争合作等来提升我国产业发展水平。

参考文献

[1] Boston Consulting Group, Semiconductor Industry Association.Government Incentives and US Competitiveness in Semiconductor Manufacturing[R].2020.

[2] IEEE.org. International Roadmap for Devices and Systems[R].2020.

[3] Semiconductor Industry Association. State of the U.S. Semiconductor Industry [R]. 2015.-2022.

[4] 半导体产业纵横 . 日本重振半导体：联手美国找回失落的 30 年 [EB/OL].[2021–11–16]. https://baijiahao.baidu.com/ s? id=1716579860574635463&wfr=spider&for=pc.

[5] 半导体行业观察 .More Moore 最新路线图浅读 [EB/OL].[2021–03–08]. https://zhuanlan.zhihu.com/p/355397303.

[6] 比特网 .GMI: AI 芯片市场将在 2026 年达到 700 亿美元 [EB/OL].[2020–05–02]. https://baijiahao.baidu.com/s?id=1665546048925176861&wfr=spider&for=pc.

[7]　蔡翠红．全球芯片半导体产业的竞争态势与中国机遇 [J]，人民论坛，2022（14）：92-96.

[8]　李传志．我国集成电路产业链：国际竞争力、制约因素和发展路径 [J]．山西财经大学学报，2020，42（4）：61-79.

[9]　普睿哲涉外法律评论．全景解读《2021 年美国创新和竞争法案》[EB/OL].[2021-06-11]. https://zhuanlan.zhihu.com/p/379875306.

[10]　前瞻产业研究院．2020 年 5G 芯片行业研究报告 [R].2020.

[11]　赛迪研究院．《日本半导体数字产业战略》摘译 [EB/OL].[2021-11-02]. https://baijiahao.baidu.com/s?id=1715299754885853011&wfr=spider&for=pc.

[12]　新浪财经．美国公布 2 万亿美元基础设施计划 [EB/OL].[2021-04-07]. http://finance.sina.com.cn/money/future/nyzx/2021-04-07/doc-ikmxzfmk5393401.shtml.

[13]　新浪财经．深度解读美国《芯片和科学法案》[EB/OL].[2022-08-10]. https://baijiahao.baidu.com/s?id=1740769521201000874&wfr=spider&for=pc.

[14]　中国电子信息产业发展研究院，中国半导体行业协会，等．中国集成电路产业人才白皮书（2019—2020 年）[R]. 2020.

[15]　中国台湾地区 104 人力银行．半导体人才白皮书 [R].2021.

[16]　中华人民共和国商务部．韩国发布"K- 半导体"战略，计划到 2030 年成为半导体综合强国 [EB/OL]. [2021-05-14]. http://kr.mofcom.gov.cn/article/jmxw/202105/20210503061267.shtml.

[17]　中科院网信工作网．欧盟发布《欧洲芯片法案》[EB/OL].[2022-03-22]. http://www.ecas.cas.cn/xxkw/kbcd/201115_129085/ml/xxhzlyzc/202203/t20220322_4570244.html.

附录 本书常见英文缩写语含义

英文缩写语	英文全称	中文含义
AC	Alternating Curren	交变电流
ADAS	Advanced Driving Assistance System	高级辅助驾驶
AI	Artificial Intelligence	人工智能
AP	Application Processor	应用处理器
AR	Augmented Reality	增强现实
ASIC	Application Specific Integrated Circuit	专用集成电路
ASP	Average Sales Price	平均销售单价
ASSP	Application Specific Standard Products	专用标准产品
CAGR	Compound Annual Growth Rate	复合年均增长率
CAN	Controller Area Network	控制器局域网
CAN-FD	CAN with Flexible Data-rate	具有灵活数据速率的控制器局域网
CASH	Converged Architecture of Software and Hardware	软硬件融合架构
CDMA	Code Division Multiple Access	码分多址
CIS	Contact Image Sensor	接触式图像传感器
CMOS	Complementary Metal Oxide Semiconductor	互补金属氧化物半导体
CMP	Chemical-Mechanical Polishing	化学机械抛光
CPU	Central Processing Unit	中央处理器
DAO	Discrete, Analog, and Other (including optoelectronics and sensors)	分立器件、模拟器件及光电器件和传感器
DC	Direct Current	恒定电流
DDI	Display Driver IC	显示器驱动芯片

英文缩写语	英文全称	中文含义
DPPM	defect parts per million	每百万产品不良率
DPU	Data Processing Unit	处理器分散处理单元
DRAM	Dynamic Random Access Memory	动态随机存取内存
DSA	Domain Specific Architecture	域专用架构
DSL	Digital Subscriber Line	数字用户线路
DSP	Digital Signal Processor	数字信号处理器
DUV	Deep Ultraviolet	深紫外线
ECU	Electronic Control Unit	电子控制单元
EDA	Electronic Design Automation	电子设计自动化
EEPROM	Electrically Erasable Programmable Read Only Memory	电可擦写可编程只读存储器
eMMC	Embedded Multi Media Card	嵌入式多媒体卡
ESAM	Embedded Secure Access Module	嵌入式安全控制模块
ESP	Electronic Stability Program	车身电子稳定系统
ETH	Ethereum	以太坊
EUV	Extreme Ultraviolet	极紫外线
eWLB	Embedded Wafer Level Ball Grid Array	嵌入式晶圆级球栅阵列
FD–SOI	Fully Depleted Silicon on Insulator	全耗尽型绝缘体上硅
FinFET	Fin Field–Effect Transistor	鳍式场效应晶体管
FPGA	Field Programmable Gate Array	现场可编程门阵列
GAA	Gate–All–Around	环绕式栅极技术
GPU	Graphics Processing Unit	图形处理器
HDD	Hard Disk Drive	机械硬盘
HI	Heterogeneous Integration	异构集成
IoT	Internet of Things	物联网
IDM	Integrated Device Manufacturer	集成器件制造
IGBT	Insulated Gate Bipolar Transistor	绝缘栅双极型晶体管
IP	Intellectual Property	知识产权
IPD	Integrated Passive Device	集成无源器件

英文缩写语	英文全称	中文含义
ISA	Instruction Set Architecture	指令集架构
LED	Light Emitting Diode	发光二极管
LGAA	Lateral Gate-All-Around	横向环绕栅极结构
LDO	Low Dropout Regulator	低压差线性稳压器
LSI	Large Scale Integrated circuit	大规模集成电路
MCP	Multi-chip Package	多芯片封装
MCU	Microcontroller Unit	微控制器
MEMS	Micro-Electro-Mechanical System	微机电系统
MOSFET	Metal-Oxide-Semiconductor Field-Effect Transistor	金属氧化物半导体场效应晶体管
MPU	Microprocessor Unit	微处理器
MR	Mixed Reality	混合现实
NAND	Non-volatile Memory Device	与非闪速存储器
NFC	Near Field Communication	近场通信技术
NPU	Neural-network Processing Units	嵌入式神经网络处理器
NVM	Non-Volatile Memory	非易失性存储器
OEM	Original Equipment Manufacturer	原始设备制造商
OLED	Organic Light Emitting Diode	有机发光二极管
PC	Personal Computer	个人电脑
PLP	Panel Level Package	面板级封装
PMU	Power Management Unit	电源管理单元
RF-SOI	Radio Frequency Silicon on Insulator	射频绝缘体上硅
RISC	Reduced Instruction Set Computer	精简指令集计算机
ROM	Read-Only Memory	只读存储器
SCP	Single Chip Package	单芯片封装
SDRAM	Synchronous Dynamic Random-access Memory	同步动态随机存取内存
SiP	System in Package	系统级封装
SoC	System on Chip	系统级芯片

英文缩写语	英文全称	中文含义
SRAM	Static Random-Access Memory	静态随机存取内存
SSD	Solid State Disk	固态硬盘
T-Box	Telematics BOX	远程信息处理器
TPU	Tensor Processing Unit	张量处理器
ToF	Time of Flight	飞行时间
TSV	Through Silicon Vias	硅通孔
UWB	Ultra Wide Band	超宽带
V2X	vehicle to everything	车用无线通信技术
VLSI	Very Large Scale Integration	超大规模集成电路
VR	Virtual Reality	虚拟现实
Wi-Fi	Wireless Fidelity	无线保真
WLP	Wafer Level Package	晶圆级封装